LabVIEW

LabVIEW와 Multisim을 이용한
디지털 헬스케어 시스템 개발

LabVIEW

LabVIEW와 Multisim을 이용한
디지털 헬스케어 시스템 개발

김광현 · 전세형 지음

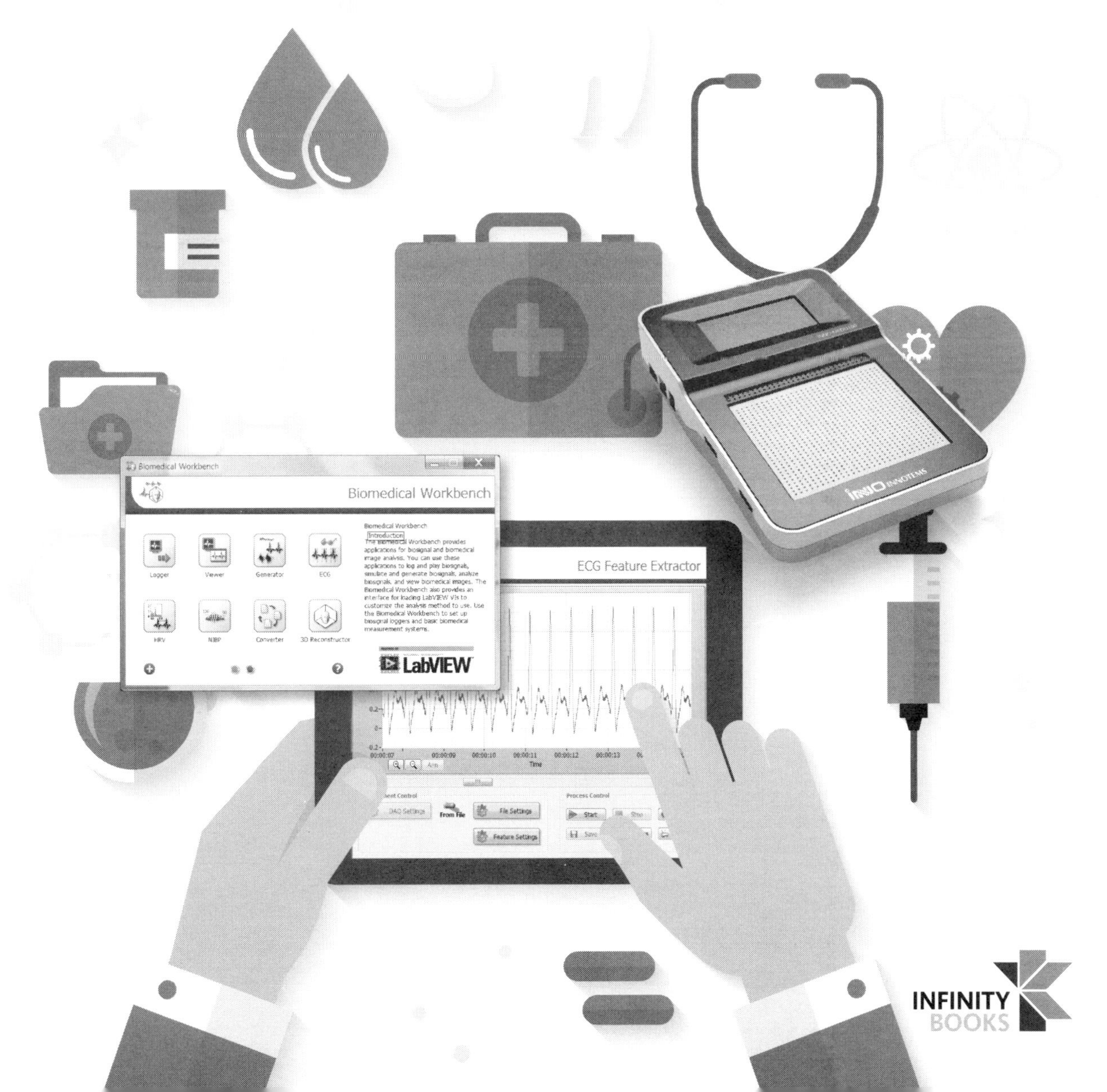

INFINITY
BOOKS

머리말

최근 진보된 의학과 과학 기술의 발전은 인류의 건강한 삶의 영위를 위한 토대를 마련해 주고 있다. 이러한 요건을 충족하기 위한 기술 분야의 키워드는 바로 디지털 헬스케어이다. 공학적인 측면에서 보면, 이는 웨어러블 기기, 스마트폰, 태블릿, 모바일 기기 등 모바일 측정 및 제어 기술이 시스템의 근간을 이루고 있다.

이러한 디지털 헬스케어의 시스템의 구축을 위해서는 획득할 생체신호의 선정, 앰프의 설계 및 획득, 획득한 신호의 계측 및 분석, 모바일 기기와의 연동 등 여러 가지의 기본적 구성 요소가 있다. 그리고, 컴퓨터 프로그래밍 언어와 하드웨어 시스템이 필수적으로 사용된다. 프로그래밍 언어는 의공학 관련 연구자 및 공학도들에게는 익숙한 용어이다. 그러나, 익숙한 만큼 디지털 헬스케어 시스템에 적합한 프로그래밍 언어를 사용하기란 용이하지 않은 것 같다. 또한, 막상 모바일 시스템과 연동을 위한 하드웨어 시스템을 구축하려고 하면, 소프트웨어는 어떤 것을 사용해야 하는지, 하드웨어는 어떻게 설계해야 하는지 가이드라인이 제시되고 있지 않아서, 많은 난관에 봉착하게 된다는 공학도들도 많다.

이에 본서는 디지털 헬스케어 시스템의 구축에 관심을 갖고 있는 엔지니어와 공학도를 대상으로, 구축에 필요한 요소기술을 풀어서 설명하고 있다. 또한, 텍스트 기반으로 어렵게 접근하는 것이 아니고, 데이터의 흐름 제어 방식으로 직관적인 이해를 돕는 그래픽 프로그래밍과 리얼타임 프로세싱과 FPGA 기반의 임베디드 시스템 등 상용 하드웨어 제품을 활용하여 보다 이해가 쉽도록 상세히 설명하고 향후 개별 과제에 응용하기 위한 기초 가이드라인을 제시하고 있다. 그리고, 회로설계 툴을 이용하여 생체신호 측정을 위한 프론트 엔드의 설계 과정을 돕고, 다소 막연하고 어렵게만 느껴졌던 디지털 헬스케어 시스템에 대한 실무 및 교육에 손쉽게 적용할 수 있도록 하였다.

이에 선도 기술을 이용한 디지털 헬스케어 시스템의 구축 예를 보다 적절하게 표현하기 위하여, 세계적인 다국적 기업인 National Instruments0™ 사의 그래픽 프로그래밍 언어인 LabVIEW와 회로 설계 툴인 Multisim을 두 가지 파트로 구성하고, 생체신호획득 및 분석 소프트웨어인 Biomedical Toolkit, NI myRIO 등 전 세계 엔지니어들이 창의성과 생산성을 발휘하기 위하여 사용하고 있는 상용화된 플랫폼을 활용하였다. 한편, 실제 구현 예를 설명하기 위하여, 이노템즈(주) INNO-MEDU100 시스템을 이용하여 생체신호 측정부터 모바일 연동까지의 전체적인 통합 시스템 구축 방안을 설명한다.

따라서, 독자들은 디지털 헬스케어 시스템의 구축을 위한 의학적 기초인 생체신호의 기초적 이해와 측정 및 분석, 공학적 기초를 이루는 신호의 계측 및 무선 통신 처리, 태블릿과 스마트폰으로 연동되는 모바일 측정 및 제어 시스템뿐 아니라 소형화를 위한 회로 설계에 대한 접근 방법을 체계적으로 이해하게 될 것이다. 모쪼록, IT와 의학, 공학이 합쳐진 융합 트렌드를 따라 더욱 진보될 디지털 헬스케어 시스템의 개념을 쉽게 이해할 수 있기를 바라며, 독자들의 개별 목표에 부합하는 과제 응용과 실현에 세부적인 도움이 되기를 바란다. 또한, 3장에서 다루는 디지털 헬스케어 시스템 구성을 위한 생체신호 측정 및 분석에 관한 실습이 가능하도록 하고, 관련된 모든 예제를 제공하여 손쉬운 개발 접근을 돕도록 하고 있다.

끝으로 본 도서 출판에 도움을 주신 한국내쇼날인스트루먼트, 이노템즈㈜, 인피니티북스 관계자 분들께 깊은 감사를 드린다.

2015년 2월

저자 김광현, 전세형

목차

Chapter 01

Digital Healthcare System Development Using LabVIEW and Multisim

서론

1.1 디지털 헬스케어 시스템

디지털 헬스케어는 건강 관리 시스템을 디지털 영역으로 포함시킨 개념이다. 디지털 헬스케어 산업은 여러 학문을 융합시킨 속성을 띄며, 최근 이슈가 되고 있는 정보통신 기술과 의료 기술이 접목되어 있다. 또한, 생체의 신호를 측정하기 위한 센서, 이 신호를 측정하는 부분 및 기기의 제어 컴퓨팅 기술을 이용하여 구축한 플랫폼 형대나 시스템적인 요소를 부가하면 디지털 헬스케어 시스템이 구성된다.

즉, 개인 건강 정보를 측정하여 모바일 기기나 서버 등으로 데이터를 연동하고 병원이나 관리 시스템을 중심으로 서비스를 창출하는 시스템이 주요한 구성이 될 것이다(그림 1-1). 최근 디지털 헬스케어 산업은 U-헬스케어에서 진화하여 뜨거운 이슈로 떠오르고 있다. 최근 많은 기업들이 플랫폼을 기반으로 한 서비스를 확충하고 있으며, 학계 또한 선행 및 실용화 관련 연구를 가속화 하고 있어서, 이 산업에서 많은 부가가치를 창출할 것으로 기대되고 있다.

그림 1-1 디지털 헬스케어 시스템의 개요

그림 1-1에서 보듯, 이러한 디지털 헬스 시스템에 대해서 센싱(센서로부터의 정보를 계측) 기술은 중요한 구성요소의 하나이다. 또 다른 예는, 최근 진화된 기술로 인하여 웨어러블 센서뿐 아니라 먹는 약으로부터 인체에 착용한 디바이스 등에 정보를 전송하고, 이를 감지하여 소지한 스마트 기기와 연동하여 인체의 정보를 전송하여 인체 정보를 획득하게 하고 있으며, 이러한 시스템을 의료기기로 판매할 수 있도록 인허가를 받아, 의료 서비스에 사용할 수 있도록 하고 있다.

하나의 예를 들어 설명한다면, 병원 외의 지역에서 심전도의 측정을 통하여 건강 관리가 필요한 사람들을 대상으로 심전도 모니터링 시스템 구축하는 사례를 가정해 보겠다. 이에, 가정에서나 실 생활에서 심전도를 측정하고 분석할 수 있도록 National Instruments™ LabVIEW, 회로설계 소프트웨어인 NI Multisim, PCB(Printed Circuit Board) 디자인 툴인 NI Ultiboard 소프트웨어와 함께 이와 호환되는 여러 종류의 NI 하드웨어 또는 여러 종류의 하드웨어 시스템을 사용하여 시중의 안드로이드 또는 iOS 어플리케이션과 호환되는 무선 ECG 모니터링 장치를 구축하여 병원과 연동되는 헬스케어 시스템을 구축할 수 있을 것이다.

1.2 디지털 헬스케어 시스템의 구성요소

이와 같은 디지털 헬스케어 생태계를 구축하기 위하여 필요한 핵심 구성요소 중 하나는 바로 "시스템"이다. 앞서 도식화한 그림 1-1에서, 실제적인 생체 기반의 정보를 바탕으로 개인 건강 관리나 의료 서비스에서의 응용이 가능한데, 이를 위한 기반 플랫폼은 ICT(Information Communication Technology)기반으로 엔지니어링 기반으로 구축되는 시스템 형태로 갖추어져야 한다. 즉, 생체신호(건강정보)를 계측 및 분석하고 모바일 디바이스와 연동하는 기능을 갖춘 소프트웨어와 하드웨어 환경을 구축하는 것이 핵심 인프라 중의 하나가 된다. 본서는 이러한 시스템 관점에서 디지털 헬스케어의 구성 요소를 접근하게 된다.

이런 디지털 헬스케어 시스템은 여러 가지의 헬스케어 어플리케이션을 통합한 개념으로 매우 광범위한 내용을 포함하고 있다. 따라서, 이에 대한 어플리케이션을 세분화할 필요가 있으며, 보다 구체적이고 실질적인 개념을 정의해야 할 것이다. 이에, 주요한 개념인 모바일 헬스케어의 개념에 대해서 살펴보기로 한다.

모바일 헬스케어(Mobile Healthcare, Mobile Health: mHealth)는 모바일 기기를 통해서 건강 관련(예: 건강관리, 교육, 진단, 원격 데이터 수집 및 처리, 관련 서비스) 어플리케이션을 구축하는 포괄적 개념이 포함되어 있다.

또한, 모바일 헬스케어는 모바일 전화를 거쳐 스마트폰이 확산되는 시기까지 진화를 거쳐왔다. 짐작할 수 있듯이, 초기 휴대용 전화기에서의 기능은 텍스트 메시지, 음성 등 이용 가능한 서비스에 한정적이었다. 그러나, 스마트폰이 보급되고 대중화되면서 스마트폰 자체에서 이용 가능한 어플리케이션을 기반으로 한 어플리케이션 개발 업체의 모바일 헬스케어용 어플리케이션의 개발 생태계를 구축하는 데 지대한 기술적 기반을 제공하게 된 것이다.

기본적으로 모바일 헬스케어 시스템을 구축한다면 스마트폰의 어플리케이션 외에도 기본적으로 플랫폼 설계를 위한 다음 기술(표 1-1)을 필요로 한다.

표 1-1 모바일 헬스케어 시스템 구축을 위한 플랫폼 기술

생체정보 처리 기술	인체로부터 원하는 생체 정보를 획득한 후 원하는 서비스 영역에서의 정보를 분석하기 위한 기술(예, 심전도 측정 후 Filtering, HRV, Peak Detection 등을 처리)
모바일 데이터 연동 및 어플리케이션 기술	데이터를 측정 디바이스에서 모바일 디바이스 또는 PC 기반의 시스템, 서버와 네트워킹하고 어플리케이션에서 실행시키는 기술
임베디드(마이크로컴퓨터)시스템 처리 기술	웨어러블 디바이스(측정, 분석) 또는 전용 임베디드 디바이스를 설계하고 구현하기 위한 기술
데이터 수집 및 제어 기술	생체신호를 수집하고 장비 간 데이터를 스트리밍하거나 디바이스를 제어하는 기술
소프트웨어(제어 및 통합) 기술	데이터의 수집, 제어, 통합 시스템을 운용하기 위한 소프트웨어의 사용 및 개발, 통합하는 기술

따라서, 본서는 모바일 헬스케어 시스템의 구축을 위한 요소 기술을 설명하고 그 핵심 구성 요소의 설명과 더불어 생체신호 모니터링에 관한 실질적인 모바일 헬스케어 시스템의 구축을 예로 들어 독자들의 이해를 돕고자 한다. 그러나, 시스템의 연구개발 및 양산을 위한 관점에서는 소프트웨어와 하드웨어의 종류는 매우 다양하며, 개발자의 환경에 따라 다양한 선택이 가능하다. 본서는 표 1-2에서 예로 제시하는 상용 제품을 이용하여 시스템 구축의 방안을 제시한다.

표 1-2 디지털 헬스케어 시스템 구축을 위한 측정 및 무선 연동 시스템 환경

구분	소프트웨어 예	하드웨어 예
주요 개발 플랫폼	LabVIEW	
회로 설계 및 시뮬레이션 및 PCB 디자인	NI Circuit Design Suite (Mulitsim, Ultiboard)	NI ELVIS, MyDAQ
임베디드 환경 및 무선 연동	LabVIEW Real-Time, FPGA Module, LabVIEW for myRIO	NI myRIO
PC기반 환경 및 무선연동	NI DAQmx	NI DAQ
생체신호 측정 및 분석	LabVIEW for Biomedical Toolkit	Electrode for ECG, EMG NIBP, SpO2(Amplifier)
모바일 연동	Data Dashboard for LabVIEW	

또 하나의 주요한 요소 기술의 키워드로는 모바일 시스템을 들 수 있다. 현재 주변에는 많은 사람들이 스마트폰을 이용하고 있다. 이와 같은 스마트폰은 과거와는 달리 전화의 기능뿐 아니라, 일상 생활 속에 필요한 여러 가지 어플리케이션을 탑재하고 있으며, 특화된 독립적인 기기 없이도 스마트폰 자체를 어플리케이션과 함께 대체할 수 있게 되었다(그림 1-2).

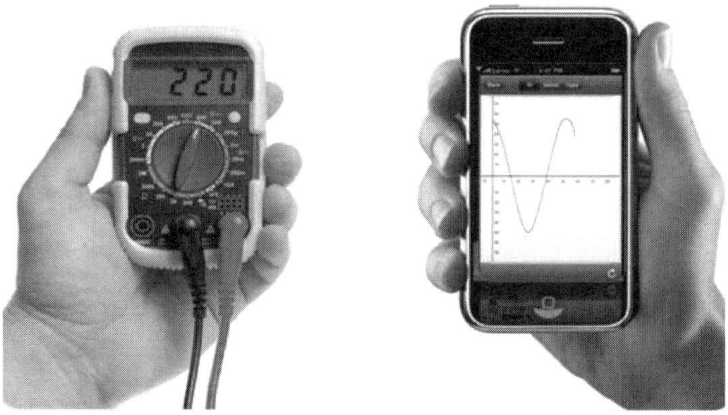

그림 1-2 모바일 환경에서의 스마트폰과 독립형 디지털 멀티미터를 이용하여 교류 전압 신호를 측정하는 것의 비교(이미지 출처: National Instruments™)

일반적으로 스마트폰과 태블릿 PC를 이용한 측정과 제어 시스템은 그림 1-3과 같이 구성된다. 이는, 데이터 수집 및 분석 프로그램(LabVIEW), 데이터 수집 시스템(계측기 자체적으로 무선 연동을 지원하는 시스템 또는 PC를 이용한 무선 연동이 가능), 모바일 연동 프로그램(NI Data Dashboard)을 이용하여 구축하게 된다[1]. 모바일 연동 부분에 대해서 조금 더 세부적으로 설명하면, 공유변수나 웹 서비스를 어플리케이션에

추가하여 표준 HTTP 프로토콜을 이용하는 방법이 사용된다. 또한, LabVIEW는 웹 서비스로 배포가 가능하기에 유용성이 있을 수 있다. 더욱 상세한 내용에 대해서는 3장에서 자세히 설명하기로 한다.

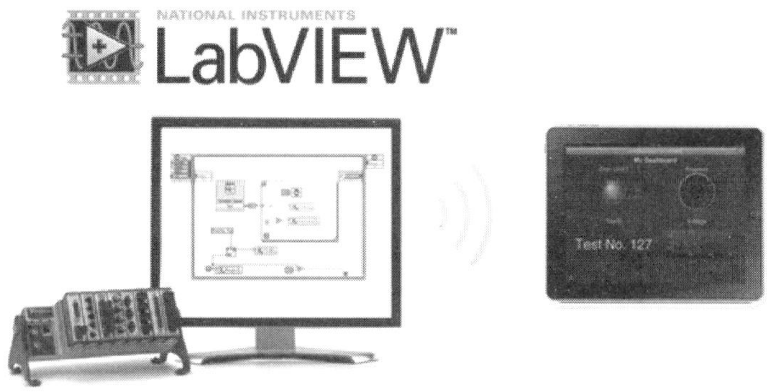

그림 1-3 모바일 측정 및 제어 시스템 예(이미지 출처: National Instruments™)

일반적으로, 스마트폰이나 태블릿 PC에서 계측된 데이터를 표시하거나 분석 화면을 구성하고자 하는 경우에는 "앱(어플리케이션)"을 개발하고 측정 시스템과 연동하기 위한 내부적인 통신 소켓의 구성 등 고려해야 할 구성 요소가 많이 있다. 이에 독자들의 이해를 돕기 위하여, NI LabVIEW Data Dashboard를 통하여 개념을 설명한다. 먼저, Data Dashboard for LabVIEW를 이용하여 생체 신호를 측정 하고 그 값들을 원격으로 확인하고자 한다면, 앱을 설치하여, 네트워크로 출판된 공유변수 또는 웹 서비스로 배포된 데이터를 차트, 게이지, 텍스트 인디케이터, LED의 형태로 표시한다(그림 1-4). 또한, 사용자들은 여러 가지의 인디케이터로 이루어진 레이아웃을 생성하여, 사용자 정의의 유저 인터페이스를 통하여 데이터를 확인할 수 있다.

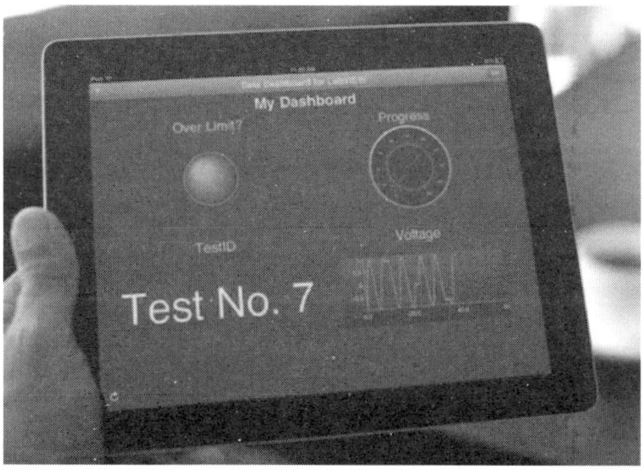

그림 1-4 Data Dashboard for LabVIEW의 차트, 게이지, LED, 라벨을 포함한 여러 인디케이터 디스플레이 구성 예(이미지 출처: National Instruments™)

지금까지는 모바일 측정 및 제어 계측 시스템 구축에 대한 개요를 살펴보았고, 모바일 헬스케어 시스템을 구축하는 방법에 대한 개요를 설명하고자 한다. 이를 도식화한 그림 1-5를 살펴보자.

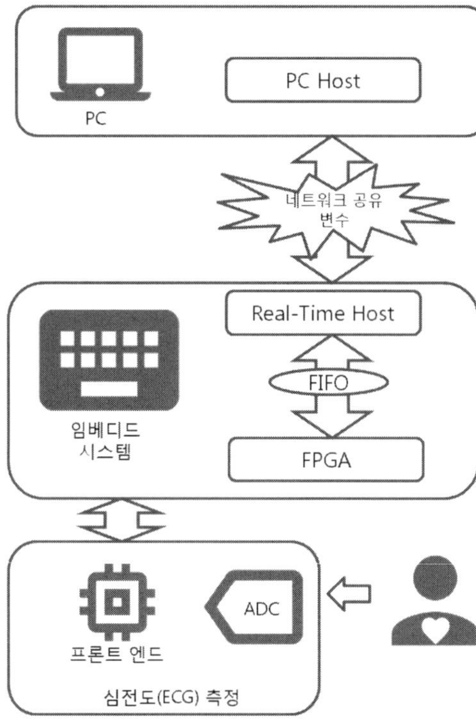

그림 1-5 심전도 계측을 위한 임베디드 시스템과 호스트 네트워킹 관계

그림 1-5에서는 심전도 계측을 위한 신호 계측부와 계측한 신호를 처리하는 임베디드 시스템을 표현하고 있으며, 데이터를 호스트 PC와 연동하는 네트워킹 관계를 설명하고 있다[4]. 이때, 네트워크 공유변수로 처리하고 있음을 알 수 있다. 더욱 자세히 설명하면, 심전도를 계측하기 위한 프런트 엔드의 설계 및 구현, 심전도(ECG)의 신호 처리, FPGA(Field Programmable Gate Array) 프로그래밍과 처리, FPGA 시스템과 임베디드 시스템과의 데이터 전달, 모니터 또는 디스플레이에 계측 데이터의 표시(그림 1-6), 네트워크 공유변수를 활용한 네트워킹의 단계를 거치게 된다. 이와 같은 상세 단계에 대해서는 3장에서 상세 단계 및 구현 방법을 살펴보기로 한다.

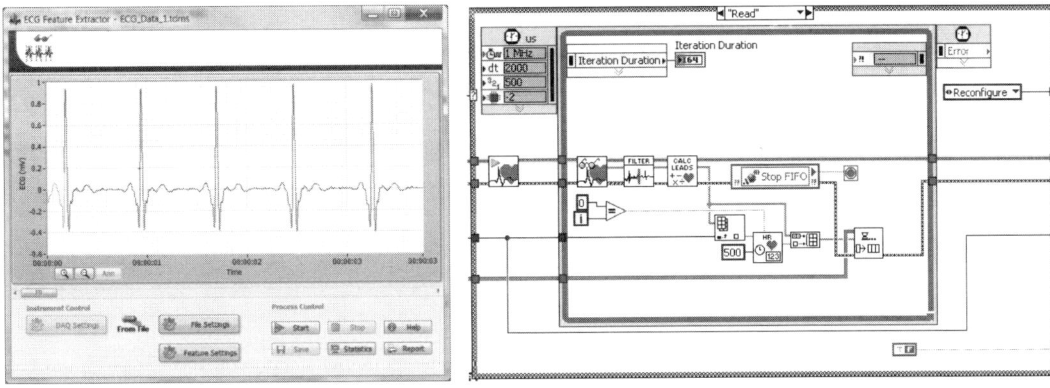

그림 1-6 계측한 심전도 디스플레이와 LabVIEW Host 프로그램에서 데이터를 스트리밍하고 있는 코딩의 예[3]
(코드 예제: National Instruments, NI Biomedical Toolkit)

1.3 모바일 헬스케어 어플리케이션

앞서 1.2절에서 기술한 모바일 헬스케어의 정의에 따라, 이와 관련한 어플리케이션은 매우 다양하다. 이에 본서는 생체신호의 모니터링 분야를 다루므로 그 외의 다양한 어플리케이션에 대한 사례를 담아 포괄적인 개념으로 이해를 돕고자 한다.

모바일 헬스케어 어플리케이션은 대부분 휴대용 디바이스(스마트폰, 태블릿, 웨어러블 디바이스)를 이용하는 개념으로 집약된다. 생체 신호나 건강 정보를 획득하기 위한 접촉식 센서나 모니터링 센서와 연동하여 스마트폰이나 태블릿과 통신하거나 웨어러블 디바이스의 경우에는 자체에 내장된 센서나 모니터링 센서를 통하여 수집된 정보를 임베디드 시스템에서 처리하는 형태가 된다. 다음은 현재 시판되거나 연구 개발되고 있는 센서의 예이다.

표 1-3 생체 활력 징후의 모니터링을 위한 모바일 헬스케어 시스템 센서의 예

용도	바이오 센서 및 범용 센서
생체 신호 및 정보 취득	심전도
	혈압
	산소포화도/맥박
	근전도
	혈당
신체 활동 정보 취득	GPS, 마이크로폰(음성), 가속도(모션)

웨어러블 디바이스는 모바일 헬스케어 시스템 구축 기술을 가속화 할 수 있는 촉매제가 되고 있다.

그 외에도 모바일 어플리케이션은 앞서 언급한 다양한 센서와 측정 및 분석 기술과 결합하여 상용 어플리케이션의 구축 및 관련 연구가 급속도로 진행되고 있을 것이다.

지금까지 디지털 헬스케어 시스템과 이를 구성하기 위한 요소에 대해 살펴보았다. 향후 본서의 2장에서는 모바일 헬스케어 시스템의 구현을 위해 필요한 주요 개발 언어로써 National InstrumentsTM LabVIEW의 설명과 사용 방법을 소개한다. 이를 통하여, 디지털 헬스케어 시스템의 구성에 초석이 되는 프로그래밍의 개념과 Biomedical Toolkit 등 생체신호 측정 분석을 위한 어려운 개념을 좀 더 손쉽게 이해할 수 있을 것이다. 또한, 생체신호의 측정을 위한 증폭, 필터 회로 등의 신호처리부를 다루기 위한 프론트 엔드 설계를 돕기 위하여 Multisim을 활용하여 상세 회로 구성을 다룸은 물론, 예제를 제공하여 독자분들의 구축 및 개발에 도움을 주고자 한다. 3장에서는 상용화된 모바일 헬스케어 연구개발 시스템인 INNO-MEDU100 제품을 이용하여 모바일까지의 연동 방안을 실제 LabVIEW 예제와 더불어 최종 설명한다[2, 5-7].

참고 자료

[1] Mobile technology for measurement and control, National Instruments

[2] LabVIEW Tutorial, National Instruments

[3] Biomedical Toolkit Tutorial, National Instruments

[4] NI Biomedical Application Tutorial, National Instruments

[5] Real-Time Module, FPGA Module Toolkit Tutorial, National Instruments

[6] Mutisim Tutorial, National Instruments

[7] INNO-MEUD100 Tutorial, Innotems

Chapter 02

Digital Healthcare System Development Using LabVIEW and Multisim

디지털 헬스케어 시스템 개발을 위한 프로그래밍 기초

2장에서는 디지털 헬스케어 시스템 구축을 위한 LabVIEW, Real-Time Module, FPGA Module, Biomedical Toolkit, Multisim에 대한 프로그래밍 기법 및 기초 소개를 다룬다. 디지털 헬스케어 시스템 구축을 위해서는 기본적인 프로그래밍 지식뿐 아니라, Inno-Medu100 등과 같이 PC 없이 자체 OS를 가지고 FPGA 기능을 탑재한 운용 하드웨어를 연동시킬 수 있는 기술이 필요하며, 생체신호를 측정하고 분석하기 위한 기법과 지식이 필요하다. 이에, 본 장에서는 세부적인 프로그래밍 기법과 기초 정보 소개를 통하여, 시스템 개발이나 학교에서 수업이 가능한 실습을 수행할 수 있는 기초 지식을 제공할 것이다.

2.1 LabVIEW

2.1.1 NI LabVIEW란 무엇인가?

NI LabVIEW 시스템 디자인 소프트웨어는 내쇼날인스트루먼트 플랫폼의 핵심이다. 모든 측정 또는 컨트롤 어플리케이션을 짧은 시간에 개발하기 위한 종합적인 툴을 제공하는 LabVIEW는 혁신과 발견 및 신속한 결과 도출을 위한 최적의 개발 환경이다. LabVIEW 소프트웨어를 모듈형의 재구성 가능한 하드웨어와 함께 사용하면, 복잡한 과정 없이 측정 및 컨트롤 시스템을 시간과 예산 내에 구축할 수 있다.

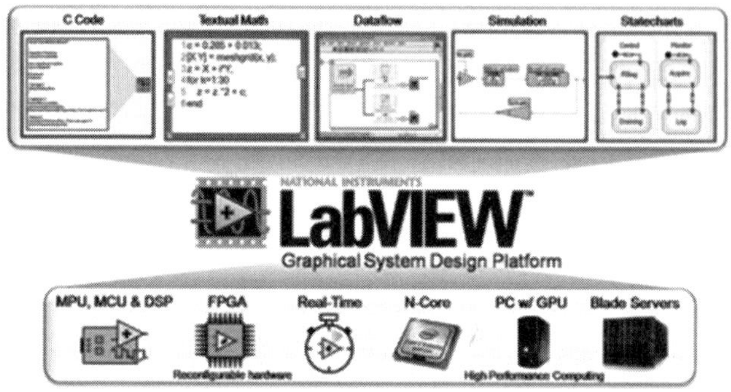

그림 2-1 NI LabVIEW

LabVIEW는 엔지니어들이 디자인부터 테스트까지 진행할 수 있고 소형 시스템에서 대형 시스템까지 확장할 수 있는 그래픽 기반의 프로그래밍 플랫폼이다. LabVIEW는 기존 레거시 소프트웨어, IP 및 하드웨어와 우수하게 통합되며 최신 컴퓨팅 기술을 활용한다. LabVIEW를 통해 현재 부딪히는 여러 문제를 더욱 신속하게 효율적으로 해결하고 미래의 혁신을 구현할 수 있다.

2.1.2 왜 NI LabVIEW인가?

▌간단한 개발 환경

NI LabVIEW 환경을 사용하면 모든 측정 또는 컨트롤 시스템을 대폭 단축된 시간에 구축할 수 있다. 기타 범용 툴과 달리 LabVIEW는 모든 하드웨어를 다양한 분석 및 신호 처리 라이브러리와 통합하며, 직접 설정 가능한 그래픽 기반 사용자 인터페이스를 제공한다. 또한, LabVIEW를 사용하면 가장 최신의 고급 기술을 사용하는 플랫폼으로 시스템을 배포할 수 있다.

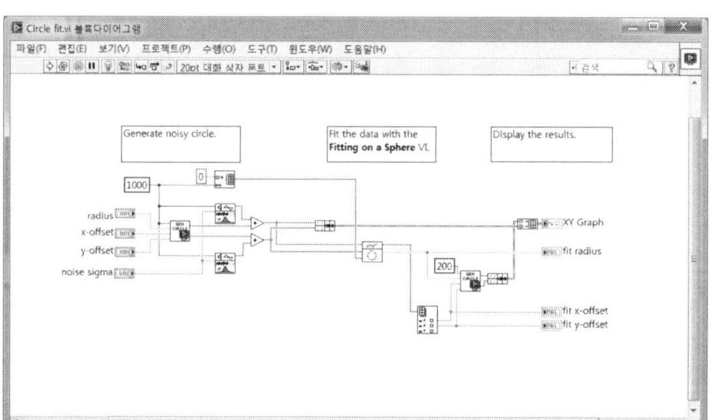

그림 2-2 LabVIEW 블록다이어그램 화면

LabVIEW는 텍스트 기반 언어와 달리 로우레벨의 복합성을 간략화하고 필요한 모든 기술을 일관적인 단일 개발 환경에 통합하여 생산성을 증대한다. 일관적인 환경에서 프로그래밍을 진행하면 다양한 툴을 전문적으로 익힐 필요 없이, 시스템의 모든 요소가 긴밀하게 함께 작동한다는 것을 확인할 수 있다.

LabVIEW는 NI 시스템 디자인 플랫폼의 핵심이다. 플랫폼 방식을 채택하면 요구사항의 변화에 맞게 어플리케이션을 효율적으로 확장할 수 있다. 소프트웨어와 하드웨어가 통합된 플랫폼의 특징으로 인해, 시스템에 필요한 모든 기술, I/O, 연산 및 모델을 편리하게 시각화 처리하고 구현할 수 있다. LabVIEW 내에서 최신 기술과 함께 타 프로그래밍 방식을 사용하여 시스템의 작동 방식을 기술하고, 그 후 시스템 실행을 위한 최적의 타겟으로 컴파일할 수 있다. 따라서 시스템의 디자인뿐 아니라 실행까지도 신속하게 반복할 수 있다.

다양한 하드웨어 통합

NI LabVIEW 시스템 디자인 소프트웨어는 거의 모든 하드웨어를 단일 환경에서 통합하며, 편리한 기능과 모든 하드웨어에서 일관적인 프로그래밍 프레임워크를 제공하여 개발 시간을 단축한다. LabVIEW를 사용하여 독립형 계측기, 모듈형 플랫폼 등 모든 하드웨어에 연결하고, 데이터를 수집, 분석 및 표현하는 방법을 확인할 수 있다.

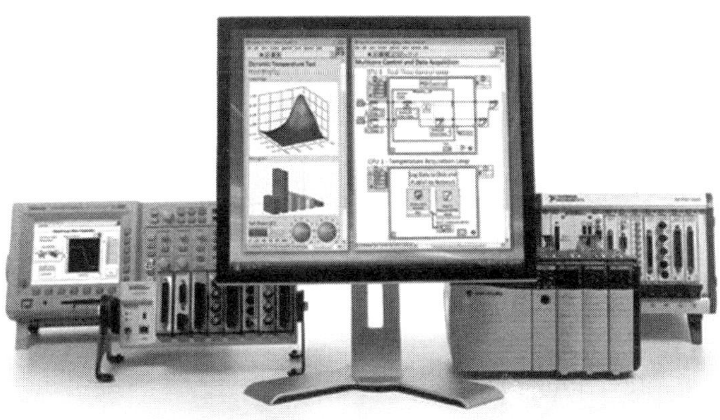

그림 2-3 LabVIEW와 다양한 측정 및 제어 장치를 통합

LabVIEW를 사용하면 하나의 개발 환경에서 모든 측정 및 컨트롤 하드웨어를 사용할 수 있다. LabVIEW는 여러 종류의 계측기, 버스 및 센서와 긴밀하게 통합된다. 예를 들어, LabVIEW는 다양한 데이터 수집 디바이스, 박스형 계측기, 모듈형 계측기 및 FPGA와 통합된다.

직관적인 개발 인터페이스

모든 테스트, 측정 또는 컨트롤 시스템에서 수집된 데이터를 확인하는 기능은 없어서는 안 될 기능이다. NI LabVIEW 소프트웨어를 사용하면 데이터 시각화 처리와 연산자 입력을 위한 사용자 인터페이스를 신속하게 개발할 수 있다. 그래픽 기반의 사용자 인터페이스를 직접 설정하여 모든 측정 및 컨트롤 어플리케이션에 추가하는 방법을 확인할 수 있다.

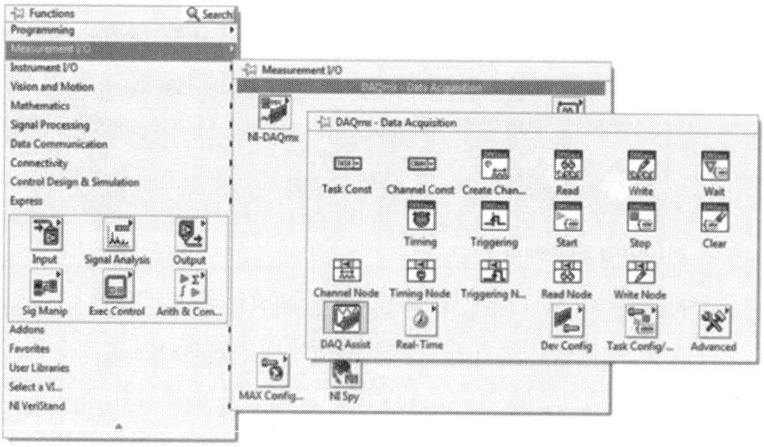

그림 2-4 다양한 함수들을 간단하게 사용할 수 있는 팔레트 기능

엔지니어링 및 과학 기술 데이터 전용으로 개발된 LabVIEW는 마우스로 드래그 앤 드롭 할 수 있는 컨트롤과 인디케이터의 모음을 제공한다. 따라서 어플리케이션을 위한 사용자 인터페이스를 신속하게 직접 설정할 수 있다. 사용자가 정의한 유연성 있는 인터페이스를 사용하면, 중요한 연산자 입력이 가능하며 리얼타임 데이터를 효율적으로 확인할 수 있고 기존의 프로그래밍 환경을 사용할 때보다 짧은 시간 내에 분석 결과를 시각적으로 표현할 수 있다.

광범위한 데이터 분석

로우 데이터는 유용한 정보를 포함하지 않을 수도 있다. 신호 처리는 신호 변환, 노이즈 간섭 제거 또는 환경적인 영향을 보상할 때 필요하다. NI LabVIEW 소프트웨어의 통합된 개발 환경에서 신호 처리와 분석을 수행하여 보다 자세한 데이터를 얻을 수 있다.

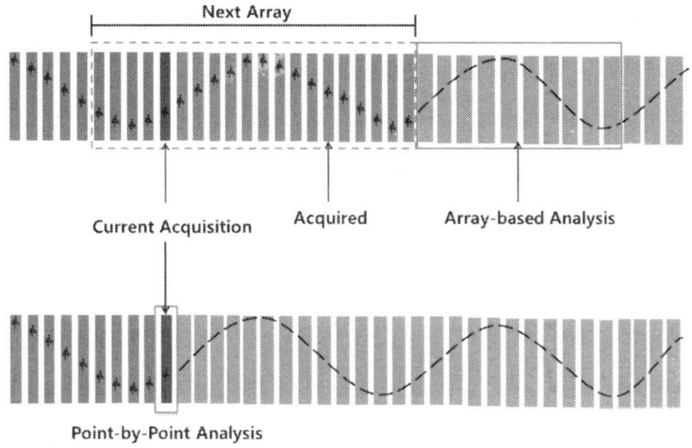

그림 2-5 어레이 기반으로 포인트 별 분석

분석은 여러 테스트, 측정 및 컨트롤 어플리케이션에서 중요한 부분이다. 신호를 분석하면 보다 직관적으로 데이터를 해독할 수 있다. 즉, 원하는 신호를 보다 명확하게 파악할 수 있고 신호의 특정 동작을 모니터링 할 수 있다.

LabVIEW는 단일 환경 내에서 데이터를 동시에 수집하고 분석하는 기능을 제공하는 통합 솔루션이다. 850개 이상의 연산 및 신호 처리 함수 중 선택하면, 분석 루틴을 처음부터 개발할 필요 없이 데이터를 직관적으로 파악할 수 있다.

각 태스크에 적합한 툴

NI LabVIEW 시스템 디자인 소프트웨어의 오픈 플랫폼을 사용하면 다른 프로그래밍 툴에 제한 받지 않고 개발을 진행할 수 있다. 그래픽 기반, 텍스트 기반 및 기타 프로그래밍 방식을 단일 환경에 모두 통합하여, 소프트웨어 솔루션을 효율적으로 직접 제작할 수 있다. ANSIC 또는 .NET 코드와 상호 연동, 그래픽 기반 환경에서 텍스트 수학 사용, 특화된 모델링 및 시뮬레이션 툴로 컨트롤 어플리케이션을 제작하는 내용을 확인할 수 있다.

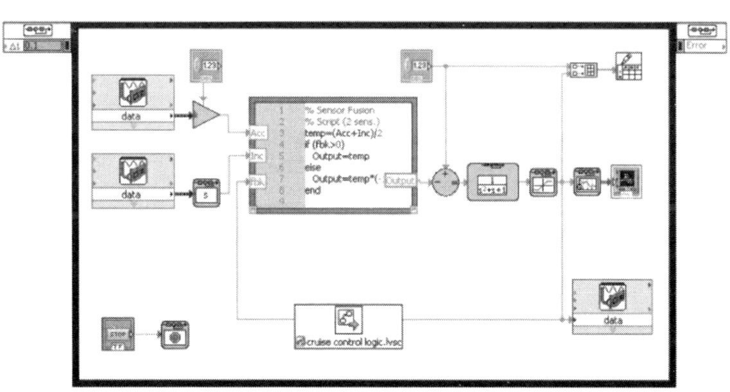

그림 2-6 신호 흐름, 하드웨어 I/O, 및 MathScript 노드를 보여줌

많은 사용자들이 G언어라고도 불리는 LabVIEW의 그래픽 기반 프로그래밍 언어의 특징을 이해하며 그 가치를 인정하고 있다. 뿐만 아니라 LabVIEW를 사용하면 여러 프로그래밍 방식을 통합하여 최고의 솔루션을 도출할 수도 있다.

그래픽 기반 프로그래밍 사용, 텍스트 수학으로 알고리즘 작성, ANSI C 또는 .NET 코드와 상호연동, 모델링 및 시뮬레이션을 위한 특수 툴 사용 등의 작업을 수행할 때, LabVIEW는 보다 짧은 시간 내에 시스템을 구축하기 위해 필요한 툴과 방식을 제공한다.

소프트웨어를 적합한 하드웨어로 배포

NI LabVIEW 시스템 디자인 소프트웨어는 대부분의 일반 OS에서 실행되며 하드웨어 타겟에 코드를 배포한다. 따라서 사용자는 가장 적합한 연산 플랫폼을 유연하게 선택할 수 있으며, 개발한 코드와 인력 교육에 대한 투자를 보호할 수 있다. 다른 툴과 언어의 경우, 하나의 OS 또는 하드웨어 플랫폼에만 한정되는 경우가 많다. 여러 플랫폼으로 구성된 시스템을 통합하려면 다방면의 교육과 여러 가지 툴에 대한 투자가 필요하다.

LabVIEW는 동일한 툴 체인과 프로그래밍 패러다임을 사용하므로 개발자들은 여러 타겟에서 개발을 진행할 수 있다. 이같은 크로스 플랫폼과 크로스 타겟 툴을 사용하면 보다 다양한 업무를 수행할 수 있다. 테스트 및 컨트롤 시스템의 경우, 여러 구성 요소들이 다른 하드웨어에서 실행되는 경우가 있다. 인터페이스 구성 요소는 터치 패널 컴퓨터 또는 데스크톱 PC가 될 수 있으며, 테스트 코드는 산업용 컨트롤러 또는 임베디드 PXI 시스템에서 실행될 수 있다. 견고한 리얼타임 PC 또는 FPGA 보드에서 실행되는 중요한 로직이 있는 경우도 있다. 또한 계측기, 머신 비전 시스템 또는 무선 센서에 지능이 필요할 수도 있다.

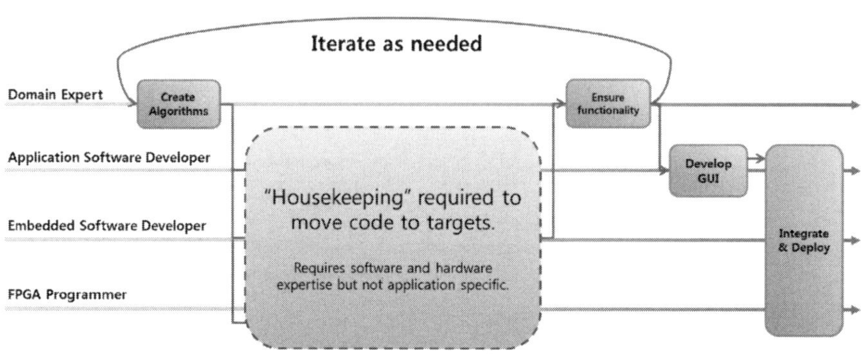

그림 2-7 기존 시스템 디자인

다양한 프로그래밍 문제를 처리하기 위해, 종전에는 알고리즘 개발자, GUI 또는 호스트 어플리케이션 개발자, 임베디드 프로그래머, FPGA 프로그래머 등의 여러 전문가가 필요했다. 최소 4가지의 기술과 4개 언어 및 툴체인에 대한 지식이 필요했지만, 이제는 이 모든 것을 숙련된 LabVIEW 개발자 한 사람이 해결할 수 있게 되었다.

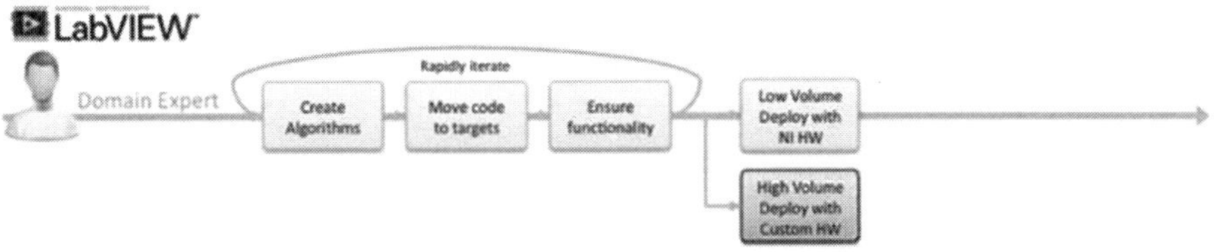

그림 2-8 한 명의 LabVIEW 전문가가 모든 것을 처리

강력한 멀티스레드 실행

NI LabVIEW 소프트웨어는 멀티스레드 어플리케이션에 적합한 프로그래밍 환경이다. LabVIEW로 작성된 코드가 멀티코어 CPU에서 사용될 때 여러 코어에서 실행하도록 자동으로 확장된다. 이때, 코드를 변경하거나 스레드를 일일이 할당할 필요가 없다. LabVIEW를 사용하면 병렬 프로그래밍에 대한 전문 지식 없이 멀티코어 CPU, FPGA 및 GPU와 같은 병렬 아키텍처를 사용하여 성능을 개선할 수 있다.

병렬 프로그래밍에 대한 전문적인 지식 없이 모든 연산 기능을 충분히 활용할 수 있다. LabVIEW는 스레드 할당과 병렬 프로세스를 자동 처리하므로, 사용자는 멀티코어 프로세서에 코드를 맵핑하는 데 시간을 할애할 필요 없이 문제 해결에만 집중할 수 있다. 로우레벨 컨트롤이 필요한 경우, 코드 섹션에 대한 리소스를 직접 지정하여 리소스 할당을 정의할 수 있다.

멀티코어 CPU 프로그래밍 이외에도 FPGA, GPU, 클라우드 컴퓨팅 등 기타 병렬 하드웨어에 LabVIEW를 사용할 수 있다.

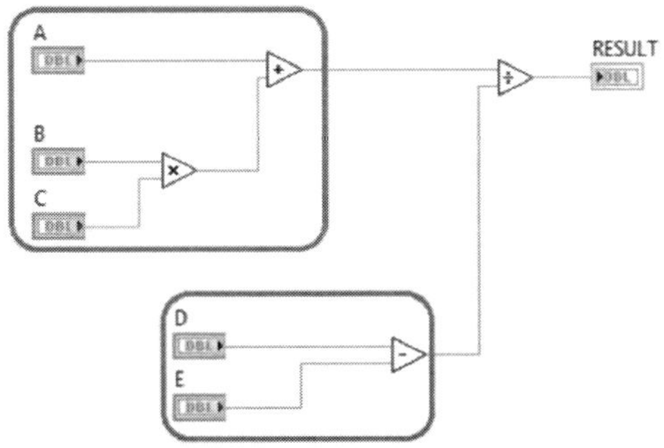

그림 2-9 독립된 경로의 코드를 동시에 실행

측정 데이터 기록 및 공유

처리 속도와 저장 용량은 지속적으로 증대되고 있고 하드웨어와 소프트웨어의 비용은 절감됨에 따라 수집되는 데이터의 양이 급증하고 있다. 기술 발전으로 대량의 데이터를 신속하게 획득하게 되었지만, 데이터의 저장, 관리 및 공유는 실질적인 과제로 남아 있다.

데이터는 여러 소스로부터 생성되지만, 그 중에서도 물리적인 현상으로부터 추출되는 신호는 엔지니어와 과학자들에게 가장 흥미로운 데이터이다. 이와 같은 신호는 진동, RF 신호, 온도, 압력, 사운드, 이미지, 빛, 자성, 전압 등을 측정하여 수집된다. 이같이 다양한 소스의 데이터를 관리할 때에는 데이터 분석, 검색, 통합, 보고서 생성 및 시스템 관리 등에 신경을 써야 한다. 결국, 여러 어플리케이션에 있어 데이터는 투자이다. 다시 말해, 데이터는 실험과 테스트의 결과를 나타내며 여러 디자인 결정에 있어 중요한 원동력이 된다.

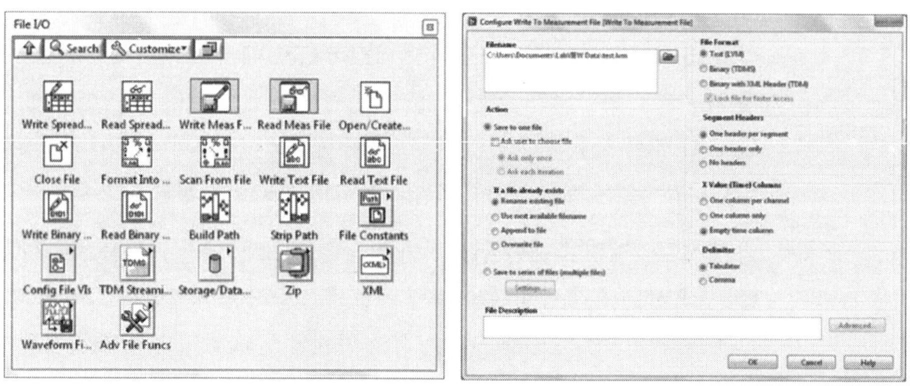

그림 2-10 파일을 읽고 쓰는 다양한 기능들을 제공

NI LabVIEW 소프트웨어는 엔지니어링 전 과정에 사용할 수 있도록 제작되었으며, 데이터를 디스크에 편리하게 저장하고 전문적인 보고서를 생성하는 기능을 제공한다. LabVIEW 저장, 관리 및 보고서 생성 툴은 파일 I/O 및 보고서 생성의 세부적인 내용을 간략화 함으로써 사용자들은 데이터 수집에만 집중할 수 있다. 파일 I/O 및 보고서 생성을 위한 편리하면서도 견고한 인터페이스를 사용하면, 수집된 데이터를 활용하여 신속하게 의사 결정을 내릴 수 있다.

2.1.3 LabVIEW 탐색하기

LabVIEW란?

- 공학자들과 과학자들이 복잡한 측정 및 테스트, 컨트롤 시스템을 개발하는 데 사용하는 그래픽 프로그래밍 환경
- 광범위한 종류의 하드웨어와 인터페이스
- 여러 타겟 및 OS에서도 확장이 가능

분석 라이브러리가 내장되어 있음

프로젝트 탐색기

- 프로젝트 파일 찾기, 접근 및 정리
- 잘못된 링크 문제 방지, 감지 및 해결
- 타겟에 파일을 배포 또는 다운로드
- 빌드 옵션에 대한 코드 관리
- 실행 파일, 설치 프로그램 및 압축 파일
- 소스 코드 컨트롤 제공자와 통합

그림 2-11 프로젝트 탐색기 창

LabVIEW 파일:

표 2-1 LabVIEW 파일 확장자

일반적인 LabVIEW 파일 확장자	
LabVIEW 프로젝트	.lvproj
버추얼 인스트루먼트(VI)	.vi
사용자 컨트롤	.ctl

프로젝트에 폴더 추가하기

표 2-2 버추얼 폴더

버추얼 폴더	
	프로젝트 아이템의 구조이며, 실제 디스크 상의 파일을 나타내는 것은 아님

표 2-3 자동적용 폴더

자동적용 폴더	
	디스크 상의 디렉터리를 프로젝트에 추가
	LabVIEW는 프로젝트 및 디스크의 변경 사항을 지속적으로 모니터하고 이에 따라 해당 폴더를 업데이트

VI의 3가지 구성요소

▶ 프런트패널

- VI의 사용자 인터페이스

  프런트패널은 컨트롤(입력)과 인디케이터(출력)로 구성

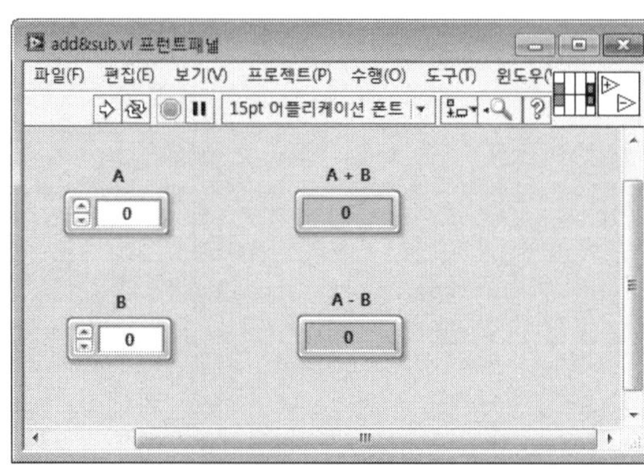

그림 2-12 프런트패널

▶ **블록다이어그램**

- 그래픽 소스 코드

블록다이어그램에서 프런트패널의 객체는 터미널의 형태로 나타남

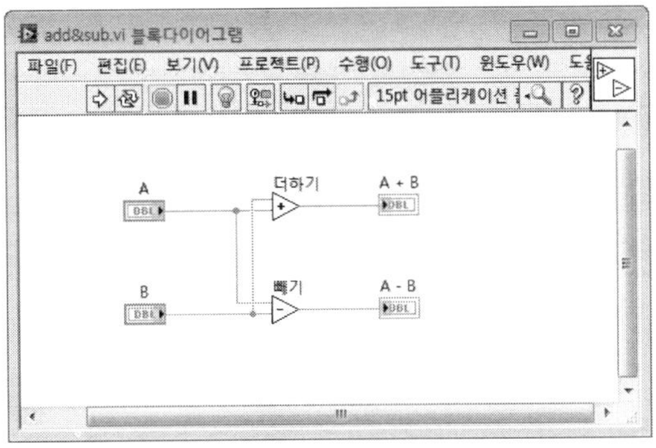

그림 2-13 블록다이어그램

▶ **아이콘/커넥터 팬**

아이콘-VI를 그래픽 형태로 표현한 것

커넥터 팬- VI의 입력과 출력의 맵

- VI를 SubVI로 사용하려면 아이콘과 커넥터 팬이 필요
- SubVI - 다른 VI의 블록다이어그램에 나타나는 VI.
- SubVI는 텍스트 기반 프로그래밍 언어에서의 서브루틴 또는 함수와 유사함

▌프런트패널

▶ **프런트패널의 구성요소**

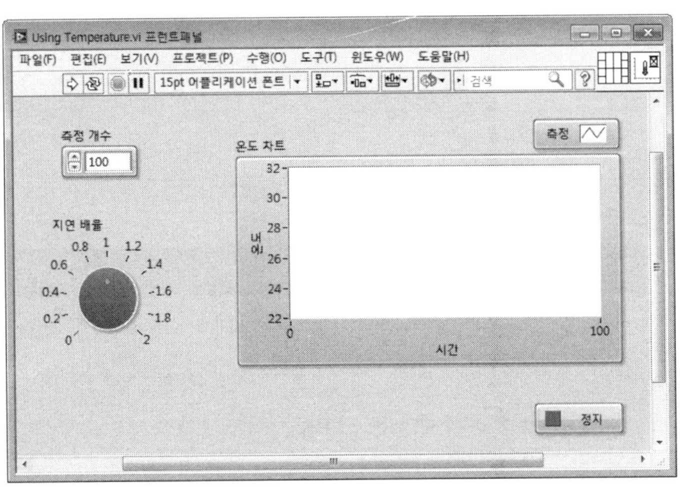

그림 2-14 LabVIEW 프런트패널

표 2-4 컨트롤 특징

컨트롤
입력 디바이스
노브, 버튼, 슬라이드
블록다이어그램 데이터 전달

표 2-5 인디케이터 특징

인디케이터
출력 디바이스
그래프, LED
블록다이어그램에서 수집 또는 생성하는 데이터를 나타냄

표 2-6 숫자형 컨트롤 및 인디케이터 특징

숫자형 컨트롤 및 인디케이터
컨트롤 또는 인디케이터의 숫자형 데이터는 정수나 부동소수와 같은 다양한 타입의 숫자를 나타낼 수 있음

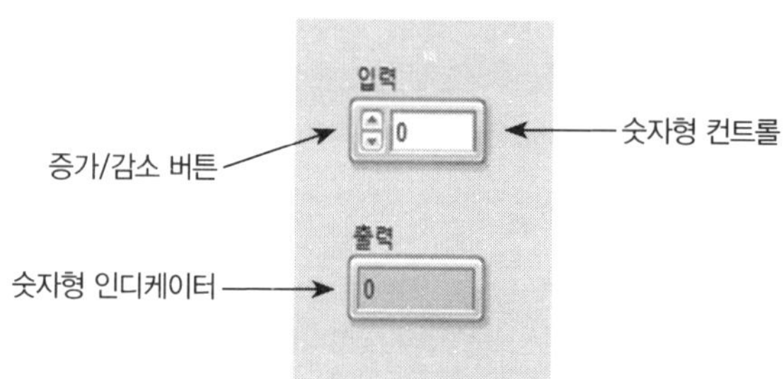

그림 2-15 숫자형 컨트롤과 인디케이터(프런트패널)

표 2-7 불리언 컨트롤 및 인티케이터 특징

불리언 컨트롤 및 인디케이터
불리언 데이터 타입은 참/거짓, ON/OFF 등과 같이 두 가지 옵션만 가진 데이터를 나타냄
불리언 컨트롤과 인디케이터를 사용하여 불리언(참 또는 거짓) 값을 입력 및 표시
불리언 객체는 스위치, 누름 버튼, LED를 시뮬레이션 함

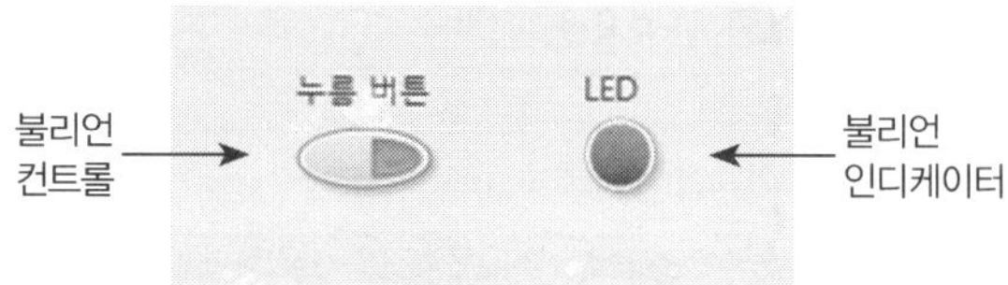

그림 2-16 불리언 컨트롤 및 인디케이터(프런트패널)

표 2-8 문자열의 특징

문자열
문자열 데이터 타입은 일련의 ASCII 문자로 구성됨
암호 또는 사용자 이름 등과 같은 사용자 입력 텍스트를 받으려는 경우 문자열 컨트롤을 사용함
텍스트를 디스플레이 하려는 경우에도 문자열 인디케이터를 사용할 수 있음

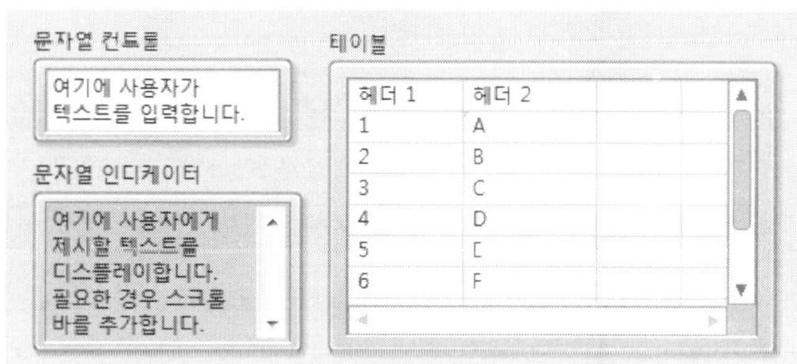

그림 2-17 문자열 컨트롤 및 인디케이터(프런트패널)

블록다이어그램

▸ 블록다이어그램은 그래픽 기반의 코드

그림 2-18 블록다이어그램 창

▶ 블록다이어그램 구성요소

표 2-9 블록다이어그램 아이템

블록다이어그램 아이템	
터미널	
상수	
노드	함수
	Sub VI
	구조
와이어	
독립라벨	

표 2-10 프런트패널 객체의 터미널 특징

프런트패널 객체의 터미널
프런트패널과 블록다이어그램 사이에서 정보를 교환하는 입력 및 출력 포트
터미널은 텍스트 기반 프로그래밍 언어의 파라미터와 유사함
터미널을 더블클릭하여 해당하는 프런트패널 객체를 찾을 수 있음

그림 2-19 블록다이어그램의 터미널(위)와 아이콘(아래)

▶ 터미널을 아이콘으로 보기

기본으로 아이콘으로 보기 옵션이 활성화되어 있음, 간략하게 보기를 원할 때 아이콘으로 보기를 선택 해제

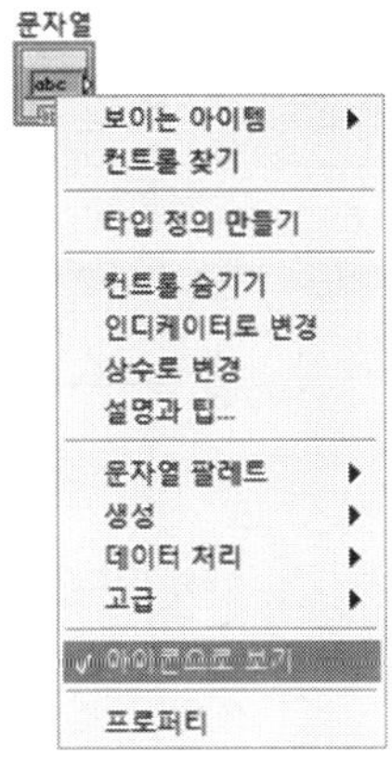

그림 2-20 아이콘을 터미널로 변경하기

▶ **노드**

노드는 입력 및 출력 중에서 하나만 갖거나 또는 입출력을 모두 가진 블록다이어그램 객체로서, VI가 실행될 때 동작함.

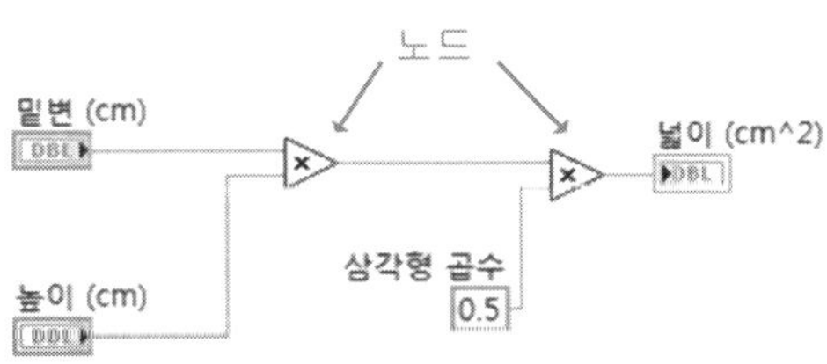

그림 2-21 블록다이어그램의 노드

표 2-11 함수의 특징

함수	
	- LabVIEW의 기본적인 연산 원소 - 프런트패널 또는 블록다이어그램 윈도우가 없지만, 커넥터 팬이 있음 - 아이콘의 배경색은 옅은 노란색
	함수를 더블클릭하면 해당 함수만 선택됨
	함수는 VI 및 SubVI와 같이 열리지 않음

표 2-12 SubVI 특징

SubVI	
	- 다른 VI의 블록다이어그램에서 사용되는 VI - 프런트패널 및 블록다이어그램이 있음 - 다른 VI의 블록다이어그램에 SubVI를 놓으면, 해당 SubVI의 우측 상단에 있는 아이콘이 나타남
	SubVI를 더블클릭하면, 프런트패널 및 블록다이어그램이 열림
	모든 VI는 SubVI로 사용될 수 있음

표 2-13 익스프레스 VI 특징

익스프레스VI	
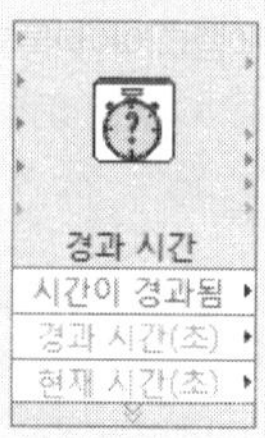	- 특수한 타입의 SubVI - 대화상자에서 설정이 이루어지므로 최소한의 와이어링만이 필요함 - 각 설정을 SubVI로 저장함
	블록다이어그램에서 익스프레스 VI 노드의 아이콘은 파란색 영역으로 둘러싸여 있음

▶ **와이어**

표 2-14 와이어 종류 및 특징

와이어	
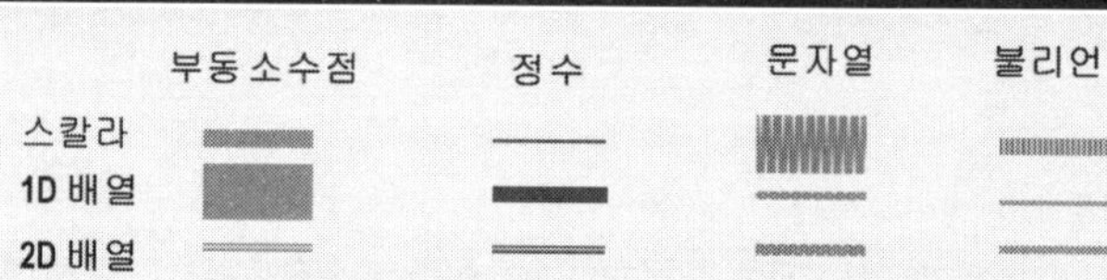	
와이어는 블록다이어그램 객체 간에 데이터를 전달함	
와이어는 데이터 타입에 따라 각각 색, 스타일, 두께가 다름	
깨진 와이어는 중앙에 빨간색 X가 있는 검정색 점선으로 나타남	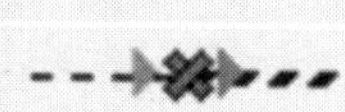

▶ 도움말

표 2-15 기본 도움말

기본 도움말
커서를 객체 위로 움직일 때, 해당 와이어나 노드에 대한 기본 정보를 디스플레이 함
기본 도움말을 보이거나 숨기는 방법: - LabVIEW 메뉴에서 도움말≫기본 도움말 보기 선택 - 〈Ctrl-H〉를 누름 - 도구 모음에서 다음 버튼 클릭 

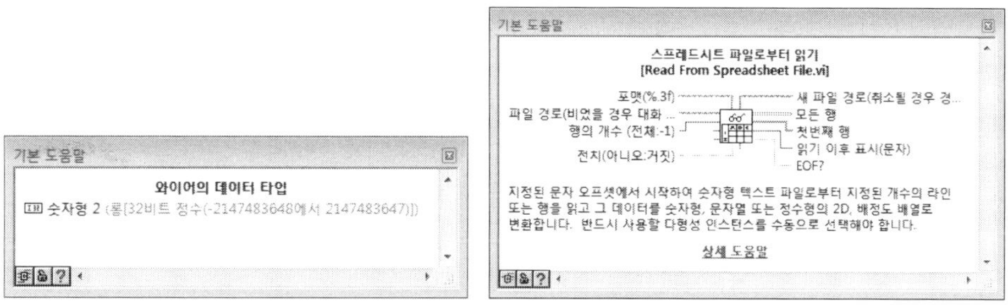

그림 2-22 기본 도움말 창

표 2-16 LabVIEW 도움말 특징

LabVIEW 도움말
대부분의 팔레트, 메뉴, 도구, VI, 함수에 대한 상세한 설명이 제공됨
도움말에 접근하기: - 메뉴에서 도움말 〉〉 LabVIEW 도움말 선택 - 상세 도움말: 링크를 사용하거나 기본 도움말 윈도우의 버튼을 클릭 - 객체에서 마우스 오른쪽 버튼을 클릭한 후 바로가기 메뉴에서 도움말 선택

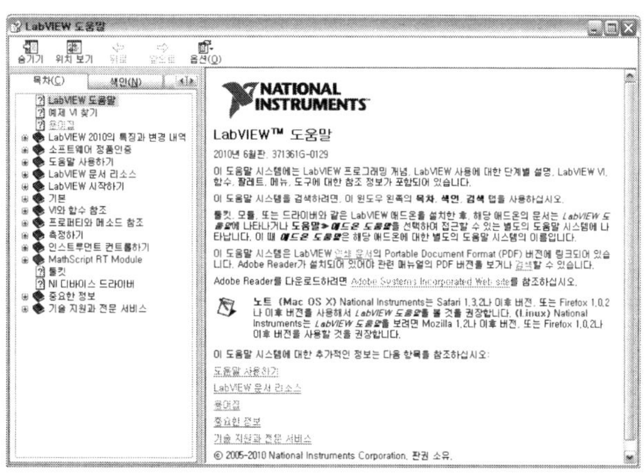

그림 2-23 LabVIEW 도움말 창

▶ 컨트롤, VI, 함수 검색하기

표 2-17 컨트롤 팔레트 특징

컨트롤 팔레트
프런트패널을 생성하기 위해 사용하는 컨트롤과 인디케이터를 포함
서브팔레트를 탐색하거나 검색 버튼을 사용하여 컨트롤 팔레트를 검색

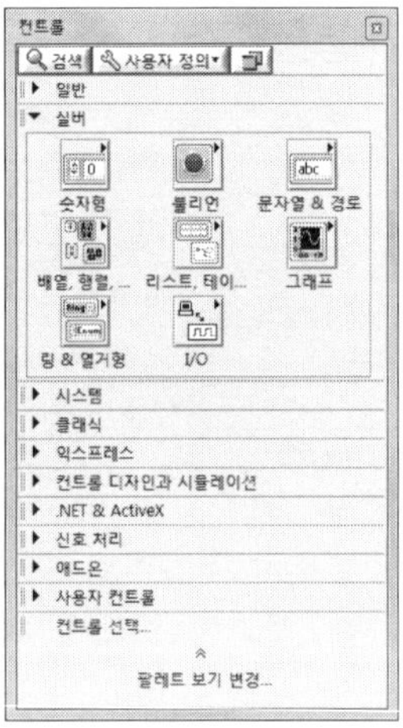

그림 2-24 컨트롤 팔레트 팝업창

표 2-18 함수 팔레트 특징

함수 팔레트
함수 팔레트는 블록다이어그램을 생성할 때 사용하는 VI, 함수, 상수를 포함
서브팔레트를 탐색하거나 검색 버튼을 사용하여 함수 팔레트를 검색

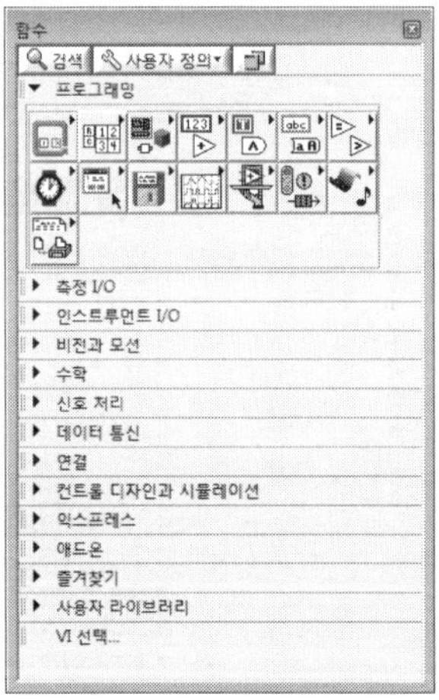

그림 2-25 함수 팔레트 팝업창

▶ 검색하기

표 2-19 빠른 탐색 특징

빠른 탐색
컨트롤, 함수, VI 및 다른 아이템을 빠르게 이름으로 검색
〈Ctrl-space〉 키를 눌러 빠른 탐색 대화상자를 디스플레이 함

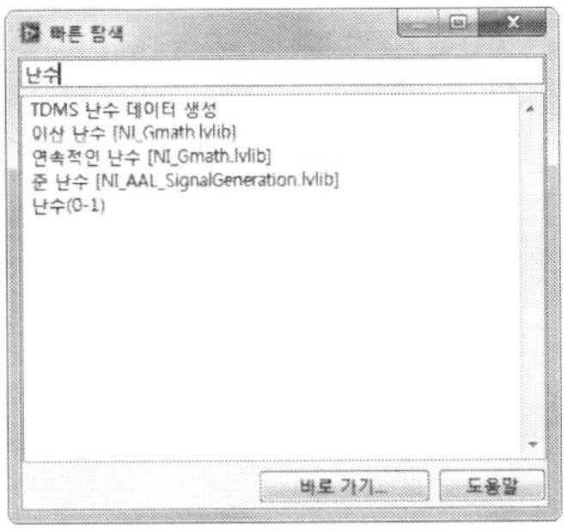

그림 2-26 빠른 탐색 창

표 2-20 전체검색 특징

전체검색
프런트패널과 블록다이어그램 윈도우의 오른쪽 상단에 있는 검색 창을 사용하여, LabVIEW 도움말 및 ni.com을 검색할 수 있음

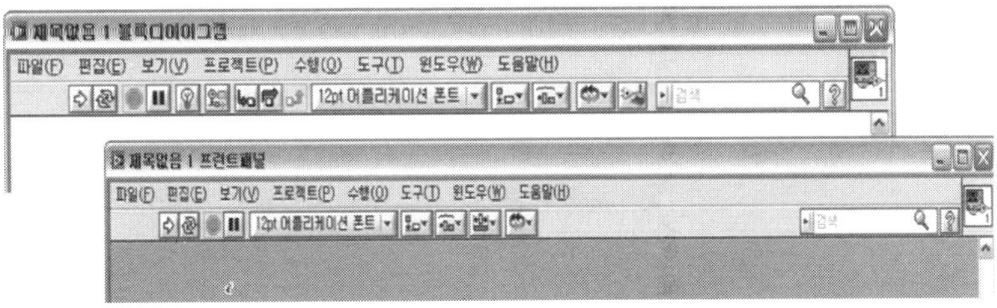

그림 2-27 블록다이어그램과 프런트패널의 검색

▶ 도구 선택하기

표 2-21 도구 선택

도구 선택	
	마우스 커서의 특정한 작업 모드를 도구라고 함
	LabVIEW에 있는 도구를 사용해서 VI 생성, 수정, 디버깅 가능
	LabVIEW는 커서의 환경에 따라 필요한 도구를 자동으로 선택하도록 기본 설정되어 있음
	컨트롤이 더 필요한 경우, 도구 팔레트에서 특정한 도구를 선택 보기 〉〉 도구 팔레트를 선택하여 도구 팔레트를 연다

▶ 와이어링 팁

표 2-22 와이어 정리하기

와이어 정리
<Ctrl-B>를 누르면 깨진 와이어가 모두 제거됨
마우스 오른쪽 버튼을 클릭하고 와이어 정리를 선택하면 와이어가 정리됨

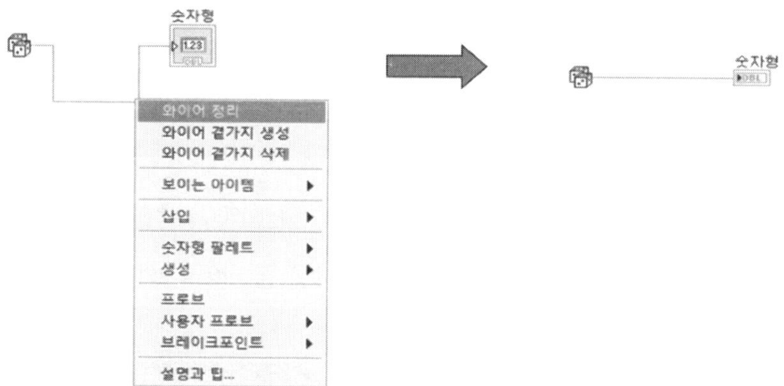

그림 2-28 와이어 정리

표 2-23 다이어그램 정리하기

다이어그램 정리	
	다이어그램 정리 도구를 사용하여 여러 개의 와이어와 객체를 정리
	1. 블록다이어그램의 영역 선택 2. 블록다이어그램 도구 모음에서 다이어그램 정리 버튼을 클릭

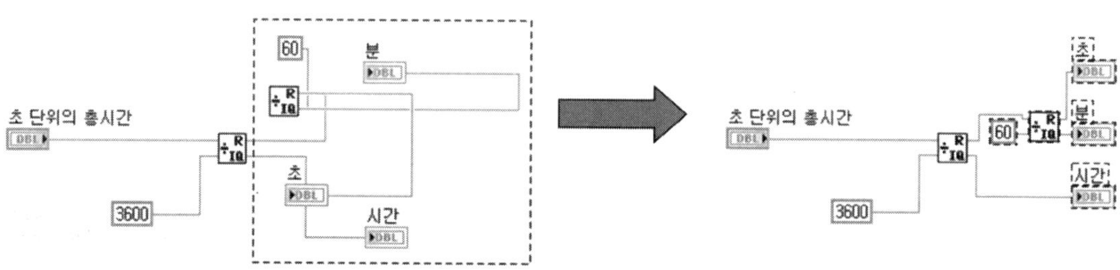

그림 2-29 다이어그램 정리

▶ 아이템 복제 및 이동하기

표 2-24 객체 복제하기

LabVIEW에서 객체를 복제
1. 위치 도구 선택
2. 객체를 클릭한 상태에서 <Ctrl> 버튼을 누름
3. 복제본을 새 위치로 끌어오기

표 2-25 객체 이동하기

LabVIEW에서 객체를 이동
1. 위치 도구 선택
2. 객체를 클릭하여 새 위치로 끌어옴

노트: 잘라 붙이기는 관련 아이템에 영향을 줄 수 있으니 사용을 피해야 함 예를 들어, 블록다이어그램 터미널을 잘라 붙이면 프런트패널 객체도 함께 이동함.

▶ 데이터 흐름

표 2-26 데이터 흐름 방식

LabVIEW는 데이터 흐름 모델에 따라 VI를 실행함
노드는 모든 필수 입력 터미널에 사용 가능한 데이터가 제공될 때에만 실행
노드는 실행이 완료된 후에만 출력 터미널에 데이터를 보냄

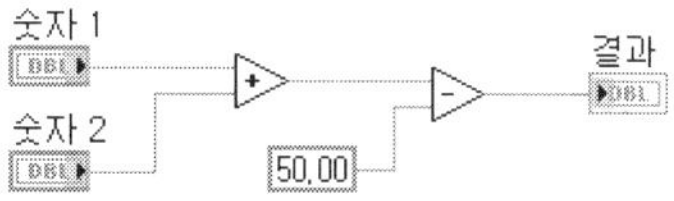

그림 2-30 블록다이어그램의 데이터 흐름

▶ 간단한 VI 만들기

표 2-27 메인 작업 환경

LabVIEW의 3가지 메인 작업 환경
데이터 획득
획득된 데이터의 분석
결과 출력

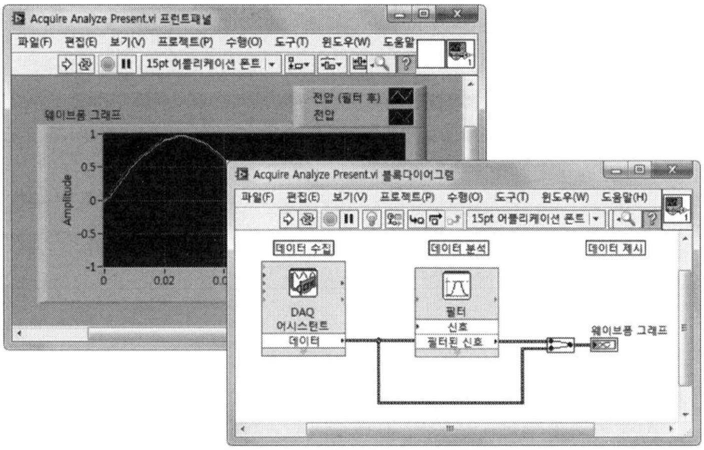

그림 2-31 획득된 데이터 분석.

표 2-28 데이터 수집 익스프레스 VI 종류

수집 익스프레스 VI
DAQ 어시스턴트 익스프레스 VI
인스트루먼트 I/O 어시스턴트 익스프레스 VI
신호 시뮬레이션 익스프레스 VI
측정 파일로부터 읽기 익스프레스 VI

표 2-29 데이터 분석 익스프레스 VI 종류

분석 익스프레스 VI
진폭과 레벨 측정 익스프레스 VI
통계 익스프레스 VI
스펙트럼 측정 익스프레스 VI
톤 측정 익스프레스 VI
필터 익스프레스 VI

표 2-30 제시 익스프레스 VI 종류

제시 익스프레스 VI	
메시지 디스플레이 익스프레스 VI	
웨이브폼 재생 익스프레스 VI	
리포트 익스프레스 VI	
측정 파일에 쓰기 익스프레스 VI	
DIAdem 리포트 익스프레스 VI	
인디케이터	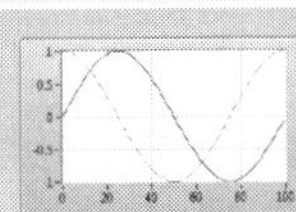 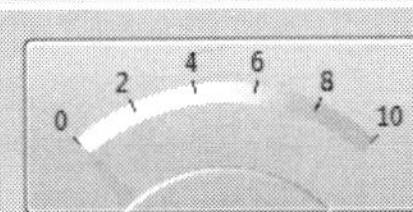

▶ **VI 만들기 및 실행하기**

표 2-31 VI 만들기 및 실행하기

VI 만들기 및 실행하기 절차
1. 익스프레스 VI를 블록다이어그램에 놓음
2. 열리는 대화상자에서 설정
3. 익스프레스 VI를 와이어로 서로 연결함
4. VI 저장 후 실행
※ 생성 또는 편집 중인 VI에 에러가 있는 경우, 실행 버튼이 깨져서 나타남

2.1.4 VI 문제 해결 및 디버깅하기

▶ **깨진 VI 수정하기**

표 2-32 VI 분석

VI가 깨지는 일반적 원인
블록다이어그램에 깨진 와이어가 있는 경우 - 불리언 컨트롤이 문자열 인디케이터에 연결됨 - 숫자형 컨트롤이 숫자형 컨트롤에 연결됨
블록다이어그램의 필수 터미널이 연결되어 있지 않은 경우
SubVI가 깨져 있는 경우

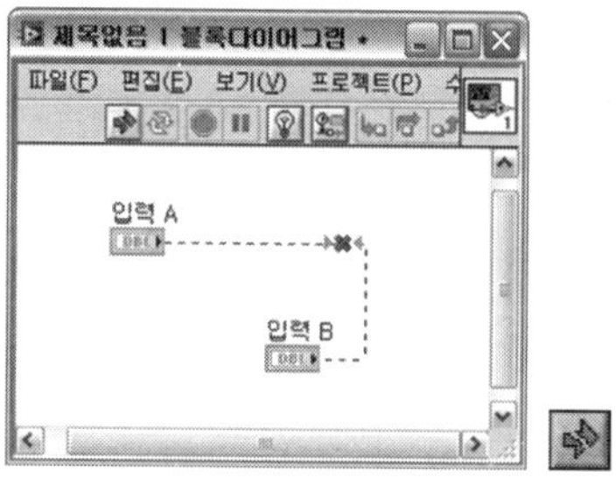

그림 2-32 깨진 VI

표 2-33 깨진 VI 수정하기

깨진 VI 수정하기
실행버튼 깨짐 → VI 컴파일되지 않음 → VI 실행되지 않음
VI가 깨져 있을 때 실행버튼을 누르면 에러 리스트 창이 활성화되면서 에러에 대한 내용을 디스플레이 한다.
에러가 있는 아이템, 에러와 경고, 세부사항의 3가지 항목으로 에러를 열거한다.

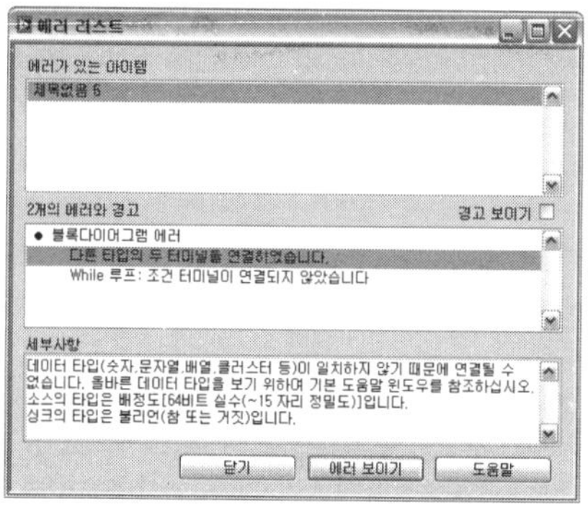

그림 2-33 에러 리스트 창

▶ 디버깅 기법

표 2-34 디버깅을 위한 질문

VI가 예상치 못한 데이터나 동작을 나타낼 경우
와이어로 연결되지 않거나 숨겨진 SubVI가 있는가?
기본으로 설정되어 있는 데이터가 올바른가?
정의되지 않은 데이터가 전달되고 있나?
숫자형 데이터의 형이 올바른가?
노드 실행 순서가 올바른가?

표 2-35 하이라이트 사용하기

실행 하이라이트하기	
	실행 하이라이트를 사용하여, 블록다이어그램 상에서의 데이터 흐름을 확인 VI의 실행 속도가 예상보다 너무 느리면, SubVI에서 실행 하이라이트 기능을 꺼 놓았는지 확인

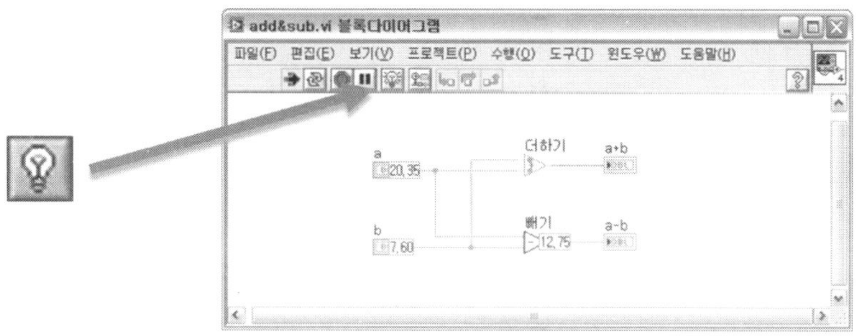

그림 2-34 하이라이트 아이콘

표 2-36 단계별 실행

단계별 실행	
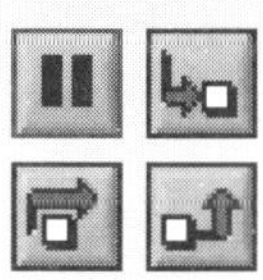	VI에서 단계별 실행을 사용하여, 블록다이어그램에서 VI의 각 동작을 확인 SubVI의 실행을 정지하여 컨트롤과 인디케이터의 값을 편집하거나, SubVI의 실행 반복 횟수를 조절하거나, SubVI의 실행 시작 부분으로 되돌아갈 수 있음 - SubVI를 열고, 바로가기 메뉴에서 수행≫호출 시 정지를 선택할 수있음

표 2-37 프로브

프로브	
	프로브 도구를 사용하여, 데이터의 중간값을 확인하고 VI와 함수, 특히 입출력 기능을 수행하는 VI와 함수의 에러 출력을 점검
	와이어 안에 값을 보존하도록 지정하여 실행 후 와이어에서 데이터를 불러올 수 있도록 함

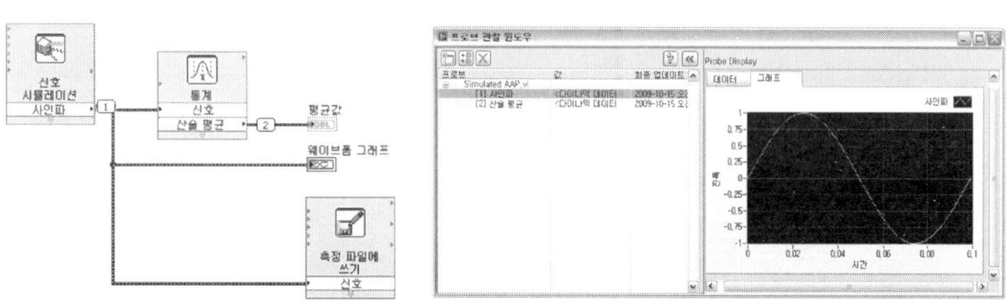

그림 2-35 프로브 사용하기

표 2-38 브레이크포인트 사용하기

브레이크포인트	
	실행 중 브레이크포인트를 만나면, VI가 멈추고 일시 정지 버튼이 빨간색으로 나타남
	브레이크포인트에서 가능한 동작: - 단계별 실행 버튼을 사용하여 단계별로 실행 - 와이어에 프로브를 놓아 중간값을 확인 - 프런트패널 컨트롤의 값 변경 - 일시 정지 버튼을 클릭하여 다음 브레이크포인트 또는 VI 실행이 완료될 때까지 계속 실행

▶ 정의되지 않은 데이터 또는 예상치 못한 데이터

표 2-39 정의되지 않은 데이터 확인하기

수학 연산으로 인해 예상치 못한 Inf 값 또는 Nan 값이 생성되지 않도록 확인해야 함
∞(Inf) - 무한대 - 숫자를 0으로 나누면 발생.
NaN - 숫자 아님(Not a number) - 음수의 제곱근 구하기와 같은 유효하지 않은 연산으로부터 생성

▶ 에러 핸들링

표 2-40 에러 핸들링하기

에러 핸들링 – 경고와 에러를 예측, 감지 및 해결
발생할 수 있는 문제를 모두 예측할 수는 없음
에러 확인 메커니즘이 없는 경우에는, VI가 올바로 작동하지 않고 있다는 사실밖에 모르게 됨
에러 핸들링 기능을 통해, 에러가 발생하는 원인과 대상 점검 가능 - 자동 에러 핸들링 - 수동 에러 핸들링

표 2-41 자동 에러 핸들링

자동 에러 핸들링
LabVIEW는 VI를 실행시 에러가 발생하면 자동으로 에러를 처리: - 실행 정지 - 에러가 발생한 SubVI 또는 함수를 하이라이트 - 에러 리스트 윈도우를 디스플레이
자동 에러 핸들링: - 신속한 프로토타입 제작에 사용 - 전문 어플리케이션 개발에는 바람직하지 않음 - LabVIEW로 만든 실행파일에는 포함되어 있지 않음

표 2-42 수동 에러 핸들링

수동 에러 핸들링
대화상자를 통해 사용자가 컨트롤
에러 출력 클러스터를 다음에 실행될 노드의 에러 입력에 연결하여 에러를 전달
[단순 에러 핸들러] VI를 호출하여 에러 체인을 종료

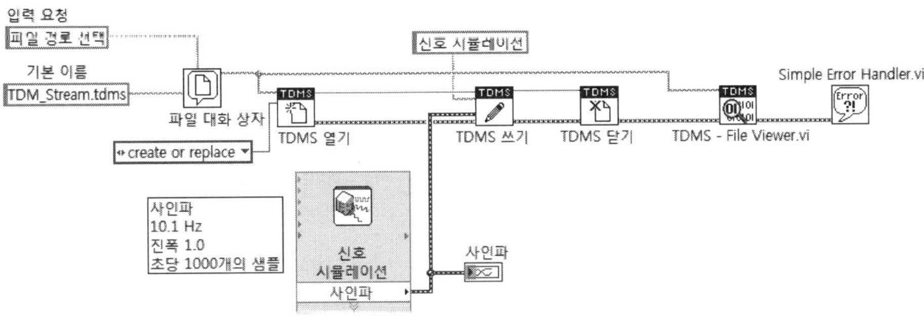

그림 2-36 에러 핸들링 예제

표 2-43 자동 에러 핸들링 비활성화하기

자동 에러 핸들링 비활성화
옵션 대화상자 – 블록다이어그램 페이지 → 확인 표시 제거 새 VI에서 자동 에러 핸들링 활성화 자동 에러 핸들링 대화상자 활성화
그 외 수정 사항 – 프런트패널 페이지 → 새 VI의 컨트롤 스타일을 실버 스타일로 – 블록다이어그램 페이지 → 확인 표시 제거 프런트패널 터미널을 아이콘으로 놓기 → 블록다이어그램 정리를 설정하여 블록다이어그램을 사용자 정의

표 2-44 에러 병합하기

에러 병합
와이어를 따라 에러를 전달
서로 다른 와이어 경로에서 에러를 병합

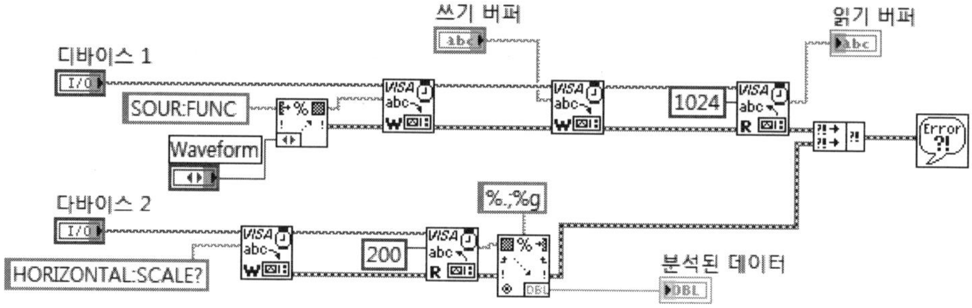

그림 2-37 에러 병합하기

표 2-45 에러 병합 함수

에러 병합 함수
에러 병합 VI는 첫 번째로 찾아낸 에러를 반환
에러가 발견되지 않는 경우, 첫 번째 경고를 반환
[에러 병합] 함수는 에러를 연결하지 않음

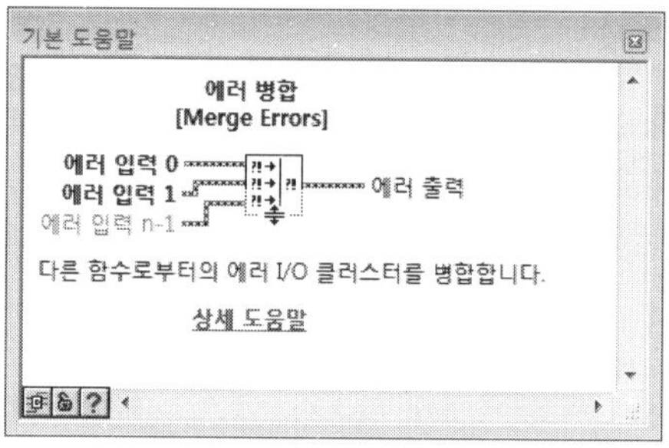

그림 2-38 에러 병합 함수 기본 도움말 창

표 2-46 에러 클러스터 특징

에러 클러스터
에러 클러스터 컨트롤과 인디케이터를 사용하여, SubVI에서 에러 입력 및 출력을 생성할 수 있음
에러 입력과 에러 출력 클러스터의 정보 구성요소: – 상태 – 코드 – 소스

표 2-47 에러 및 경고

에러와 경고	
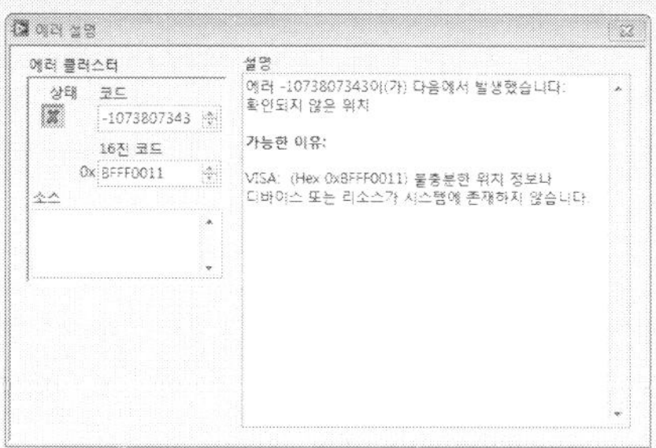	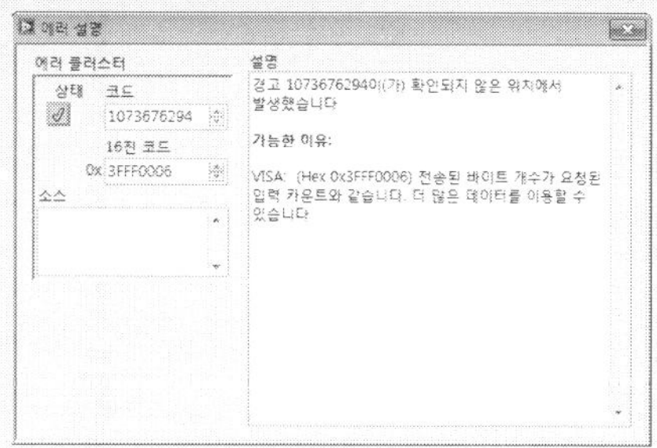
에러	경고

표 2-48 에러 클러스터 사용하기

에러 클러스터
단순 에러 핸들러 VI로 에러와 경고를 보고 – 대화상자 타입을 수정하여 경고를 감지
최상위 VI에서 단순 에러 핸들러 VI를 호출
SubVI에서 에러 대화상자 피하기

그림 2-39 에러 핸들러 함수

2.1.5 VI 구현하기

▶ 프런트패널의 기초

프런트패널 컨트롤 및 인디케이터는 블록다이어그램에 터미널을 생성

그림 2-40 프런트패널과 블록다이어그램

▶ LabVIEW 데이터 타입

표 2-49 데이터 타입

데이터 타입
바로가기 메뉴 및 프로퍼티 대화상자
숫자형 타입
불리언 타입
문자열 타입
열거형 및 그 외 타입

터미널은 데이터 타입에 대한 정보를 시각적으로 보여줌

데이터 타입별로 색과 와이어의 굵기로 표현

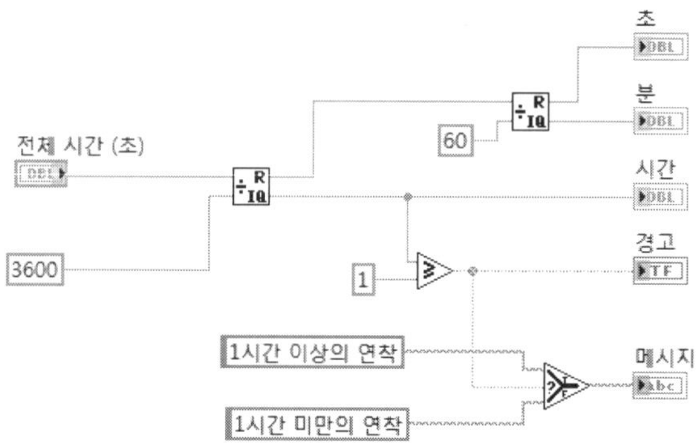

그림 2-41 데이터 타입에 따른 블록다이어그램 형태

표 2-50 바로가기 메뉴 특징

바로가기 메뉴
모든 LabVIEW 객체에는 관련된 바로가기 메뉴가 있음
바로가기 메뉴 아이템을 사용하여 객체의 모양이나 동작을 변경할 수 있음
바로가기 메뉴를 사용하려면, 객체에서 마우스 오른쪽 버튼을 클릭

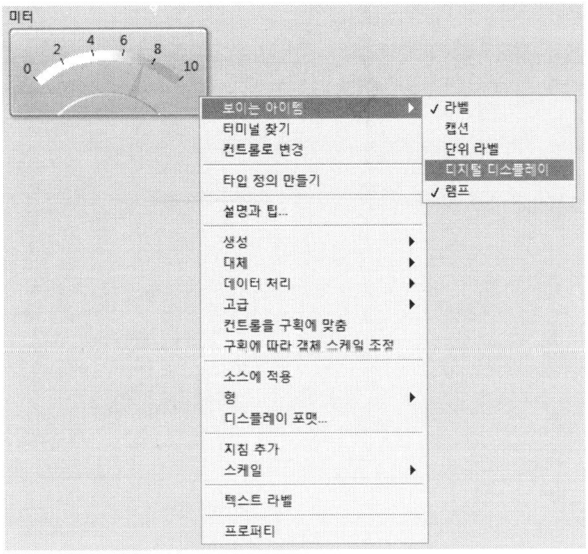

그림 2-42 프런트패널의 바로가기 메뉴

표 2-51 프로퍼티 대화상자 특징

프로퍼티 대화상자
모든 LabVIEW 객체에는 프로퍼티가 있음
객체에서 마우스 오른쪽 버튼을 클릭한 후 프로퍼티를 선택하여 프로퍼티에 접근.
프로퍼티 옵션은 바로가기 메뉴 옵션과 비슷함
여러 객체를 선택하여 공통된 속성을 한번에 설정 가능

그림 2-43 프로퍼티 대화상자

표 2-52 숫자형 데이터 타입 종류

숫자형 데이터 타입	
부동 소수점	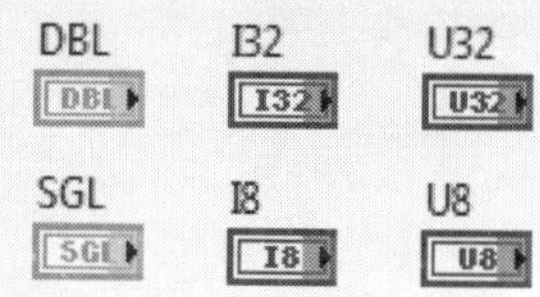
부호 없는 정수	
부호 있는 정수	

그림 2-44 숫자형 프로퍼티

표 2-53 숫자형 변환하기

숫자형 변환
강제 변환점은 LabVIEW가 노드에 전달된 값을 강제로 다른 형으로 변환시켰음을 사용자에게 알려줌 - 노드에 다른 형의 입력이 들어오는 것이 예상될 때 발생
LabVIEW는 보다 많은 비트를 사용하는 데이터 형을 선택
프로그램적으로 일치하는 데이터 타입으로 변환하여 강제 변환점의 발생을 피할 것

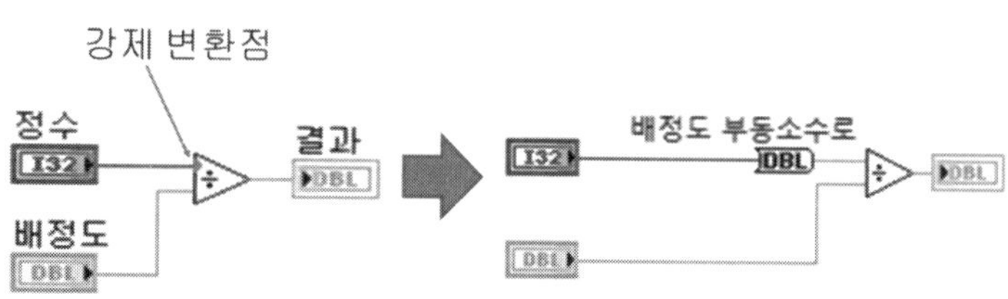

그림 2-45 숫자형의 강제 변환

표 2-54 불리언 특징

불리언	
불리언 컨트롤은 기계적인 동작으로 정의	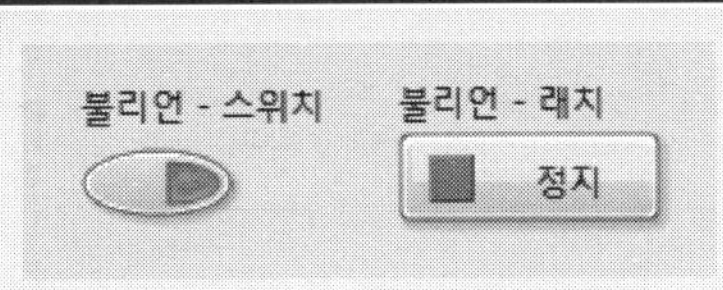
불리언에는 참/거짓 값만이 있음	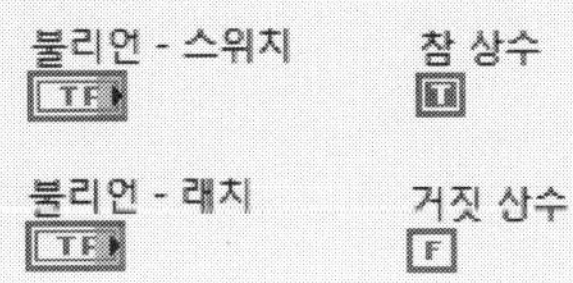

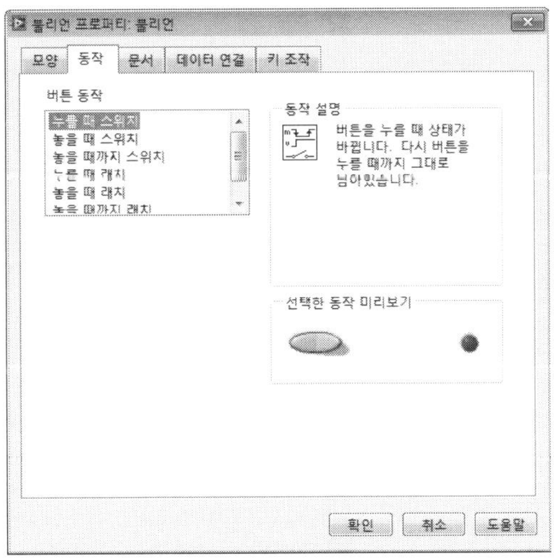

그림 2-46 불리언 프로퍼티 대화상자

표 2-55 문자열 특징

문자열	
문자열은 ASCII 문자의 나열	
문자열의 다양한 디스플레이 스타일 - 백슬래시 코드 - 암호 - 16진수	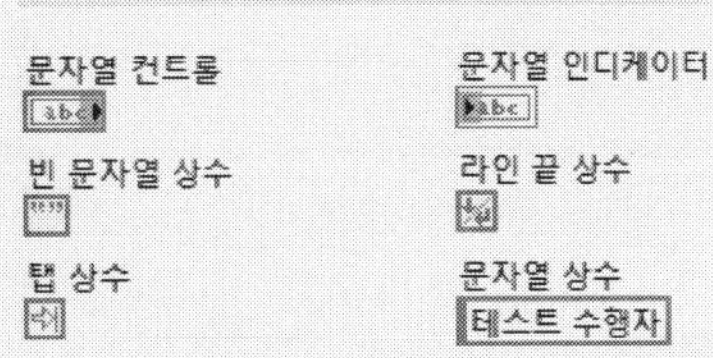

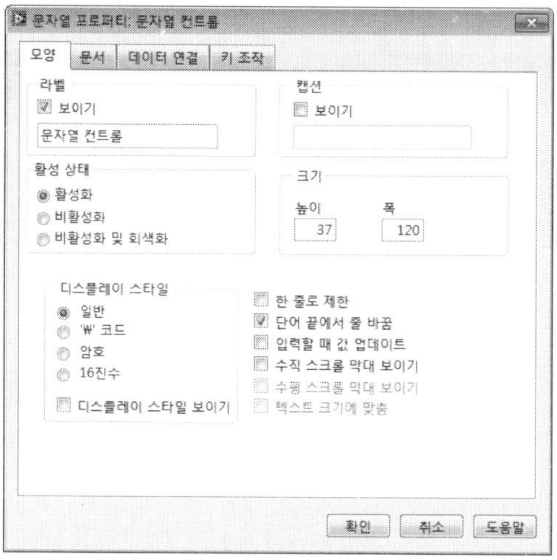

그림 2-47 문자열 프로퍼티 대화상자

표 2-56 열거형 특징

열거형	
열거형은 사용자에게 선택할 수 있는 아이템 리스트를 제공함	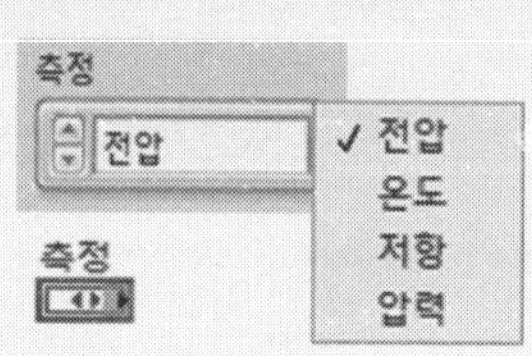
각 아이템은 한 쌍의 값을 나타냄 – 문자열 – 16비트 정수	

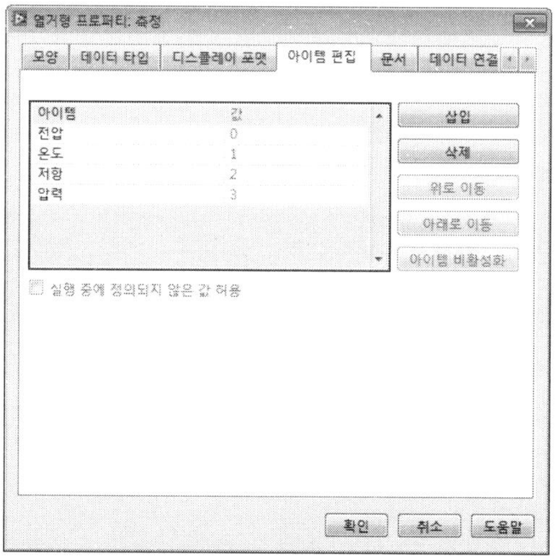

그림 2-48 열거형 프로퍼티 대화상자

표 2-57 기타 데이터 타입 특징

그외 데이터 타입		
다양한 종류의 컨트롤과 인디케이터의 터미널 기호의 전체 리스트는 LabVIEW 도움말 참조		
	다이나믹	익스프레스 VI가 생성 또는 수집한 정보를 저장
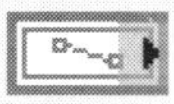	경로	사용하는 플랫폼의 표준 구문을 사용하여 파일 또는 디렉터리의 위치를 저장
	웨이브폼	웨이브폼의 데이터, 시작 시간 및 dt가 있음

▶ 코드 문서화하기

VI	프런트패널	블록다이어그램
• 이름 • 설명	• 라벨 이름 • 팁 상자 • 설명 • 독립 라벨	• 라벨 이름 • 독립 라벨 • 고유 라벨 • SubVI 설명

표 2-58 설명 및 팁 상자 생성하기

설명 및 팁 상자 생성하기
프로퍼티 대화상자를 사용하여 객체에 대한 문서를 생성

그림 2-49 숫자형 프로퍼티 대화상자

표 2-59 블록다이어그램 코드 문서화하기

블록다이어그램 코드 문서화하기
독립 라벨: – 알고리즘 설명 – 옅은 노란색 배경 – 아무 빈 공간을 더블클릭하여 생성
고유 라벨: – 와이어 및 객체의 데이터 내용을 설명 – 객체와 함께 이동 – 투명한 배경 – 바로가기 메뉴에서 보이는 아이템 〉〉 라벨을 선택하여 생성

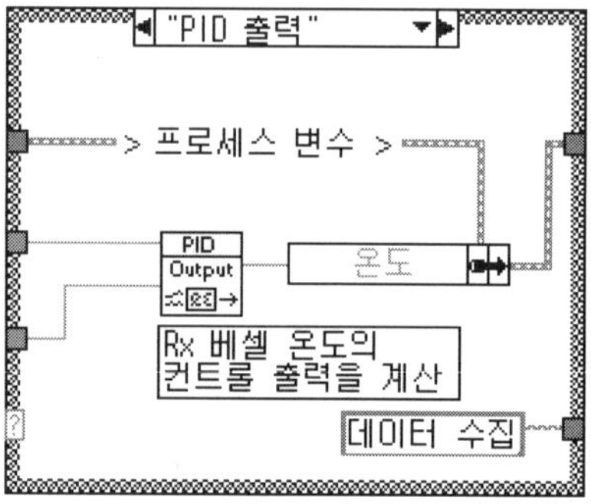

그림 2-50 블록다이어그램 코드 문서화하기 예제

▶ While 루프

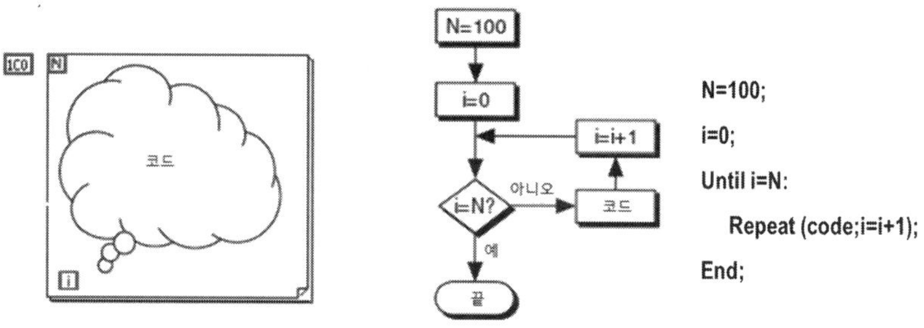

표 2-60 반복터미널의 특징

반복터미널
루프가 실행된 횟수를 반환
0으로 인덱스

그림 2-51 While Loop의 반복 터미널

표 2-61 조건 터미널 특징

조건 터미널
루프가 정지할 때를 정의
두 개의 옵션 - 참인 경우 정지 - 참인 경우 계속

그림 2-52 While Loop의 조건 터미널

표 2-62 While Loop의 터널 특징

While 루프 - 터널
터널은 구조의 안과 밖으로 데이터를 전달
데이터는 루프가 완료된 이후 루프 밖으로 전달됨
터널이 데이터를 루프 안으로 전달하는 경우, 루프는 해당 데이터가 터널에 도달한 이후에 실행

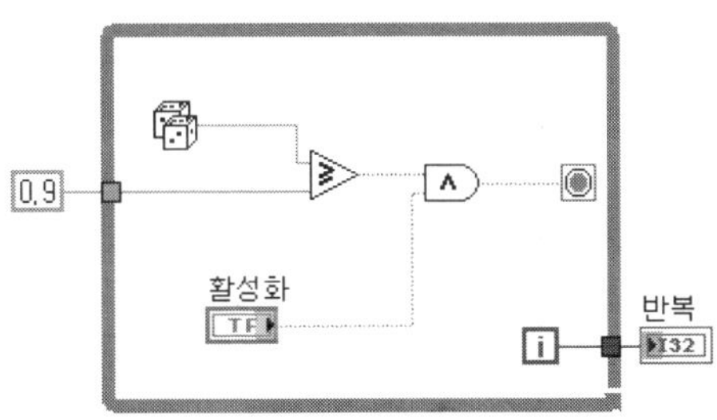

그림 2-53 While 루프의 터널

표 2-63 While Loop의 에러 핸들링

While 루프 - 에러 확인 및 에러 핸들링
While 루프 안에서 에러 클러스터를 사용하여, 에러가 발생하면 While 루프가 멈추도록 만들 수 있음

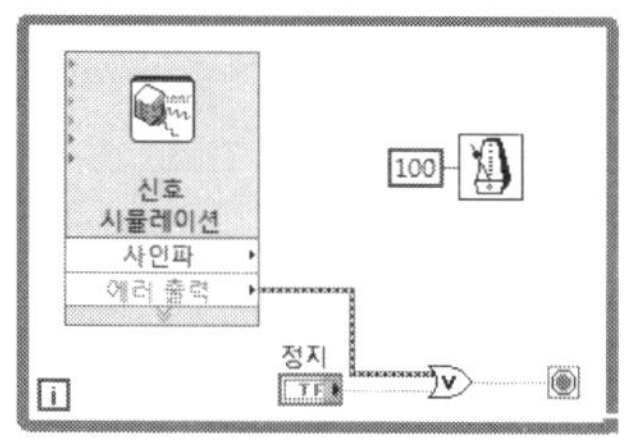

그림 2-54 While Loop의 에러 핸들링

▶ For 루프

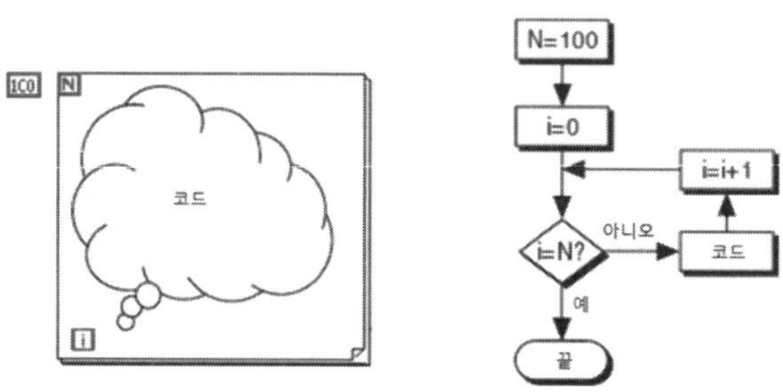


```
N=100;
i=0;
Until i=N:
    Repeat (code;i=i+1);
End;
```

LabVIEW의 For 루프 순서도 유사 코드

표 2-64 For Loop의 특징

For 루프
While 루프를 생성하는 방식과 동일한 방식으로 생성
While 루프의 경계에서 마우스 오른쪽 버튼을 클릭한 후에 바로가기 메뉴에서 For 루프로 대체를 선택하여 기존의 While 루프를 For 루프로 바꿀 수 있음
카운트 터미널(입력 터미널)의 값은 For 루프에서 서브다이어그램을 반복 실행할 횟수를 나타냄 

표 2-65 조건 터미널 특징

조건 터미널
필요한 경우, 조건 터미널을 추가하여 불리언 조건이 참이거나 또는 에러가 발생할 때 For 루프가 실행을 종료하도록 설정할 수 있음

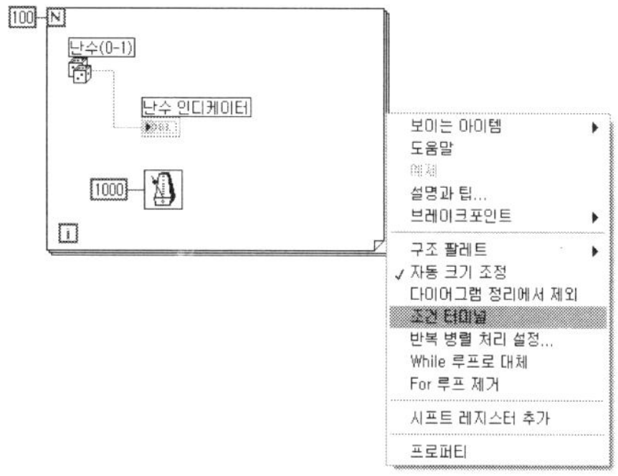

그림 2-55 조건 터미널

표 2-66 조건 터미널을 설정한 For Loop

조건 터미널을 설정한 For 루프
카운트 터미널 옆에 빨간 문양
오른쪽 아래 모서리에 조건 터미널이 있음

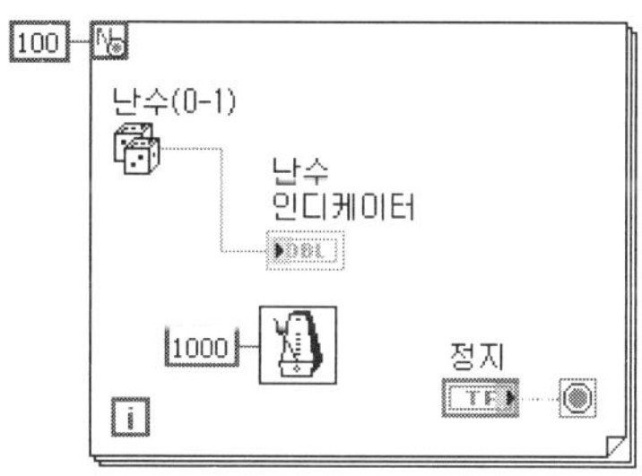

그림 2-56 For Loop의 블록다이어그램

표 2-67 For Loop의 숫자형 변환

For 루프 - 숫자형 변환
For 루프가 실행하는 반복 횟수는 음이 아닌 정수에서 지정되어야 함
배정도 부동소수 값을 카운트 터미널에 연결하면, LabVIEW는 숫자형 값을 32비트 부호 있는 정수로 변환

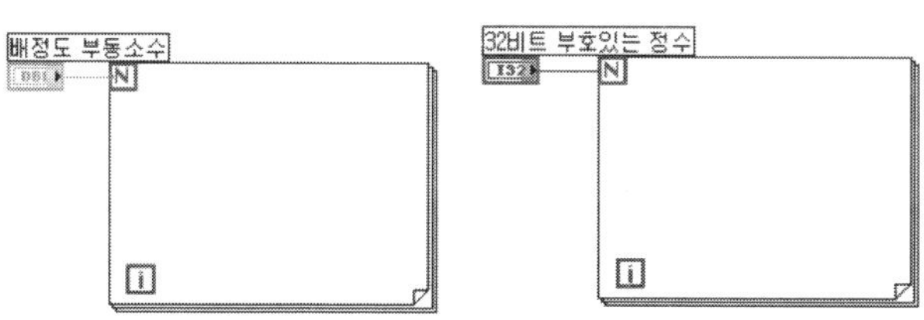

그림 2-57 For Loop의 숫자형 변환

▶ For 루프/While 루프 비교

표 2-68 For Loop 특징

For 루프
조건 터미널이 없는 경우 지정된 횟수만큼 실행
0번 실행 가능
터널에서 자동으로 데이터 배열이 출력

그림 2-58 For Loop 블록다이어그램

표 2-69 While Loop의 특징

While 루프
조건 터미널에 있는 값이 조건을 충족할 경우에만 실행 정지
최소 한 번은 실행되어야 함
터널에서 자동으로 마지막 값이 출력

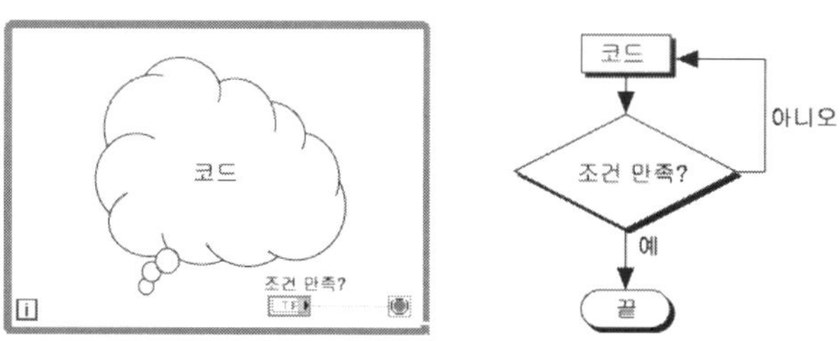

그림 2-59 While Loop 블록다이어그램

▶ VI 타이밍

표 2-70 VI의 타이밍의 필요성

VI에서 타이밍이 필요한 이유
루프의 실행 빈도 컨트롤
컴퓨터에게 사용자 인터페이스 처리 등과 같은 다른 작업을 완료할 시간을 제공

표 2-71 기다림 함수

기다림 함수	
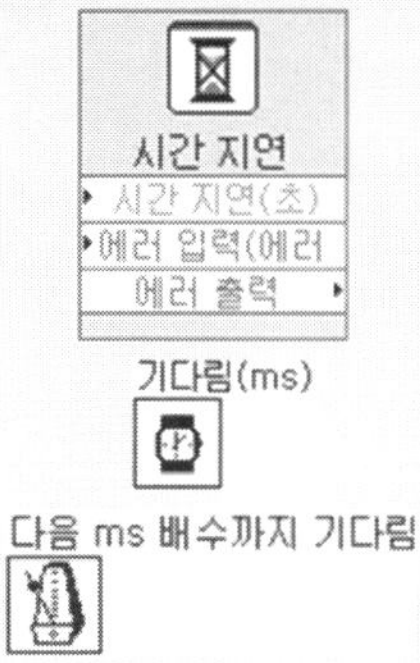	루프 안에 [기다림] 함수가 있는 경우: – VI는 사용자가 지정한 시간만큼 실행 대기 – 기다림 상태를 유지하는 시간 동안 컴퓨터가 다른 작업들을 수행할 수 있음 – OS의 밀리초 클럭을 사용

표 2-72 경과 시간 익스프레스 VI

경과 시간 익스프레스 VI	
	VI에서 특정 시점 이후에 얼마의 시간이 경과해야 하는지 지정 VI가 실행되는 동안의 시간 추적 프로세서에 다른 태스크를 완성할 수 있는 시간을 제공하지 않음

▶ 루프에서의 데이터 피드백

표 2-73 루프의 데이터 피드백

루프에서의 데이터 피드백
루프를 사용하여 프로그래밍을 할 경우, 루프의 이전 반복 데이터에 접근해야 할 경우가 많음
시프트레지스터를 사용하면 루프의 한 반복에서 다음 반복으로 데이터 값을 전달할 수 있음

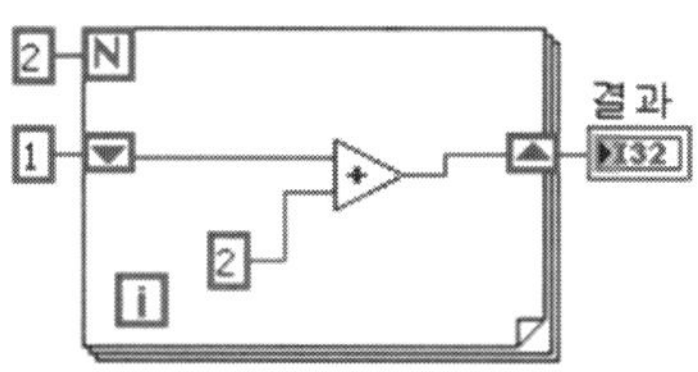

그림 2-60 For Loop의 데이터 피드백

표 2-74 시프트레지스터 특징

시프트레지스터
루프 경계에서 마우스 오른쪽 버튼을 클릭한 후, 바로가기 메뉴에서 시프트레지스터 추가 선택
오른쪽 시프트레지스터는 한 반복의 실행이 완료될 때 데이터를 저장
왼쪽 시프트레지스터는 다음 반복이 시작될 때 저장된 데이터를 제공

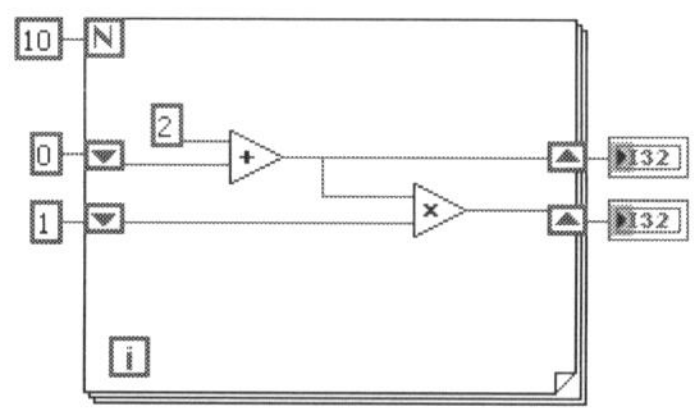

그림 2-61 For Loop의 시프트레지스터

표 2-75 시프트레지스터 초기화

시프트레지스터 초기화하기
한 번 실행 → VI 종료 → 다시 실행

표 2-76 시프트레지스터의 특징

블록다이어그램		첫 번째 실행	두 번째 실행
초기화된 시프트 레지스터	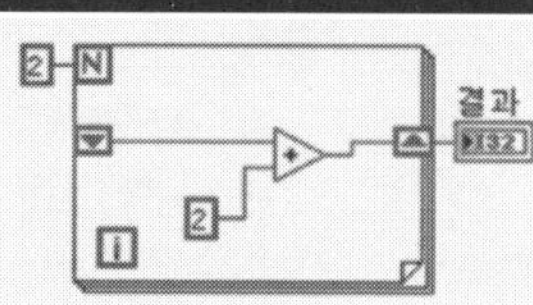	결과 = 5	결과 = 5
초기화되지 않은 시프트 레지스터	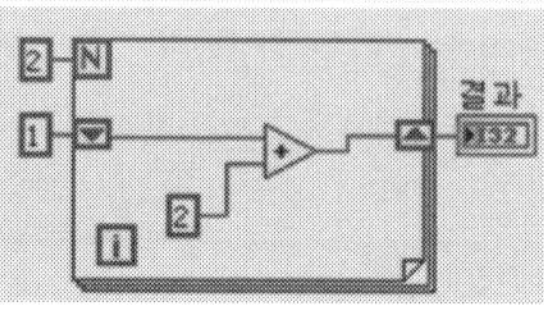	결과 = 4	결과 = 8

표 2-77 연결되지 않은 경우의 특징

연결되지 않은 경우 기본값 사용
기본값은 데이터 타입에 따라 다름
초기화되지 않은 시프트레지스터는 첫 번째 실행에서 기본값 사용

표 2-78 연결되지 않은 경우의 출력 값

데이터 타입	기본값
숫자형	0
불리언	거짓
문자열	비어있음

표 2-79 다층 시프트레지스터 특징

다층 시프트레지스터
다층 시프트레지스터는 여러 번의 이전 반복에서 생성된 데이터까지 저장하여 그 값들을 다음 반복으로 넘길 수 있음
왼쪽 시프트레지스터에서 마우스 오른쪽 버튼을 클릭한 후 바로가기 메뉴에서 원소 추가 선택

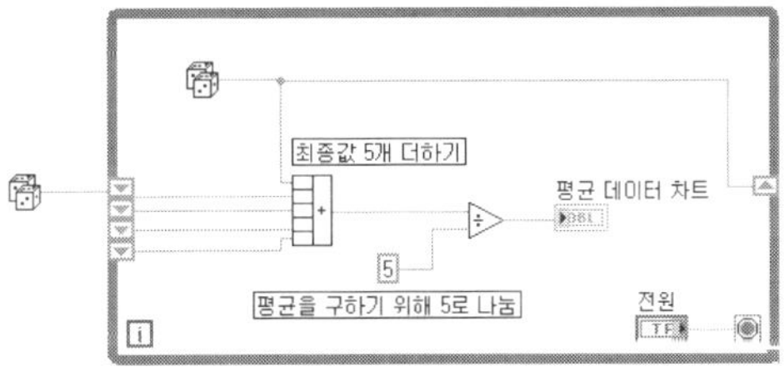

그림 2-62 다층 시프트레지스터로 구성된 While Loop

▶ 데이터 플롯하기 - 웨이브폼 차트

표 2-80 데이터 플롯하기 특징

웨이브폼 차트
특수한 타입의 숫자형 인디케이터.
웨이브폼 차트는 하나의 플롯 또는 여러 개의 플롯을 표시할 수 있음

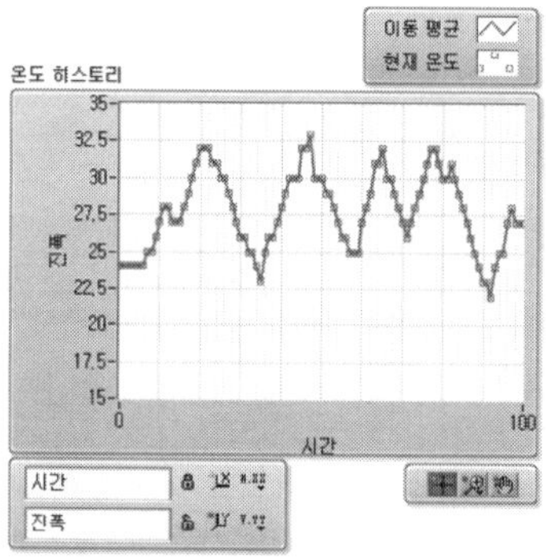

그림 2-63 데이터 플롯 프런트패널

표 2-81 웨이브폼 차트 프로퍼티

웨이브폼 차트 프로퍼티
플롯 사용자 정의 기능
– 범례 보이기, 범례 숨기기 – 색상 및 라인 스타일 변경 – 보간 스타일 변경

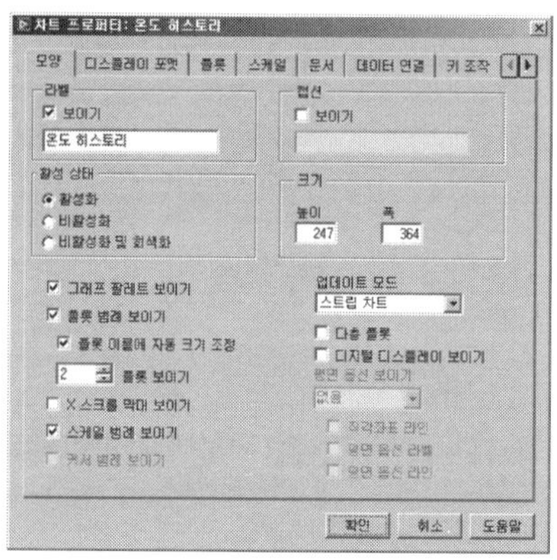

그림 2-64 차트 프로퍼티 대화상자

▶ 케이스 구조

표 2-82 케이스 구조 특징

케이스 구조
2개 이상의 서브다이어그램이나 케이스가 있음
입력 값을 기준으로 어떤 케이스를 실행할지 결정
한 번에 하나의 케이스를 실행 및 디스플레이 함
텍스트 기반 프로그래밍 언어의 case 구문 또는 if...then...else 명령문과 유사함

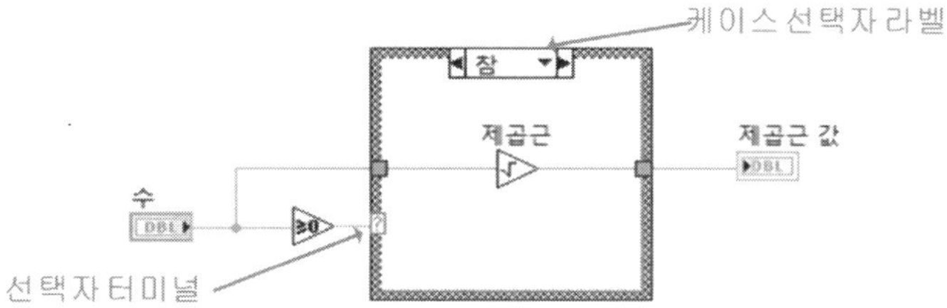

그림 2-65 케이스 구조의 블록다이어그램

표 2-83 케이스 선택자 라벨

케이스 선택자 라벨
현재 케이스의 이름을 포함
감소 및 증가 버튼이 있음

표 2-84 선택자 터미널

선택자 터미널
입력값 또는 선택자를 연결하여 실행할 케이스를 결정할 수 있음

표 2-85 선택자 터미널 데이터 타입

선택자 터미널 데이터 타입
불리언 – 참 케이스 및 거짓 케이스
에러 클러스터 – 에러 케이스 및 에러 없음 케이스
정수, 문자열 또는 열거형 – 구조는 어떠한 수의 케이스도 가질 수 있음 – 기본 다이어그램을 포함하여 가능한 모든 입력값을 리스트하는 것을 방지

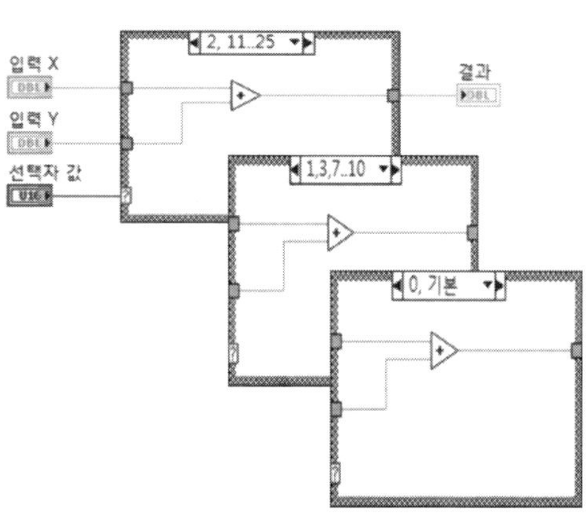

그림 2-66 케이스 구조의 선택자 터미널

표 2-86 열거형 케이스 구조 특징

열거형 케이스 구조
사용자에게 선택할 수 있는 아이템 리스트를 제공함
케이스 선택자가 열거형 타입 컨트롤에 있는 각 아이템에 대한 케이스를 보여줌

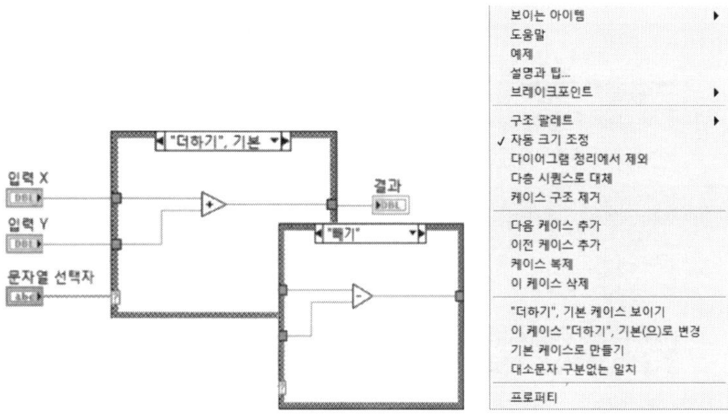

그림 2-67 열거형 케이스 구조

표 2-87 케이스 구조의 바로가기 메뉴

케이스 구조의 바로가기 메뉴
– 구조와 다이어그램을 사용자 정의 – 구조를 삭제 또는 대체 – 케이스 추가, 복사, 삭제 또는 재정렬 – 기본 케이스 지정 – 케이스 대체

표 2-88 에러 케이스 구조

에러 케이스 구조
VI 안에서 케이스 구조를 사용하여, 에러가 없으면 코드를 실행하고 에러가 발생하면 코드를 건너뛰도록 할 수 있음

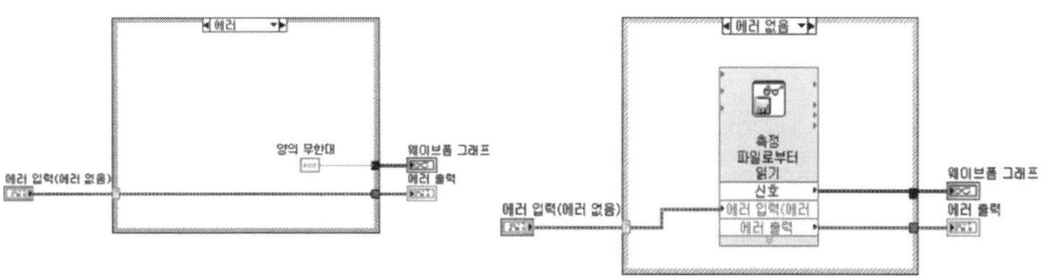

그림 2-68 에러 케이스 구조 블록다이어그램

표 2-89 입력 및 출력 터널 특징

입력 및 출력 터널
여러 개의 입력 및 출력 터널 생성 가능
필요에 따라 모든 케이스에서 입력 터널을 사용할 수 있음
각각의 케이스에 대해 각 출력 터널을 사용자가 정의

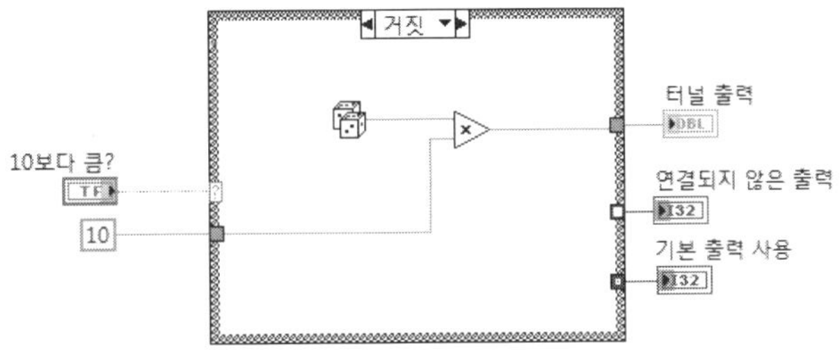

그림 2-69 입, 출력 터널 블록다이어그램

2.1.6 모듈러 어플리케이션 개발하기

▶ 모듈화 이해하기

표 2-90 모듈화

모듈화
모듈화(Modularity)는 개별 모듈이 프로그램을 구성하는 정도, 즉 한 모듈에서의 변화가 다른 모듈에 최소한의 영향을 미치는 정도를 정의

LabVIEW는 SubVI를 사용하여 모듈을 생성

표 2-91 SubVI 이용하기

SubVI - 다른 VI 안에 있는 VI
텍스트 기반 프로그래밍 언어에서의 서브루틴(subroutine)에 해당
프런트패널과 블록다이어그램 윈도우의 오른쪽 위 모퉁이에 VI의 아이콘이 표시됨
해당 VI를 블록다이어그램에 놓으면 아이콘으로 나타남

반복되는 코드의 SubVI 화

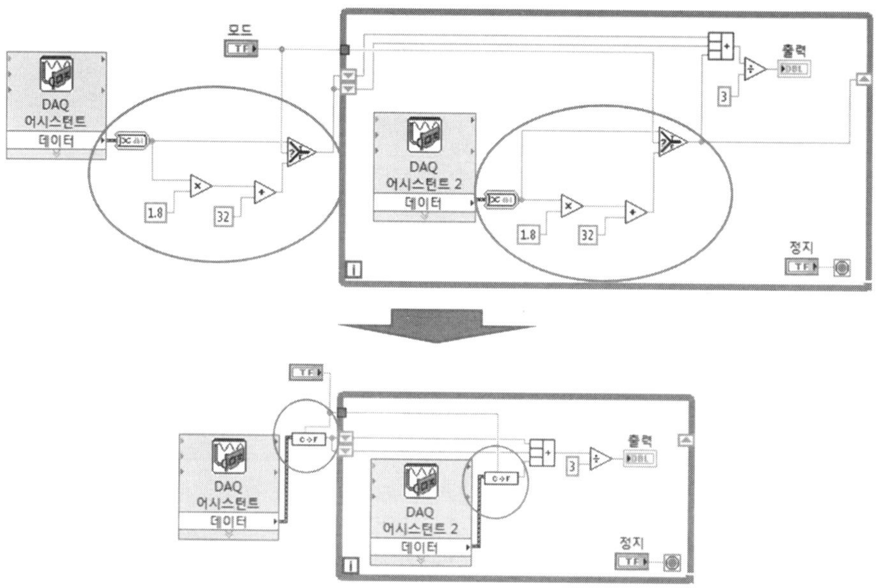

반복되는 코드를 SubVI로 만들 수 있음

표 2-92 프로그래밍 언어별 특징

함수의 코드	호출 프로그램의 코드

function average (in1, in2, out)
{
out = (in1 + in2)/2.0;
}
	주요
	{
	average (point1, point2, pointavg)
	}

SubVI의 블록다이어그램	호출 VI의 블록다이어그램
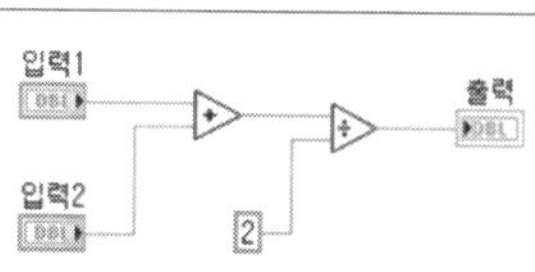	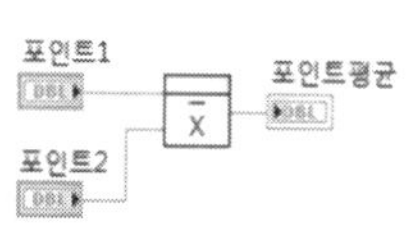

▶ **아이콘**

표 2-93 아이콘

아이콘	
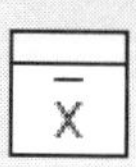	아이콘은 VI를 그래픽 형태로 표현한 개념
	VI를 SubVI로 사용하는 경우, 블록다이어그램에서는 이 아이콘으로 해당 SubVI를 식별할 수 있음

표 2-94 좋은 아이콘

좋은 아이콘의 특징
좋은 아이콘은 다음을 사용하여 해당 VI의 기능을 전달함: - 관련된 그래픽 - 필요한 경우, 설명적인 텍스트

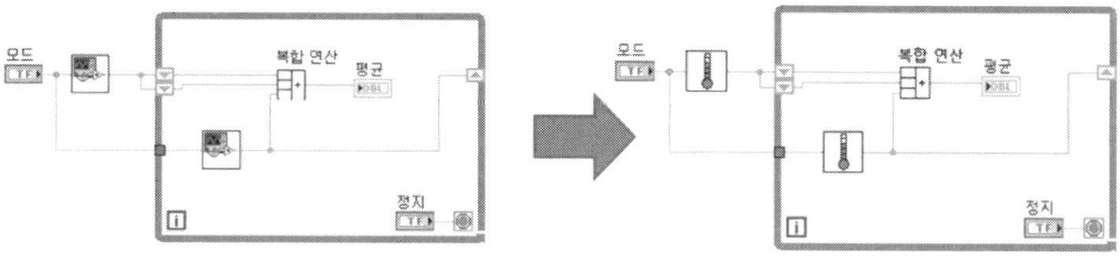

그림 2-70 블록다이어그램의 아이콘

표 2-95 아이콘 편집기

아이콘 편집기
다음 중 하나의 방법으로 아이콘 편집기 열기: - 프런트패널이나 블록다이어그램의 오른쪽 상단에 위치한 아이콘에서 마우스 오른쪽 버튼을 클릭한 후, 아이콘 편집 선택 - 아이콘 더블클릭
편집도구를 사용하여 수동으로 아이콘 수정 가능
문양 탭에서 아이콘에 포함시킬 수 있는 문양을 살펴볼 수 있음
아이콘 텍스트 탭에서 아이콘에 나타날 텍스트 지정
템플릿 탭에서 아이콘의 배경으로 사용할 템플릿 표시

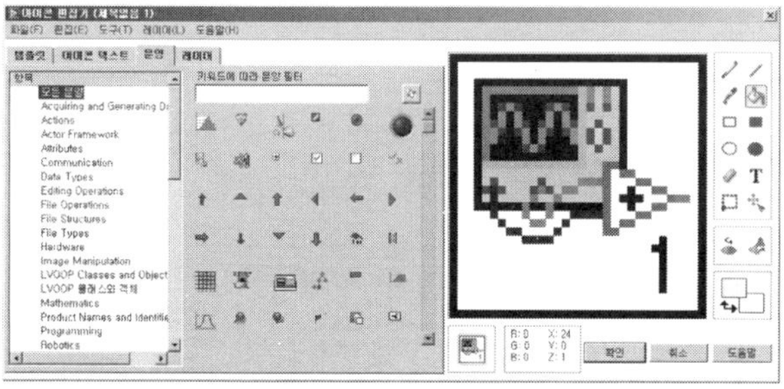

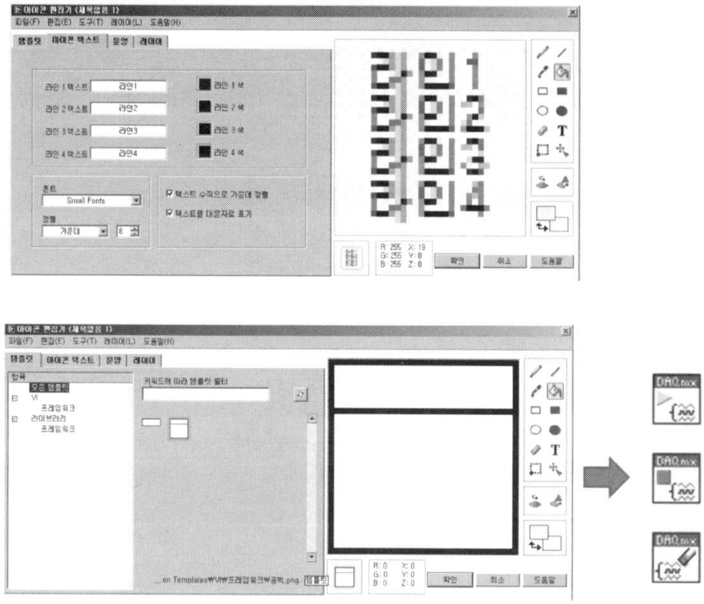

그림 2-71 아이콘 편집기 창

▶ 커넥터 팬

표 2-96 커넥터 팬

커넥터 팬
커넥터 팬은 프런트패널 오른쪽 위 코너의 VI 아이콘 옆에 디스플레이 됨 – 커넥터 팬 안에 있는 사각형들은 각각 터미널을 나타냄 – 각 터미널을 사용하여 입력과 출력을 지정
커넥터 팬에서 마우스 오른쪽 버튼을 클릭한 후 바로가기 메뉴에서 패턴을 선택하여, 다른 패턴을 선택할 수 있음

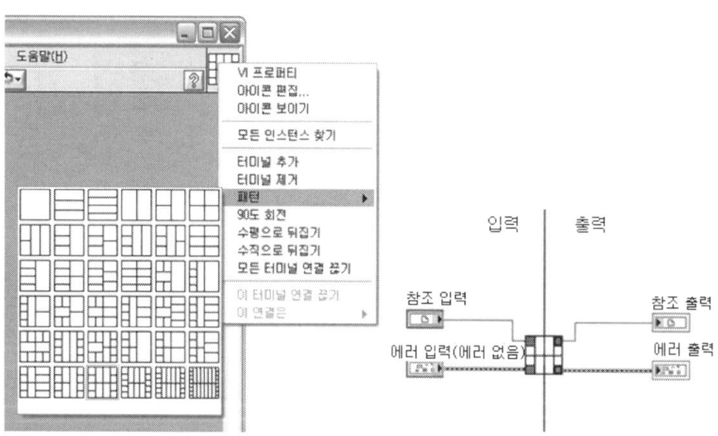

그림 2-72 커넥터 팬 사용하기

표 2-97 커넥터 팬의 특징

커넥터 팬 - 표준	
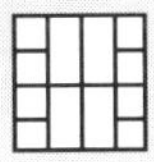	표준으로 사용되는 커넥터 팬 레이아웃
	일반적으로 가장 위에 있는 터미널은 파일 참조와 같은 참조를 위한 터미널로 쓰임
	가장 아래에 있는 터미널은 일반적으로 에러 클러스터를 위한 터미널로 쓰임

▶ SubVI 사용하기

표 2-98 SubVI 사용하기

블록다이어그램에 SubVI 를 놓는 옵션
프로젝트 탐색기에서 VI를 끌어와 블록다이어그램에 놓기
함수 팔레트에서 클릭하여 선택한 후, 해당 VI 탐색하기
열려 있는 VI의 아이콘을 끌어와 다른 VI의 블록다이어그램에 놓기

표 2-99 터미널 셋팅

터미널 셋팅
굵은체 - 필수 터미널(필히 연결해야 함)
보통체 - 권장 터미널
희미한 글씨체 - 옵션 터미널

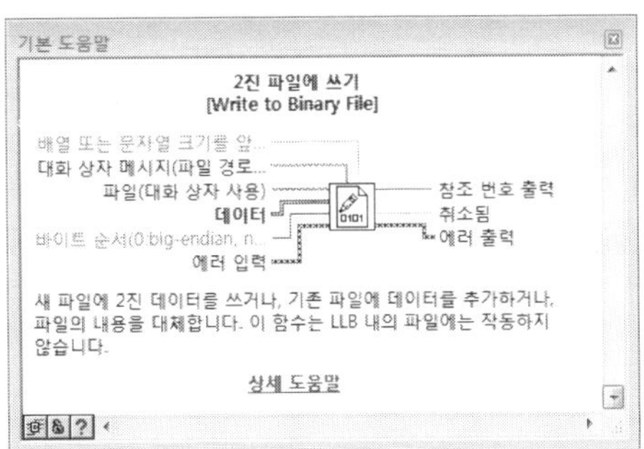

그림 2-73 터미널 기본 도움말 창

표 2-100 에러 핸들링

에러 핸들링
케이스 구조를 사용하여 SubVI로 전달되는 에러 처리
SubVI 안에서는 LabVIEW 에러 핸들러 VI의 사용을 피하십시오.

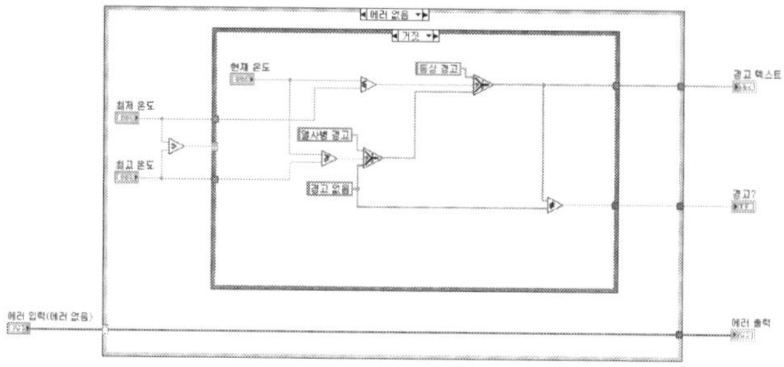

그림 2-74 블록다이어그램의 에러 핸들링

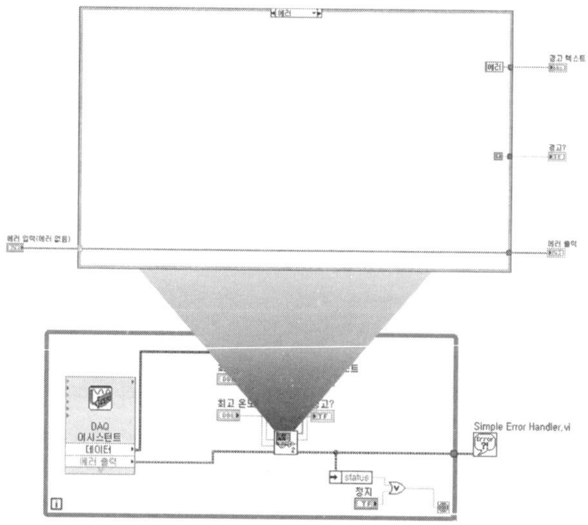

그림 2-75 에러 핸들링하기 예제

표 2-101 SubVI로 변환하기

VI의 일부분을 SubVI로 변환하기
1. 위치 도구를 통해 재사용하려는 블록다이어그램의 영역을 선택
2. 편집 ≫ SubVI 생성 선택

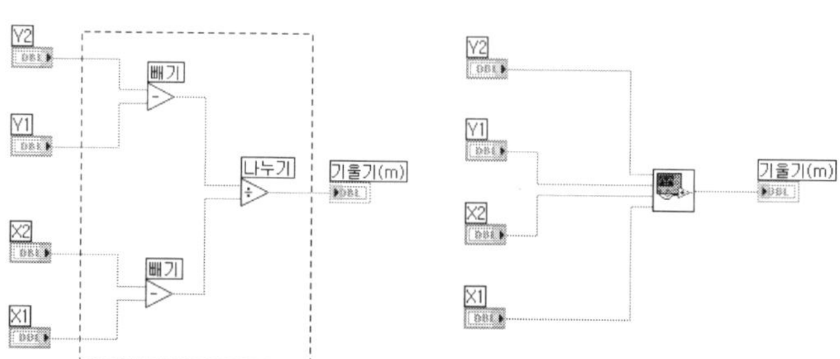

그림 2-76 블록다이어그램의 SubVI로 변환

2.1.7 데이터 구조 생성 및 활용하기

▶ 배열

표 2-102 배열의 특징

배열
같은 타입을 갖는 데이터 원소의 집합
하나 또는 그 이상의 차원
메모리가 허용하는 경우(2^{31}) - 1개의 원소 포함 가능
인덱스로 원소에 접근(노트: 첫 번째 원소는 인덱스 0)

표 2-103 배열을 사용하는 이유

배열을 사용하는 이유
비슷한 데이터들로 작업을 하거나 반복적인 연산을 수행하는 경우에 배열을 사용하면 유용함

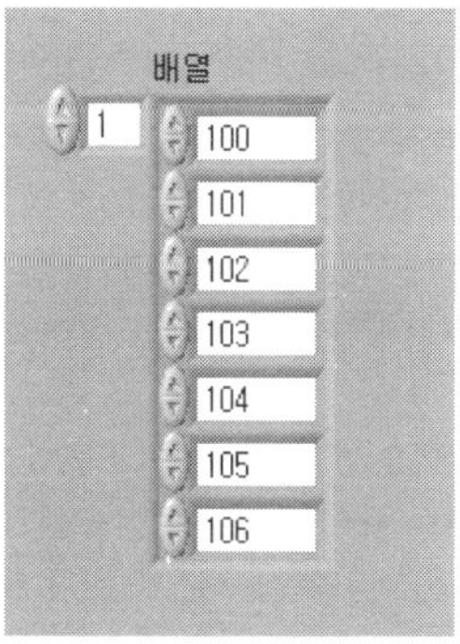

그림 2-77 프런트패널의 배열

표 2-104 1D, 2D 배열

1D 및 2D 예
ID 배열 - 10개의 원소를 갖는 1개의 행
2D 배열 - 5개의 행과 7개의 열이 있는 35개 원소가 있는 테이블

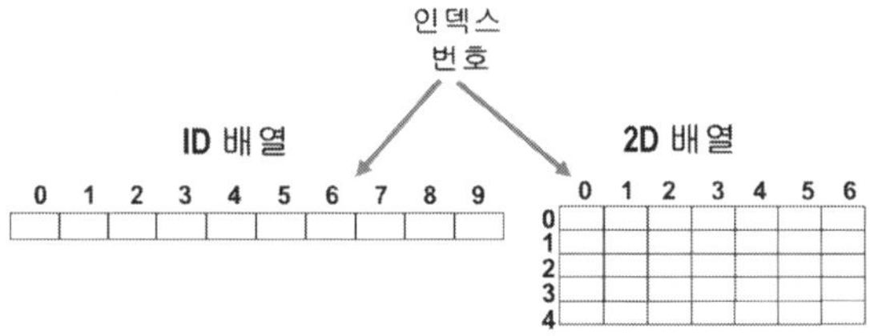

그림 2-78 1D, 2D 배열의 특징

표 2-105 프런트패널에서 배열 보기

프런트패널에서 배열 보기
인덱스 디스플레이에서 선택된 원소는 항상 원소 디스플레이의 가장 왼쪽 자리에 위치

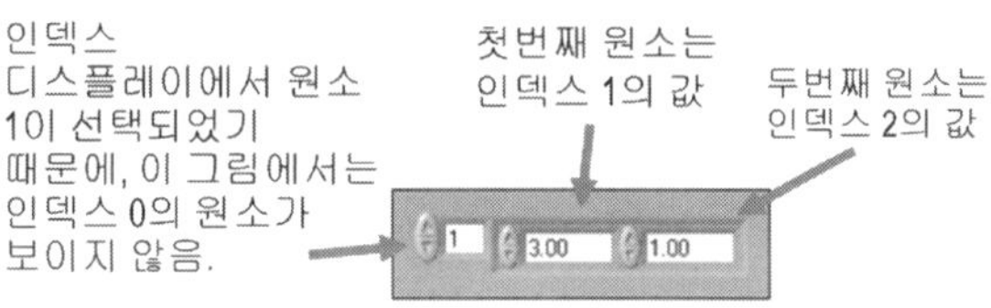

그림 2-79 프런트패널에서 배열의 형태

표 2-106 배열 컨트롤 생성하기

배열 컨트롤 생성하기
새 배열의 경우: 1. 프런트패널의 컨트롤 팔레트에서 배열 컨트롤 선택 2. 숫자형 컨트롤과 같은 데이터 객체를 배열 쉘에 놓음 3. 필요한 경우, 인덱스의 크기를 조정하여 두 번째 차원을 추가
블록다이어그램 터미널 또는 와이어에서: – 객체에서 마우스 오른쪽 버튼을 클릭한 후 생성 ≫ 컨트롤 또는 생성 ≫ 인디케이터 선택

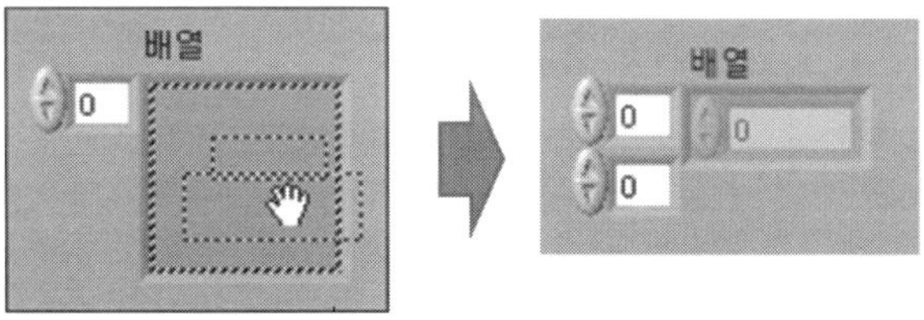

그림 2-80 프런트패널의 배열 생성

표 2-107 배열 상수 생성하기

배열 상수 생성하기
새 배열의 경우: 1. 블록다이어그램의 함수 팔레트에서 배열 상수 선택 2. 숫자형과 같은 상수를 배열 쉘에 놓음 3. 필요한 경우, 인덱스의 크기를 조정하여 두 번째 차원을 추가
블록다이어그램 터미널 또는 와이어에서: - 마우스 오른쪽 버튼을 클릭한 후 생성 ≫ 상수 선택

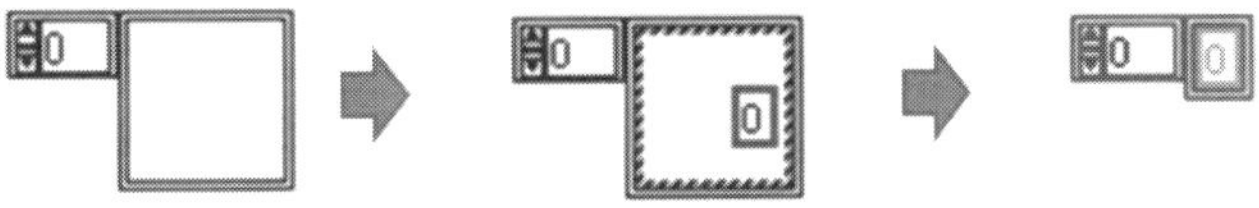

그림 2-81 블록다이어그램에서의 배열 생성

표 2-108 배열 초기화하기

배열 초기화하기
배열을 초기화하거나 초기화하지 않은 채로 둘 수 있음
배열이 초기화되면, 각 차원에 있는 원소의 개수 및 각 배열의 내용을 정의하게 됨
초기화되지 않은 배열에는 차원만 있고, 원소는 없음

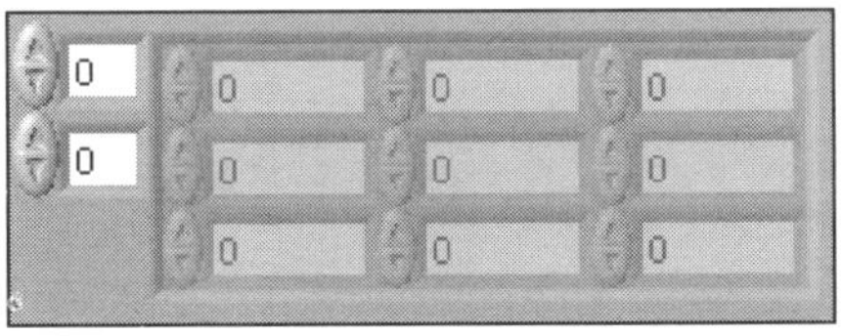

그림 2-82 프런트패널의 배열 초기화

표 2-109 2D 배열의 특징

2D 배열
2D 배열: - 각 칸에 원소를 저장 - 특정 원소를 찾으려면 행 인덱스와 열 인덱스가 필요하며, 인덱스는 0을 기준으로 시작
인덱스 디스플레이에서 마우스 오른쪽 버튼으로 클릭한 후 바로가기 메뉴에서 차원 추가를 선택하여 프런트패널에서 다차원 배열을 생성
인덱스 디스플레이의 크기를 조정하여 원하는 수만큼의 차원을 만들 수 있음

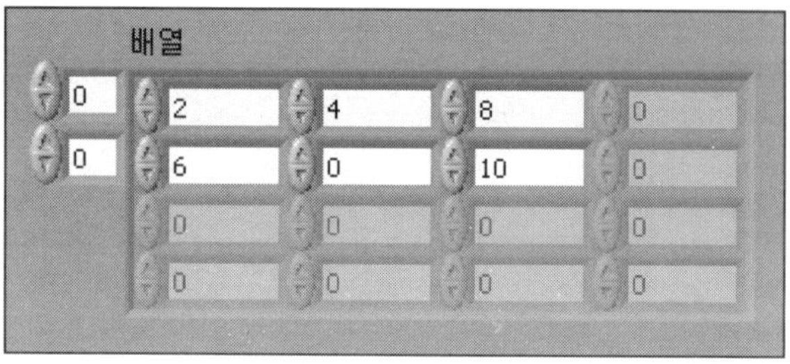

그림 2-83 프런트패널의 배열

▶ **일반 배열 함수**

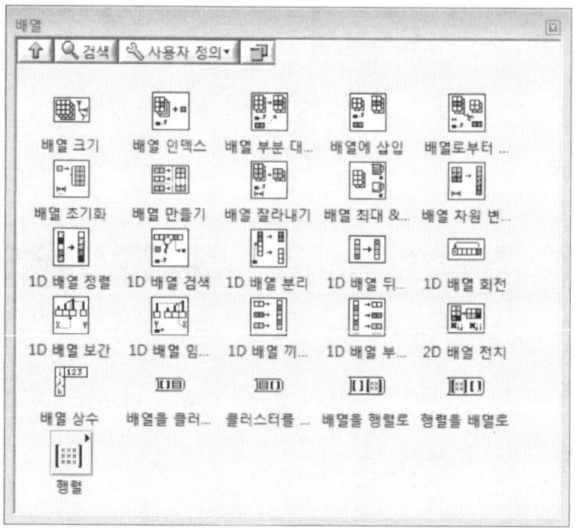

그림 2-84 일반 배열 함수

표 2-110 배열 크기의 특징

배열 크기
배열의 크기를 숫자로 반환
1D 배열: 숫자로 반환
2D 배열: 행과 열의 개수를 1D 배열로 반환

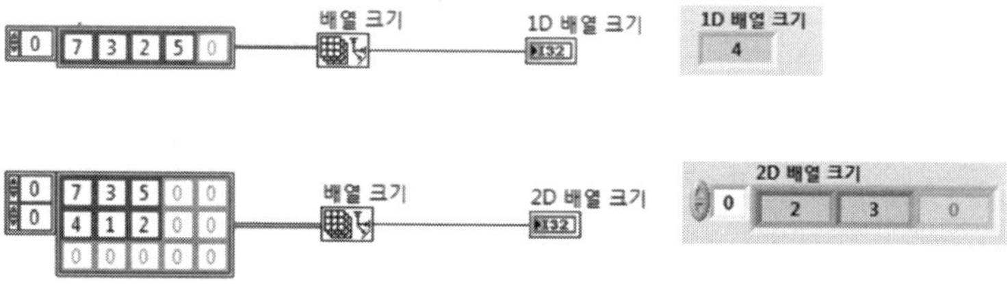

그림 2-85 배열 크기 함수

표 2-111 배열 초기화 함수 특징

배열 초기화
지정하는 원소의 값으로 원하는 크기의 배열을 초기화하여 생성

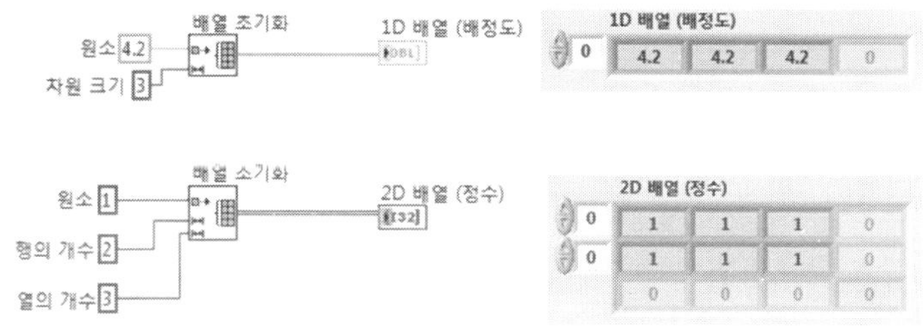

그림 2-86 배열 초기화 함수

표 2-112 배열 잘라내기 특징

배열 잘라내기
입력된 배열을 지정한 인덱스 위치에서 시작하여 길이만큼 잘라낸 부분 배열을 출력

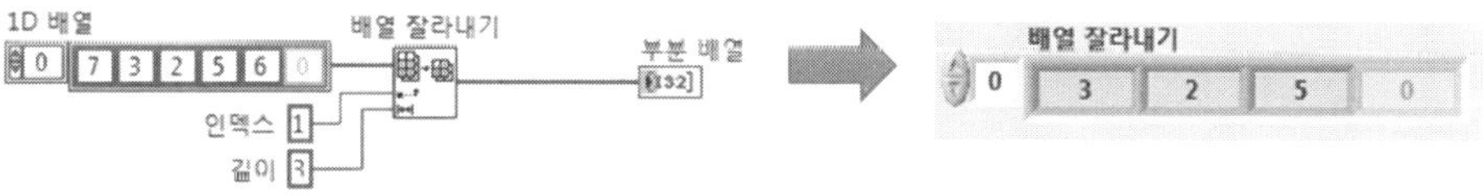

그림 2-87 배열 잘라내기 함수

표 2-113 배열 만들기 특징

배열 만들기
기존의 배열에 다른 원소를 추가하여 배열을 생성

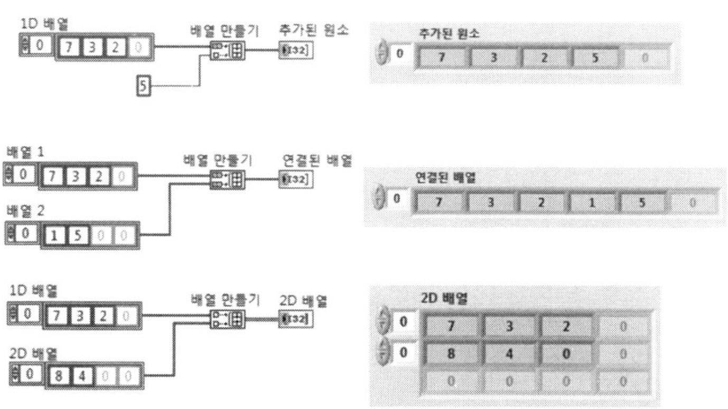

그림 2-88 배열 만들기 함수

표 2-114 입력 연결 특징

입력 연결
배열 만들기에서 아이콘에 마우스 오른쪽 버튼을 클릭하여 메뉴 활성화
입력 연결 활성화: 함수는 모든 입력을 순서대로 추가하여 연결된 배열 입력과 같은 차원의 출력 배열을 형성함
입력 연결 비활성화: - 함수는 입력의 차원보다 한 단계 높은 차원의 출력 배열 생성 - 입력은 모두 차원이 같아야 함 - 필요한 경우, 입력은 가장 긴 입력의 크기에 맞춰 채워짐

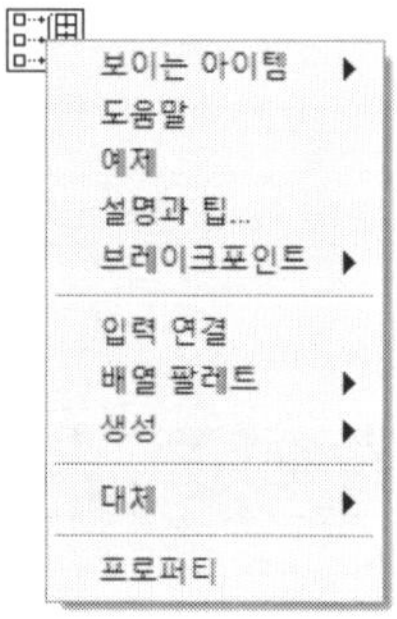

그림 2-89 입력 연결 함수

표 2-115 배열 인덱스 특징

배열 인덱스
인덱스에서 n차원 배열의 원소 또는 부분 배열을 반환

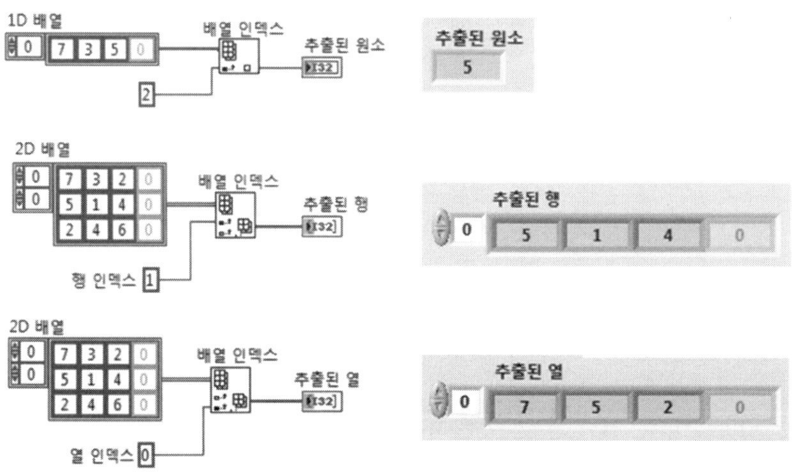

그림 2-90 배열 인덱스 함수

▶ 다형성

표 2-116 다형성 특징

다형성
VI와 함수가 다른 데이터 타입의 입력 데이터를 받을 수 있도록 자동으로 적응하는 것을 말함
함수의 다형성 정도는 다양함: - 다형성 입력이 없거나, 일부 또는 전체 입력이 다형성일 수 있음 - 일부는 숫자값과 불리언 값을 받음 - 일부는 숫자값 또는 문자열을 받음 - 일부는 스칼라, 숫자형 배열 또는 숫자형의 클러스터를 받음

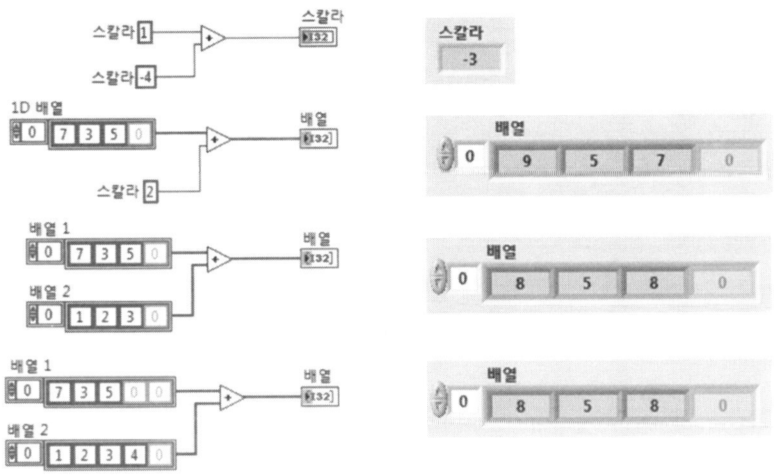

그림 2-91 다형성하기

▶ 오토인덱싱

표 2-117 오토인덱싱 특징

오토인덱싱	
	For 루프 및 While 루프가 자신의 경계에 배열을 쌓는 것을 허용
	For 루프의 기본 동작
	While 루프의 경우 기본으로 비활성되어 있음
	터널에서 마우스 오른쪽 버튼을 클릭하여, 활성화/비활성화할 수 있음
	루프의 반복 횟수와 항상 동일한 크기의 배열을 생성

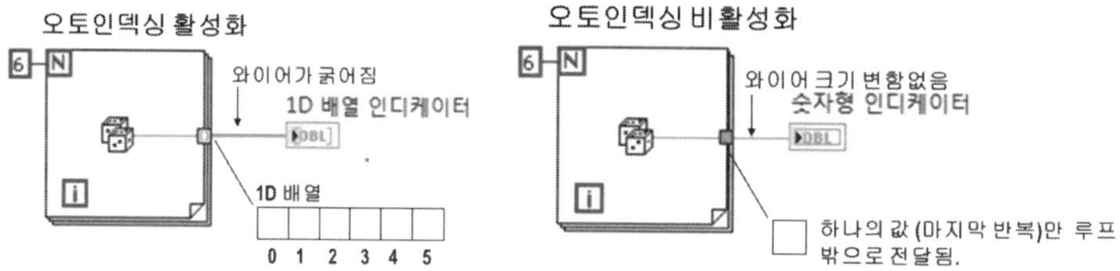

그림 2-92 오토인덱싱하기

표 2-118 웨이브폼 그래프 특징

웨이브폼 그래프
데이터의 그래픽적 표현
균일하게 샘플된 측정의 하나 또는 그 이상의 플롯을 디스플레이 함
미리 생성된 데이터의 배열을 플롯하기 위해 사용됨
데이터 포인트의 모든 수의 플롯을 디스플레이 할 수 있음

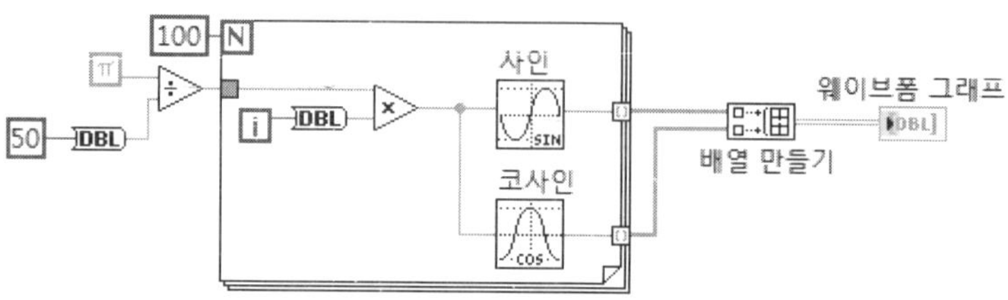

그림 2-93 웨이브폼 그래프 사용하기

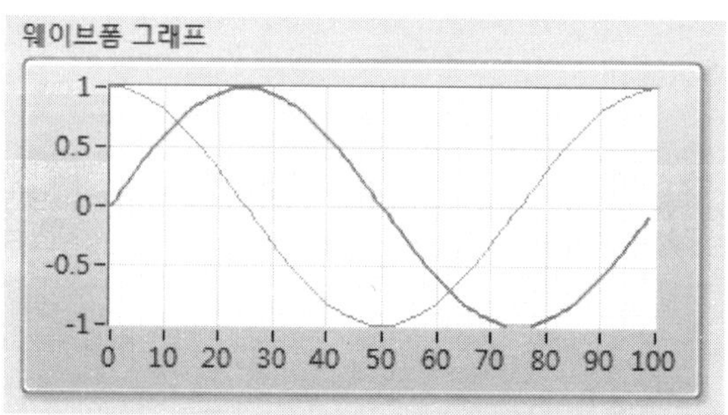

그림 2-94 프런트패널의 웨이브폼 인디케이터

차트 vs 그래프 - 단일 플롯

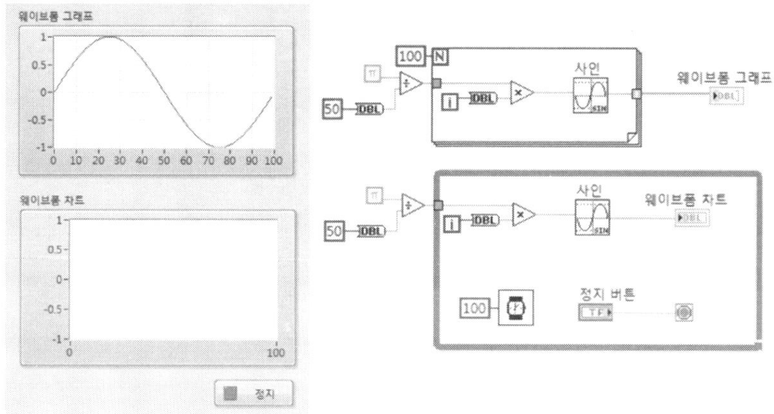

그림 2-95 차트와 그래프의 단일 플롯

조건 터미널을 사용하여 오토인덱싱 하기

조건터미널을 이용하여 조건이 충족될 때만 출력을 내보내도록 설정할 수 있음

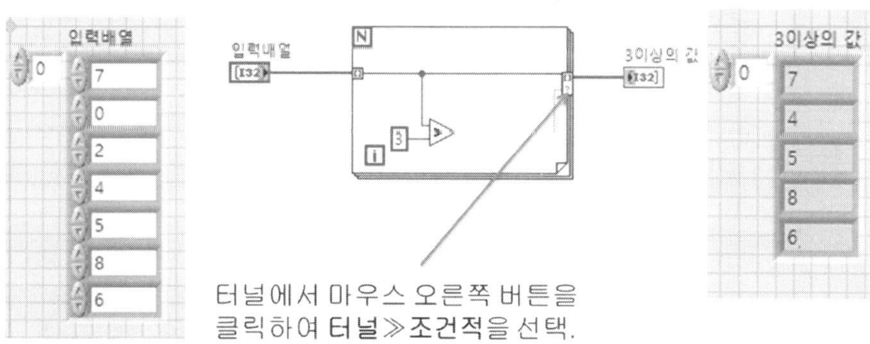

그림 2-96 조건 터미널을 이용한 오토인덱싱

2D 배열 생성하기

For 루프 2개를 이용하여 2D 배열 생성

내부 루프는 열의 원소를 생성

외부 루프는 열 원소를 쌓아서 행으로 만듦

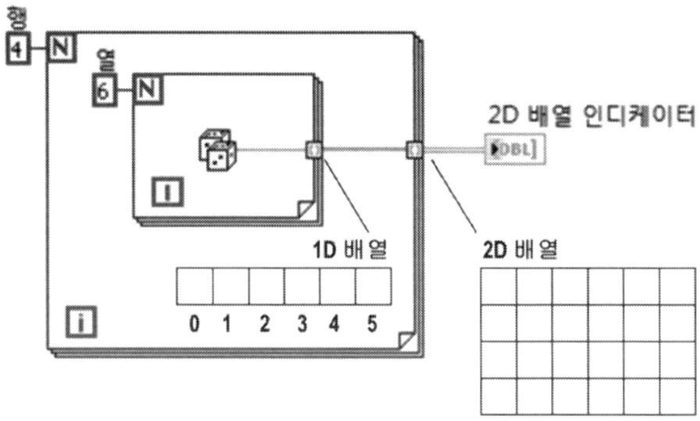

그림 2-97 2D 배열 생성하기(For Loop 이용)

표 2-119 오토인덱싱의 특징

오토인덱싱 입력
반복 카운트 터미널이 연결되어 있고 다른 크기의 배열이 오토인덱싱된 터널에 연결되어 있는 경우, **이 중 상대적으로 더 작은 실제 반복 횟수가 선택됨**
오토인덱싱 입력 배열을 사용하여 배열의 각 원소에 계산을 수행함 – 배열을 For 루프의 오토인덱싱 터널에 연결 – 카운트(N) 터미널을 연결할 필요가 없음 → For 루프는 배열 안에 있는 원소 개수와 동일한 횟수만큼 실행이 반복됨 → 실행 버튼이 깨지지 않음

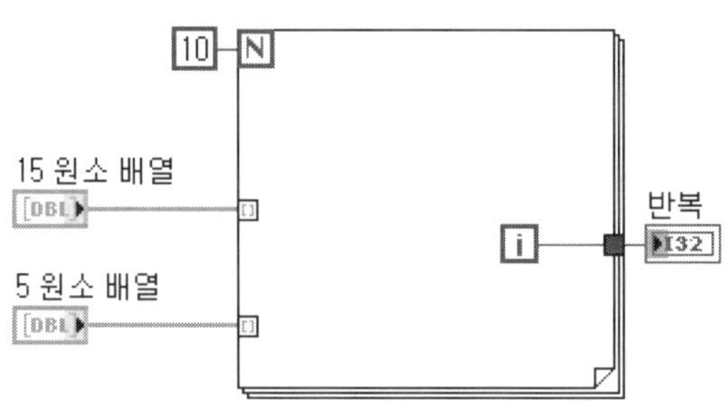

그림 2-98 오토인덱싱 입력

▶ 클러스터

표 2-120 클러스터 특징

클러스터
클러스터는 여러가지 타입의 데이터 원소를 하나의 그룹으로 묶음
클러스터는 텍스트 기반 프로그래밍 언어에서의 레코드(record) 또는 구조체(struct) 와 유사함

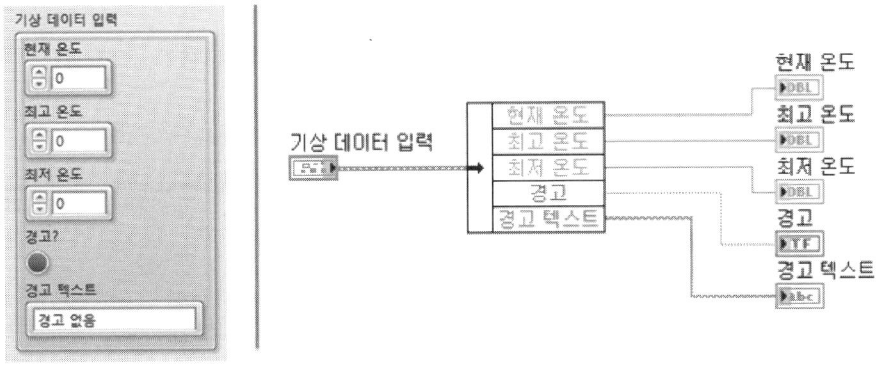

그림 2-99 클러스터 사용하기

표 2-121 클러스터를 사용하는 이유

클러스터를 사용하는 이유
데이터 정리 - 서로 연계된 데이터값을 논리적으로 묶음 - 복잡한 와이어를 제거하여 다이어그램의 가독성을 향상시킴
커넥터 팬 터미널의 개수 감소

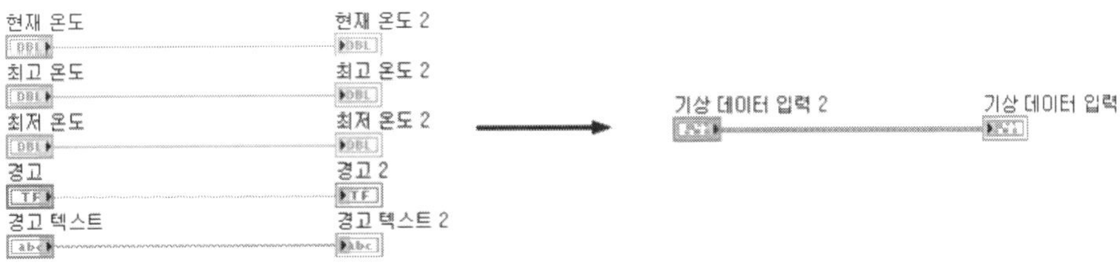

그림 2-100 여러 개의 아이템을 클러스터로 묶기

표 2-122 클러스터와 배열의 특징

클러스터	배열
클러스터의 크기는 고정되어 있음	배열은 크기가 다양함
클러스터는 여러 타입의 데이터를 포함할 수 있음	배열은 오직 하나의 데이터 타입만을 포함함
클러스터는 컨트롤, 인디케이터, 상수일 수 있음 - 모든 원소는 컨트롤이거나, 인디케이터거나 상수임	배열은 컨트롤, 인디케이터, 상수일 수 있음

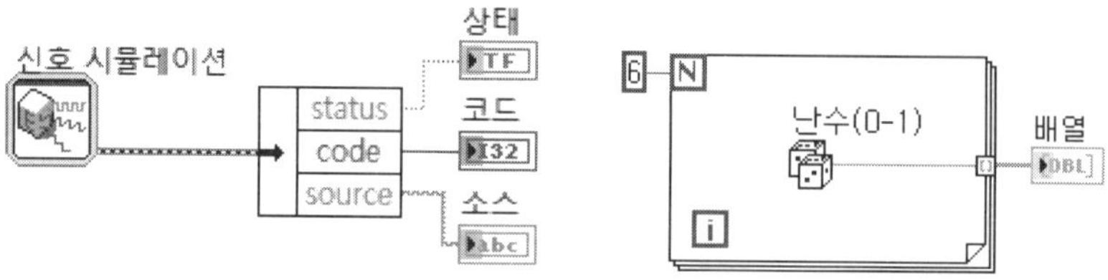

그림 2-101 클러스터와 배열의 형태

표 2-123 클러스터 컨트롤 생성하기

클러스터 컨트롤 생성
새 클러스터의 경우: 1. 프런트패널에서 컨트롤 팔레트에서 클러스터를 선택 2. 클러스테 쉘에 데이터 객체를 놓음 필요한 경우, 쉘에 데이터 객체를 추가로 놓음
블록다이어그램 터미널 또는 와이어에서: - 마우스 오른쪽 버튼을 클릭한 후 생성≫컨트롤 또는 생성≫인디케이터 선택

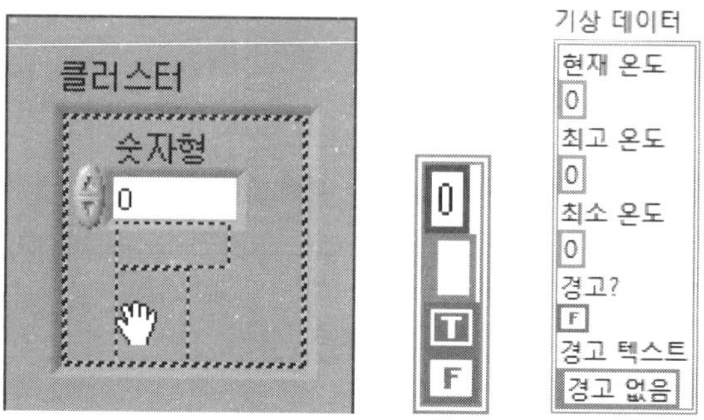

그림 2-102 클러스터

표 2-124 클러스터 상수 생성하기

클러스터 상수 생성
새 클러스터의 경우: 1. 블록다이어그램에서 함수 팔레트에서 클러스터를 선택 2. 클러스터 쉘에 상수를 놓음 3. 필요한 경우, 클러스터 쉘에 데이터 객체를 추가로 놓음
블록다이어그램 터미널 또는 와이어에서: - 마우스 오른쪽 버튼을 클릭한 후 생성≫상수 선택

표 2-125 클러스터의 순서

클러스터 순서
클러스터의 원소는 쉘 안에서의 위치와는 상관없는 논리적인 순서를 가짐.
클러스터 경계에서 마우스 오른쪽 버튼을 클릭한 후 클러스터 내의 컨트롤 순서 재설정을 선택하여, 클러스터 순서를 확인하고 수정할 수 있음

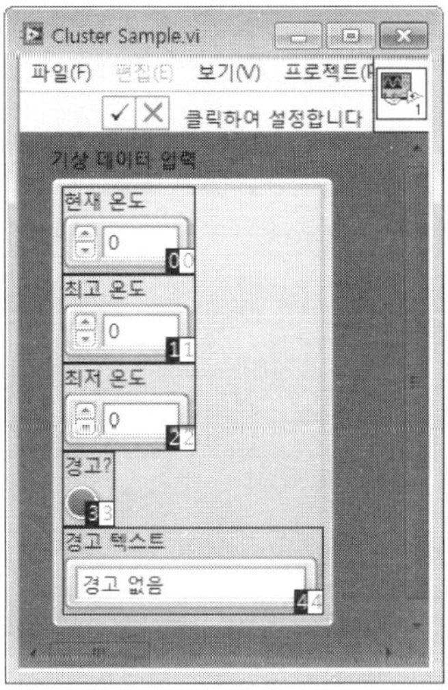

그림 2-103 클러스터 순서 설정하기

표 2-126 클러스터 자동 크기 조절

클러스터 자동 크기 조정하기
자동 크기 조정을 사용하여 클러스터에서 원소를 정렬할 수 있음
NI는 다음을 권장: - 클러스터 원소를 세로로 정렬 - 원소를 간략하게 정렬 - 원하는 순서로 원소를 정렬

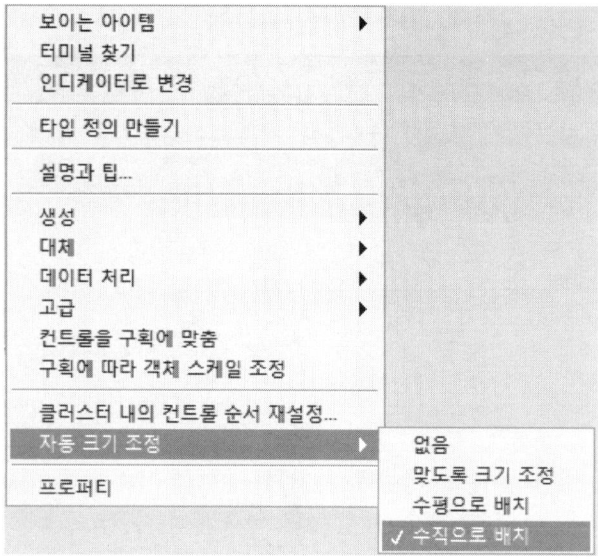

그림 2-104 클러스터 크기 설정하기

표 2-127 클러스터 분리하기

클러스터 분해하기
되도록이면 [이름으로 풀기] 함수를 사용
일부 또는 모든 클러스터 원소에 이름이 없는 경우 [풀기] 함수 사용

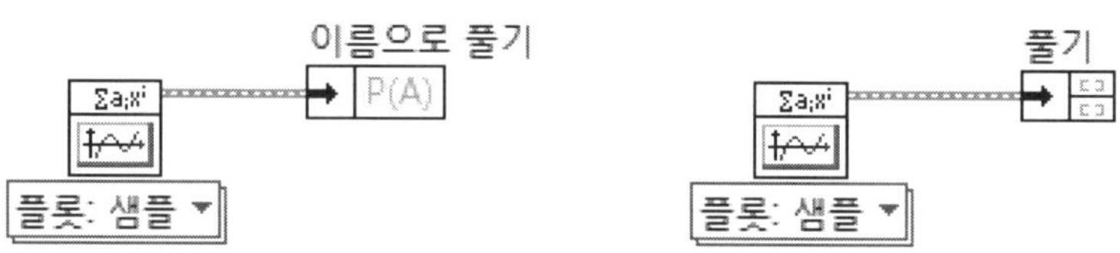

그림 2-105 클러스터 풀기 함수

표 2-128 클러스터 변경하기

클러스터 변경하기
클러스터의 원소에 접근하려면 되도록 [이름으로 묶기] 사용
일부 또는 모든 클러스터 원소에 이름이 없는 경우 [묶기] 함수 사용

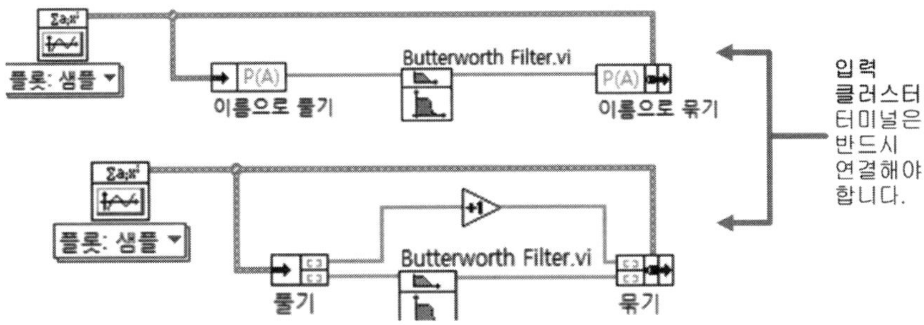

그림 2-106 클러스터 묶기 함수 사용하기

표 2-129 클러스터 생성하기

다이어그램에서 클러스터 생성하기
[묶기] 함수를 사용하여 블록다이어그램에 프로그램적으로 클러스터를 생성
묶인 원소에 라벨이 있는 경우, [이름으로 풀기]를 사용하여 접근 가능 그 외의 경우 [풀기] 함수 사용

그림 2-107 클러스터 묶기/풀기 함수

표 2-130 그래프와 차트에서 사용하기

차트	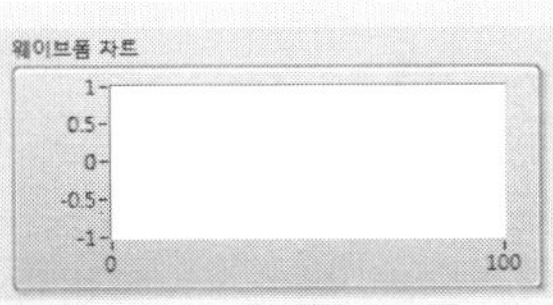	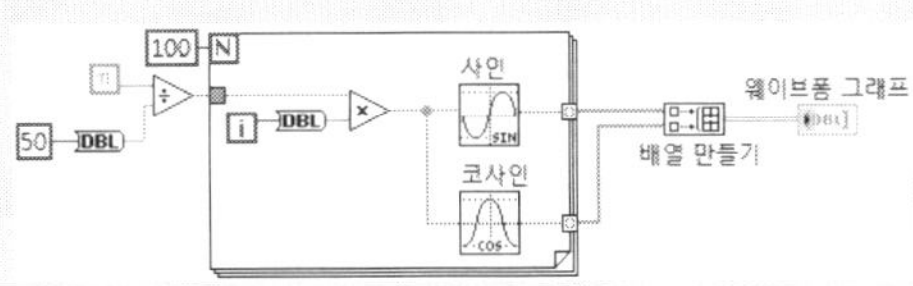
그래프	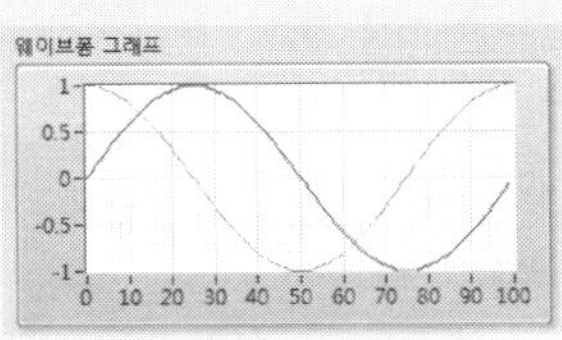	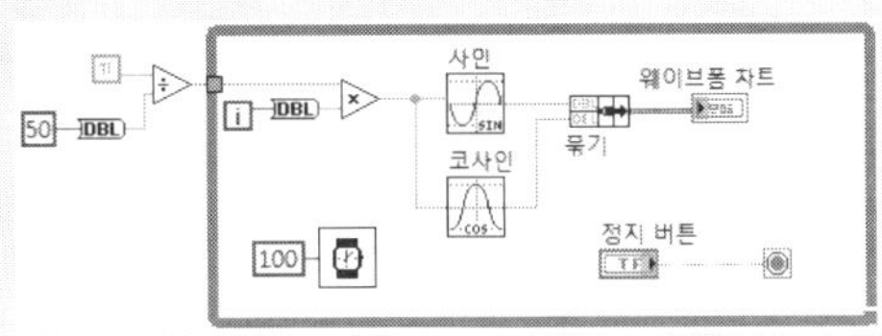
멀티플롯 및 XY 그래프	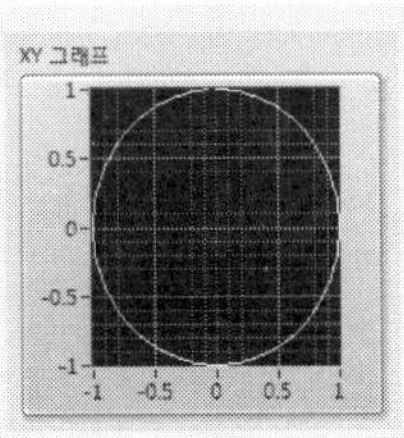	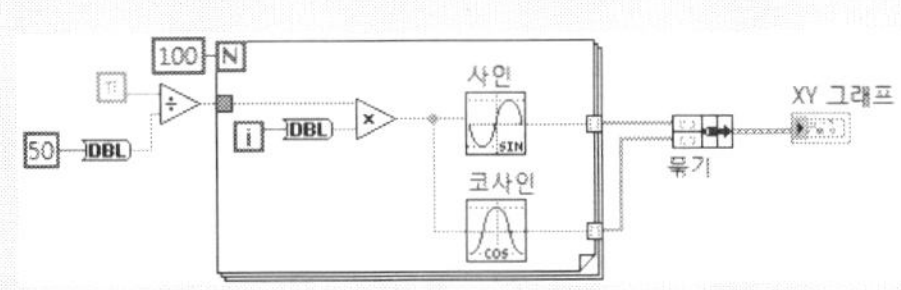

표 2-131 데이터 플롯하기

데이터 플롯하기
기본 도움말 윈도우를 사용하여 멀티 플롯 데이터를 어떻게 웨이브폼 그래프, 차트 및 XY 그래프에 연결해야 하는지 확인

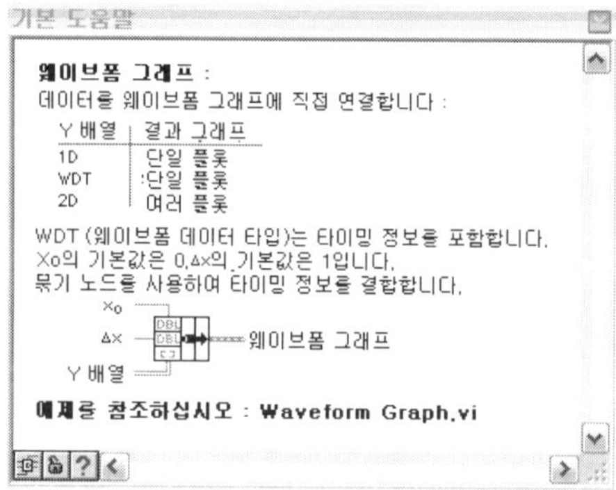

그림 2-108 웨이브폼 그래프의 기본 도움말

표 2-132 에러 클러스터 특징

에러 클러스터
LabVIEW는 에러 클러스터를 사용하여 에러 정보를 전달함
에러 클러스터에 포함되는 원소: – 상태 → 에러가 발생했을 때 참 값을 전달하는 불리언 값 – 코드 → 에러를 표현하는 32비트 부호 있는 정수 – 소스 → 어디에서 에러가 발생했는지 나타내는 문자열

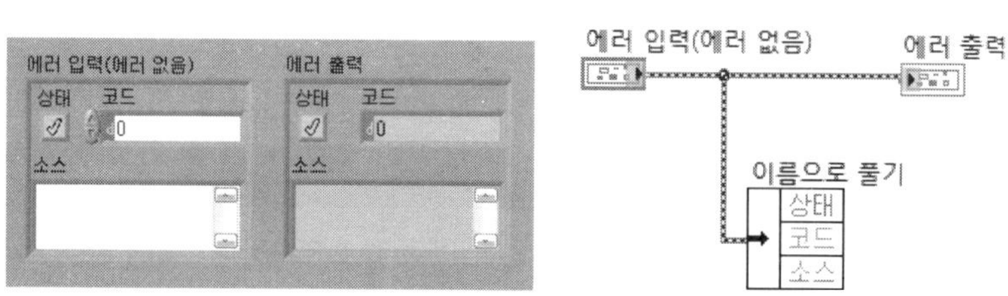

그림 2-109 에러 클러스터

▶ 타입 정의

표 2-133 타입 정의의 특징

타입 정의(Type Def)
여러 개의 VI가 사용할 수 있는 사용자 정의된 데이터 타입(컨트롤, 인디케이터 또는 상수)의 마스터 파일 – 사용자 데이터 타입은 .ctl 파일로 저장 – 타입 정의의 인스턴스는 .ctl 파일에 연계됨
인스턴스는 컨트롤, 인디케이터 또는 상수
타입 정의가 변경되면, 모든 인스턴스가 자동으로 업데이트됨 – 데이터 타입 변경, 원소 추가, 원소 삭제 및 열거형에 아이템 추가 등의 변경 사항

표 2-134 타입 정의 생성하기

타입 정의(Type Def) 생성
1. 컨트롤, 인디케이터 또는 상수에서 마우스 오른쪽 버튼을 클릭한 후, 타입 정의 만 들기 선택
2. 객체에서 다시 마우스 오른쪽 버튼을 클릭하고, 타입 정의 열기 선택
3. 필요한 경우 컨트롤 편집
4. 컨트롤을 .ctl 파일로 저장

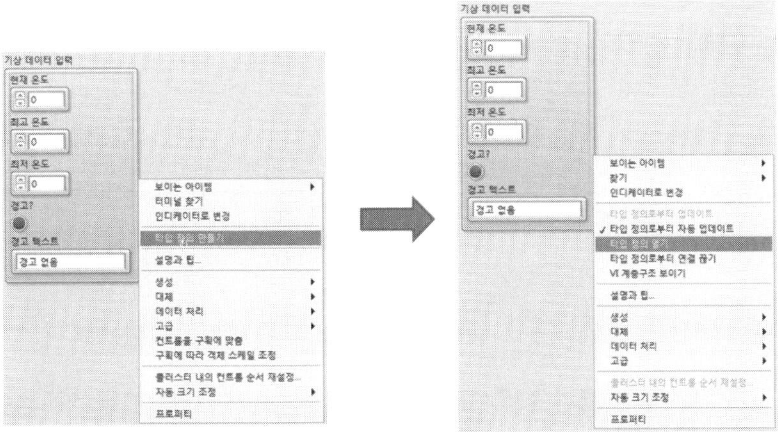

그림 2-110 타입 정의

표 2-135 타입 정의 식별 방법

타입 정의 식별하기
터미널 또는 상수의 왼쪽 위 코너에 표시되는 문양으로 식별
문양 위로 커서를 움직여 팁 상자 보기
터미널 또는 상수 위로 커서를 움직여 기본 도움말 보기

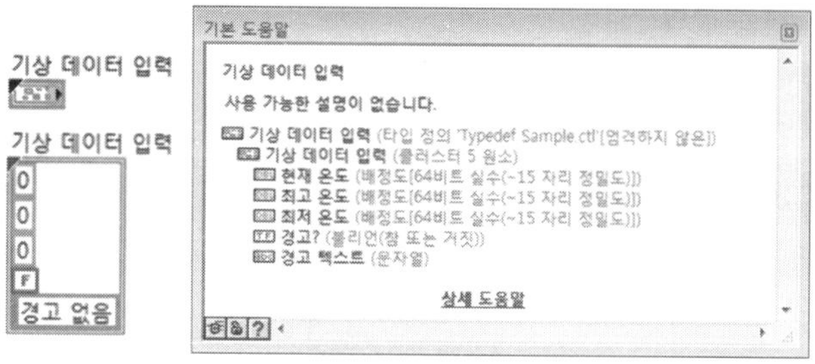

그림 2-111 타입 정의된 클러스터의 기본 도움말

표 2-136 다른 컨트롤 옵션

다른 컨트롤 옵션
사용자 컨트롤을 저장할 수 있는 타입: – 컨트롤 – 타입 정의 – 엄격한 타입 정의

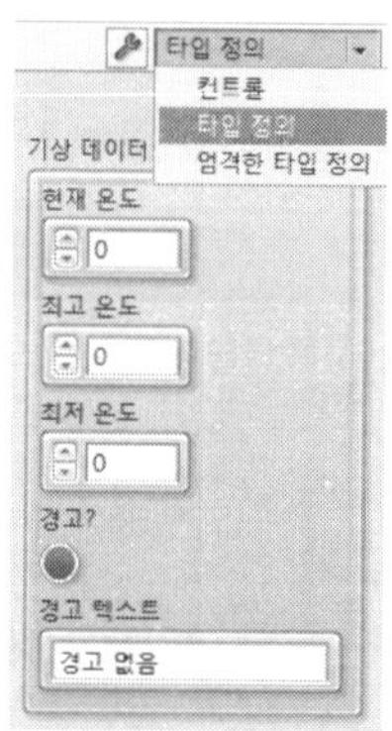

그림 2-112 컨트롤 옵션

표 2-137 컨트롤의 특징

컨트롤
인스턴스가 .ctl 파일에 연계되지 않음
각 인스턴스는 컨트롤의 독립적인 복제본
기존의 컨트롤과 같이 동작하지만 다르게 생긴 컨트롤을 생성할 때 사용

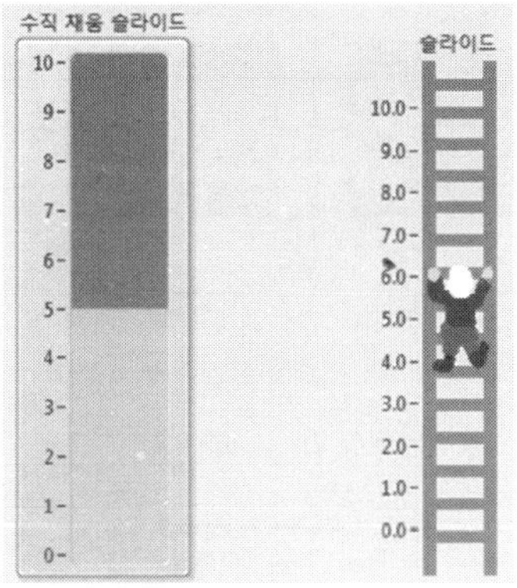

그림 2-113 컨트롤

표 2-138 엄격한 타입 정의의 특징

엄격한 타입 정의
엄격한 타입 정의는 타입 정의와 다음과 같은 부분에서 유사함: - 모든 인스턴스가 .ctl 파일에 연계되어 있음 - 속성 또는 데이터 타입에 변경사항이 생기면, 모든 인스턴스가 함께 업데이트됨 (예: 노브를 다이얼로 변경, 둥근 모양의 LED를 사각형 모양의 LED로 변경 또는 배정도를 정수로 변경)
엄격한 타입 정의는 인스턴스의 라벨, 설명 및 기본 값을 제외한 모든 영역을 강제로 지정함
모든 프런트패널 인스턴스가 같은 모양을 갖게 하려면, 엄격한 타입 정의 사용

2.1.8 파일 및 하드웨어 리소스 관리하기

파일 및 하드웨어 리소스 이해하기

표 2-139 리소스의 개념

리소스란 무엇인가?
리소스 → 사용자의 시스템에서 사용할 수 있는 취급 가능한 파일, 하드웨어 디바이스, 객체 또는 네트워크 연결을 말함
LabVIEW에는 사용자의 리소스에 접근할 수 있는 VI 및 함수가 있음
리소스는 시스템에 경로, 이름, 포트 또는 다른 식별자로 알려짐

표 2-140 LabVIEW에서 리소스 접근

LabVIEW에서 리소스에 접근하기
일반적인 리소스 작업

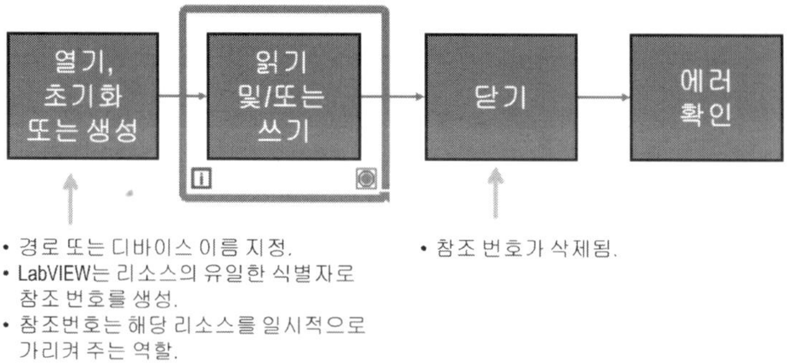

그림 2-114 리소스 접근 개념

표 2-141 리소스 접근하기

LabVIEW에서 리소스에 접근하기
참조번호 연결 샘플

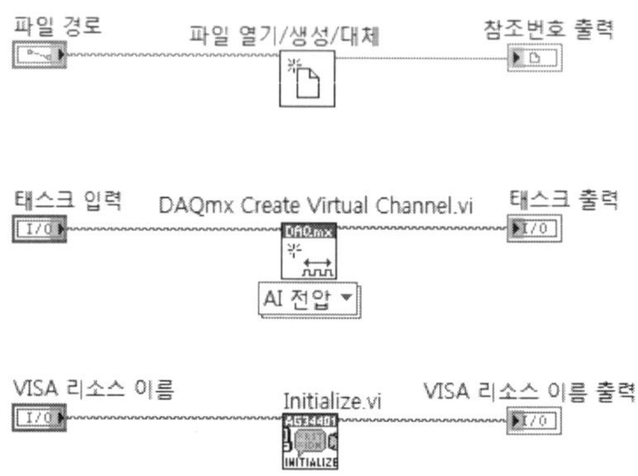

그림 2-115 리소스 접근하기 예제

파일 I/O

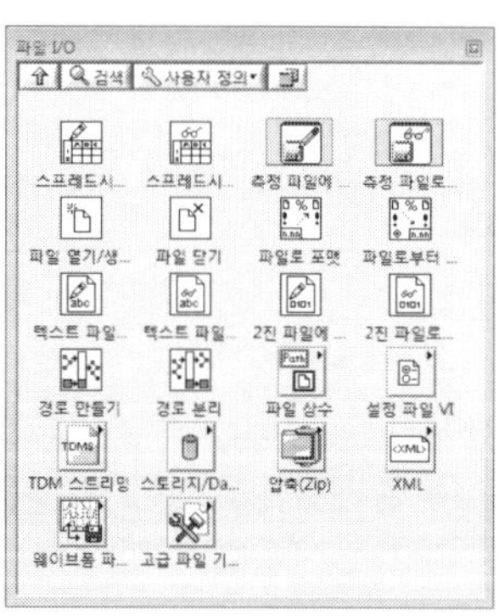

그림 2-116 파일 I/O 함수 팔레트

표 2-142 파일 I/O 함수의 개념

파일 I/O 이해하기
파일 I/O는 파일에 쓰거나 파일로부터 읽는 것을 의미
일반적인 파일 I/O 과정:

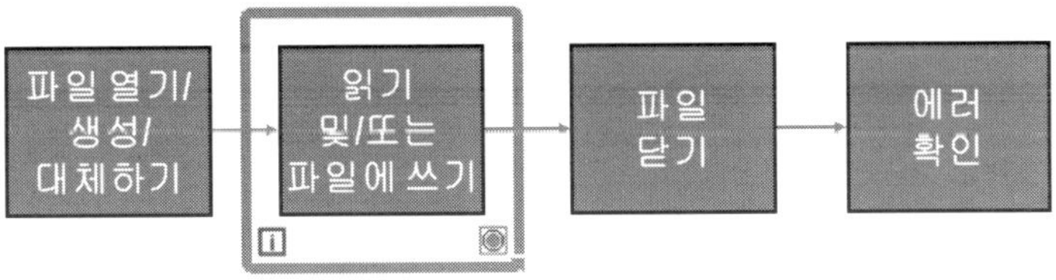

그림 2-117 파일 I/O 함수의 패턴

표 2-143 LabVIEW에서 사용 가능한 파일 포맷

파일 포멧
LabVIEW에서 사용하거나 생성할 수 있는 파일 포맷: - 2진수 → 무작위 접근을 허용하는 효율적, 압축적 포맷. 사람이 읽을 수 없음, 고속 & 다중 채널 DAQ에 일반적으로 사용됨 - ASCII → 데이터가 문자열로 표시되는 텍스트 파일. 사람이 읽을 수 있음, 저속 DAQ에 일반적으로 사용됨 - LVM → ASCII 포맷에 기반. LabVIEW 측정 데이터 파일(.lvm)은 탭으로 자리가 구분되는 텍스트 파일로서, 스프레드시트 또는 텍스트 편집 어플리케이션에 서 열 수 있음 - TDMS → 데이터와 해당 데이터의 속성을 포함하는 NI 특정 2진 파일

표 2-144 ASCII 파일 포맷

ASCII 파일 포맷
ASCII 파일을 사용하는 경우: - 다른 어플리케이션에서부터 파일에 접근하고자 할 때 - 파일 I/O 속도와 디스크 사용 공간이 충분할 때 - 랜덤하게 읽기 또는 쓰기 작업을 수행하지 않아도 될 때 - 숫자형 데이터의 정밀도가 중요하지 않을 때

표 2-145 상위, 하위레벨 파일 I/O 기능

상위, 하위레벨 파일 I/O
상위레벨 파일 I/O 기능: - 일반적인 파일 I/O 작업의 열기, 읽기/쓰기, 닫기의 세 단계를 모두 실행 - 개별 작업을 위해 설계 및 설정된 함수에 비해 비효율적일 수도 있음
하위레벨 파일 I/O 기능: - 각 단계에 대한 개별적인 함수를 제공 - 루프에서 파일에 쓰기에 효율적임

표 2-146 상위레벨 파일 I/O 특징

상위레벨 파일 I/O
스프레드시트 파일에 쓰기 - 배정도 숫자형 배열을 텍스트 문자열로 변환한 이후, ASCII 파일에 문자열을 씀
스프레드시트 파일로부터 읽기 - 지정한 개수만큼의 라인 또는 행을 숫자형 텍스트 파일로부터 읽어오고, 2차원 배정도 숫자형 배열을 출력함
측정 파일에서 쓰거나 읽음 - LVM 또는 TDMS 파일 포맷으로 데이터를 읽거나 쓰는 익스프레스 VI

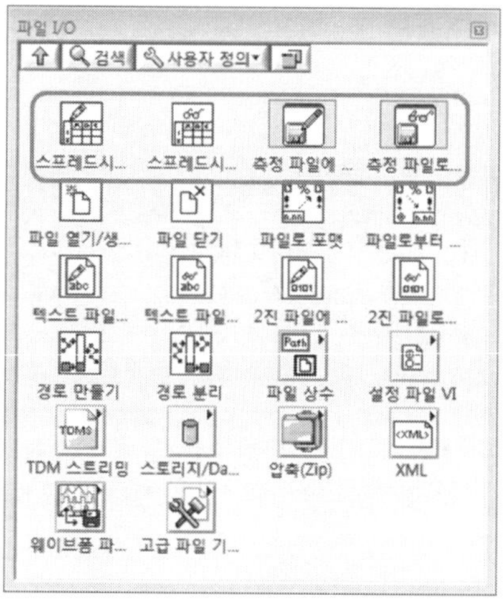

그림 2-118 상위레벨 파일 I/O 특징

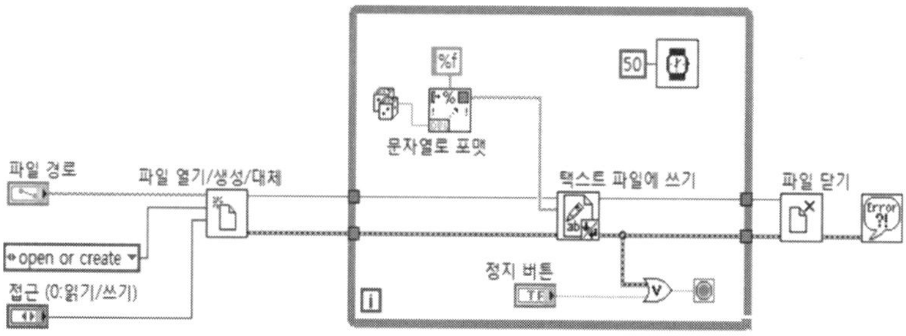

그림 2-119 하위레벨 파일 I/O VI 이해하기

▶ DAQ 시스템을 사용하여 측정 수집하기

표 2-147 DAQ 하드웨어 목록

DAQ 하드웨어
1. 신호
2. 터미널 블록
3. 케이블
4. DAQ 디바이스
5. 컴퓨터

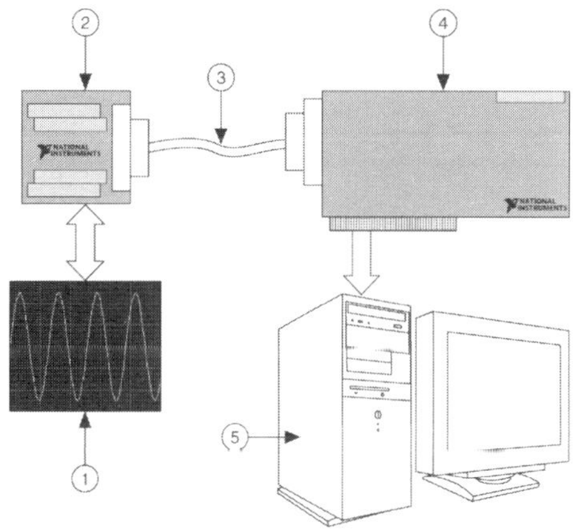

그림 2-120 DAQ 하드웨어 개념도

표 2-148 DAQ 디바이스의 구성

DAQ 디바이스
대부분의 DAQ 디바이스는 다음의 4가지 표준 구성요소로 이루어져 있음: - 아날로그 입력 - 아날로그 출력 - 디지털 I/O - 카운터

표 2-149 아날로그 입력의 개념

아날로그 입력
아날로그 신호를 측정하고 분석, 디스플레이, 저장을 위해 컴퓨터에 측정값을 전달하는 과정 - 아날로그 신호는 연속적으로 변하는 신호 - 아날로그 입력은 가장 일반적으로 전압 또는 전류를 측정

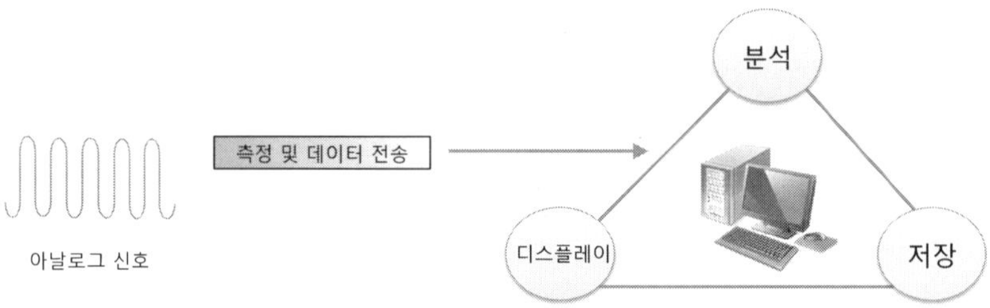

그림 2-121 아날로그 입력의 구성도

표 2-150 아날로그 출력의 개념

아날로그 출력
아날로그 출력은 컴퓨터가 아날로그 신호를 생성하는 과정 - 디지털에서 아날로그(D/A)로 변환을 수행하면 아날로그 출력 생성 - 사용 가능한 아날로그 출력 타입은 전압과 전류 - 전압과 전류 태스크를 수행하려면 반드시 해당 신호 타입을 생성할 수 있는 호환 가능한 디바이스를 설치하여야 함

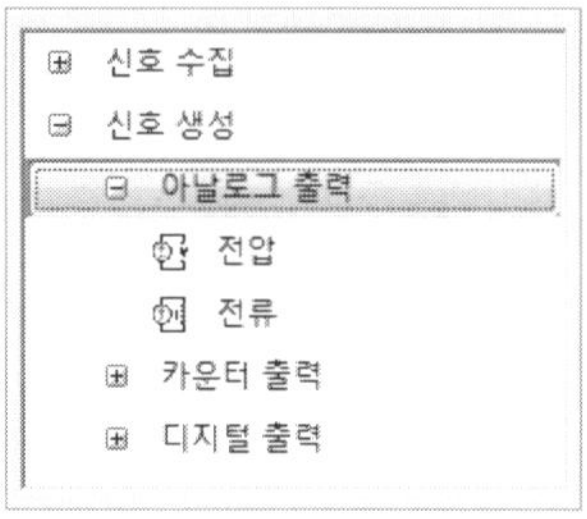

그림 2-122 아날로그 출력 종류

표 2-151 디지털 I/O의 개념

디지털 I/O
디지털 신호: - 와이어를 사용하여 디지털 데이터(on/off, high/low, 1/0)를 전달하는 전기적 신호 - 스위치나 LED와 같은 디지털 또는 유한 상태 디바이스를 컨트롤하거나 측정하는 데 사용 - 다음의 용도로 데이터를 전달하는 데 사용: → 디바이스 프로그래밍 → 디바이스 사이에서 통신 - 클럭이나 트리거로 사용되어 다른 측정값을 컨트롤하거나 동기화

표 2-152 카운터의 개념

카운터
카운터는 이벤트 카운팅, 주파수 측정, 주기 측정, 위치 측정, 펄스 생성을 위해 일반적으로 사용되는 디지털 타이밍 디바이스임
카운터가 카운트할 수 있는 숫자는 카운터의 분해능에 의해 결정됨 예를 들어, 24비트 카운트는 다음과 같이 카운트할 수 있음: $2^{(\text{카운터 분해능})} - 1 = 2^{24} - 1 = 16,777,215$

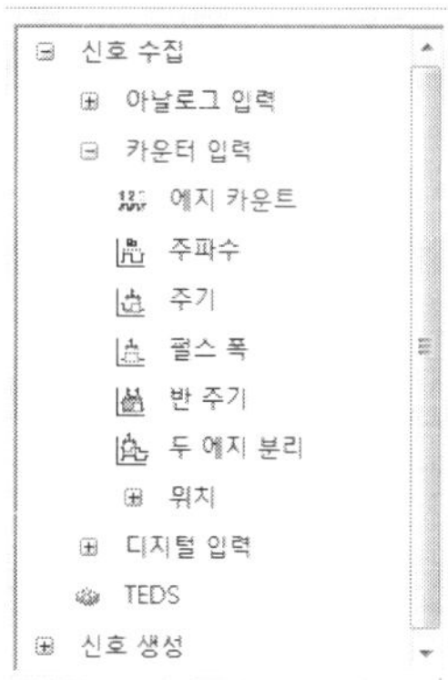

그림 2-123 카운터 입력의 종류

표 2-153 MAX 사용하기

DAQ 하드웨어 설정
Measurement & Automation Explorer(MAX)를 사용하여 하드웨어를 설정 및 테스트

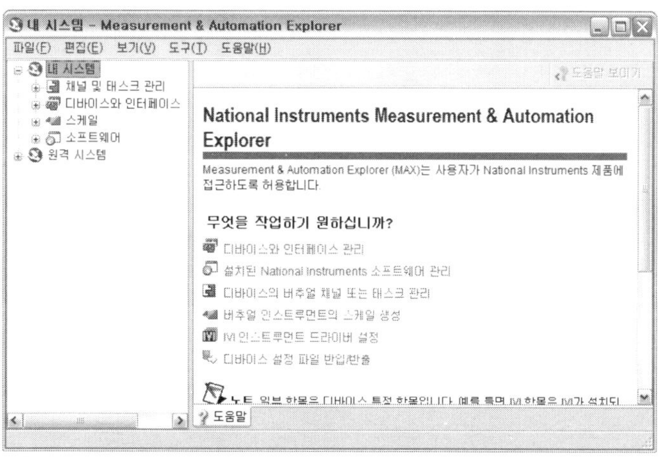

그림 2-124 MAX 윈도우 창

표 2-154 디바이스 시뮬레이션 하기

DAQ 디바이스 시뮬레이션 하기
NI-DAQmx 시뮬레이션 디바이스를 사용하여 하드웨어 없이도 어플리케이션에서 다양한 NI 제품을 사용할 수 있음
NI-DAQmx 시뮬레이션 디바이스를 사용하는 경우, 물리적인 디바이스 설정을 물리적인 디바이스가 설치되지 않은 시스템으로 반출할 수 있음

표 2-155 소프트웨어의 개요

DAQ 프로그래밍- 소프트웨어 개요
NI-DAQmx - 드라이버 레벨 소프트웨어 - DAQ 디바이스 감지 - LabVIEW에 NI-DAQmx 함수 설치
Measurement & Automation Explorer - DAQ 디바이스 설정 및 테스트
DAQ 어시스턴트 - DAQ 어플리케이션을 생성하기 위해 사용되는 설정 가능한 익스프레스 VI
DAQmx API - DAQ 어플리케이션을 프로그램하기 위한 VI 세트 제공

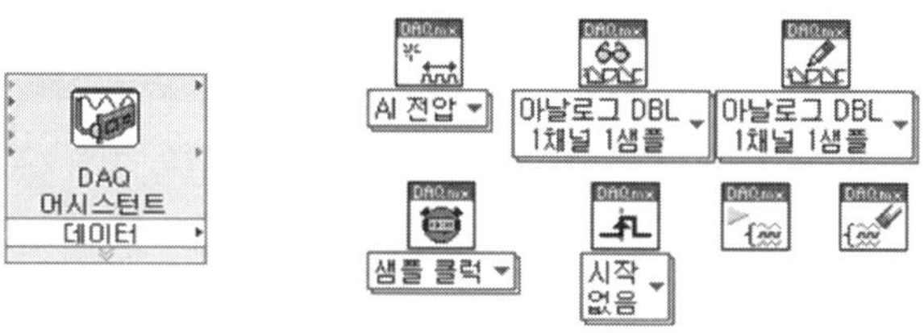

그림 2-125 DAQ 관련 상위레벨 함수, 하위레벨 함수.

표 2-156 DAQ 프로그래밍의 기본 흐름

DAQ 프로그래밍- 기본 흐름
기본적인 DAQmx 어플리케이션의 과정:

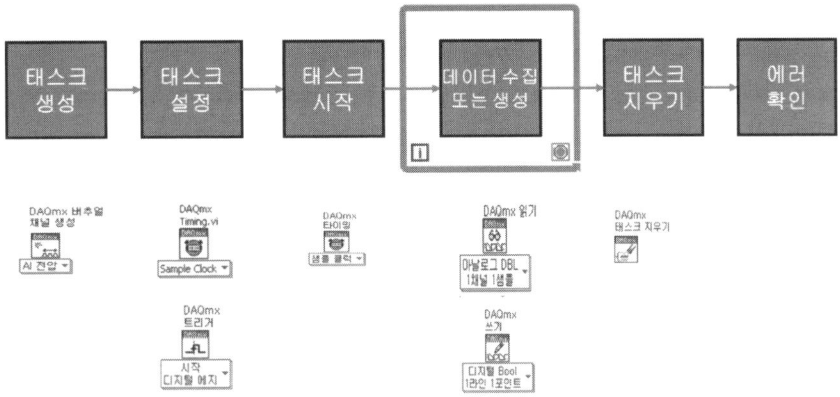

그림 2-126 DAQ 프로그래밍 흐름도

표 2-157 DAQ 프로그래밍 1단계

단계 1 - 태스크 생성
DAQmx 버추얼 채널 생성 VI: - 버추얼 채널을 생성하고 태스크에 추가 - 풀다운 메뉴를 사용하여 이 VI의 적절한 인스턴스 선택

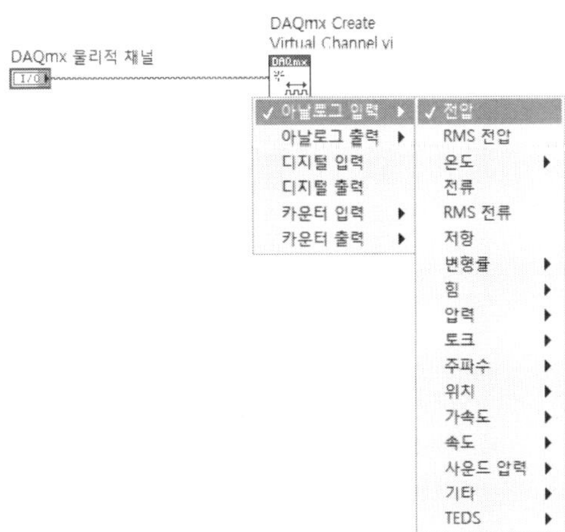

그림 2-127 버추얼 채널 생성

표 2-158 DAQ 프로그래밍 2단계

단계 2 - 태스크 설정
여러 개의 샘플을 읽는 경우 태스크의 타이밍을 설정 - 샘플 속도, 타이밍 소스 등
어플리케이션에 필요한 경우 트리거링 설정 - 상승 또는 하강 디지털 에지, 아날로그 에지 또는 아날로그 윈도우 도중 시작 또는 정지하도록 태스크 설정

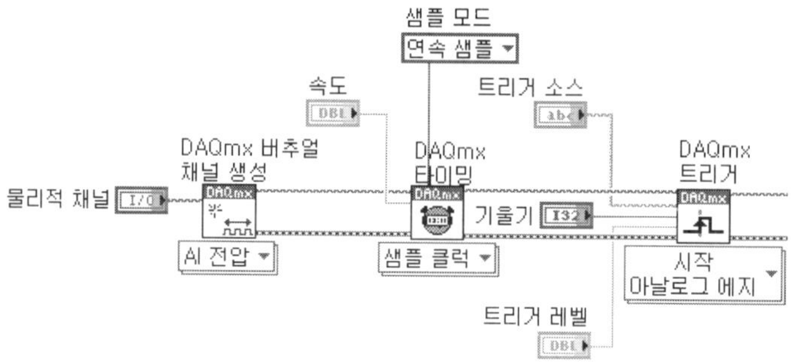

그림 2-128 샘플속도 및 타이밍 소스

표 2-159 DAQ 프로그래밍 3단계

단계 3 – 태스크 시작
[태스크 시작] VI는 태스크 설정이 끝난 후 태스크를 시작

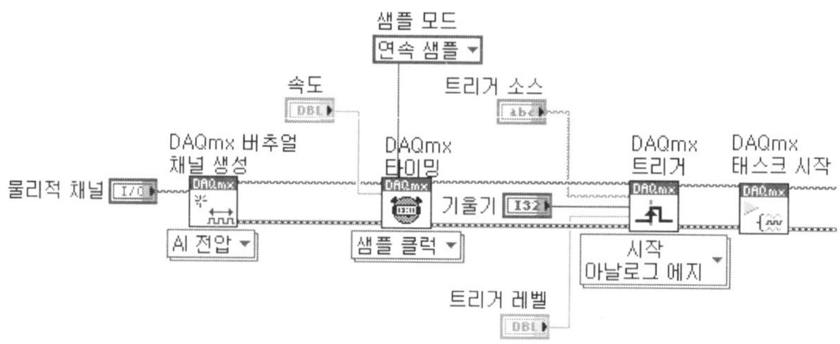

그림 2-129 태스크 시작

표 2-160 DAQ 프로그래밍 4단계

단계 4 – 데이터 수집 또는 생성
[DAQmx 읽기] 또는 [DAQmx 쓰기] VI는 DAQ 디바이스에서 데이터를 수집 또는 생성함
풀다운 메뉴 선택이 태스크 설정과 호환되는지 확인

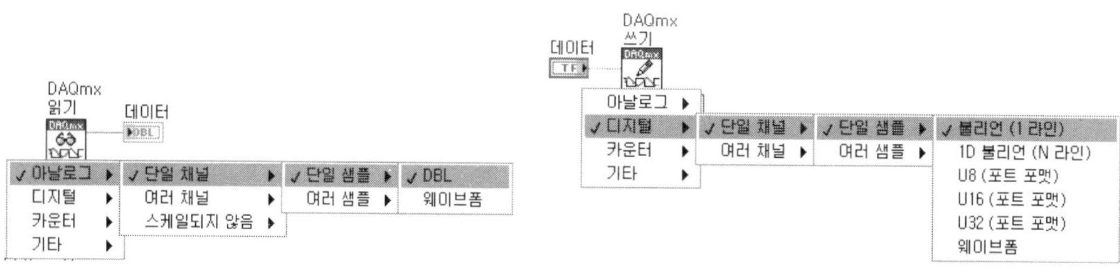

그림 2-130 DAQ 읽기, 쓰기 함수

표 2-161 DAQ 프로그래밍 5단계

단계 5 – 태스크 지우기
[DAQmx 태스크 지우기] VI – 태스크 정지 – 태스크가 사용한 해당 리소스 해제 – 태스크 삭제

그림 2-131 DAQ 태스크 지우기

인스트루먼트 컨트롤하기

표 2-162 인스트루먼트 컨트롤

인스트루먼트 컨트롤
PC 상의 소프트웨어를 사용하여 인스트루먼트 컨트롤 버스를 통해 인트스루먼트를 제어
다양한 종류의 인스트루먼트를 혼합하여 사용
사용할 통신 프로토콜과 같은 인스트루먼트의 여러 속성을 이해해야 함

그림 2-132 인스트루먼트 컨트롤의 개념도

표 2-163 인스트루먼트 컨트롤의 장점

인스트루먼트 컨트롤의 장점
프로세스 자동화
시간 절약
여러 태스크를 한 플랫폼에서 실행
사용하기 쉬움
다른 많은 타입의 인스트루먼트와 호환

표 2-164 GPIB의 개념

GPIB - General Purpose Interface Bus
GPIB는 여러 제조업체에서 생산되는 인스트루먼트와 컨트롤 사이의 통신을 위한 표준 인터페이스
GPIB는 1개의 시스템 컨트롤러(대부분의 경우 컴퓨터)와 추가적으로 최대 14개까지 인스트루먼트를 지원함
컨트롤러: – 통신 링크 정의 – GPIB 명령 발송 – 서비스 요청 디바이스에 응답 – 버스의 컨트롤 전달 및 수신

표 2-165 인스트루먼트 컨트롤 소프트웨어

인스트루먼트 컨트롤 소프트웨어 사용하기
인터페이스 드라이버: GPIB와 같은 인스트루먼트 인터페이스는 인터페이스를 위한 드라이버를 포함
설정: MAX를 사용하여 인터페이스 설정

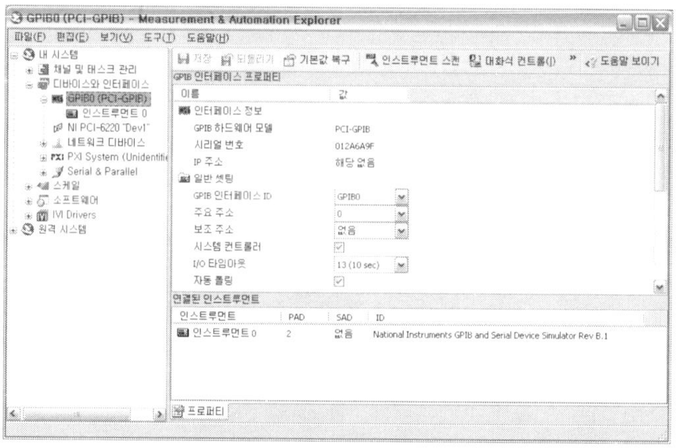

그림 2-133 MAX

표 2-166 인스트루먼트 컨트롤 프로그래밍하기

인스트루먼트 컨트롤 프로그래밍하기	
	Virtual Instrument Software Architecture(VISA): – VISA는 하위레벨의 드라이버를 호출하는 상위레벨 API임 – GPIB, USB, 이더넷, 시리얼 및 다른 인터페이스를 제어하고, 사용하는 인스트루먼트 타입에 맞는 드라이버를 호출함

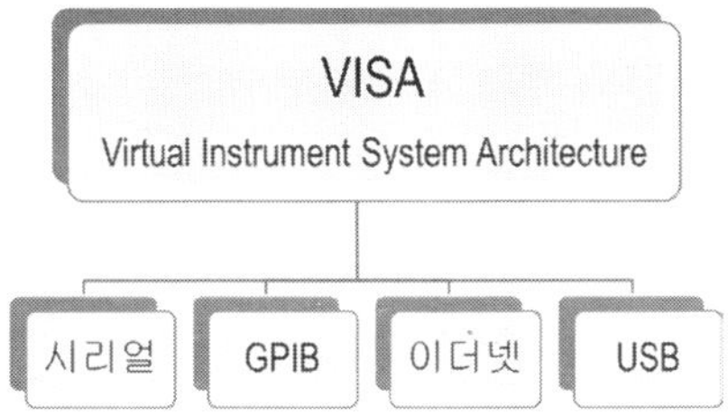

그림 2-134 VISA의 개념도

표 2-167 VISA 프로그래밍 용어

VISA - 프로그래밍 용어
리소스 - 시리얼과 병렬 포트를 포함하는 시스템에서의 모든 인스트루먼트
세션 - 커뮤니케이션 채널의 경우에서처럼, 리소스와 통신하려면 VISA 세션을 열어야 함, 리소스로 세션을 열면 LabVIEW는 VISA 세션 번호를 반환하는데, 이는 해당, 인스트루먼트에 대한 고유한 참조번호가 됨 이후의 모든 VISA 함수에서 이 세션 번호를 사용해야 함
인스트루먼트 설명자 - 인터페이스 타입(GPIB USB, TCP/IP, ASRL), 디바이스 주소, VISA 세션 타입(INSTR 또는 Event)을 지정

표 2-168 VISA 가명

VISA 가명
인스투르먼트 설명자 대신에 사용자가 지정한 디바이스나 리소스 이름을 지정

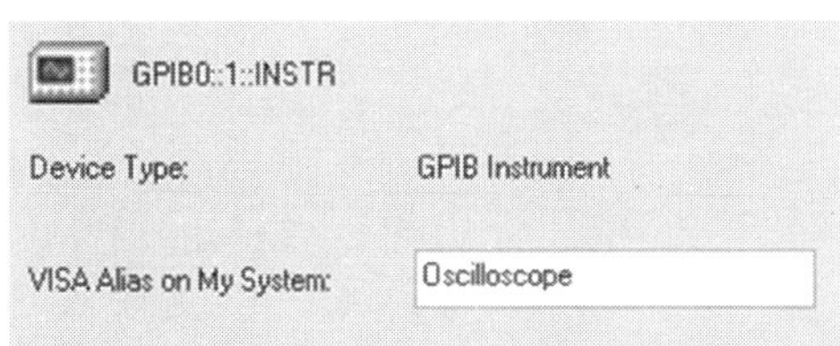

그림 2-135 VISA 가명 설정

표 2-169 VISA 프로그래밍하기

VISA 프로그래밍
VISA 함수는 파일 I/O 함수와 유사하게 동작함

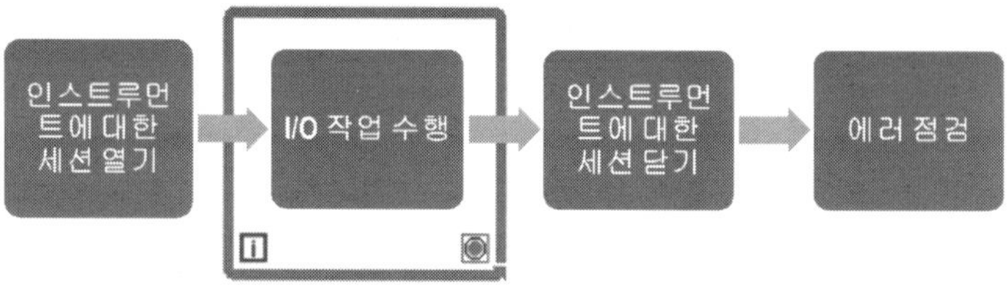

그림 2-136 VISA 프로그래밍 개념도

표 2-170 VISA 열기, 닫기 함수 개념

VISA 열기 및 닫기 함수
VISA 열기 함수 - 리소스로의 통신 라인을 확립 - 일반적으로 리소스당 한 번 사용 - VISA 리소스 이름 반환

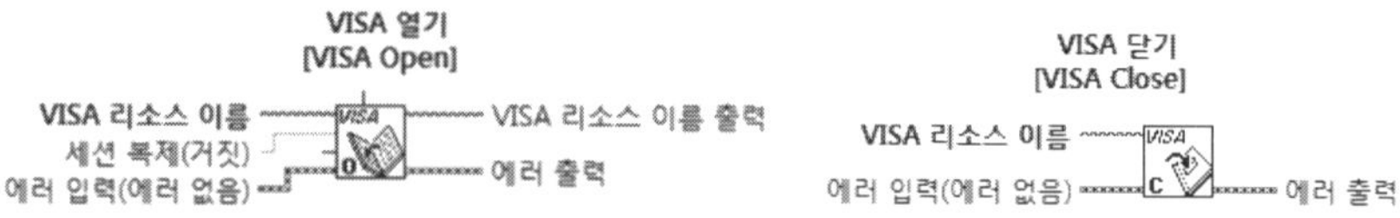

그림 2-137 VISA 열기, 닫기 함수

그림 2-138 VISA 쓰기, 읽기 함수

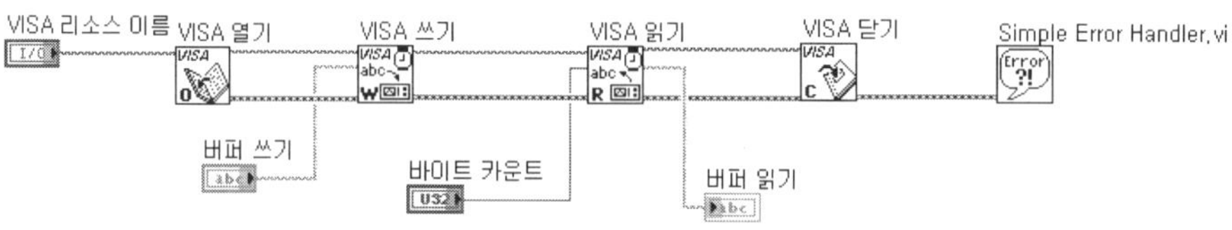

그림 2-139 VISA 쓰기 및 읽기 예제

표 2-171 인스투르먼트 드라이버의 개념

인스트루먼트 드라이버
프로그램 가능한 인스트루먼트를 컨트롤하는 조직화된 VI 세트 - 각 VI가 여러 명령 수행 - 작업 타입에 따라 그룹화(설정, 데이터 등)
개발 시간 단축 - 인스트루먼트 컨트롤 단순화 - 재사용 가능 - 일반적 구조 및 인터페이스

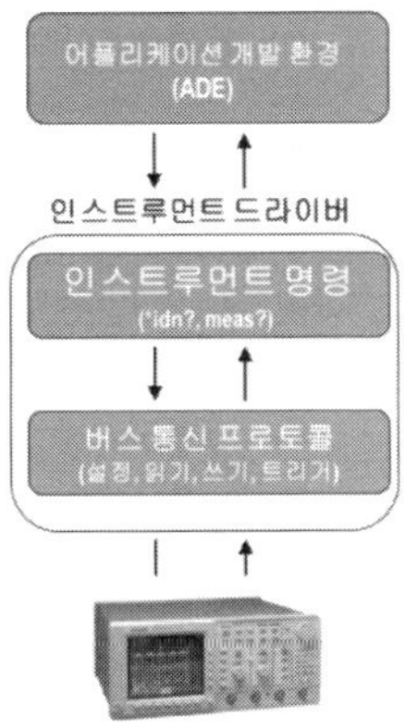

그림 2-140 인스투르먼트 드라이버의 개념도

표 2-172 인스트루먼트 드라이버 사용하기

인스트루먼트 드라이버 사용하기
인스트루먼트 드라이버를 사용하는 경우, 인스트루먼트에 필요한 특정 코드가 드라이버에 포함되어 있음
인스트루먼트를 변경하는 경우, 인스트루먼트 드라이버 VI를 새 인스트루먼트에 맞는 VI로 대체하면 되므로 재개발 시간이 상당히 단축됨

표 2-173 인스트루먼트 드라이버 사용하기

인스트루먼트 드라이버 사용하기 - 위치
대부분의 LabVIEW 플러그 앤 플레이 인스트루먼트 드라이버는 인스트루먼트 드라이버 검색기에서 찾을 수 있음 - LabVIEW에서 도구≫인스트루멘테이션≫인스트루먼트 드라이버 찾기 선택 또는 도움말 ≫ 인스트루먼트 드라이버 - 인스트루먼트 드라이버 검색기를 사용하여 ni.com에 접속하여 인스트루먼트 드라이버 검색 - ni.com/idnet에서도 인스트루먼트 드라이버를 찾을 수 있음
인스트루먼트 드라이버를 설치하면: - 드라이버를 사용하는 예제 프로그램이 NI 예제 탐색기에 추가 - 인스트루먼트 드라이버 VI가 함수 팔레트의 인스트루먼트 I/O≫인스트루먼트 드라이버 팔레트에 추가됨 - 인스트루먼트 드라이버 VI 및 지원 파일을 〈LabVIEW〉.lib 디렉터리로 추출함

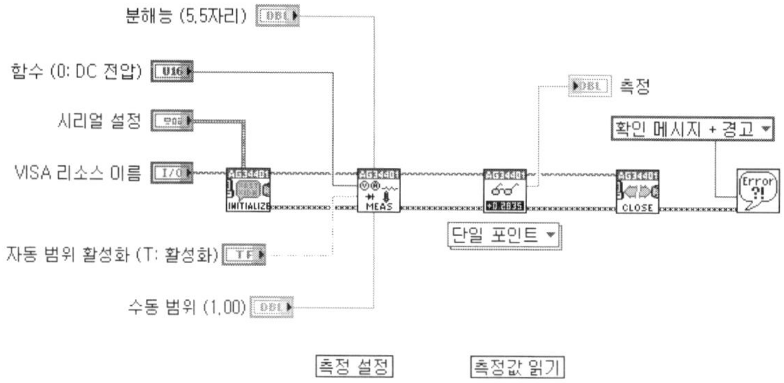

그림 2-141 인스트루먼트 드라이버 예제

2.1.9 순차적 및 상태 머신 알고리즘 사용하기

순차적인 프로그래밍 사용하기

표 2-174 순차적인 프로그래밍의 개념

순차적인 프로그래밍 사용하기
LabVIEW에서 작성한 많은 VI가 순차적으로 태스크를 수행
기본으로, LabVIEW는 순차적인 프로그래밍을 강제하지 않음

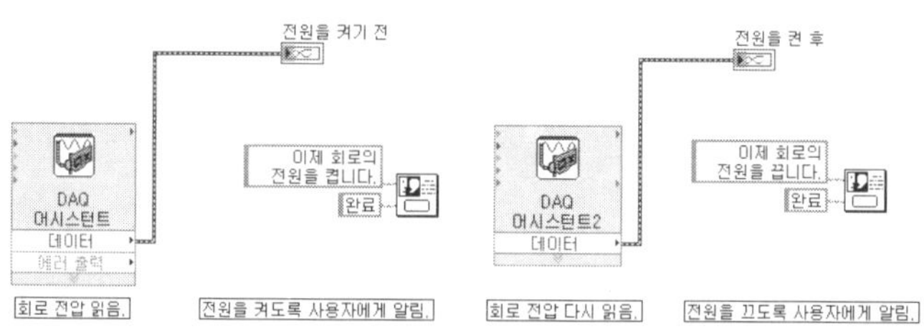

그림 2-142 순차적인 프로그래밍 예제

예: 이 태스크에서 실행 순서를 강제하는 것이 없음 따라서 이 태스크 중 어느 것이라도 먼저 발생할 수 있음

표 2-175 파라미터 실행 순서 정하기

VI를 따라 흐르는 파라미터가 실행 순서를 강제
에러 클러스터 및 참조번호를 사용하여 순서를 강제로 정할 수 있음

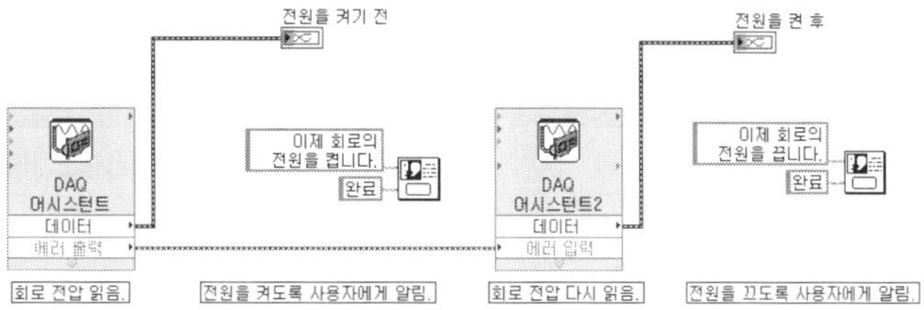

그림 2-143 실행 순서 정하기 예제

표 2-176 시퀀스 구조 사용하기

시퀀스 구조가 실행 순서를 강제
시퀀스 구조는 프레임을 가진 구조이며, 각 프레임은 순서대로 실행됨
첫 번째 프레임의 모든 작업이 실행 완료될 때까지 두 번째 프레임은 실행을 시작하지 않음

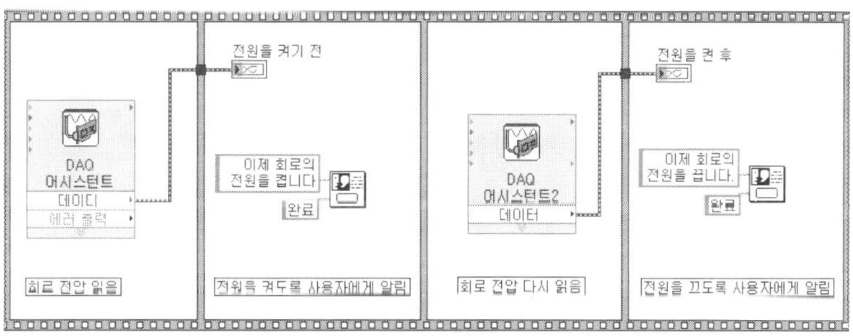

그림 2-144 시퀀스 구조를 사용한 예제

표 2-177 시퀀스 구조의 주의점

시퀀스 구조의 과도한 사용을 피할 것.
시퀀스 실행 도중 실행을 정지시킬 수 없음

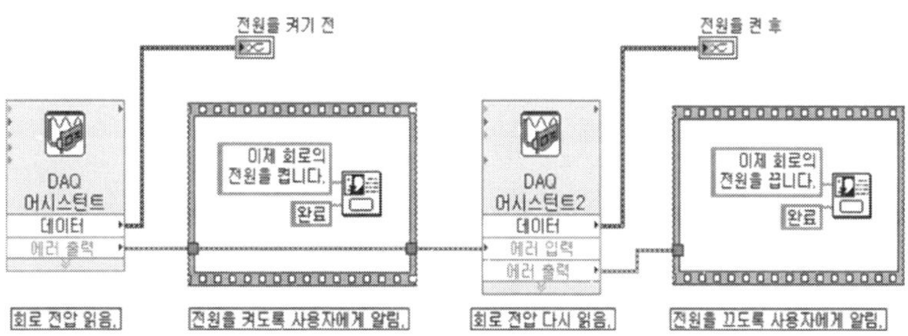

그림 2-145 시퀀스 구조를 사용한 예제2

표 2-178 에러 케이스 사용하기

에러 케이스 구조를 사용하는 것이 더 바람직함
이 VI를 쓰는 가장 좋은 방법은 케이스 구조에 대화상자를 놓고 에러 클러스터를 케이스 선택자에 와이어로 연결하는 것

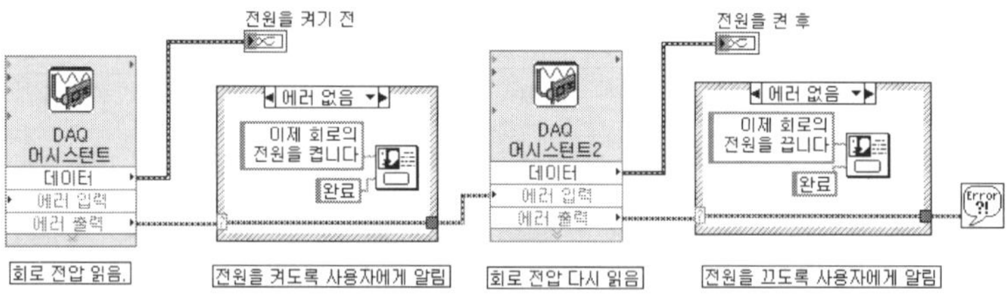

그림 2-146 에러 케이스를 사용한 예제

상태 프로그래밍 사용하기

표 2-179 상태 프로그래밍의 개념

상태 프로그래밍
상태 프로그래밍은 순차적 프로그래밍 또는 VI를 따라 흐르는 파라미터가 해결할 수 없는 다음의 문제들을 해결할 수 있음: – 시퀀스의 순서를 변경해야 하는 경우 – 시퀀스의 한 가지 아이템을 다른 아이템보다 더 자주 반복해야 하는 경우 – 시퀀스의 일부 아이템이 특정 조건이 충족될 때에만 실행되는 경우 – 시퀀스가 끝날 때까지 기다리지 않고 프로그램을 즉시 정지해야 하는 경우

표 2-180 상태 전이 프로그램의 개념

상태 전이 다이어그램
상태 전이 다이어그램은 프로그램의 상태 및 여러 상태 사이에서의 전이를 나타내는 순서도의 타입
상태 – 조건을 만족시키거나, 동작을 수행하거나, 이벤트를 기다리는 프로그램의 구성요소
전이 – 프로그램이 다음 상태로 이동하는 원인이 되는 조건, 동작, 또는 이벤트

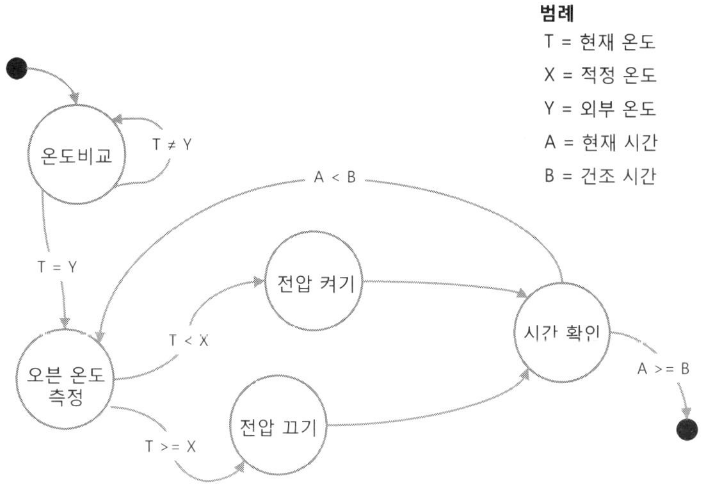

그림 2-147 상태 전이 다이어그램 예제

상태 머신

표 2-181 상태 머신의 개념

상태 머신
상태 머신 디자인 패턴은 상태 다이어그램 또는 흐름도를 구현함
상태 머신의 일반적인 사용: - 여러 사용자 동작이 서로 다른 상태로 사용자 인터페이스를 보내는 경우 사용자 인터페이스를 생성 - 각 상태가 프로세스의 각 영역을 나타내는 프로세스 테스트의 경우

표 2-182 상태 머신의 기본구성요소

상태 머신 - 기본구성요소
상태 머신은 여러 개의 상태와 다음 상태로 맵핑하는 전이 함수로 구성
각 상태는 하나 또는 여러 개의 상태로 진행되거나, 프로세스 진행을 종료할 수 있음

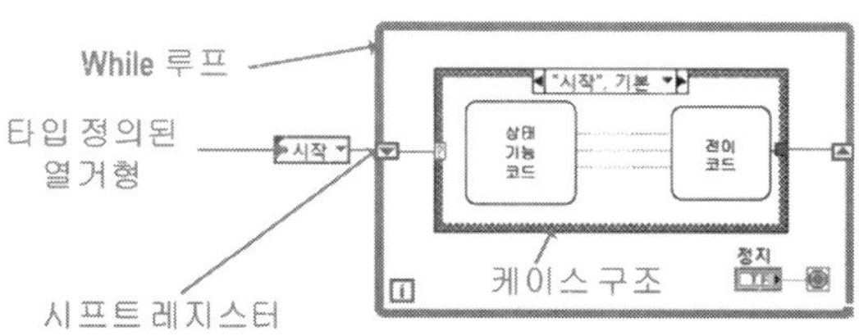

그림 2-148 상태 머신의 예

표 2-183 상태 머신을 사용한 다양한 방법들

방법	예시
기본전이	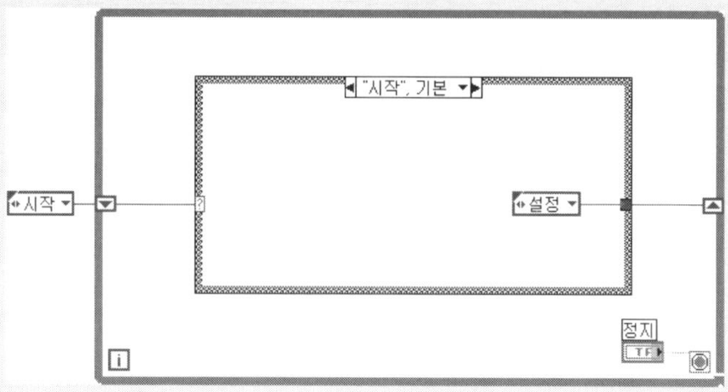
두 상태 사이의 전이	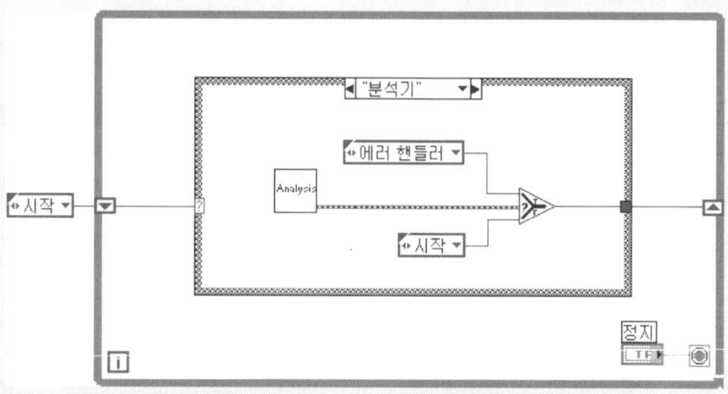
케이스 구조전이	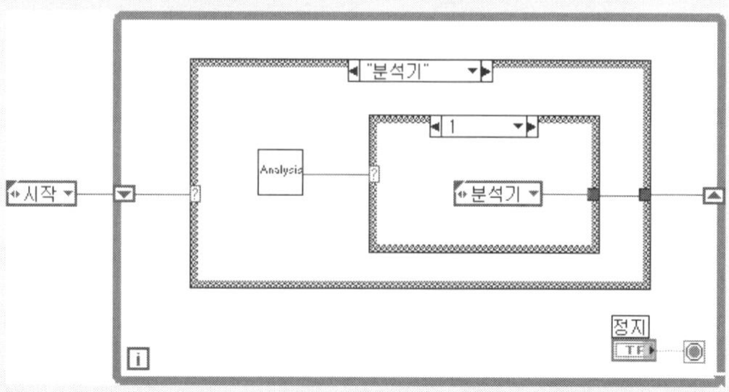
전이 배열의 전이	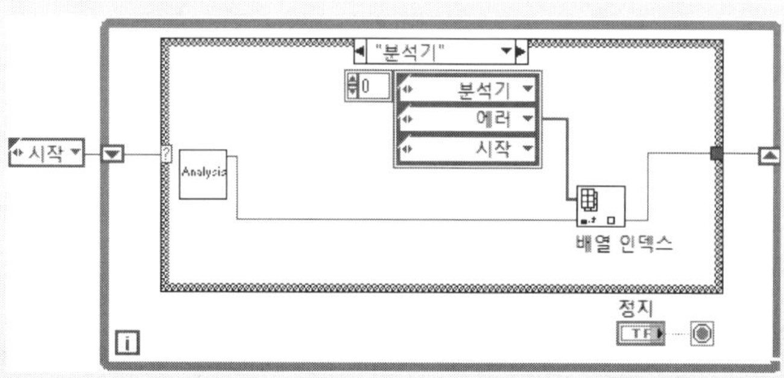

2.1.10 변수를 사용하여 데이터 흐름 문제 해결하기

병렬 루프 간에 의사소통하기

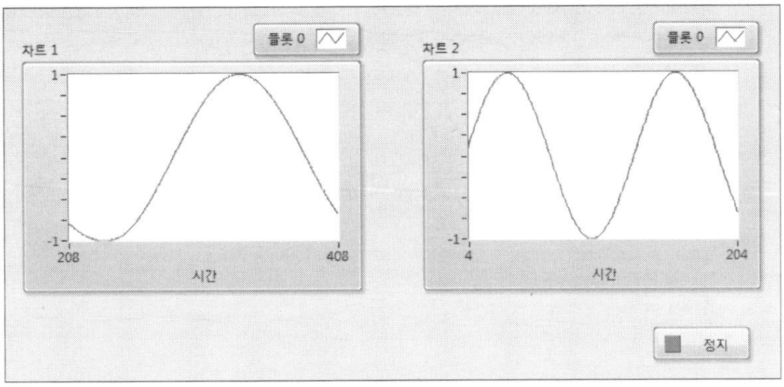

그림 2-149 2개의 차트 예: 여러 태스크를 동시에 실행

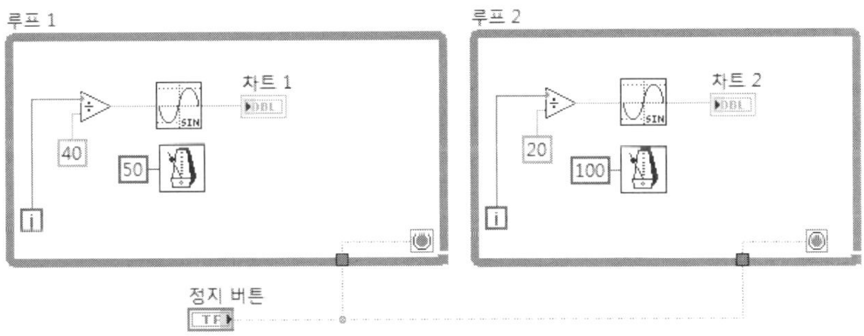

그림 2-150 병렬 루프 사이에서는 데이터 전송이 어려움.

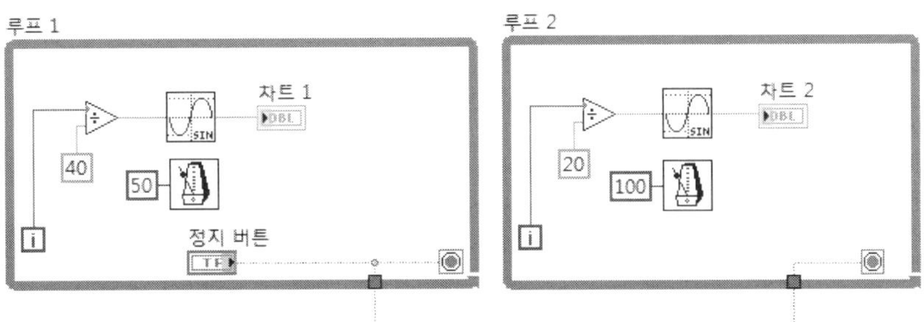

그림 2-151 병렬 루프 사이에서는 와이어를 통해 데이터를 전달할 수 없음

컨트롤에 쓰기 & 인디케이터에서 읽기

표 2-184 데이터 흐름의 문제 해결

다음 데이터 흐름의 문제는 어떻게 해결합니까?
– 설정 파일의 값으로 프런트패널 컨트롤을 초기화하는 경우 – "수신지" 주소를 "청구서 발송" 주소로 복사하기 – 나중에 코드에서 작성하게 될 인디케이터를 초기화하는 경우 – 모든 케이스에 쓰지 않고, 케이스 구조의 2개의 케이스에의 인디케이터에만 쓰는 경우
* 때때로 컨트롤에 쓰고, 인디케이터에서 읽어야 할 필요가 있음

변수

표 2-185 변수의 개념

변수
다른 위치에 데이터를 저장하거나 접근할 수 있도록 해주는 블록다이어그램의 원소
변수의 타입: – 로컬 → 프런트패널 컨트롤 및 인디케이터에 데이터 저장 – 글로벌 → 여러 VI에서 접근할 수 있는 특정한 저장소에 데이터 저장 – 기능적인 글로벌 → While 루프 시프트레지스터에 데이터 저장 – 공유 → 데이터를 네트워크로 연결되어 있는 여러 타겟 사이에서 전달

로컬 변수

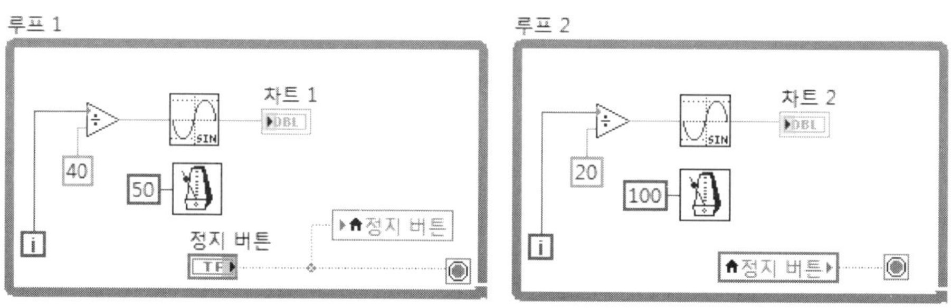

그림 2-152 로컬 변수를 사용하여 단일 VI 내에서 데이터 전달

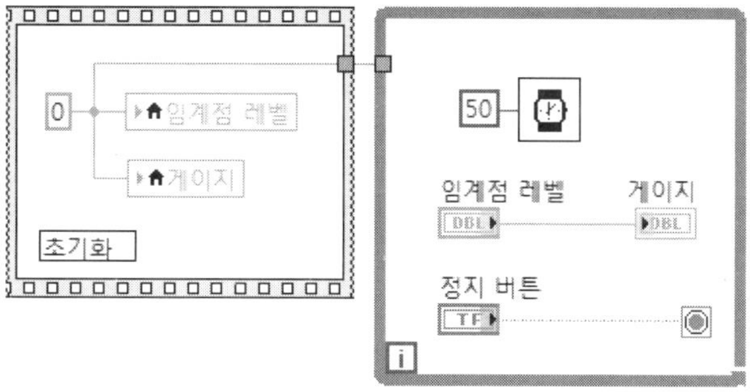

그림 2-153 로컬 변수를 사용하여 프런트패널 컨트롤 값을 변경

표 2-186 불리언 컨트롤과 로컬 변수

기계적 동작을 스위치 기능으로 사용
불리언 컨트롤을 로컬 변수로 사용할 때 반드시 기계적 동작을 스위치 기능으로 해야 함
불리언의 래치 기능은 로컬 변수와 함께 사용이 불가능

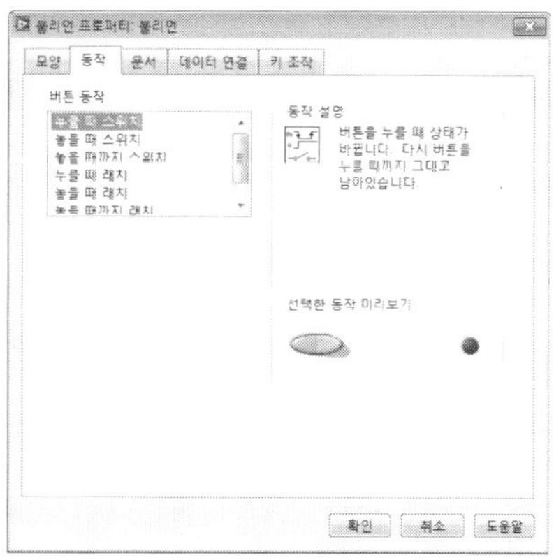

그림 2-154 불리언 컨트롤 설정하기

경합 조건

예: 값 변수의 최종값은 무언인가?

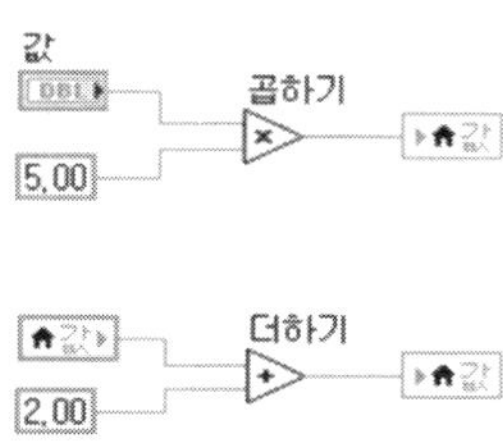

가능한 네 가지 결과:

- 값 = (값 × 5) + 2
- 값 = (값 + 2) × 5
- 값 = 값 × 5
- 값 = 값 +2

그림 2-155 경합 조건의 예

표 2-187 경합 조건

경합 조건
이벤트 타이밍 또는 태스크 일정이 의도치 않게 출력이나 데이터 값에 영향을 미칠 때 발생
경합 조건은 여러 태스크를 병렬로 실행하고 태스크 간에 데이터를 공유하는 프로그램에서는 일반적으로 나타나는 문제임
경합 조건은 식별하고 디버깅하기가 어려움
경합 조건이 있는 코드는 보통 여러 번 테스트를 해도 항상 같은 결과를 반환하지만, 실제로 사용할 때에는 다른 결과 값을 반환할 수도 있음
경합 조건을 방지하는 방법: - 공유 리소스 제어 → 하나의 발신자와 여러 개의 수신자 - 명령이 순차적으로 실행되도록 함 - 변수 사용을 줄임

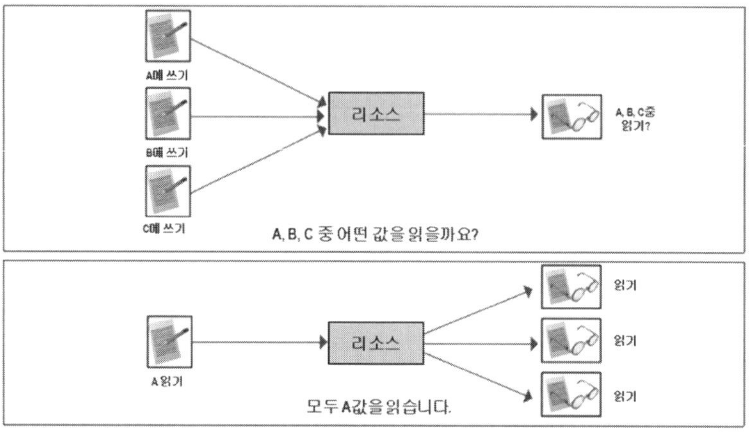

그림 2-156 공유 리소스 제어

2.1.11 데이터 흐름 확장하기

비동기식 통신

표 2-188 데이터 흐름의 개념

LabVIEW는 데이터 흐름 언어
- 함수는 다른 함수에 의존하여 데이터를 처리합니다. - 다른 함수에 의존하는 함수는 다른 함수의 실행이 완료되어야 실행됩니다. - 와이어는 함수 사이에서 데이터를 전송합니다.
* 하지만 데이터 흐름을 차단하고 비동기식 통신을 사용하여 프로그램을 구성해야 하는 경우도 있습니다.

표 2-189 비동기식 통신의 개념

비동기식 통신
와이어를 사용하지 않고 정보 전송
비동기식 통신은 다음에서 이루어짐 – 병렬 루프 간 – UI와 블록다이어그램 간 – VI 간 – 어플리케이션 인스턴스 간(LabVIEW 프로젝트, 실행 파일 등)
정보는 다음을 포함: – 데이터 – 어떤 일의 발생을 알리는 알림

큐

- 병렬 루프 간 데이터 통신에 사용
- 여러 데이터 저장(즉 데이터 버퍼링).
- 기본적으로 FIFO(선입선출) 방식으로 작동.
- 모든 데이터 타입 저장 가능

표 2-190 변수의 문제점

변수의 문제전
변수를 사용한 루프 간 통신의 문제점 – 중복 데이터 읽기 발생 – 데이터 손실 발생 – 읽기–수정–쓰기 경합 조건 발생

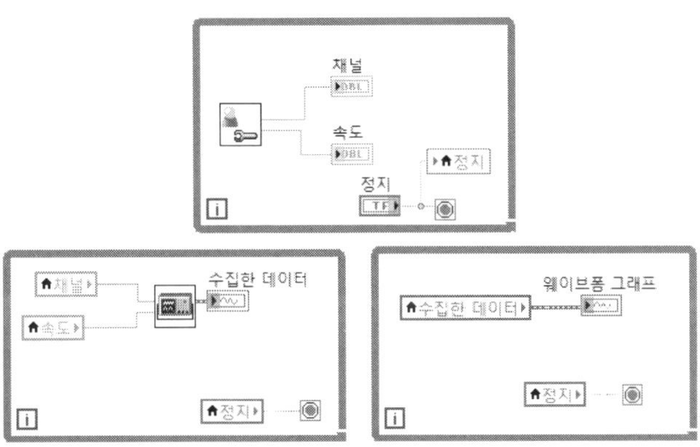

그림 2-157 변수 사용의 예

표 2-191 큐 사용하기

큐 동작
큐 동작 함수를 사용하여 큐 생성 후 다음의 데이터 통신에 사용: – VI의 여러 섹션 간 통신 – 여러 VI 간 통신

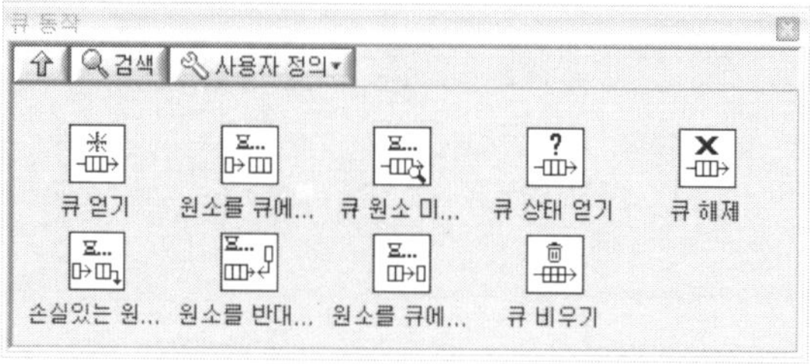

그림 2-158 큐 함수 팔레트

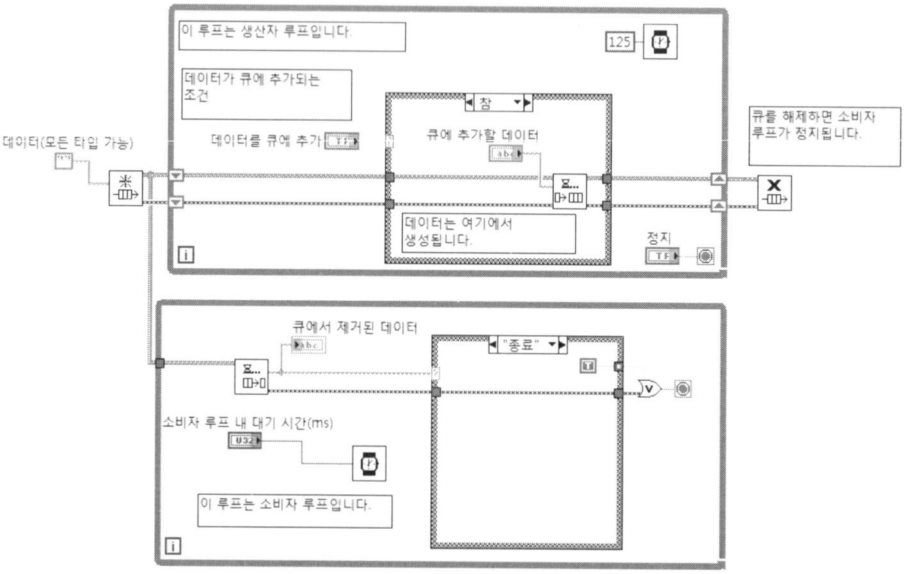

그림 2-159 생산자/소비자 디자인 패턴(데이터)

이벤트 드리븐 프로그래밍

표 2-192 이벤트의 개념

이벤트
어떤 일이 발생했다는 것을 알리는 비동기적 알림
이벤트는 사용자 인터페이스, 외부 I/O 또는 프로그램의 다른 부분에서 발생 가능
이벤트는 이벤트 소스에서 발생 예: 프런트패널 컨트롤에서 발생하는 값 변경

표 2-193 이벤트 프로그래밍

이벤트 드리븐 프로그래밍
프로그램이 하나 이상의 함수를 실행하기 전에 이벤트 발생을 기다리는 프로그래밍 방법

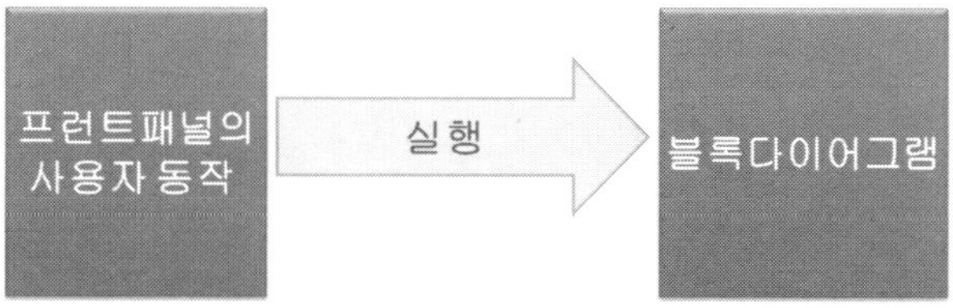

그림 2-160 이벤트 프로그래밍의 개념

표 2-194 폴링과 이벤트의 개념

폴링 대 이벤트 구조
폴링 - 변경 발생 확인을 위해 루프가 코드를 계속 실행해야 하는 이벤트 기반 프로그래밍 방법 - 프런트패널 폴링에는 상당한 CPU 사용 시간이 필요 - 발생 속도가 너무 빠른 경우 폴링으로 변경 감지 실패 가능
이벤트 구조 - 이벤트 구조를 사용하면 프런트패널을 폴링할 필요가 없음 - 이벤트 구조 사용의 이점: → 프로그램의 CPU 사용량 저하 → 블록다이어그램 코드의 단순화 → 블록다이어그램이 모든 사용자 동작에 반응할 수 있도록 함

표 2-195 이벤트 드리븐 프로그래밍에 이벤트 구조 사용하기

이벤트 드리븐 프로그래밍에 이벤트 구조 사용하기
이벤트 구조는 [알림 기다림] 함수를 포함하는 케이스 구조처럼 작동합니다.
이벤트 구조를 사용하여 다음과 같은 사용자 인터페이스(정적) 이벤트 처리 가능: - 마우스 버튼 누르기 - 키보드 키 누르기 - 숫자형 컨트롤의 값 변경하기

표 2-196 이벤트 구조의 구성

이벤트 구조의 구성
이벤트 선택자 라벨 — 현재 보이는 이벤트 케이스의 이름
타임아웃—이벤트 기다리는 시간을 ms로 지정 * 기본값은 -1(무한정)
이벤트 데이터 노드 → 이벤트 발생 시 LabVIEW가 제공하는 데이터 식별[이름으로 풀기] 함수와 유사.
이벤트 필터 노드 → 이벤트 데이터 노드의 데이터 중에서 이벤트 케이스가 수정할 수 있는 데이터 식별

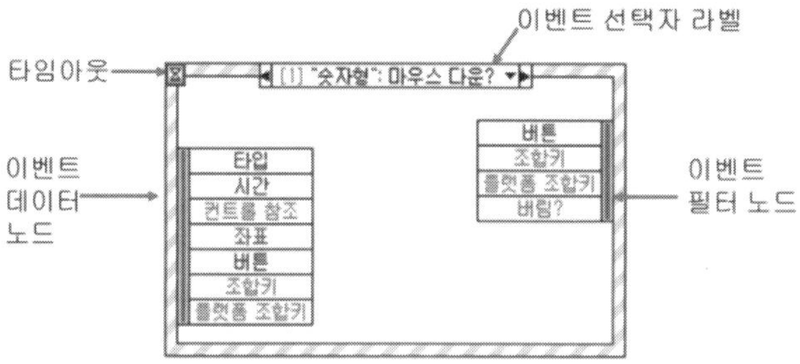

그림 2-161 이벤트 구조

표 2-197 이벤트 구조 사용하기

이벤트 구조 사용하기
일반적으로 이벤트 구조는 While 루프 안에 놓음
이벤트 구조는 While 루프가 한 번 반복될 때마다 한 개의 이벤트를 처리
이벤트가 발생하지 않는 동안 이벤트 구조는 유휴 상태를 유지

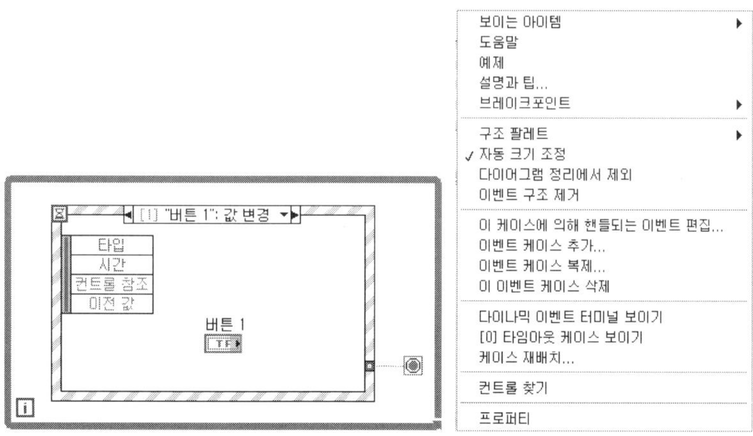

그림 2-161 이벤트 구조

표 2-198 이벤트 구조 설정하기

이벤트 구조 설정하기
이벤트 구조의 경계에서 마우스 오른쪽 버튼을 클릭한 후 바로가기 메뉴에서 **이 케이스에 의해 핸들되는 이벤트 편집**을 선택하여 대화상자를 열고 각 이벤트 설정

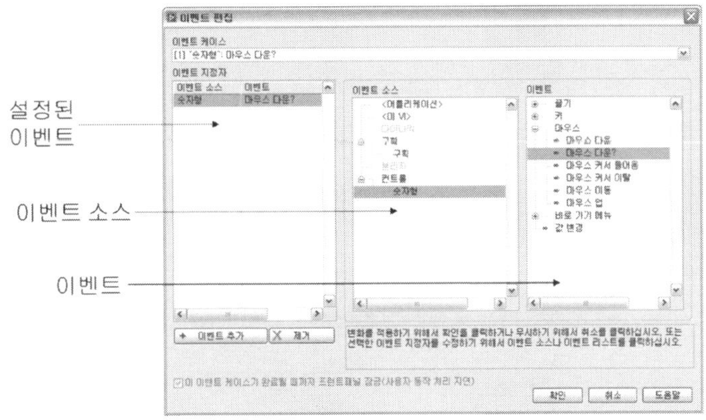

그림 2-163 이벤트 편집 대화상자

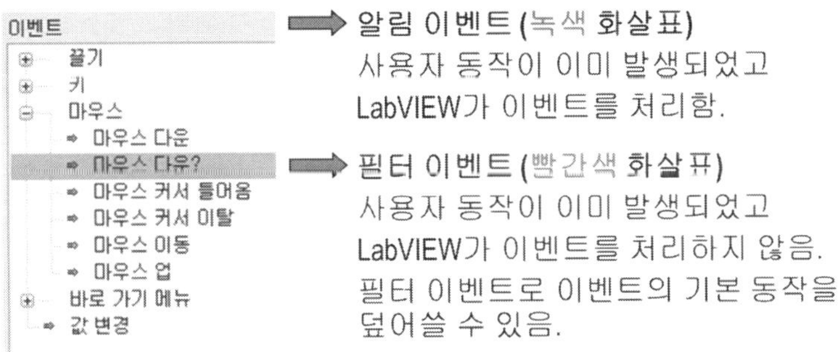

그림 2-164 알림과 필터 이벤트

표 2-199 이벤트 구조의 유의점 및 권장사항

이벤트 구조의 유의점 및 권장사항
이벤트 구조를 루프 밖에서 사용하지 않음
루프 내에 하나의 이벤트 구조만 놓음
두 개의 이벤트 구조가 같은 이벤트를 처리하도록 설정하지 않음
값 변경 이벤트를 사용하여 값 변경을 감지함
이벤트 처리 코드를 간략하고 단순하게 유지
올바른 래치 동작을 위해 불리언 컨트롤 터미널은 이벤트 케이스 안에 놓음

2.1.12 디자인 패턴 구현하기

디자인 패턴

▶ 디자인 패턴을 사용하는 이유?

- 디자인 패턴: 소프트웨어 설계의 특정 문제를 해결하는 코드 구현과 기술
- 소프트웨어 개발에 있어 유용함이 입증된 기술.
- 프로그램을 처음부터 새로 개발할 필요가 없음
- 코드 작성에 관여하지 않은 다른 사람도 코드를 읽고 수정하기 쉬움.

* 디자인 패턴은 일반적으로 많은 개발자들의 노력을 통해 발전하고 있으며, 최대한 간단하고 관리하기 편하고 읽기 쉽도록 구성됨

단순 디자인 패턴

표 2-200 단순 VI 패턴

단순 VI 패턴
측정 및 계산 수행 후 그 결과를 디스플레이 하거나 디스크에 기록하는 단일 VI
일반적으로 사용자의 특정한 시작 또는 정지 동작이 필요하지 않음

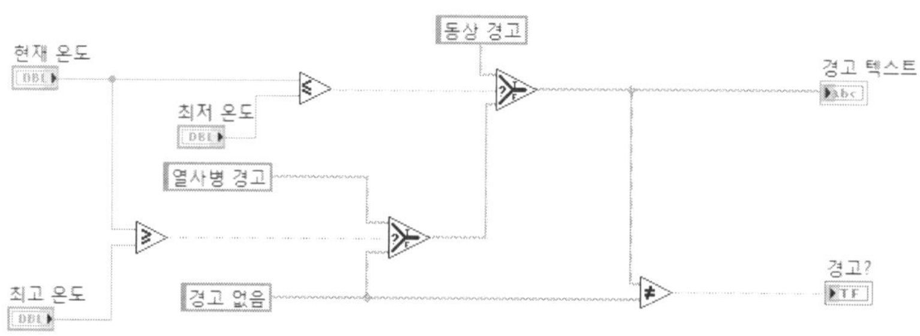

그림 2-165 단순 VI 패턴의 예

표 2-201 일반 VI 패턴

일반 VI 패턴
이 패턴을 구성하는 3가지 단계: 1. 시작 2. 메인 어플리케이션 3. 종료

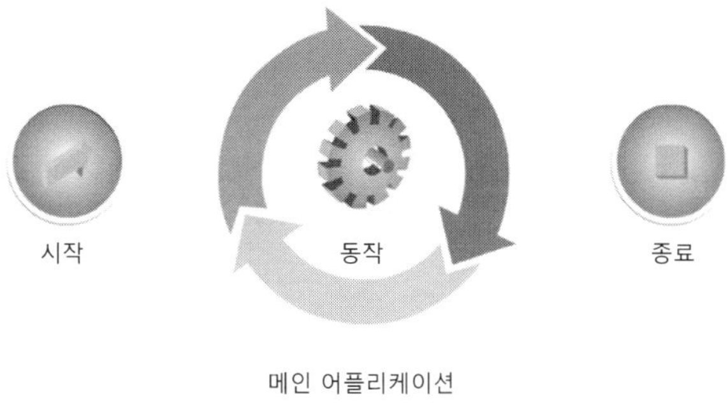

그림 2-166 일반 VI 패턴의 개념도

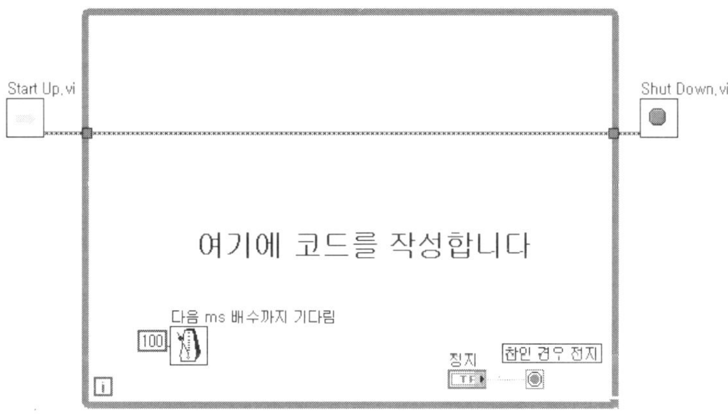

그림 2-167 일반 VI 프레임워크

표 2-202 상태 머신 패턴

상태 머신 패턴
일반적으로 시작 및 종료 상태가 있으나, 다른 상태도 포함됨

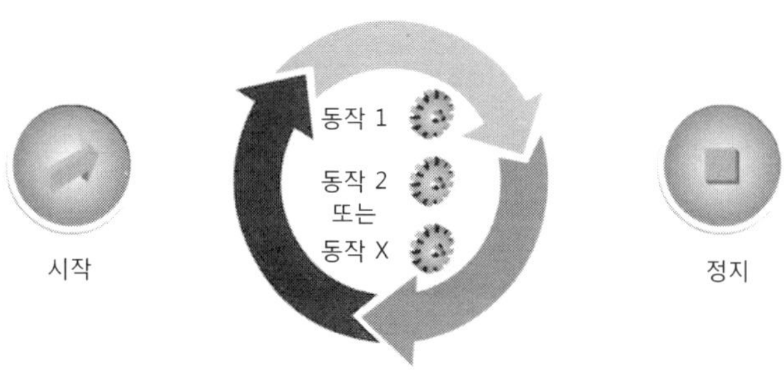

그림 2-168 상태 머신의 개념도

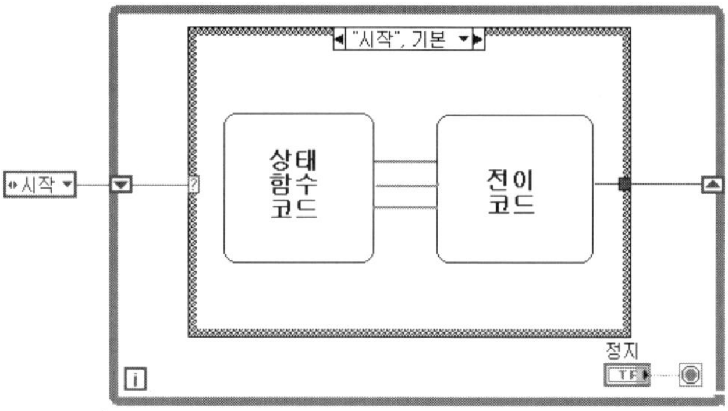

그림 2-169 상태 머신 프레임워크

표 2-203 이벤트 기반 상태 머신

이벤트 기반 상태 머신
이벤트 프로그래밍을 상태 머신 디자인과 결합
사용자 인터페이스 이벤트 처리를 위해 "이벤트 기다림" 케이스 포함

표 2-204 기본 상태 머신

기본 상태 머신 템플릿
프로젝트 생성 대화상자를 사용하면 이벤트 기반 상태 머신 어플리케이션의 신속한 구현 가능

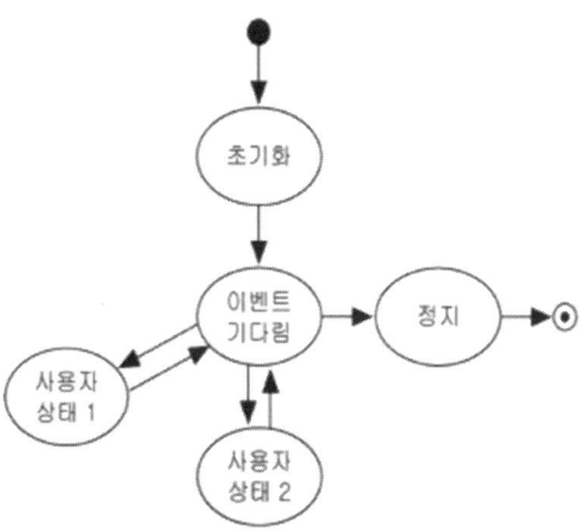

그림 2-170 이벤트기반의 상태 머신 구조

다중 루프 디자인 패턴

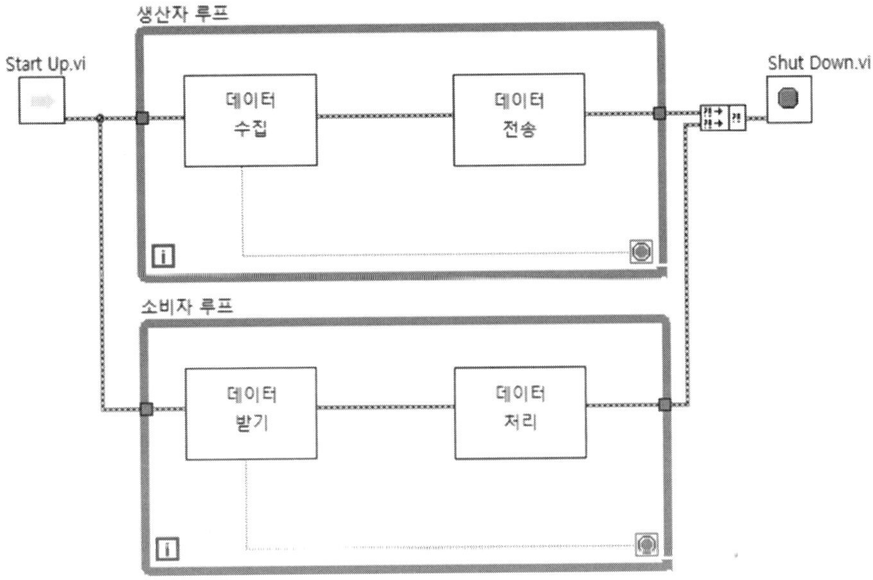

그림 2-171 생산자/소비자 디자인 패턴

에러 핸들러

▶ 에러 핸들러란?

- 에러 발생 시 프로그램 실행의 정상적인 흐름을 변경시키는 VI나 코드
- 단순 에러 핸들러 VI
- 상태 머신 에러 핸들러
- I/O 에러 핸들러

표 2-205 생산자/소비자 에러 핸들러 개념

생산자/소비자 에러 핸들러
에러 발생 시 생산자 루프와 소비자 루프가 함께 정상적으로 정지 - 생산자 루프는 에러 정보를 소비자 루프에 전달 - 소비자 루프는 정지 정보를 생산자 루프에 전달
VI 정지 전에 소비자 루프에서 종료 케이스로 변환하여 종료 코드 실행
사용자에게 에러 정보 보고

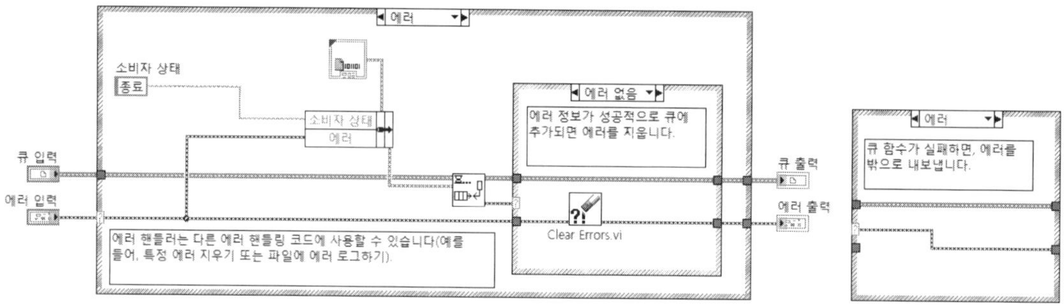

그림 2-172 생산자/소비자 에러 핸들러

에러 코드 및 메시지 생성하기

표 2-206 에러 리포트 옵션

에러 리포트 옵션
기존 에러 리포트 메커니즘을 사용하여 코드에서 감지된 에러 조건을 보고함 보고되는 에러: – SubVI에 대한 유효하지 않은 입력 – 파일 및 리소스 에러 – LabVIEW 생성 메시지
에러 리포트 옵션: – 미리 정의된 에러 – 사용자 정의 에러 – LabVIEW 생성 메시지 덮어쓰기

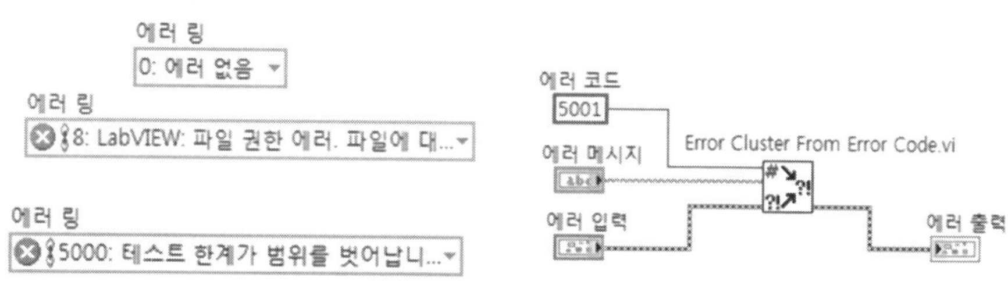

그림 2-173 에러 리포트

디자인 패턴 타이밍 설정

표 2-207 디자인 패턴 타이밍 설정하기

실행 타이밍
프로세서가 다른 태스크를 완료하도록 시간을 확보하는 함수가 포함된 디자인 패턴 제공
타이밍이 이벤트 발생에 따라 조절되는 디자인 패턴에서는 실행 타이밍이 필요하지 않음

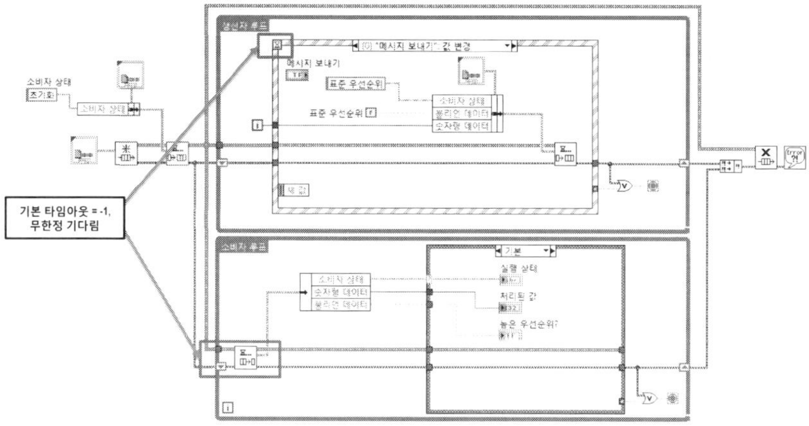

그림 2-174 디자인 패턴의 타이밍 설정

표 2-208 타이밍 설정하기

소프트웨어 컨트롤 타이밍	
실제 작업을 일정한 시간 내에 수행하도록 타이밍 설정	
루프의 실행 빈도 컨트롤	
소프트웨어 컨트롤 타이밍을 사용하면 디자인 패턴을 정지 없이 연속적으로 실행 가능	
다음 함수는 소프트웨어 컨트롤 타이밍보다 실행 타이밍에 더 적합	
	- 기다림(ms)
	- 다음 ms 배수까지 기다림

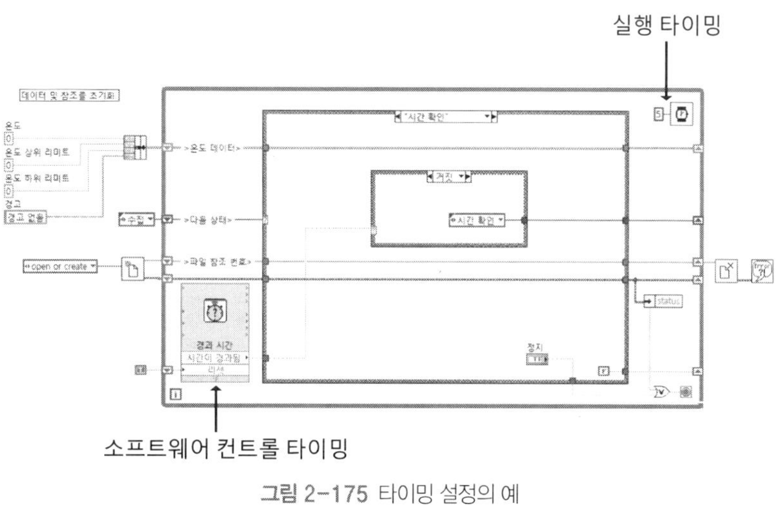

그림 2-175 타이밍 설정의 예

표 2-209 동기화된 타임아웃의 개념

동기화된 타임아웃
다른 이벤트 발생이 없거나 큐가 비어 있는 경우에도, 생산자 루프와 소비자 루프는 모두 계속해서 일정 간격으로 실행됩니다.

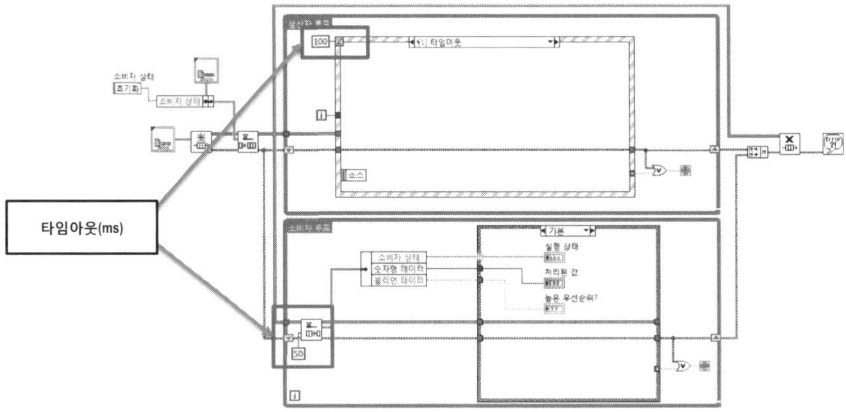

그림 2-176 루프의 타임아웃 설정하기

표 2-210 날짜/시간을 초로 얻기

날짜/시간을 초로 얻기
[날짜/시간을 초로 얻기] 함수를 사용하여 경과 시간을 계산함

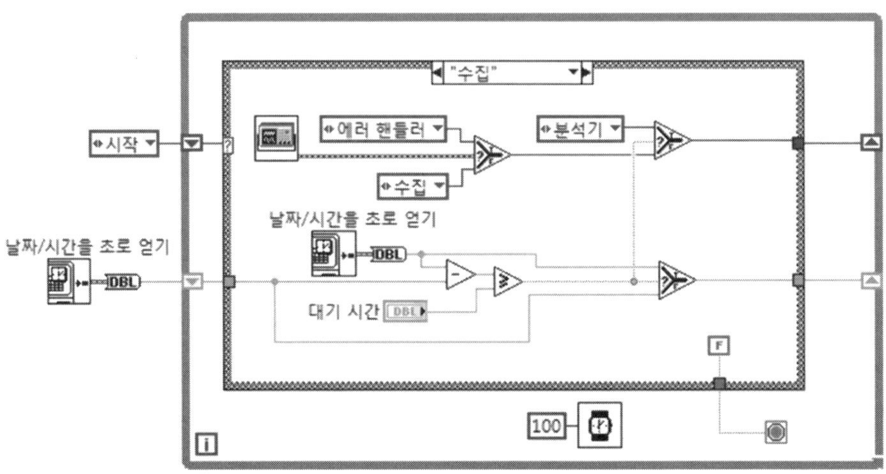

그림 2-177 날짜/시간 초로 얻기 예

기능적인 글로벌 변수 디자인 패턴

▶ 문제: 읽기-수정-쓰기 경합 조건

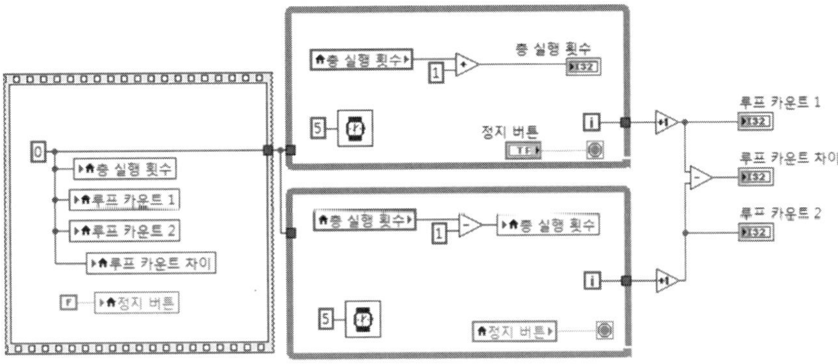

그림 2-178 블록다이어그램의 동시 처리로 인한 잘못된 데이터가 생성될 수 있음

▶ 해결책: 기능적인 글로벌 변수(FGV) 디자인 패턴에 기반한 SubVI 사용

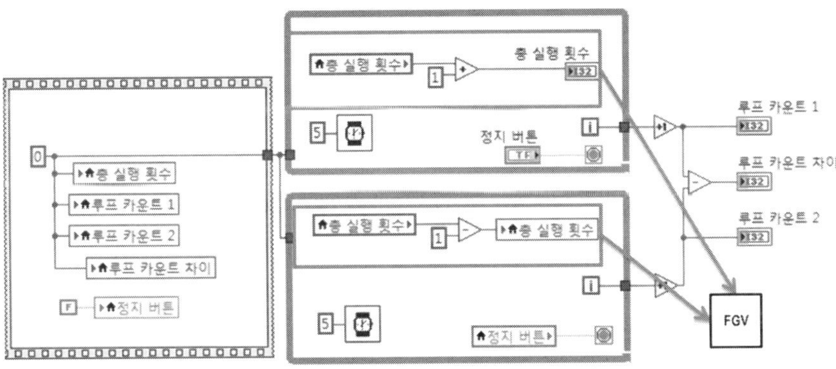

그림 2-179 공유 글로벌 리소스 및 이 리소스와 연관된 모든 함수를 FGV SubVI 안에 넣음

Up Down Counter VI 예

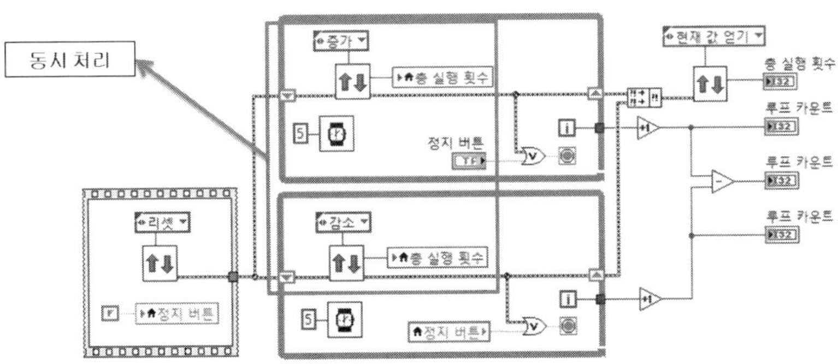

그림 2-180 Up Down Counter VI 예

- 동시 처리의 읽기-수정-쓰기 경합 조건을 제거.
- 리셋, 증가 및 감소의 메소드를 캡슐화

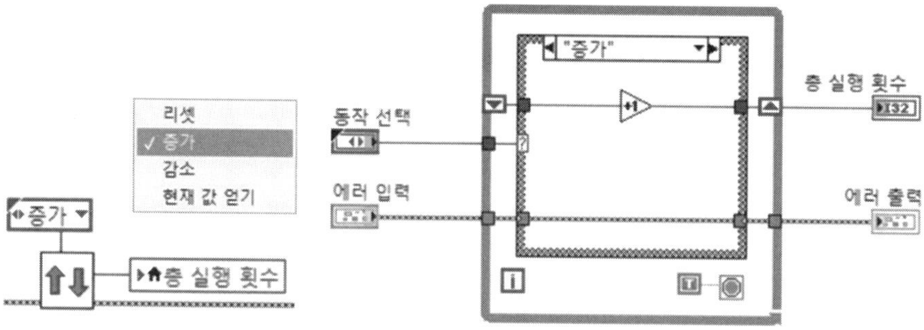

그림 2-181 증가 및 감소의 메소드

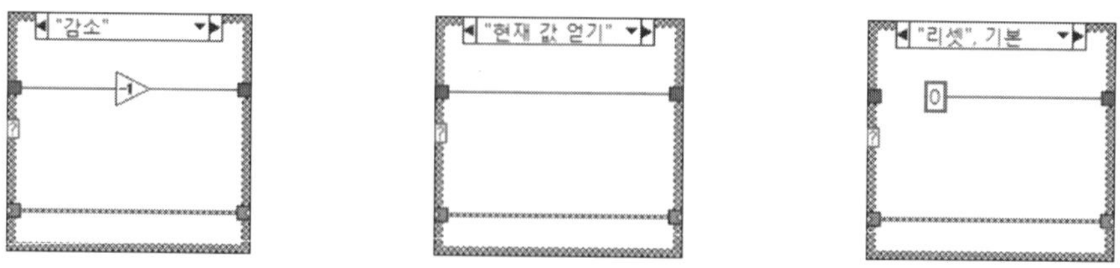

그림 2-182 케이스 구조

▶ **동작 선택 → 열거형을 사용하여 카운터 동작을 선택:**

- 리셋
- 증가
- 감소
- 현재 값 얻기

▶ **총 실행 횟수 → Up Down Counter VI의 현재 값 출력.**

표 2-211 기능적인 글로벌 변수

기능적인 글로벌 변수
초기화되지 않은 시프트레지스터를 사용하여 글로벌 데이터를 저장하는 재호출 되지 않는 VI. 이 VI에서는 데이터에 대해 작업 수행이 이루어지는 경우가 많음
기능적인 - 계산 수행 또는 데이터 조작 가능

글로벌
- 어플리케이션 인스턴스 내에서 데이터의 글로벌 사용 가능

변수
- 데이터 저장
- 변수와 같이 쓰기 및 읽기 가능

표 2-212 FGV 기본 프레임워크

FGV 기본 프레임워크
일반적인 형태의 기능적인 글로벌 변수는 다음을 포함: - 단일 반복 While 루프와 초기화되지 않은 시프트레지스터 - 케이스 구조

그림 2-183 기능적인 글로벌 변수의 사용

2.1.13 사용자 인터페이스 컨트롤하기

VI서버 구조

▶ **VI 서버를 통해 LabVIEW에 프로그램적으로 접근 가능**

▶ **VI 서버의 용도:**

→ 프런트패널 객체 및 VI의 프로그램적 컨트롤

→ 다이나믹하게 VI 로드 및 호출

→ 컴퓨터에서 또는 네트워크를 통해 원격으로 VI 실행

→ LabVIEW 환경 및 편집기에 프로그램적으로 접근(스크립팅)

표 2-213 프로퍼티와 메소드의 개념

프로퍼티 및 메소드
프로퍼티: – 객체의 단일 값 속성: 읽기/쓰기, 읽기 전용, 쓰기 전용 – 색, 위치, 크기, 보이기, 라벨 텍스트, 라벨 폰트 등이 프로퍼티에 해당
메소드: – 객체에 작동하는 함수 – 기본값으로 다시 초기화하기 및 그래프 이미지 반출하기 등이 메소드에 해당

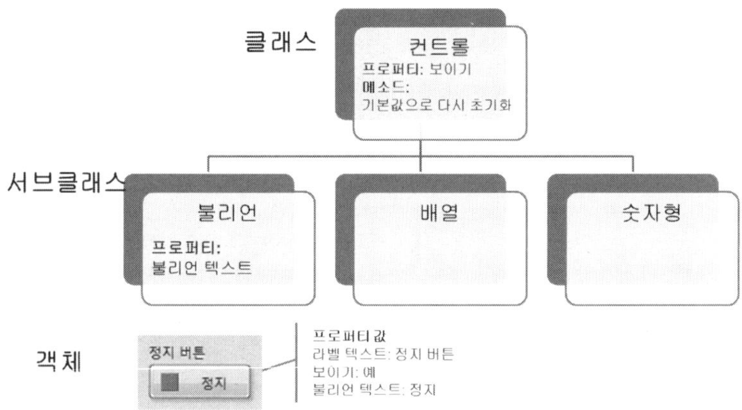

그림 2-184 VI 서버—클래스 계층구조

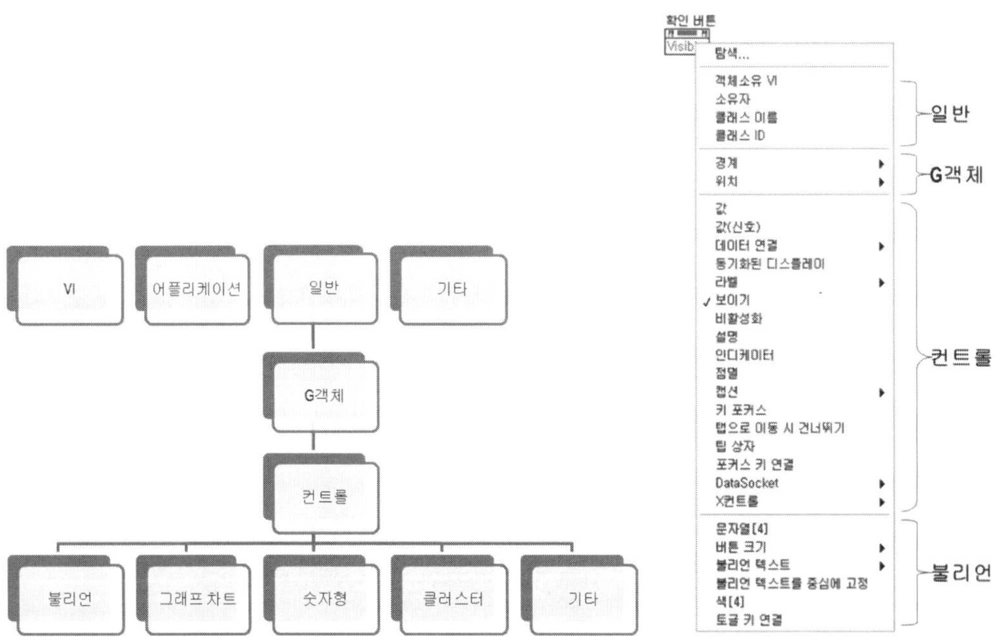

그림 2-185 아이템 객채 구조

▶ **프로퍼티 노드**

- 프로퍼티 노드는 객체의 프로퍼티를 읽고 씀.
- 프로퍼티 노드로 가능한 작업:

  → 차트 플롯의 색 변경

  → 컨트롤 활성화 및 비활성화

  → 컨트롤 또는 인디케이터의 위치 얻기
- 프로퍼트 노드를 사용하면 이러한 수정이 프로그램적으로 가능함
- 프로퍼티에 대한 정보는 기본 도움말을 참조함
- 프로퍼티 노드에는 두 가지 타입이 있음

  → 내부적으로 링트된 노드

  → 외부적으로 링크된 노드

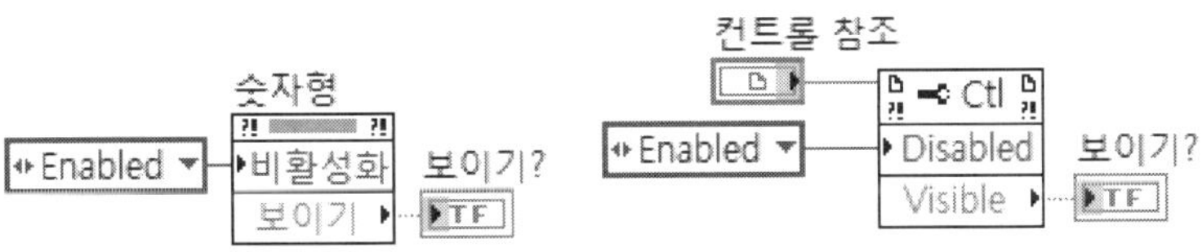

그림 2-186 프로퍼티 노드

표 2-214 프로퍼티 노드의 특징

실행 순서
프로퍼티 노드는 여러 프로퍼티를 가질 수 있음
프로퍼티는 위에서 아래로 실행

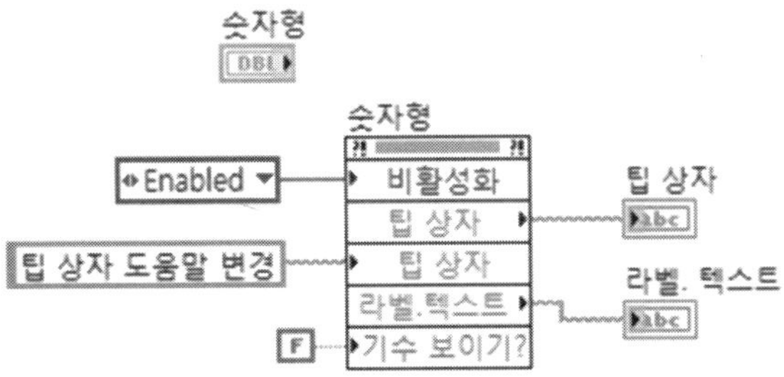

그림 2-187 프로퍼티 노드

▶ **인보크 노드**

- 인보크 노드는 객체에서 메소드 또는 동작을 호출.

  → VI 버전 얻기

  → VI 패널 인쇄

  → 모두 기본값으로 다시 초기화

- 인보크 노드는 VI 및 컨트롤과 같은 참조 아이템에 작업을 수행.
- 대부분의 메소드는 파라미터를 가짐.
- 메소드에 대한 정보는 기본 도움말을 참조.
- 인보크 노드에는 두 가지 타입이 있음

  → 내부적으로 링트된 노드

  → 외부적으로 링크된 노드

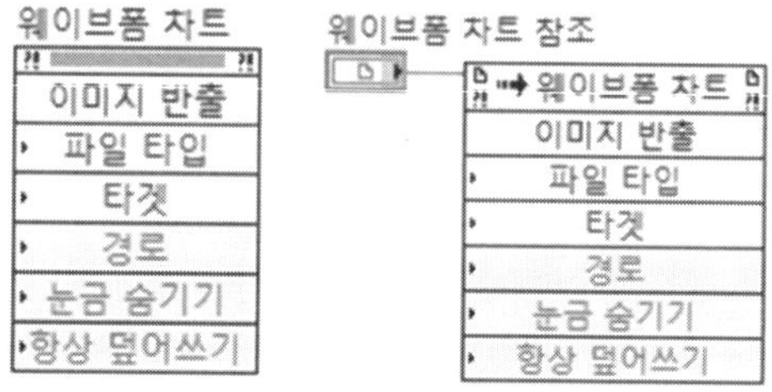

그림 2-188 인보크 노드

표 2-215 컨트롤 메소드

컨트롤 메소드
내부적으로 링크된 인보크 노드를 생성하려면: 1. 블록다이어그램의 컨트롤 터미널에서 마우스 오른쪽 버튼을 클릭한 후 생성 ≫ 인보크 노드를 선택 2. 서브메뉴에서 메소드 선택
컨트롤 메소드의 예: – 기본값으로 다시 초기화 – 이미지 반출

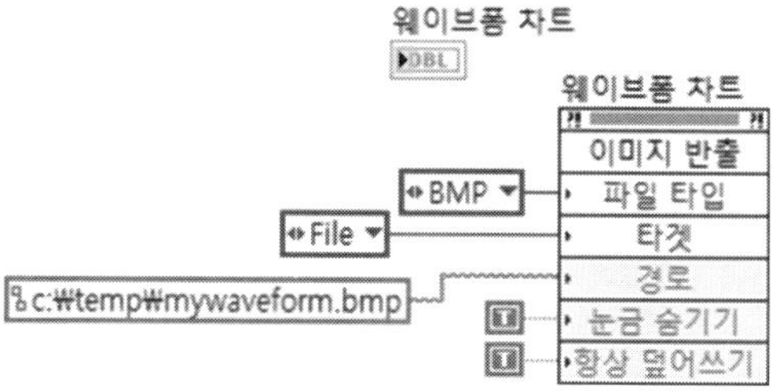

그림 2-189 이미지 반출하기

▶ **컨트롤 참조**

- 컨트롤 참조는 프런트패널 객체에 대한 참조.
- 컨트롤 참조를 일반 프로퍼티 노드에 연결.
- 컨트롤 참조를 SubVI에 전달

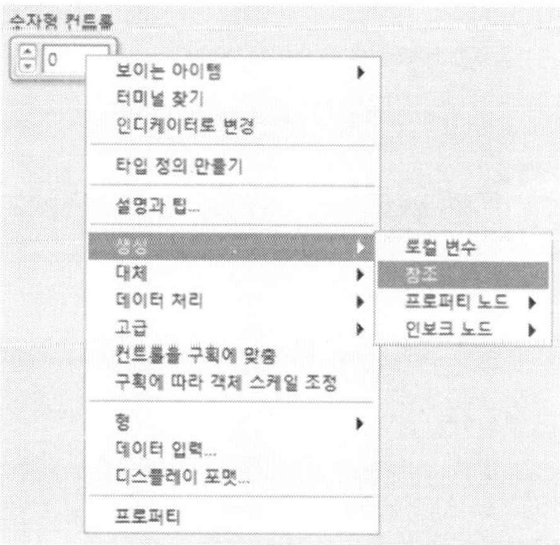

그림 2-190 컨트롤 참조하기

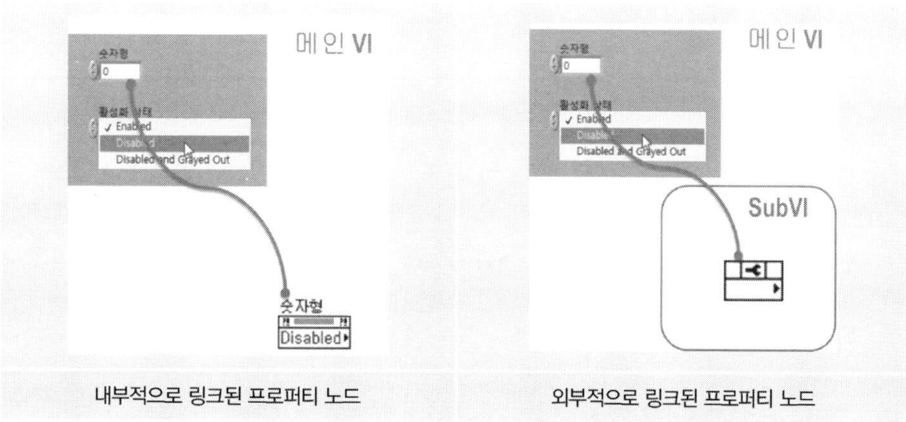

그림 2-191 프로퍼티 노드 링크하기

표 2-216 Sub VI의 생성방법

SubVI 생성하기
SubVI에서 외부적으로 링크된 프로퍼티 노드를 생성하려면: 1. VI를 생성 2. SubVI가 될 블록다이어그램 부분을 선택 3. 편집 ≫ SubVI 생성을 선택, LabVIEW는 자동으로 SubVI에 필요한 컨트롤 참조를 생성 4. SubVI를 편집한 후 저장

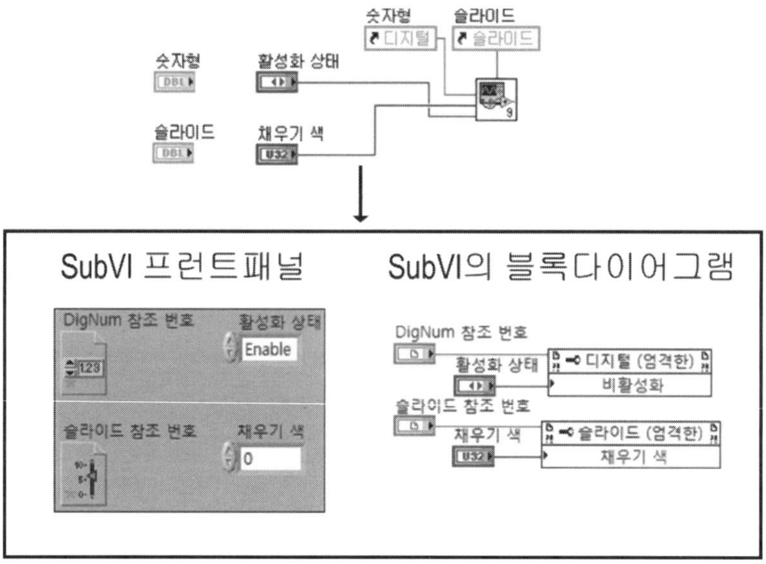

그림 2-192 SubVI의 생성

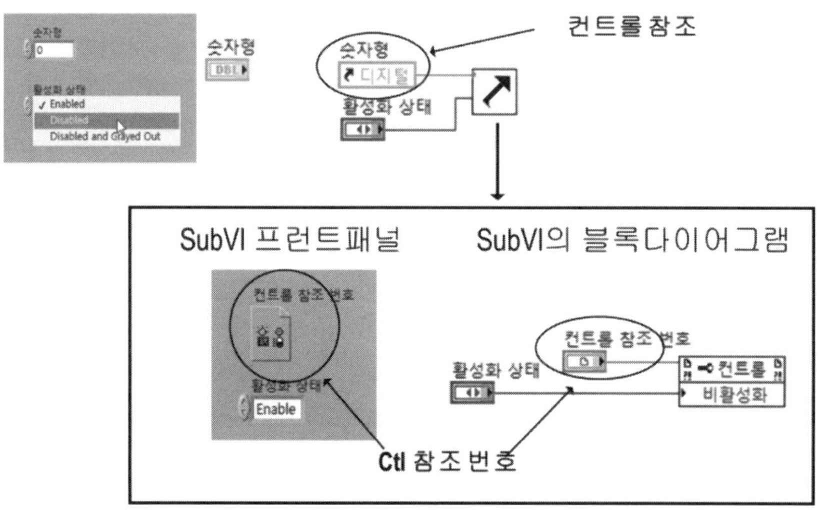

그림 2-193 수동으로 컨트롤 참조 생성

표 2-217 VI 서버 클래스 선택하기

VI 서버 클래스 선택하기
SubVI의 프런트패널에 컨트롤 참조 번호를 놓은 후 컨트롤의 VI 서버 클래스를 지정 - 마우스 오른쪽 버튼을 클릭한 후 바로가기 메뉴에서 VI 서버 클래스를 선택 - 또는 컨트롤 참조 번호 안으로 컨트롤을 끌어온 후 타입을 지정
클래스는 SubVI가 허용하는 컨트롤 참조의 타입을 지정함

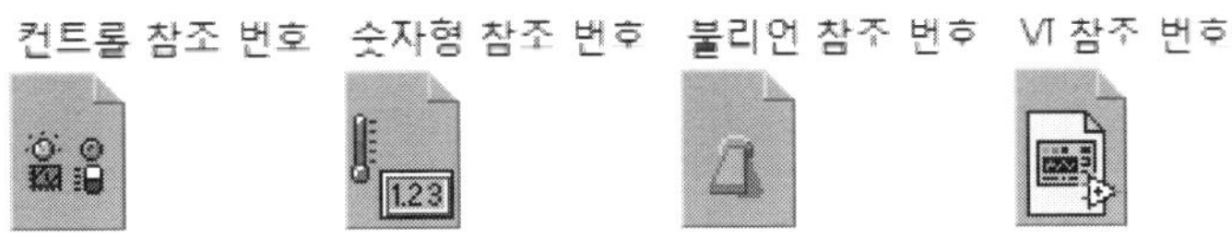

그림 2-194 각각의 참조 타입 설정

표 2-218 메소드 및 프로퍼티 검색

클래스 탐색기를 사용하여 메소드 및 프로퍼티 검색
클래스 탐색기 대화상자를 사용하여 메소드와 프로퍼티를 검색 및 생성
보기≫클래스 탐색기를 선택하여 클래스 탐색기 대화상자를 오픈

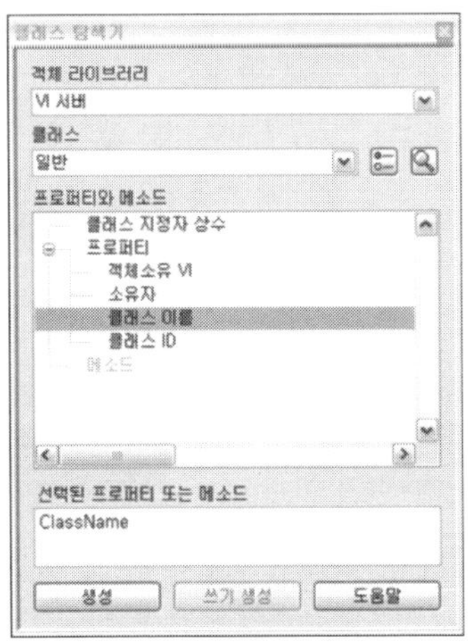

그림 2-195 클래스 탐색기 창

2.1.14 고급 파일 I/O기술

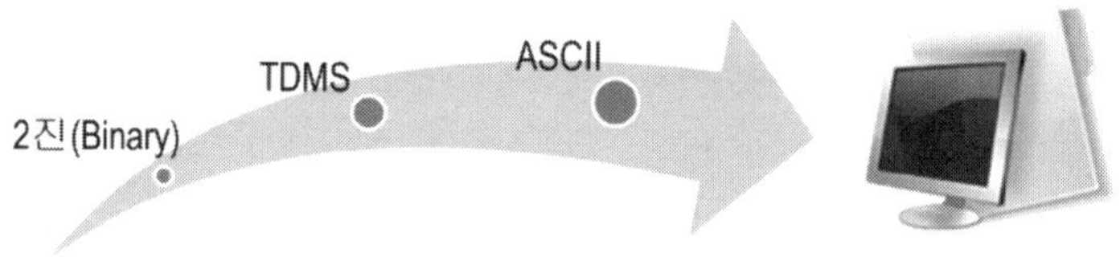

그림 2-196 파일 포맷 비교

최저 레벨에서 볼 때, 컴퓨터 하드 드라이브에 기록된 모든 파일은 2진수 비트 데이터의 집합임

표 2-219 데이터 형태의 특징

	ASCII	TDMS	2진수
숫자형 정밀도	좋음	가장 좋음	가장 좋음
데이터 공유	가장 좋음 (어느 프로그램이나 용이)	매우 좋음 (NI 프로그램에서 용이: Excel)	좋음 (상세포맷 정보가 포함된 경우)
효율성	좋음	가장 좋음	가장 좋음
추천 용도	파일공간과 숫자형 정밀도가 중요하지 않은 경우 다른 프로그램과 데이터를 공유	측정 데이터 및 관련된 메타 데이터를 저장, 정밀도 손실 없는 고속 스트리밍	무작위 접근이 가능하도록 숫자형 데이터를 조밀하게 저장.

파일 및 폴더 경로 생성

표 2-220 파일 및 폴더 경로 생성

파일 및 폴더 경로의 생성 방법
하드코드된 경로 - 신속한 프로토타입 제작에 유용 - 어플리케이션 개발에는 권장되지 않음
파일 대화상자 - 사용자가 파일 또는 디렉터리의 경로를 지정할 수 있음 - 대화상자 옵션을 사용자 정의하여 파일 타입 제한(*.txt)
프로그램적 생성 - 일관된 파일 이름 및 확장자 생성 예: testdata_001.txt, testdata_002.txt 등 - 일관된 위치 지정

표 2-221 상대 경로 생성하기

상대 경로 생성하기
상대 경로는 어플리케이션 또는 시스템 디렉터리를 기준으로 경로를 설정
[어플리케이션 디렉터리] VI를 사용하여 프로젝트 디렉터리 경로를 얻음
[시스템 디렉터리 얻기] VI를 사용하여 시스템 디렉터리 경로를 얻음
경로는 OS 및 사용자에 따라 다름

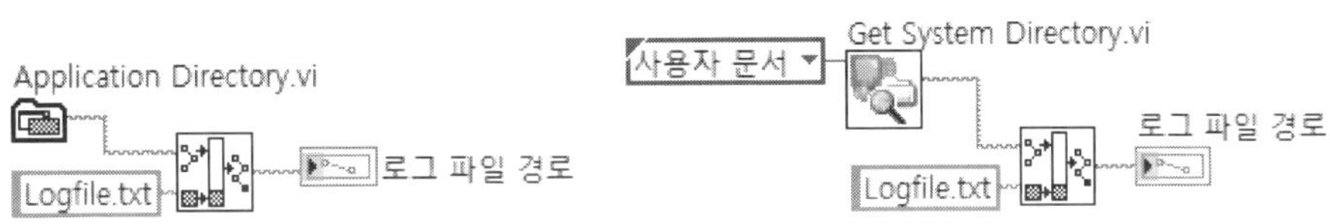

그림 2-197 경로 생성 예

표 2-222 폴더 생성하기

폴더 생성하기
폴더를 생성하기 전에 이미 폴더가 존재하는지 확인합니다. 확인 없이, 이미 존재하는 폴더를 생성하려고 하면 에러가 발생합니다.

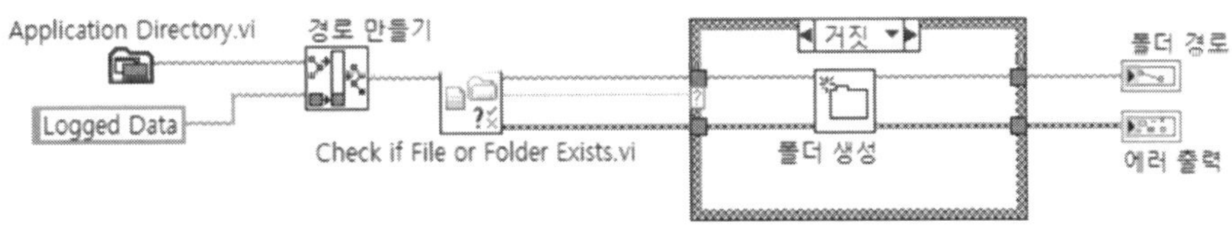

그림 2-198 폴더 생성 예

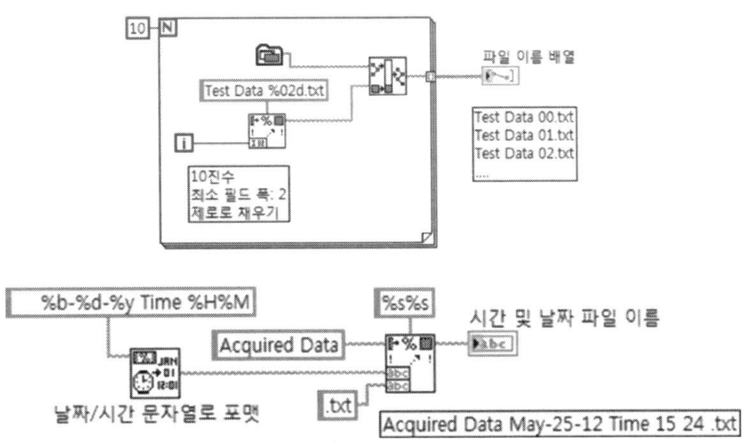

그림 2-199 다이나믹하게 파일 이름 생성하기

2진 파일 읽기 및 쓰기

표 2-223 2진 파일 함수 특징

2진 파일 함수 사용하기
2진 파일 함수를 사용하여 2진 파일을 읽고 씀 - 사용자 파일 타입 생성 가능 - 시스템이 필요로 하는 파일 포맷을 알아야 함

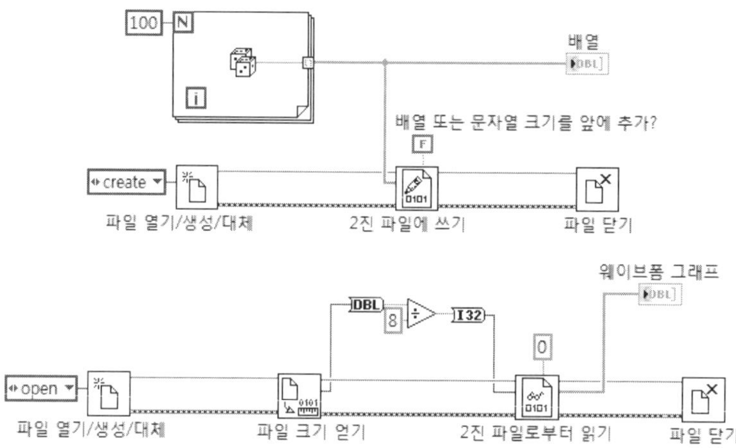

그림 2-200 2진 파일 함수 사용의 예

여러 채널 텍스트 파일 및 헤더 작업

표 2-224

텍스트 파일 검토
ASCII 문자를 사용하여 텍스트 파일에 정보를 저장 - 각 문자는(숫자, 글자, 문장 부호) 1바이트를 차지
Excel을 포함한 여러 어플리케이션이 텍스트 파일을 열 수 있음
일반적으로 텍스트 파일은 2진 파일보다 크고 읽고/쓰는 데 느림
텍스트 파일에는 무작위 접근이 불가능

헤더가 포함된 텍스트 파일 생성하기

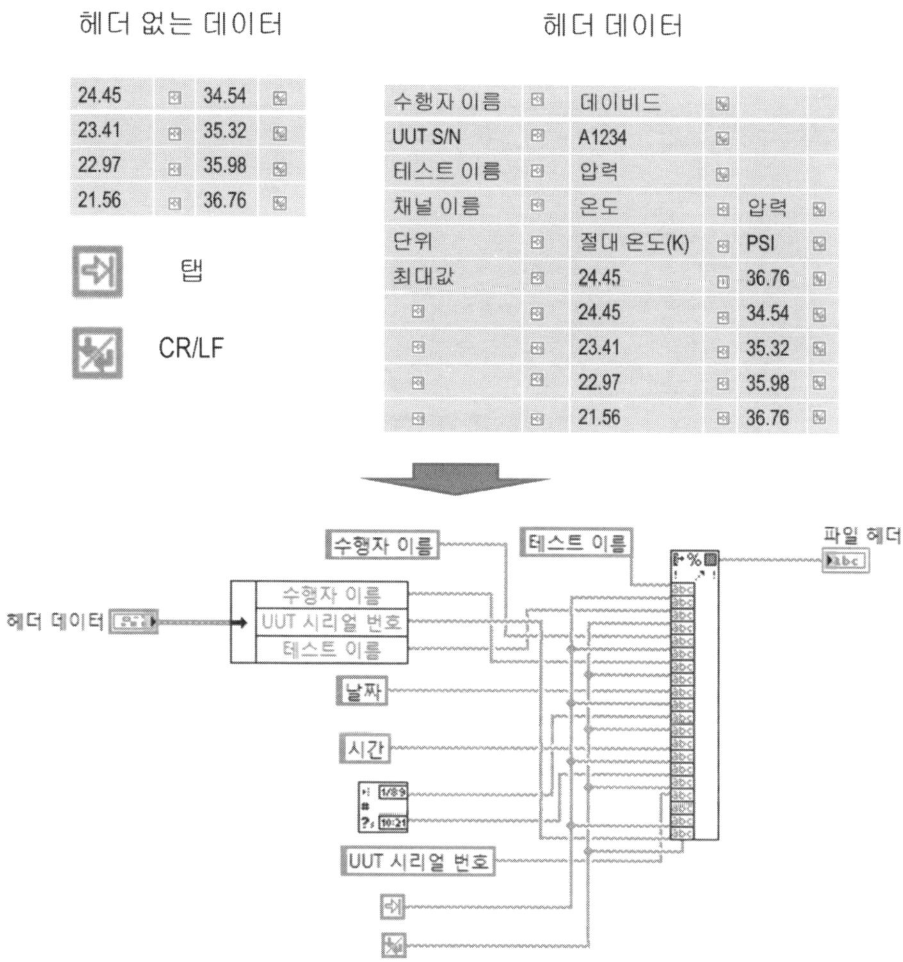

그림 2-201 하드 코딩: 헤더 정보를 하드 코딩하면 관리가 어려워짐

표 2-225 헤더가 포함된 텍스트 파일 생성 특징

헤더가 포함된 텍스트 파일 생성하기–SubVI
SubVI를 사용한 문자열 만들기는 확장성 있는 솔루션
SubVI를 사용하면 헤더 데이터를 쉽게 추가하고 제거할 수 있음
블록다이어그램은 보다 읽기 쉬워짐

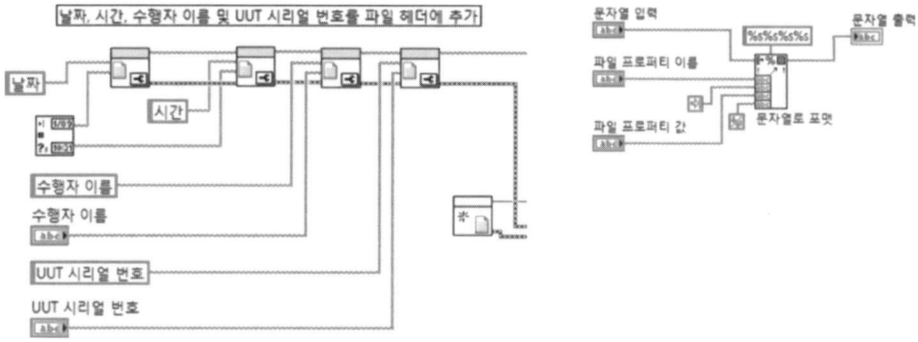

그림 2-202 헤더가 포함된 텍스트 파일생성의 예

표 2-226 여러 채널 쓰기

여러 채널 쓰기
LabVIEW는 다차원 배열을 행 우선 순서로 저장 – 행은 2D 배열의 첫 번째 인덱스로 확인 – 열은 두 번째 인덱스로 확인
채널 데이터를 열 포맷으로 보려면 파일에 쓰기 전에 데이터를 전치시킴

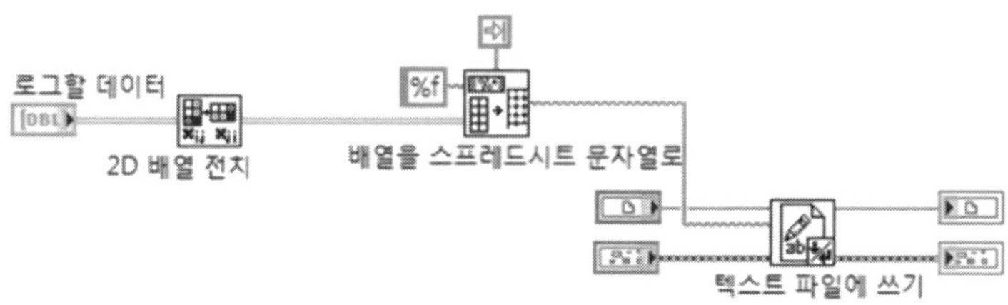

그림 2-203 여러 채널 쓰기의 예

표 2-227 채널 데이터 읽기

채널 데이터 읽기
[배열 잘라내기] 함수를 사용하여 헤더 정보를 건너뜀
데이터를 행 우선 순서로 되돌리려면 데이터를 읽은 후 전치시킴
[배열 인덱스] 함수로 한 개의 열 또는 행의 데이터 추출

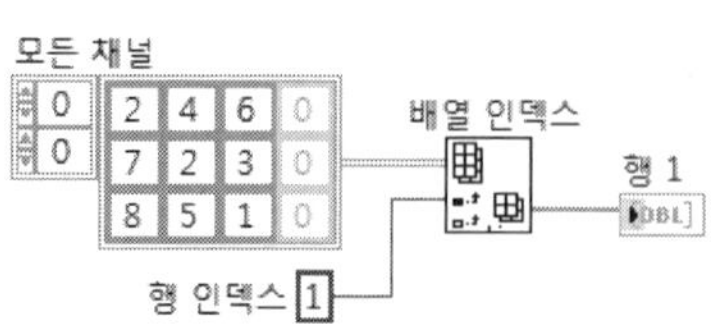

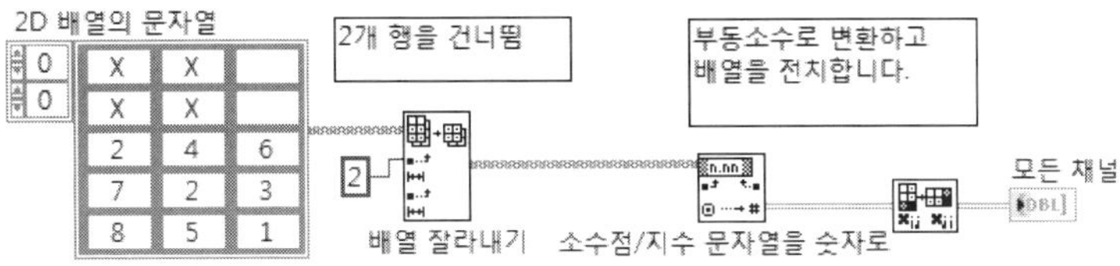

그림 2-204 채널 데이터 읽기의 예

표 2-228 데이터 읽기 및 정보 추출

데이터 읽기 및 정보 추출
스프레드시트 파일을 읽은 후, 어떻게 정보를 추출합니까?
프로퍼티 값을 어떻게 찾습니까?
UUT 시리얼 번호 값은 어떻게 읽습니까?
1번째 열의 채널 데이터를 어떻게 추출합니까?

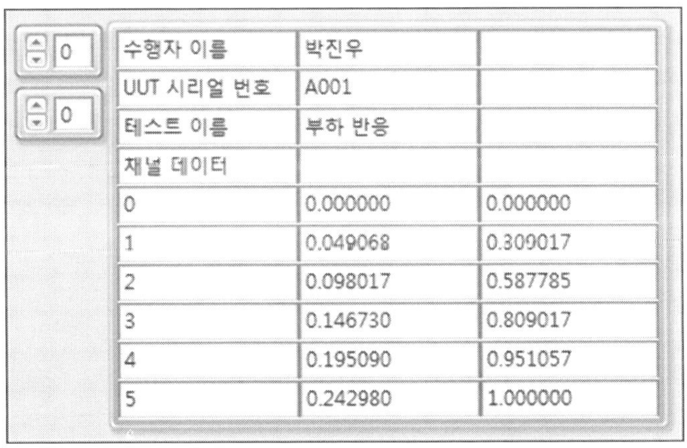

그림 2-205 데이터를 읽어온 프런트패널

표 2-229 주어진 프로퍼티 이름으로 해당 값 찾기

주어진 프로퍼티 이름으로 해당 값 찾기
[배열 인덱스] 함수를 사용하여 0번째 열을 1D 배열로 놓음
[1D 배열 검색] 함수를 사용하여 프로퍼티 이름 찾기: - 찾는 경우 행 인덱스 반환 - 찾을 수 없는 경우 -1 반환
[배열 인덱스] 함수를 사용하여 행 인덱스와 1번째 열에 위치한 원소를 얻음
프로퍼티 이름을 찾을 수 없는 경우 어떻게 해야 합니까?

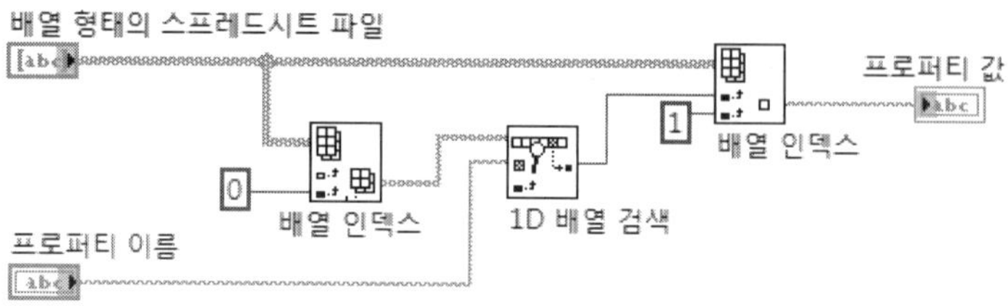

그림 2-206 주어진 프로퍼티 이름으로 해당 값 찾기의 예

표 2-230 데이터 채널 추출하기

데이터 채널 추출하기
첫 번째 데이터 값의 행 인덱스를 확인
[배열 잘라내기] 함수를 사용하여 데이터 채널 추출 - 출력은 2D 문자열 배열의 한 개 채널 데이터
1D 숫자형 배열로 변환

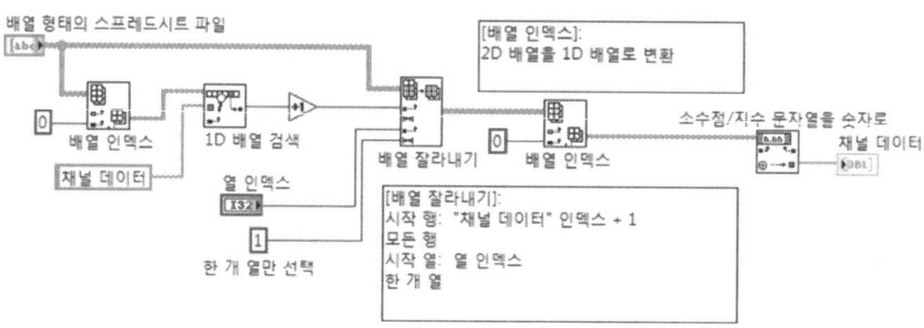

그림 2-207 데이터 채널 추출하기의 예

LabVIEW 및 Excel에서 TDMS 파일 접근

표 2-231 TDMS 파일의 특징

TDMS 파일 포맷
TDMS(Technical Data Management Streaming) 파일 포맷은 두 가지 타입의 데이터를 포함: - 메타 데이터 → 이름 및 프로퍼티 - 원시 데이터 → 2진 포맷의 측정 데이터
TDMS 파일을 사용하는 목적은 다음과 같음: - 테스트 또는 측정 데이터 저장 - 데이터 그룹화에 필요한 구조 생성 - 데이터에 대한 헤더/프로퍼티 저장 - 고속으로 데이터 읽기 및 쓰기
Microsoft Excel을 포함한 다양한 어플리케이션이 TDMS 파일에 접근할 수 있음

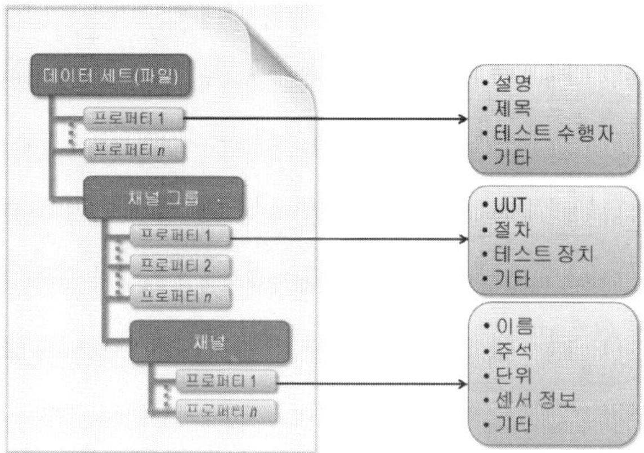

그림 2-208 TDMS 파일—데이터 계층구조 및 프로퍼티

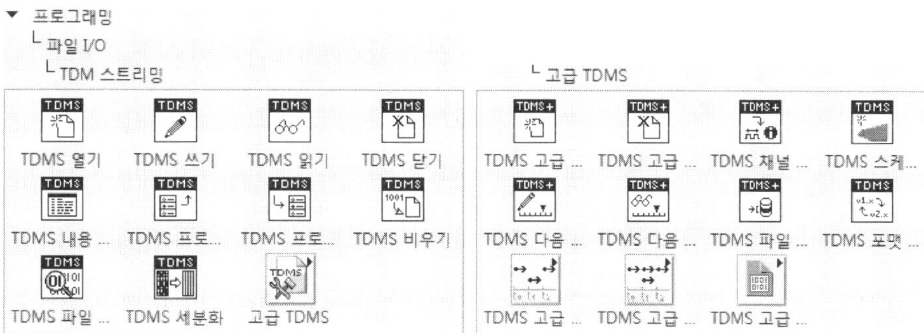

그림 2-209 TDMS 함수

표 2-232 TDMS 파일 보기

TDMS 파일 - 파일 보기
TDMS 파일을 열고 TDMS 파일 보기 대화상자에 파일 데이터를 나타냄

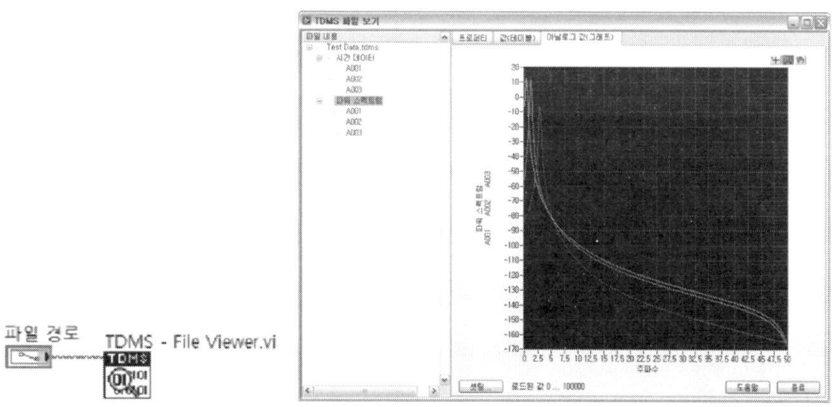

그림 2-210 TDMS 파일사용의 예

2.1.15 기존 VI 향상하기

상속 코드 리팩토링

표 2-233 리팩토링의 특징

리팩토링
상속 받은 VI의 설계가 부적절하여 추후에 기능을 추가하기 어려운 경우가 있음
리팩토링: - 소프트웨어를 다시 설계하는 과정으로, 읽기 및 관리 기능을 향상시켜 시간 경과에 따른 변경 비용의 증가를 방지함 - VI의 내부 구조를 변경하여 가시적 동작에 대한 변경 없이 읽기 및 관리 기능을 향 상시킴

표 2-234 리팩토링이 필요한 경우

리팩토링이 필요한 경우
VI에 기능을 추가하거나 디버깅하는 경우
완전히 다시 작성해야 하는 VI는: - 제대로 작동하지 않는 VI - 필요한 기능의 극히 일부만 수행하는 VI

표 2-235 리팩토링의 과정

리팩토링의 과정
블록다이어그램 개선을 위해 리팩토링하는 경우에는, 먼저 작은 외관상 변경부터 적용한 후 보다 큰 문제를 해결하시오.

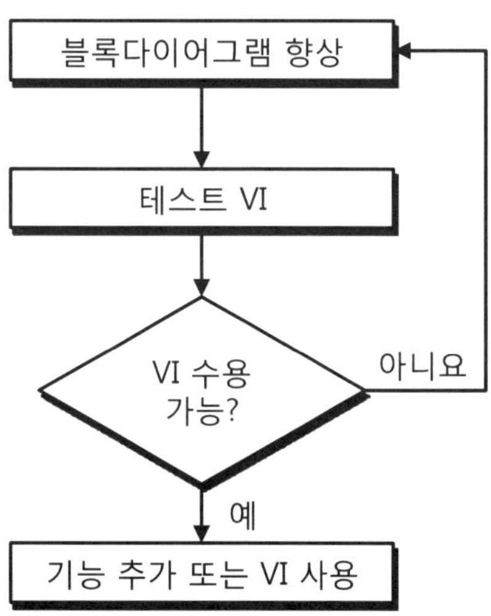

그림 2-211 리팩토링의 순서도

일반적인 리팩토링 문제

표 2-236 리팩토링의 문제(혼잡)

혼잡
블록다이어그램이 너무 혼잡하거나, 너무 크거나, 중첩된 구조를 너무 많이 포함하고 있음
해결책: - 블록다이어그램 내에서 객체를 옮김 - SubVI를 생성하여 보다 작고 보다 질서정연하게 만듦 - 쉽게 이해할 수 있도록 주석을 달아 놓음

표 2-237 리팩토링의 문제(부적절한 이름)

부적절한 이름
블록다이어그램이 올바르지 않은 객체 이름이나 불분명한 아이콘을 사용

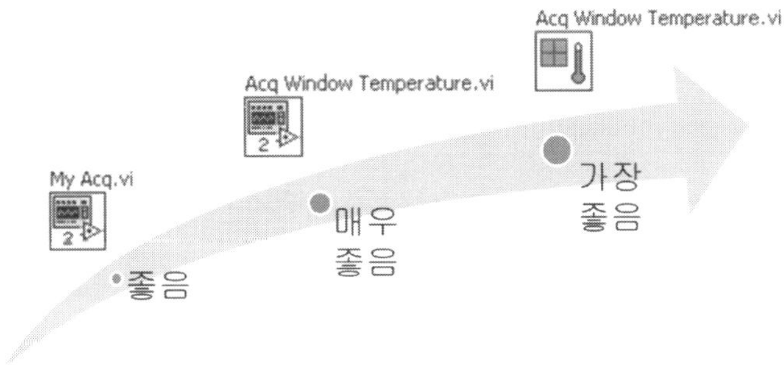

그림 2-212 객체 이름의 아이콘

표 2-238 리팩토링의 문제(지나치게 복잡)

지나치게 복잡
블록다이어그램이 복잡하거나 불필요한 논리를 사용

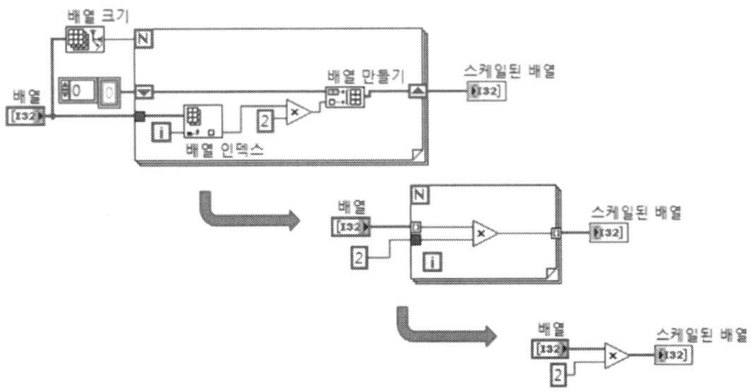

그림 2-213 지나치게 복잡한 코드 해결의 예

표 2-239 리팩토링의 문제(중복논리)

중복논리
블록다이어그램이 중복 논리를 사용
해결책: - 중복 논리를 SubVI로 만들어 VI를 리팩토링

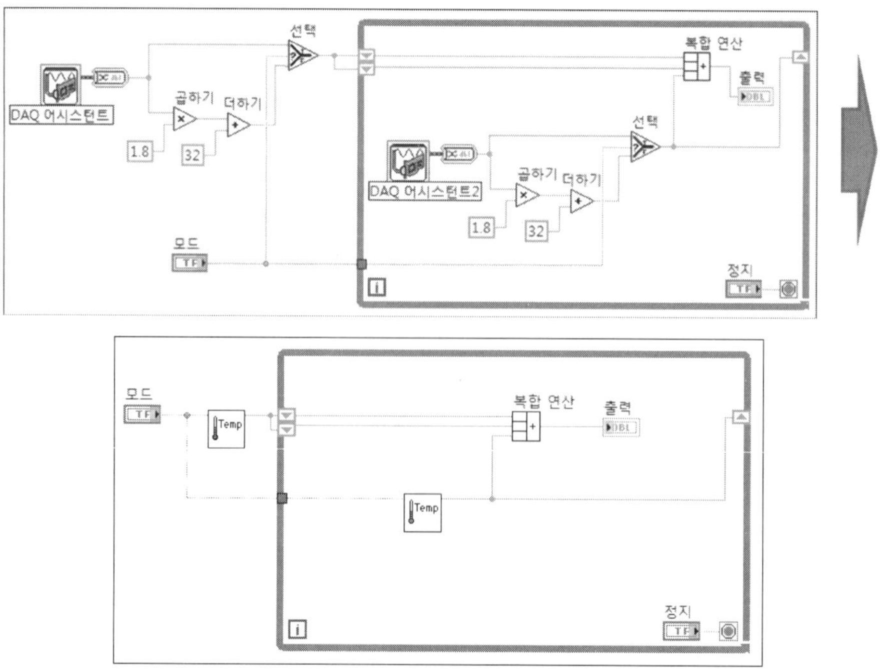

그림 2-214 중복논리 해결의 예

표 2-240 리팩토링의 문제(데이터 흐름 차단)

데이터 흐름 차단
블록다이어그램이 데이터 흐름 프로그래밍을 사용하지 않음
해결책: - 시퀀스 구조를 상태 머신으로 대체 - 로컬 변수를 삭제하고 컨트롤이나 인디케이터에 직접 연결

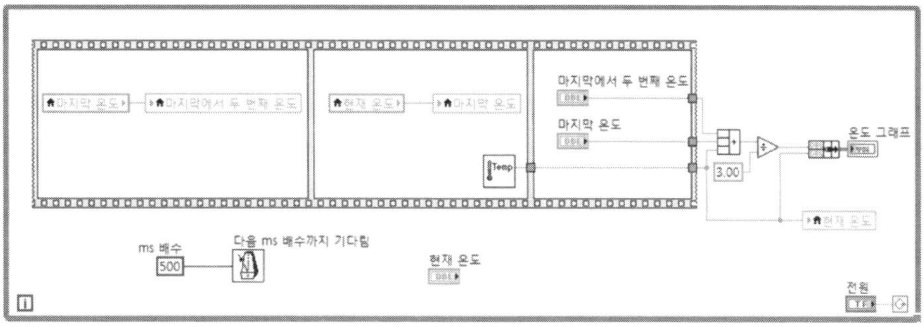

그림 2-215 데이터 흐름 차단의 예

표 2-241 리팩토링의 문제(구식 코드)

구식 코드
VI가 이전 버전의 LabVIEW에서 구식으로 생성됨
해결책: - 폴링 기반 디자인을 이벤트 기반 디자인으로 대체합니다. - 코드를 단순화하는 새 기능을 사용합니다.

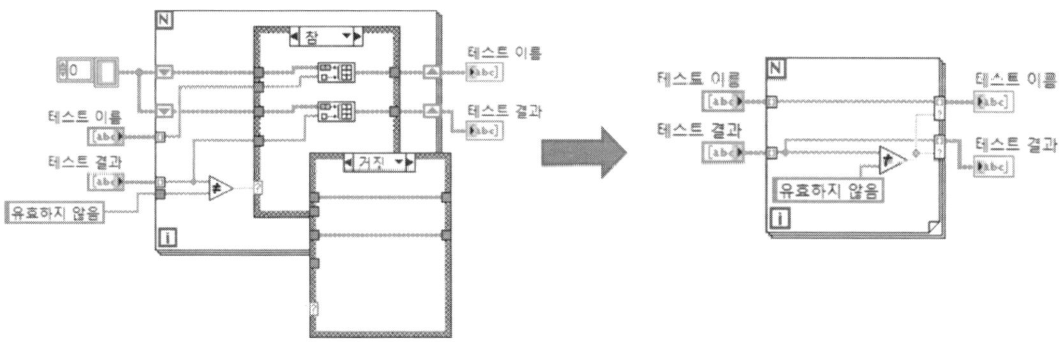

그림 2-216 구식 코드 해결의 예

리팩토링 체크 리스트

다음 리팩토링 체크 리스트를 사용하여 VI의 리팩토링 필요 여부를 결정할 수 있음

- VI가 너무 혼잡하거나, 너무 크거나, 중첩된 구조를 너무 많이 포함하고 있습니다.
- VI가 올바르지 않은 객체 이름과 불분명한 아이콘을 사용하고 있습니다.
- VI가 불필요한 로직을 사용하거나 복잡한 알고리즘을 지니고 있습니다.
- VI가 중복 논리를 포함하고 있습니다.
- VI가 데이터 흐름 프로그래밍을 사용하지 않습니다.
- VI가 구식 개발 방식을 사용하고 있습니다.

2.1.16 어플리케이션 생성 및 배포하기

파일 준비하기

표 2-242 독립적인 어플리케이션 생성

VI에 대해 전문적인 독립 어플리케이션을 생성하려면 우선 파일을 준비해야 함
다시 컴파일하고 VI의 변경 사항 저장
원하는 VI 프로퍼티 셋팅 확인
경로가 올바르게 생성되는지 확인
조건적으로 [LabVIEW 종료] 함수 호출

표 2-243 어플리케이션 빌드

어플리케이션 빌드 체크 리스트
다음 사항에 대해 더 자세히 알아보려면 LabVIEW 도움말의 어플리케이션 만들기 체크리스트 토픽을 참조하시오: - 파일 준비하기 - 빌드 스펙 설정하기 - 빌드 배포하기

표 2-244 파일 준비하기(VI 프로퍼티)

파일 준비하기 - VI 프로퍼티
VI 프로퍼티 셋팅을 설정하려면: - 수동으로 VI 프로퍼티 대화상자를 편집 - VI 서버를 사용하여 프로그램적으로 VI 프로퍼티를 변경

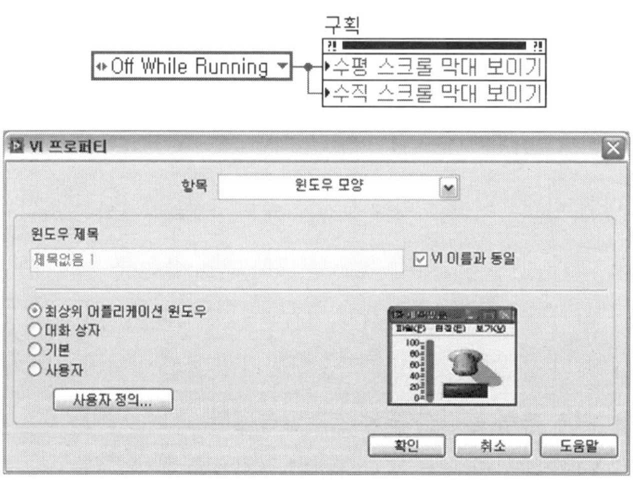

그림 2-217 프로퍼티 설정

표 2-245 파일 준비하기(경로)

파일 준비하기 - 경로
[어플리케이션 디렉터리] VI 경로에 따라 경로 설정

VI가 다음으로부터 호출되는 경우 :	VI는 다음을 반환 :
독립 어플리케이션으로부터	어플리케이션 실행 파일을 포함하는 폴더의 경로
LabVIEW 개발 환경의 LabVIEW 프로젝트(.lvproj)로부터	프로젝트 폴더의 경로

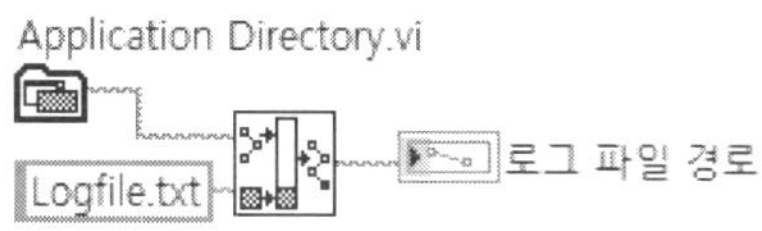

그림 2-218 경로 설정의 예

표 2-246 파일 준비하기(시스템 경로)

파일 준비하기 - 시스템 경로
[시스템 디렉터리 얻기] VI를 사용하여 시스템 디렉터리 경로를 얻는다.
경로는 OS 및 사용자에 따라 다름 Windows XP 사용자 문서: - C:\Documents and Settings\〈user〉\My Documents Windows 7 사용자 문서: - C:\Users\〈user〉\Documents

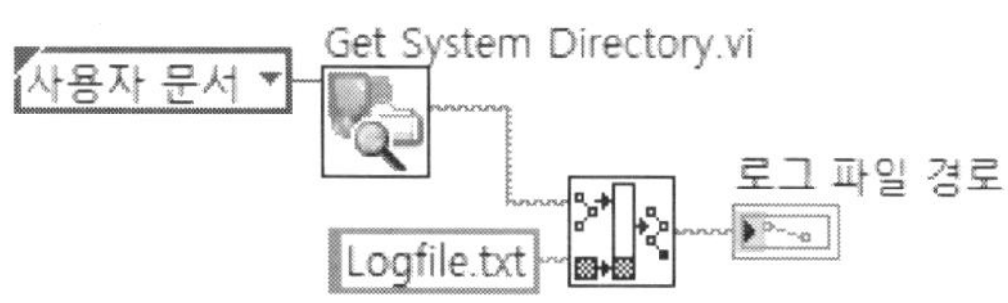

그림 2-219 시스템 경로 설정의 예

표 2-247 파일 준비하기(어플리케이션 종료)

파일 준비하기 - 어플리케이션 종료
[LabVIEW 종료] 함수를 사용하여 어플리케이션을 프로그램적으로 종료
[LabVIEW 종료] 함수를 조건적으로 호출하려면, App.Kind 프로퍼티를 사용

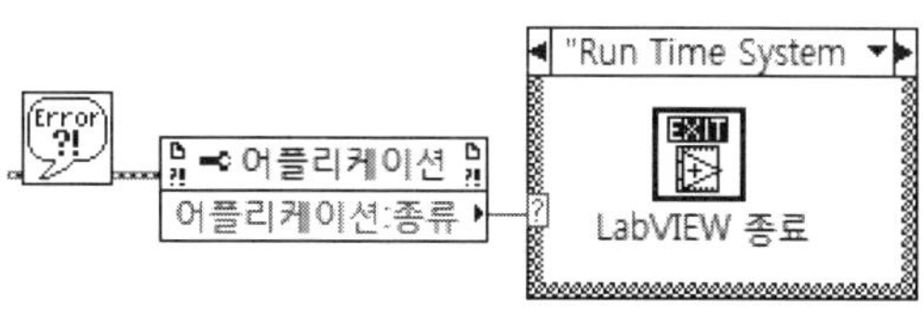

그림 2-220 어플리케이션 종료의 예

▌빌드스펙

빌드 스펙은 포함할 파일, 생성할 디렉터리, VI의 셋팅 등 빌드에 대한 모든 셋팅을 포함

표 2-248 어플리케이션 빌드 시 사용되는 요소

다음을 빌드하는 데 빌드 스펙을 사용함:
다음을 빌드하는 데 빌드 스펙을 사용함: – 독립 어플리케이션 – 설치 프로그램 – 소스 배포 – Zip(압축) 파일 – 공유 라이브러리 – 묶음 프로젝트 라이브러리 – .NET Interop 어셈블리 – 웹 서비스

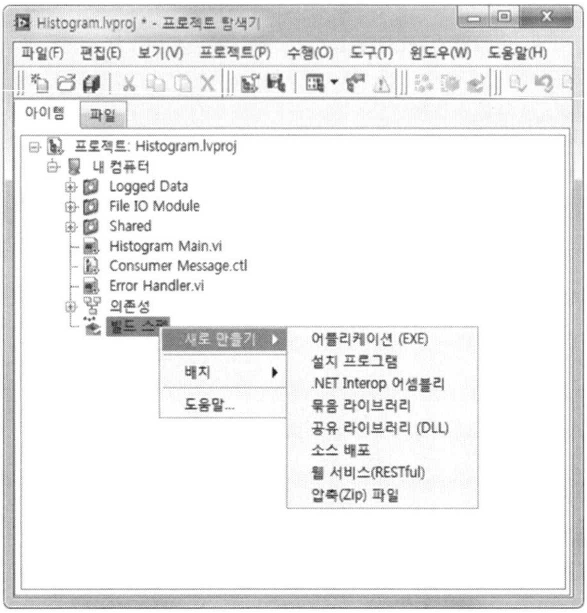

그림 2-221 빌드하기

어플리케이션 생성 및 디버그

표 2-249 어플리케이션 시스템 요구사항

어플리케이션의 시스템 요구사항
빌드 스펙을 사용하여 생성하는 어플리케이션의 시스템 요구사항은 일반적으로 VI 또는 어플리케이션 생성에 사용되는 LabVIEW 개발 시스템과 같다. 메모리 요구사항은 생성하는 어플리케이션의 크기에 따라 다름

표 2-250 EXE 빌드 스펙 설정

EXE 빌드 스펙 설정
어플리케이션 프로퍼티 대화상자에서: – 실행 파일의 이름을 지정 – 생성하려는 실행 파일의 대상을 지정 – 시작 VI를 식별하고, 다이나믹하게 링크된 모든 파일을 포함 – 필요하면 디버깅을 활성화 – 빌드를 미리 확인

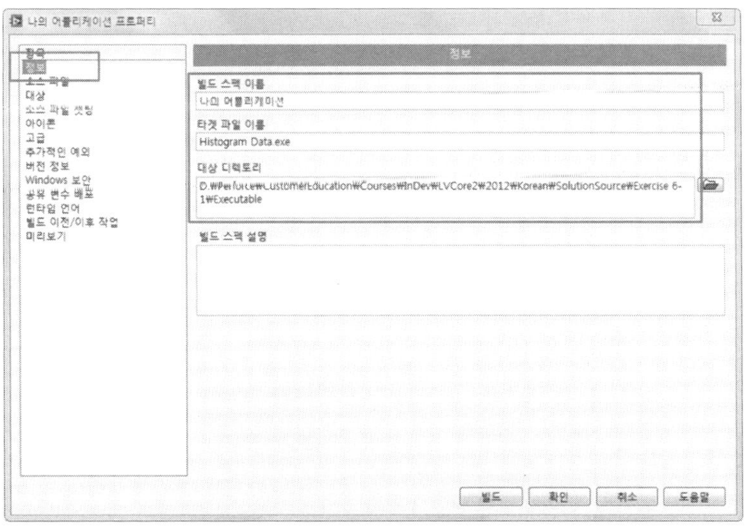

그림 2-222 EXE 프로퍼티 — 정보

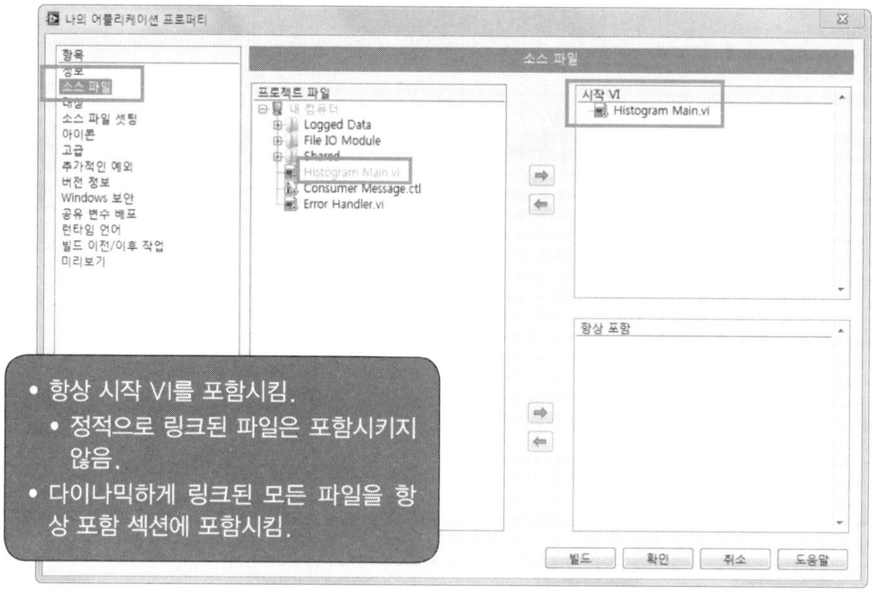

그림 2-223 EXE 프로퍼티 — 소스 파일

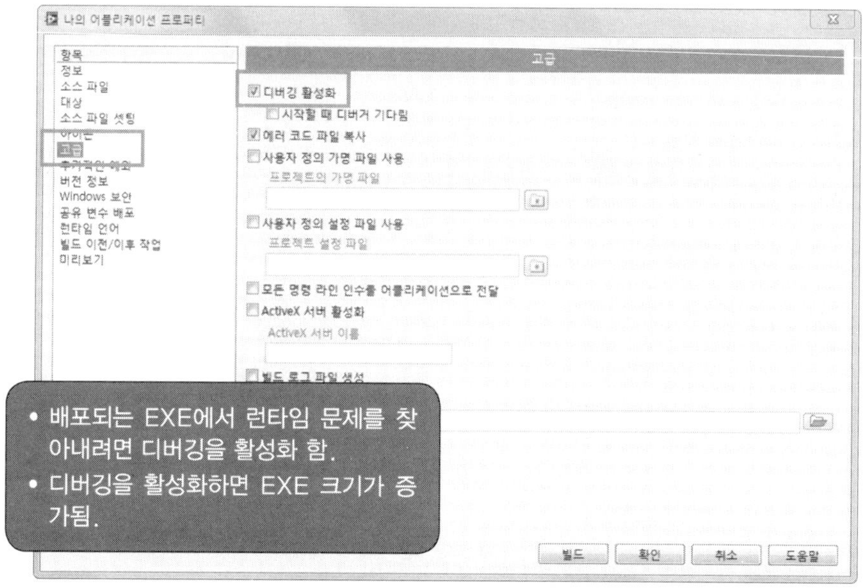

그림 2-224 EXE 프로퍼티 — 고급

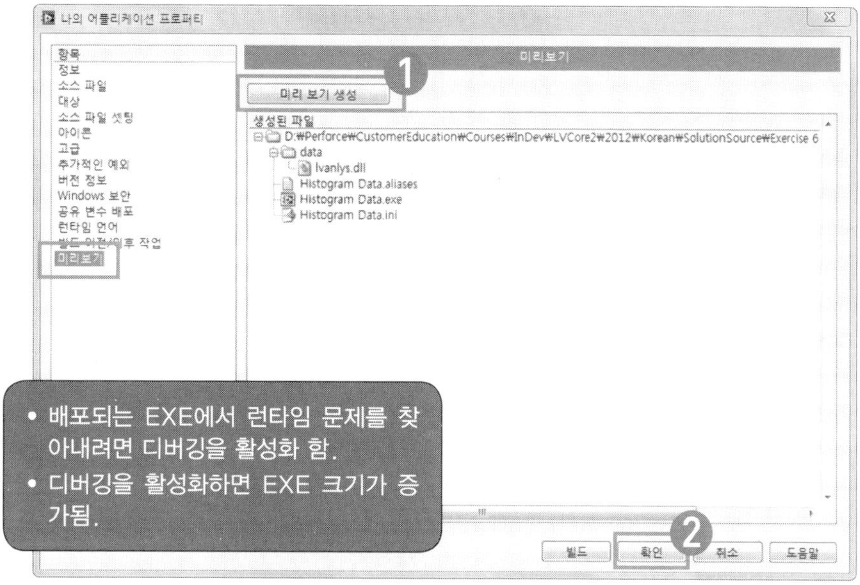

그림 2-225 EXE 프로퍼티 — 미리보기

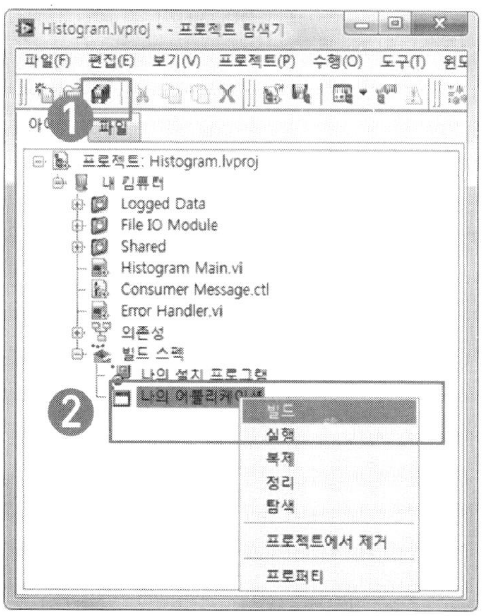

그림 2-226 프로젝트 저장 및 실행 파일 빌드

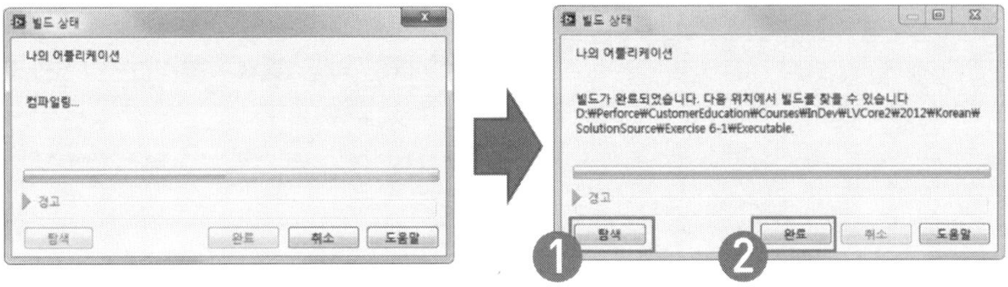

그림 2-227 빌드 상태

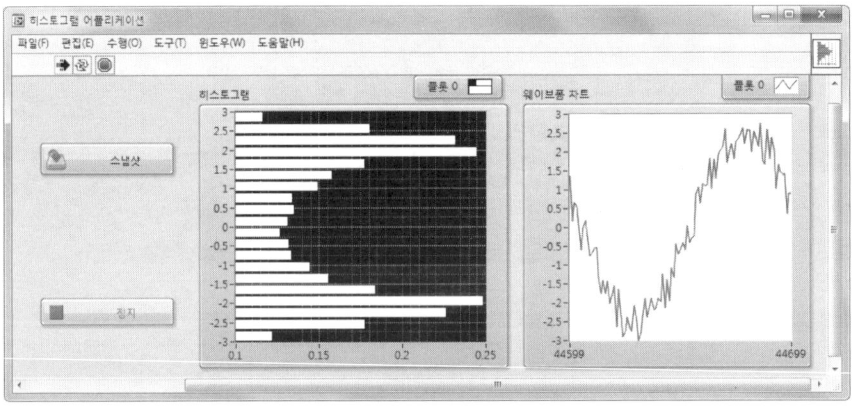

그림 2-228 EXE 실행 및 실행 확인

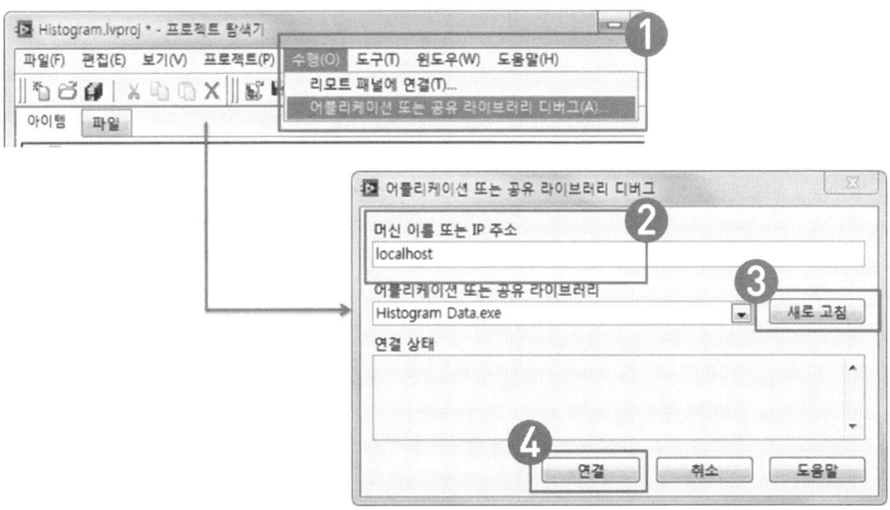

그림 2-229 EXE 디버그 — 같은 컴퓨터의 LabVIEW

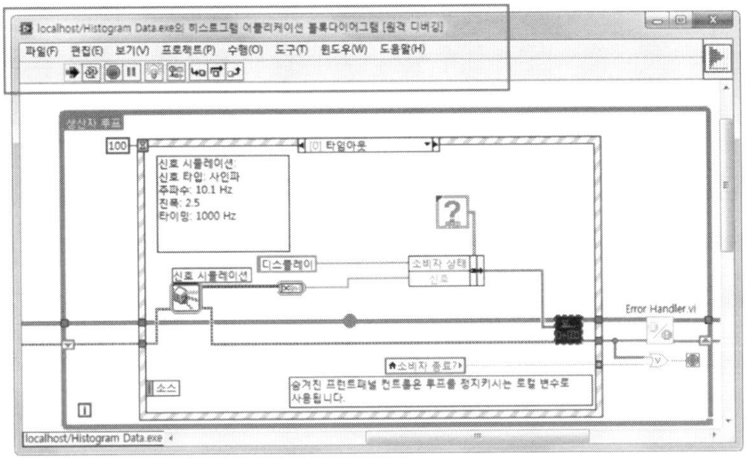

그림 2-230 LabVIEW에서 EXE 디버그

표 2-251 실행 파일의 동작이 다른 이유

실행 파일의 동작이 다른 이유
파일 경로의 변경으로 에러 발생
드라이버 또는 지원 파일을 찾을 수 없음
메모리 또는 CPU 속도와 같은 시스템 리소스가 다름
어플리케이션 INI 파일이 LabVIEW INI 파일과 다름
런타임 엔진에서 모든 기능이 지원되지 않음

설치 프로그램 생성

표 2-252 설치 프로그램을 만드는 이유

설치 프로그램을 만드는 이유?
실행 파일이 타겟 시스템에서 실행되려면 LabVIEW 런타임 엔진(RTE)이 필요함
어플리케이션 실행 시 드라이버가 필요한 경우, 드라이버는 타겟 시스템에 설치되어야 함
설치 프로그램은 파일이 올바른 위치에 복사되도록 함
전문적인 어플리케이션은 설치 프로그램을 사용함

표 2-253 설치 프로그램 빌드 스펙 설정

설치 프로그램 빌드 스펙 설정하기
설치 프로그램 프로퍼티 대화상자에서: - LabVIEW 런타임 엔진 포함 → 추가 설치 프로그램 페이지에서, NI LabVIEW 런타임 엔진을 선택 - 어플리케이션에 사용되는 드라이버 포함 → 예를 들어, 어플리케이션 xxxxxxxxxxxxxxxxxxxxxxxx에 DAQmx VI를 사용하는 경우, NI-DAQmx 드라이버를 포함시킴

더 자세한 정보는 LabVIEW 도움말의 설치 프로그램 만들기에 대한 유의점과 권장사항 토픽을 참조하면 된다.

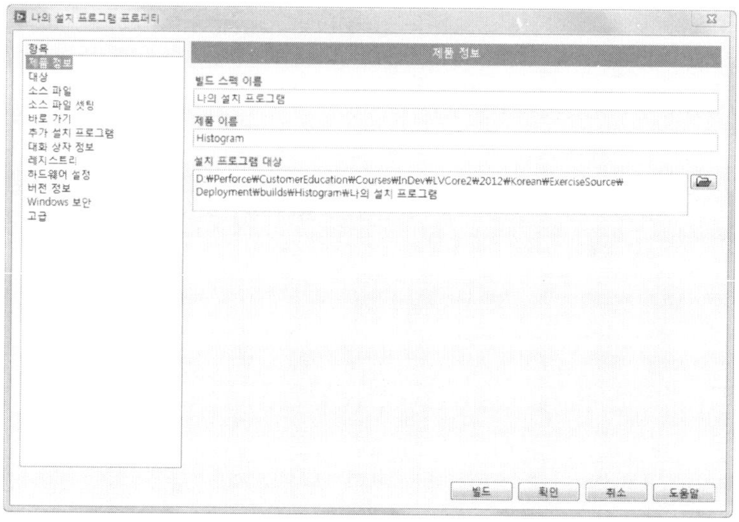

그림 2-231 설치 프로그램 프로퍼티 – 제품 정보

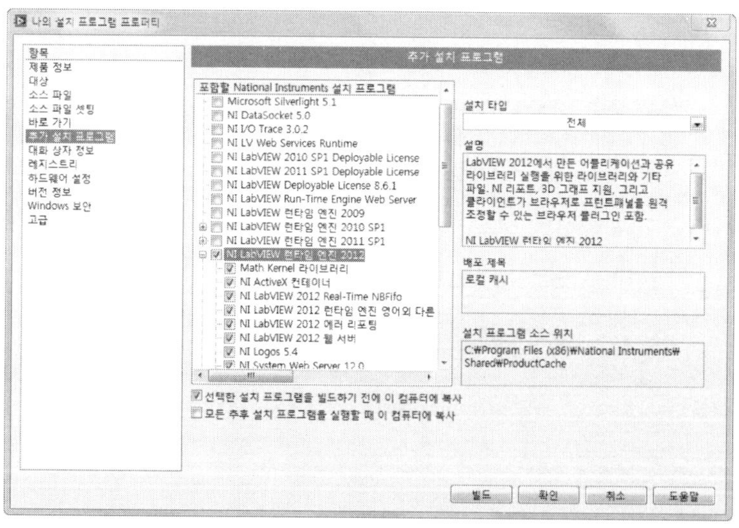

그림 2-232 설치 프로그램 프로퍼티 – 추가 설치 프로그램

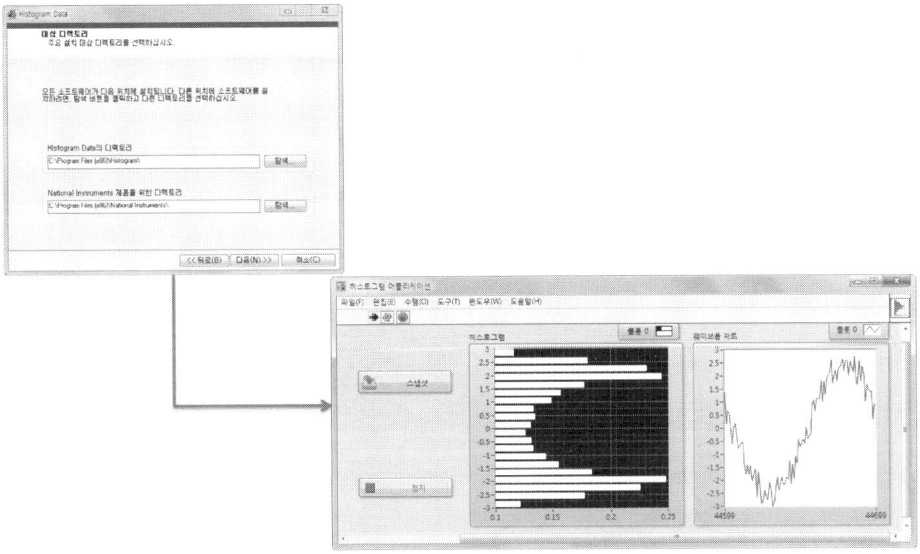

그림 2-233 대상 컴퓨터에 설치 및 실행

표 2-254 실행 파일 디버그

대상 컴퓨터의 실행 파일 디버그
1. 대상 컴퓨터의 IP 주소를 알아냄 – 대상 컴퓨터의 명령 프롬프트 윈도우에 "ipconfig"을 입력하여 IP 주소를 얻음
2. 개발 컴퓨터에서 LabVIEW를 실행
3. 어플리케이션 또는 공유 라이브러리 디버그 대화상자에 IP 주소 또는 머신 이름 을 입력
4. 어플리케이션 또는 공유 라이브러리 디버그 대화상자에서 연결 버튼을 클릭. 개발 컴퓨터에서 컨트롤할 수 있도록 변경됨
5. LabVIEW 디버깅 도구를 사용하여 실행 파일을 디버그

2.1.17 어플리케이션 개발 실습

확장성이 있고 이해와 유지보수가 쉬운 VI

표 2-255 VI 확장성

확장성
VI를 완전히 다시 설계하지 않고도 VI에 기능을 쉽게 추가할 수 있음
확장성이 있게 설계하면 추후 기존 설계를 쉽게 수정 또는 변경할 수 있음

표 2-256 VI 가독성

가독성
VI의 설계를 시각적으로 확인하여 VI의 목적과 기능을 쉽게 이해할 수 있음

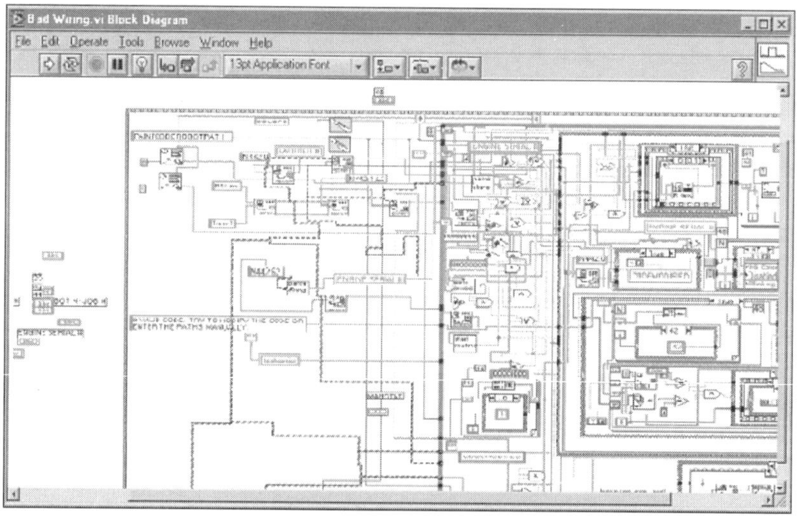

그림 2-234 잘못 설계된 코드

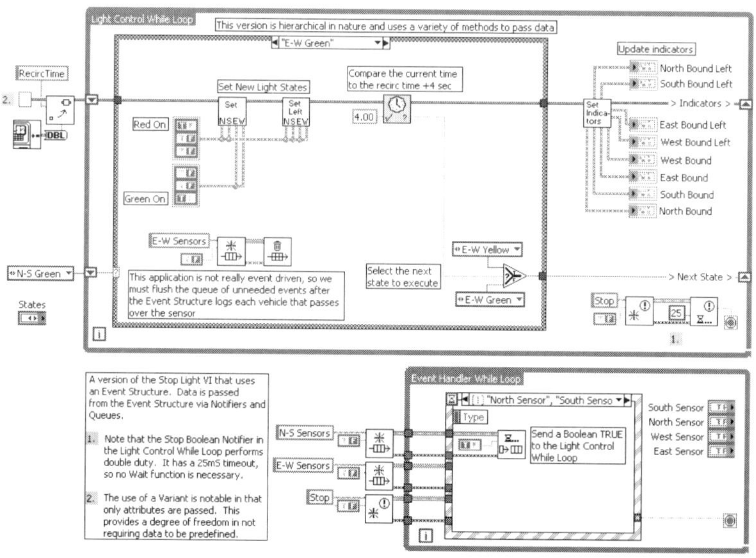

그림 2-235 올바르게 설계된 코드

표 2-257 VI의 유지보수

유지보수성
VI 원본의 의도에 영향을 주지 않고도 VI를 쉽게 변경할 수 있음
어플리케이션을 완전히 다시 만들지 않고도 새로운 기능을 추가할 수 있음
바람직한 프로그램 설계와 구조 사용
다른 프로그래머가 본인이 작성한 코드를 사용하거나 수정할 수도 있다는 점을 염두에 두고 설계

성공적인 개발 실습

표 2-258 개발 실습

LabVIEW에서는 어플리케이션을 쉽게 만들 수 있기 때문에 사용자들이 별도의 계획 없이 VI를 개발하는 경우가 많음
- 이러한 방식은 간단한 랩 테스트, 어플리케이션 모니터링 등과 같은 단순한 어플리케이션에 적합
- 큰 규모의 개발 프로젝트에는 적합하지 않음

* 체계적인 계획이 필수!

표 2-259 소프트웨어 개발 주기

소프트웨어 개발수기
소프트웨어의 초기 개념 설계 단계에서부터 출시, 유지 및 보수, 추후 소프트웨어 업그레이드까지 소프트웨어를 개발할 때 따라야 하는 단계 - 코드 및 수정(Code and Fix) 모델 - 선형 순차(Waterfall) 모델 - 변형된 선형 순차 모델 - 나선(Spiral) 모델

표 2-260 코드 및 수정 모델

코드 및 수정(Code and Fix) 모델
가장 많이 사용되는 개발 모델로 소규모 프로젝트에 적합하며, 해당 프로젝트를 기반으로 향후 더 복잡한 프로그램을 개발하는 경우에는 적합하지 않은 모델
장: 바로 개발에 착수할 수 있으며 결과를 즉시 볼 수 있음
단: 개발 과정의 후반부에 중대한 구조적 문제가 발견 되는 경우 코드의 대부분을 다시 작성해야 함

표 2-261 선형 순차 모델

선형 순차(Waterfall) 모델
장: 개발 단계마다 관련자가 확인 작업을 수행하므로 각 단계가 명확히 구분됨
단: 단계가 서로 겹치지 않음
단: 이전 단계로 돌아가게 되면 재작업에 비용이 많이 소요
단: 프로젝트 후반까지 실제 결과물을 볼 수 없어 관리자나 고객의 신뢰를 잃게 됨

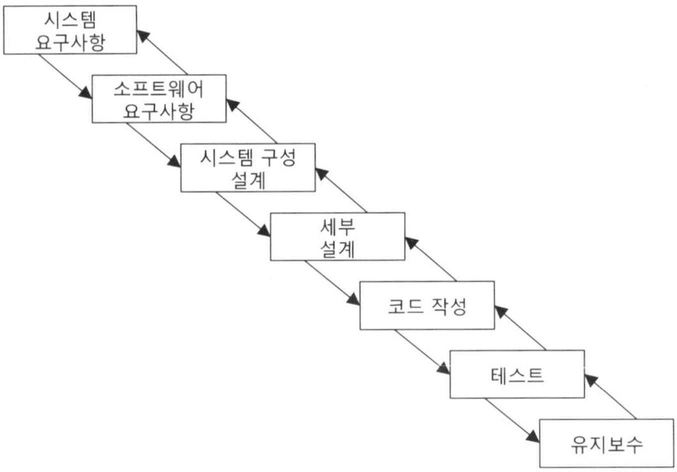

그림 2-236 선형 순차(Waterfall) 모델 개념도

표 2-262 변형된 선형 순차 모델

변형된 선형 순차 모델
선형 순차 모델을 수정한 것으로 일부 단계가 서로 겹침
장: 문서화 작업을 줄일 수 있음
장: 초기 단계로 되돌아가는데 소요되는 비용 감소
장: 설계 단계에서 지적된 사항을 요구사항에 적용 가능
단: 특정 단계가 언제 완료될지 파악할 수 없으므로 진행상황 추적이 어려움
단: 문제를 수정하는데 비용이 많이 소요되는 개발의 후반까지 중요한 결정을 미룰 가능성

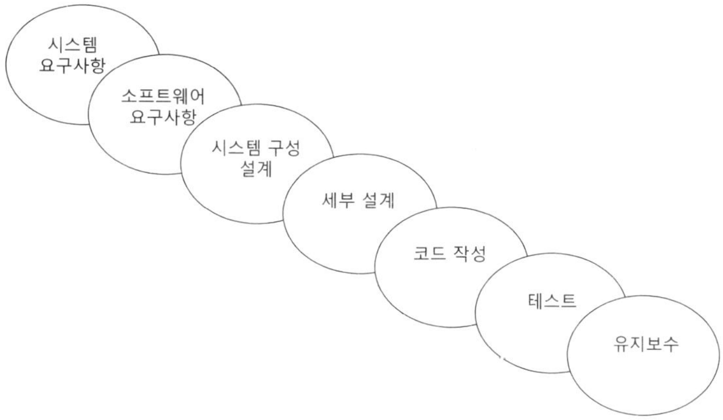

그림 2-237 변형된 선형 순차 모델 개념도

표 2-263

프로토타이핑(Prototyping, 원형 제작)
사용자 인터페이스에 유용
설계 요구사항이 어느 정도 충족되는지 보여주는 도구
선형 순차 모델을 사용하면 추후의 구조 설계 단계나 그 이후 단계에서도 프로토타이핑 제작이 가능
프로젝트 요구사항을 명확하게 할 수 있음

* 프로토타이핑이 코드 및 수정 개발 주기 모델과 비슷하게 되지 않도록 주의

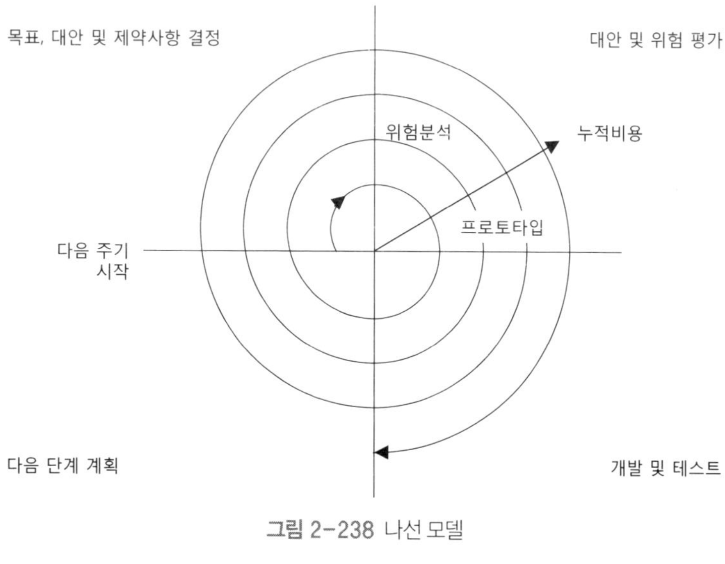

그림 2-238 나선 모델

표 2-264 위험 분석: 나선 모델

ID	위험	확률	손실	위험 노출	위험 관리 접근 방식
1	수집 속도가 너무 빠름	5	7	35	프로토타입을 개발하여 실행 가능성을 보여줌
2	파일 포맷이 효율적이지 않음	5	3	15	벤치마크를 개발하여 데이터 조작 속도를 보여줌
3	사용자 인터페이스가 불확실함	2	9	18	고객 참여, 프로토타입 개발

2.1.18 프로젝트 분석

고객의 요구사항 검토

스펙을 주의깊게 확인

→ 기능적 스펙 : 소프트웨어가 수행해야 하는 기능 정의

→ 비기능적 스펙 : 소프트웨어 구현의 특성 또는 속성 정의

설명이 부족한 부분 파악

→ 문제점을 분명히 파악하기 위해 고객에 대한 질문

→ 고객과의 커뮤니케이션

그림 2-239 고객과 프로그래머의 기대치는 다르기 마련.

고객의 기대치를 파악하고 최대한 그에 부합하는 방법을 찾아내는 것이 프로그래머의 역할.

표 2-265 고객과 프로그래머의 기대치

기대치
프로그래머: – 고객의 요구사항을 정확히 이해함 – 설계 아이디어 공유 – 어떤 문제라도 고객과 논의함 – 필요한 질문을 함 – 일정을 잘 준수함 – 약속을 지킴
고객: – 자신이 무엇을 원하는지 정확히 알고 있음 – 자신의 요구사항을 정확히 설명할 수 있음 – 개발 시의 어려움을 이해함 – 일관된 견해를 갖고 있음

요구사항 문서 개발하기

→ 요구사항 문서는 개발자와 고객이 프로젝트에 대해 논의할 수 있는 출발점

→ 요구사항 문서는 고객과 개발자가 모두 이해할 수 있는 용어로 작성

어플리케이션 정의하기

표 2-266 다이어그램 생성

어플리케이션의 다이어그램 생성
– 어플리케이션 설계의 효율성 향상 – 고객에게 아이디어 전달
다이어그램을 만드는 첫 번째 단계는 우선 각 요구사항에서 꼭 필요한 컴포넌트를 간추려내는 것

표 2-267 컴포넌트 추출

컴포넌트 추출하기
추출: 어플리케이션을 일반화하고 세부적인 내용을 삭제하여 작성 방법을 지정하지 않고도 어플리케이션을 설명하는 과정
두 가지 형태의 추출 – 절차적 추출 – 데이터 추출

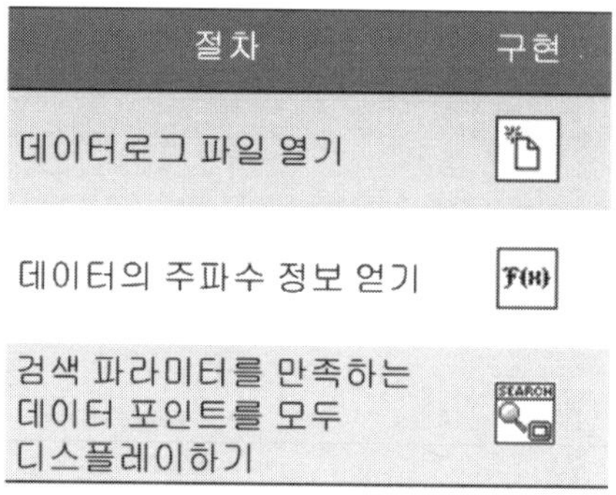

그림 2-240 절차적 추출

표 2-268 절차적 추출의 예

절차적 추출의 예
1. 요구사항 문서에서 시작
2. 명사를 식별하고, 그 명사들을 추출 컴포넌트로 정리
3. 동사를 식별하고, 각 동작을 수행하는 추출 컴포넌트에 할당
4. 동사의 가독성을 향상; 각 추출 대상에 대해, 명사를 동사에 연결하여 구문을 생성

표 2-269 데이터 추출하기

데이터 추출
저장하려는 데이터와 데이터를 저장하는 물리적인 방법을 구분
데이터에 대한 보다 논리적인 관점 제시 예) 서로 연관된 데이터는 클러스터로 묶음

표 2-270 태스크 지향 설계와 객체 지향 설계

객체 지향 설계(Object-Oriented Design)	
객체: 데이터를 해당 데이터와 상호작용하는 메소드와 함께 묶은 집합체	
절차적 추출은 다음을 생성: - 추출된 컴포넌트의 리스트 - 각 컴포넌트와 관련된 동사의 리스트(메소드)	
태스크 지향 설계 (Task-Oriented Design) - 문제를 단계별 지침으로 묶음 - 일련의 태스크를 생성	객체 지향 설계 (Object-Oriented Design) - 태스크들을 책임 영역별로 묶음 - 책임 영역별로 형성된 일련의 객체를 생성

표 2-271 문제에 대한 해결

하나의 문제에 대한 두 개의 설명		
우리는 각 보드가 기능적으로 잘 작동하는지를 확인하기 위해, 조립 라인의 맨 마지막에 테스트를 수행하고자 합니다. 실패한 테스트에 대해 관리자에게 이메일을 보냅니다.	VS	**우리는 조립 라인에서** 보드를 생산하려고 합니다. 각 보드는 기능 테스트를 거쳐, 문제가 있는 경우 보고됩니다. 실패한 테스트에 대해 관리자에게 해당 **로그**를 이메일로 전송합니다.

표 2-272 커플링의 개념

커플링
커플링은 모듈 시스템에 어느 정도의 의존성이 존재하는지 측정하는 것
계층구조 시스템의 목표는 프로그램을 구현할 때 최소한의 커플링이 되도록 하는 것 - 한 모듈이 올바르게 작동하지 않으면 커플링된 모듈도 올바르게 작동하지 않음 - 커플링이 강할수록 디버깅이 어려워짐 - 커플링이 약하면 다른 모듈에 영향을 주지 않고도 코드 변경 가능

표 2-273 응집성의 개념

응집성
응집성은 특정 모듈이 몇 개의 목표를 수행해 내는지 측정하는 것
계층구조의 목표는 하나의 모듈에 단일 기능만 구현하는 것, 즉 응집성을 높이는 것 - 하나의 모듈이 여러 기능을 수행하게 되면 블록다이어그램을 이해하기 어려워짐 - 응집성이 강하면 전체 개발 시간이 단축됨

표 2-274 구성요소 그리기

추출된 구성요소 그리기
두 가지의 효율적인 방법 - 순서도 - 데이터 흐름 다이어그램

표 2-275 순서도 그리기

순서도: 재생기능
어플리케이션 흐름을 이해하기 쉽게 나타냄
태스크를 다루기 쉬운 논리적인 부분으로 나눔
노드는 수행되는 기능을 나타냄

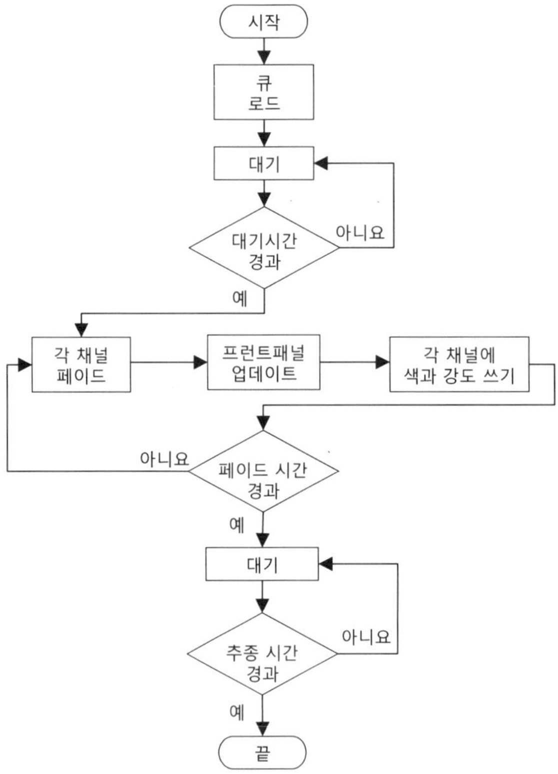

그림 2-241 순서도

표 2-276 데이터 흐름의 개념

데이터 흐름 다이어그램
데이터 저장 – 시스템 내의 파일 또는 저장소
처리 – 들어오는 데이터를 받고, 데이터를 처리하고, 내보낼 데이터를 생성
외부 객체 – 시스템과 통신하는 시스템 외부의 아이템
데이터 흐름 – 데이터의 흐름을 나타내는 막대

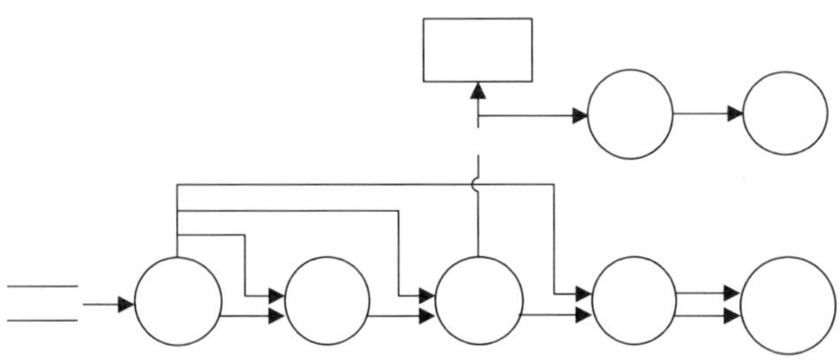

그림 2-242 데이터 흐름 다이어그램

표 2-277 재생기능의 특징

데이터 흐름 다이어그램: 재생기능
데이터를 중점적으로 다룸
LabVIEW가 데이터 흐름 언어이므로 LabVIEW에서 더욱 구현하기 쉬움

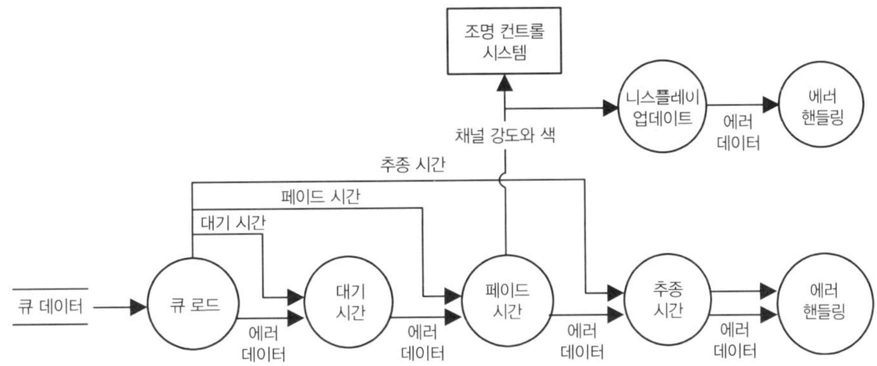

그림 2-243 재생기능

2.1.19 사용자 인터페이스 설계하기

사용자 인터페이스 설계시의 문제점

표 2-278 사용자 인터페이스의 문제점

폰트 및 텍스트
VI에 사용되는 폰트를 세 가지 표준 폰트로 제한 (어플리케이션, 시스템, 대화상자)
표준 폰트는 플랫폼에 따라 달라짐
폰트를 확장 또는 축소할 수 있도록 여분의 공간을 둠

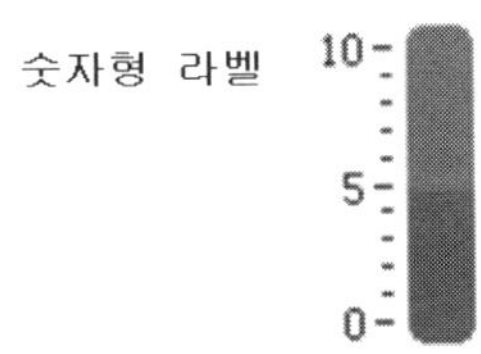

예) 라벨이 오른쪽으로 정렬되어 있어 왼쪽으로 확장할 수 있는 공간 확보

표 2-279 색의 문제점

색
적합하지 않은 색을 사용하면 사용자의 주의를 혼란시킬 수 있음
주로 밝기가 달라지는 보색 사용

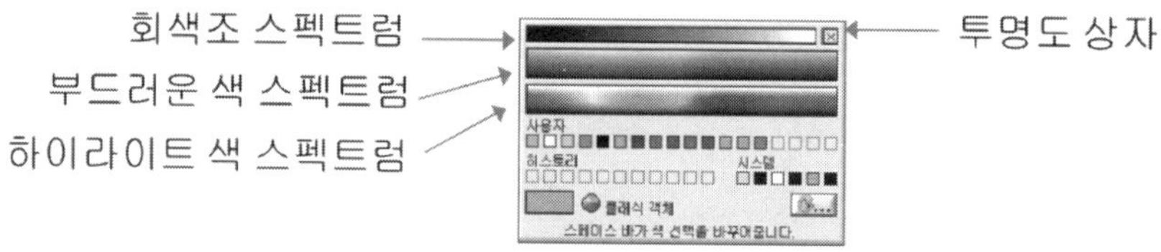

그림 2-244 색 설정 대화상자

표 2-280 그래픽의 문제점

그래픽
비트맵, Macintosh PICT, Windows Enhanced Metafile, 텍스트 객체를 반입하여 프런트패널 배경으로 사용
그래픽을 반입하면 스크린 업데이트가 느려짐
그래픽 객체 위에 인디케이터와 컨트롤을 놓지 않음
큰 그래픽은 여러 개의 작은 그래픽으로 분리

사용자 인터페이스 레이아웃 문제

표 2-281 레이아웃의 문제

사용자에게 혼란을 주지 않으려면 프런트패널을 단순하게 만드는 것이 바람직함
가장 중요한 컨트롤을 가장 잘 보이는 곳에 배치
입력은 왼쪽에, 출력은 오른쪽에 배치

표 2-282 레이아웃 향상시키기

사용자 인터페이스 레이아웃을 향상시키는 도구
사용자 인터페이스 구성하기 – 장식 – 탭 컨트롤 – 서브패널 컨트롤 – 트리 컨트롤 – 분리자 막대 및 구획

표 2-283 크기, 위치 조정하기

크기 및 위치 조정하기	
컨트롤을 지나치게 빽빽하게 채우거나 깔끔한 레이아웃을 해치지 않는 범위 내에서 최대한 프런트패널을 작게 만듦	
프런트패널을 화면의 왼쪽 상단에 배치	
VI 프로퍼티 대화상자 페이지의 윈도우 런타임 위치 사용	
프런트패널: 런타임 위치 메소드 – 중앙에 정렬 – 사용자 지정	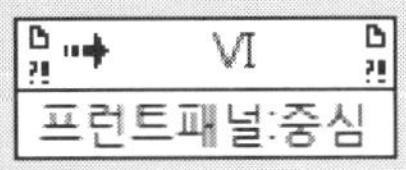

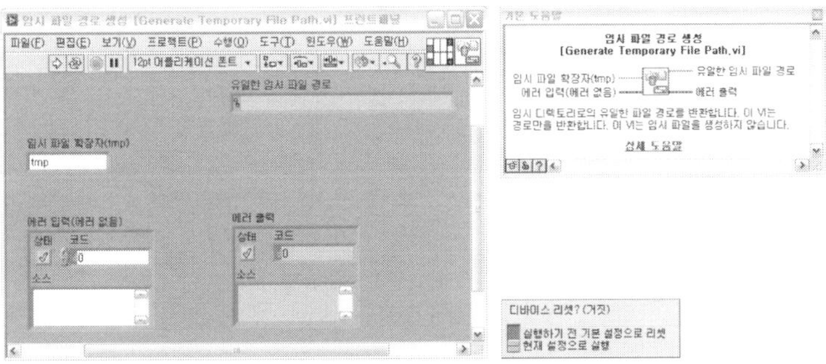

그림 2-245 라벨 및 캡션

표 2-284 경로와 문자열

경로와 문자열
문자열 컨트롤과 인디케이터보다는 경로 컨트롤과 인디케이터를 사용
플랫폼의 표준 구문을 사용하여 경로 포맷
사용자가 파일을 검색할 수 있도록 허용

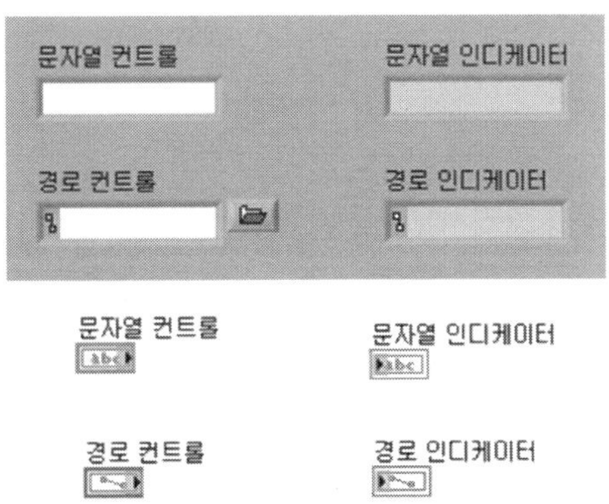

그림 2-246 경로와 문자열 아이템

표 2-285 기본값과 범위

기본값과 범위
데이터 범위를 사용하여 값을 원하는 범위(최소, 최대, 증분)로 강제 변환
알맞은 기본값 설정
컨트롤 라벨에 기본값을 괄호로 표시

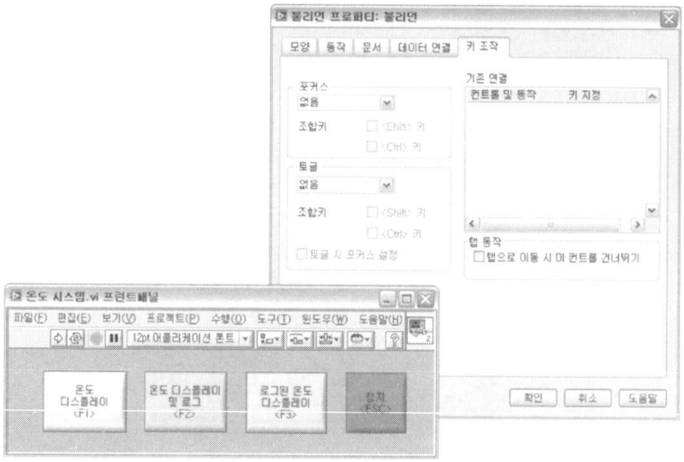

그림 2-247 키 조작

프런트패널 객체 스타일

일반 컨트롤 클래식 컨트롤 시스템 컨트롤

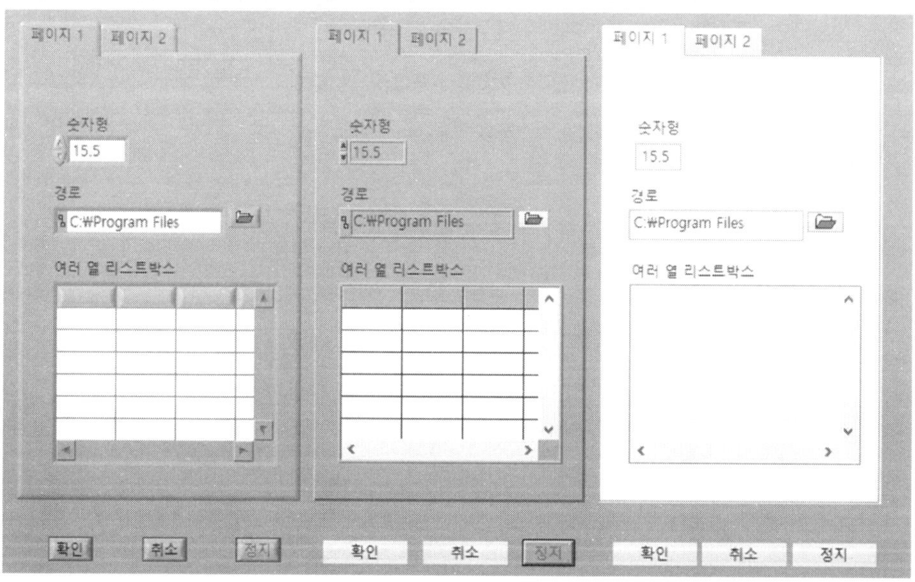

그림 2-248 프런트패널의 객체 스타일

프런트패널 프로토타이핑

- 필요한 컨트롤과 인디케이터가 있는 VI 프런트패널을 설계
- 블록다이어그램을 비워 두고 컨트롤 작동 방식과 다양한 동작을 위해 어떤 다른 프런트패널이 필요한지 파악
- 보다 포괄적인 프로토타입을 만들기 위해서는 프런트패널을 함께 묶음

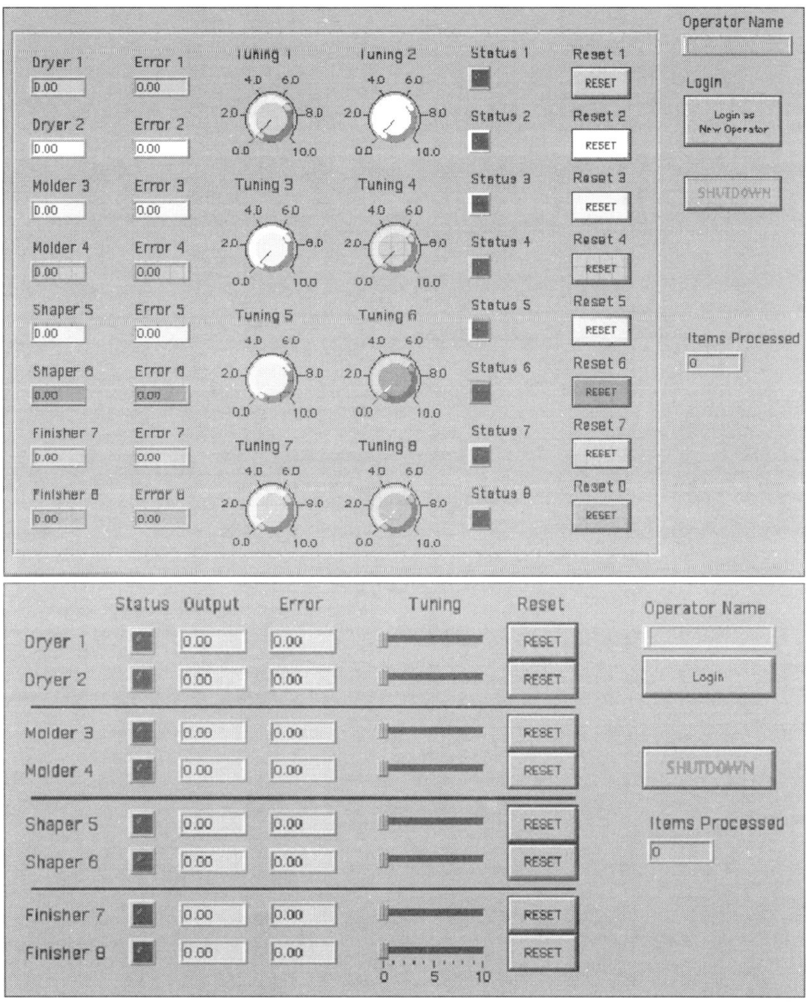

그림 2-249 사용자 인터페이스의 예

사용자 인터페이스 현지화하기

- 문화와 언어가 다른 지역에서 사용할 어플리케이션을 만드는 과정
- 현지화를 위한 여분의 공간을 남겨 둠

- 블록다이어그램에 사용자 인터페이스 문자열을 하드코드로 만들지 않음
- 국제적으로 통용되지 않는 기호와 아이콘은 사용하지 않음
- 아이콘에 텍스트 사용을 피함
- 라벨에 캡션을 사용

2.1.20 프로젝트 설계하기

디자인 패턴

표 2-286

상태 머신 디자인 패턴
1. While 루프: 여러 상태를 연속적으로 실행
2. 시프트레지스터: 상태 변환 정보 포함
3. 케이스 구조—각 상태의 케이스와 각 상태에서 실행할 코드가 포함

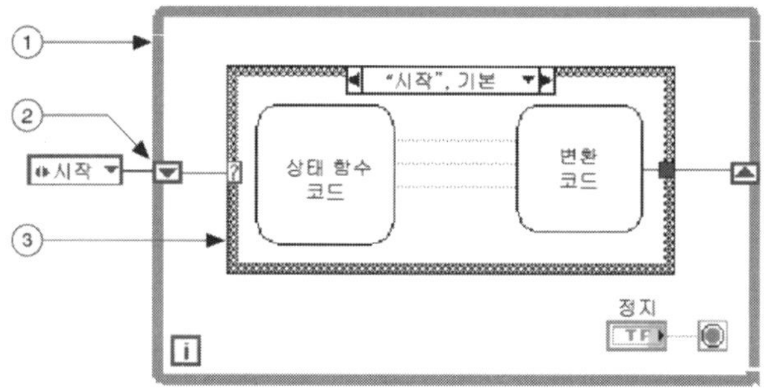

그림 2-250 상태 머신 디자인 패턴

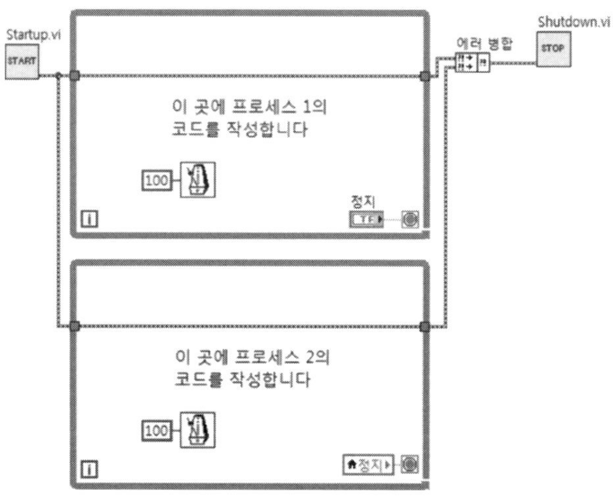

그림 2-251 병렬루프 디자인 패턴

표 2-287

생산자/소비자(데이터) 디자인 패턴
장점 - 순서대로 처리해야 하는 여러 데이터 세트를 수집 - 데이터를 소비자 루프의 큐에 추가
고려사항 - 생산자 타이밍 조절 - 소비자에서 생산자로 데이터 전송하기

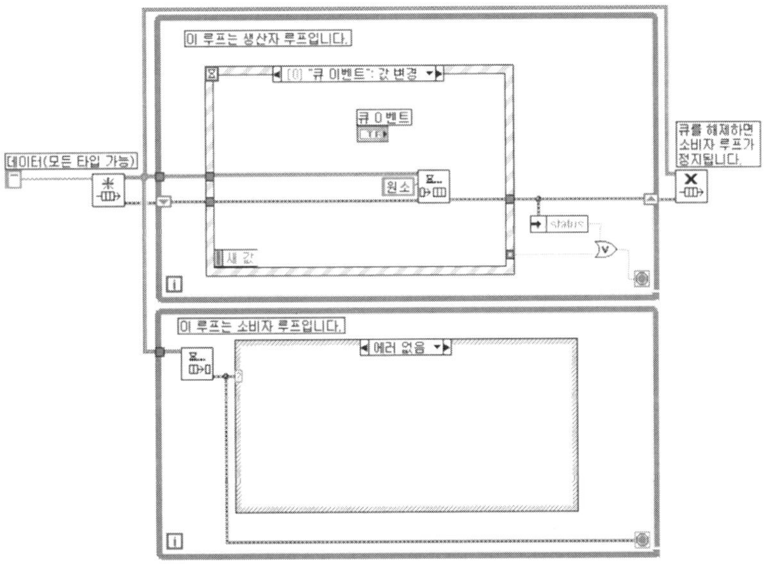

그림 2-252 생산자/소비자(데이터) 디자인 패턴

이벤트 기반 디자인 패턴

표 2-288 이벤트 드리븐 프로그래밍의 특징

이벤트 드리븐 프로그래밍
이벤트로 블록다이어그램 실행에 영향
이벤트는 어떤 일이 발생함을 나타내는 비동기적 알림
이벤트는 사용자 인터페이스, 외부 I/O, 또는 프로그램의 다른 부분에서 발생 가능
이벤트 구조의 경계에서 마우스 오른쪽 버튼을 클릭하고, 바로가기 메뉴에서 이 케이스에 의해 핸들되는 이벤트 편집을 선택하여 이벤트 설정
이벤트 등록은 이벤트를 건너뛰거나 순서를 바꿔서 처리할 수 없게 함

표 2-289 사용자 이벤트 핸들러 사용하기

사용자 인터페이스 이벤트 핸들러
1. 이벤트 구조 - 감지하려는 이벤트 항목마다 하나의 프레임을 갖도록 이벤트 구조를 설정
2. While 루프
3. 타임 아웃 터미널 - 타임아웃 이벤트가 실행될 때 사용자가 컨트롤할 수 있도록 허용
4. 이벤트 데이터 노드

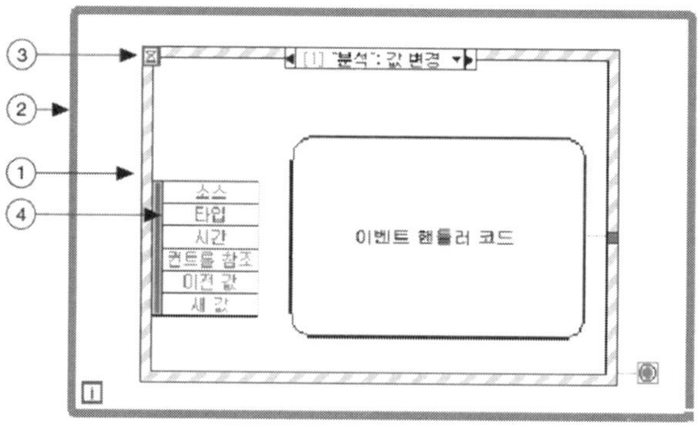

그림 2-253 사용자 인터페이스 이벤트 핸들러의 구조

표 2-290 생산자/소비자(이벤트)

생산자/소비자(이벤트)
장점 - 사용자 인터페이스에 비동기적으로 효과적인 응답 - 큐는 모든 데이터 타입을 전송 가능

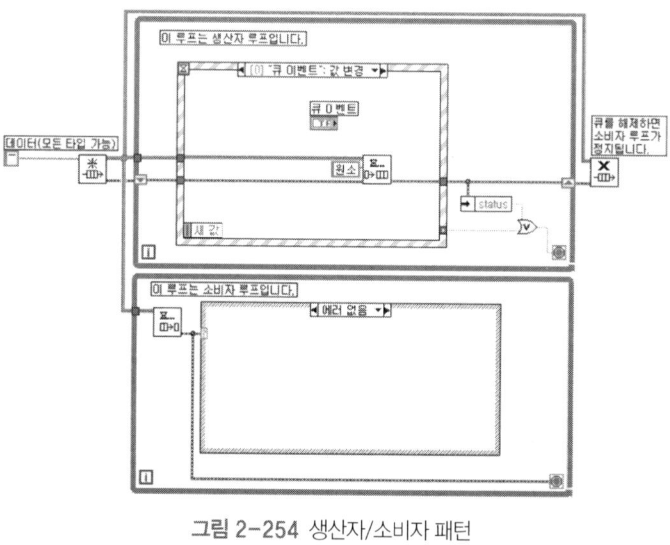

그림 2-254 생산자/소비자 패턴

고급 이벤트 기반 디자인 패턴

표 2-291

소비자에서 생산자로 메시지를 전달하는 방법
사용자 이벤트를 사용하여 생산자 루프 내의 이벤트 구조 활용

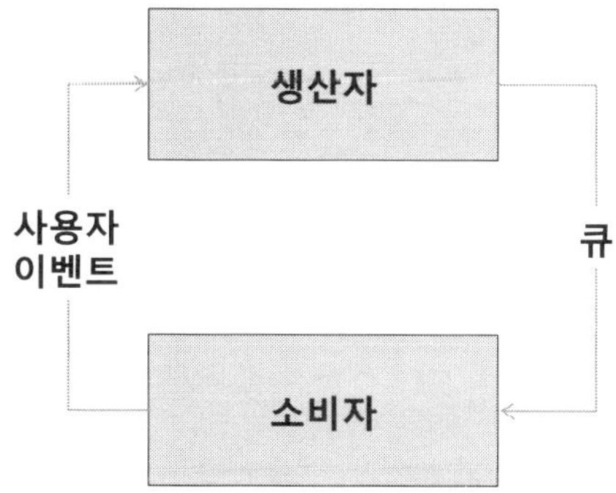

그림 2-255 사용자 이벤트가 포함된 생산자/소비자(이벤트)

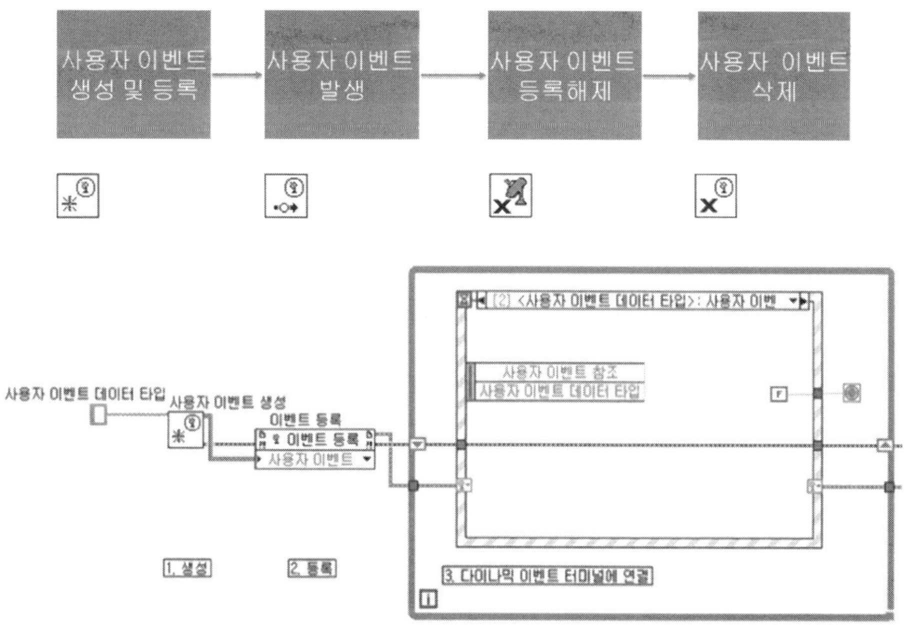

그림 2-256 사용자 이벤트 만들고 등록하기

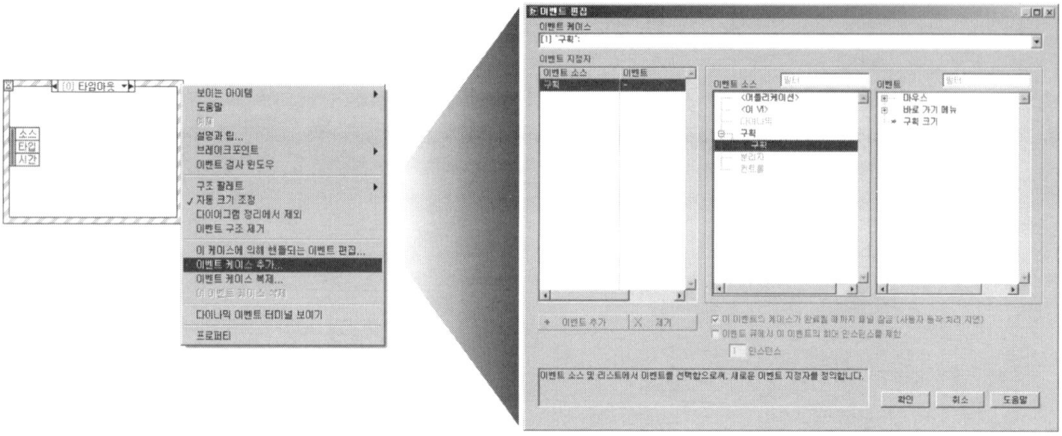

그림 2-257 이벤트 설정

표 2-292 이벤트 발생시키기

사용자 이벤트 발생시키기
사용자 이벤트 발생 함수: – 사용자 이벤트와 관련된 데이터가 이벤트를 처리하도록 등록된 각 이벤트 구조에 전달

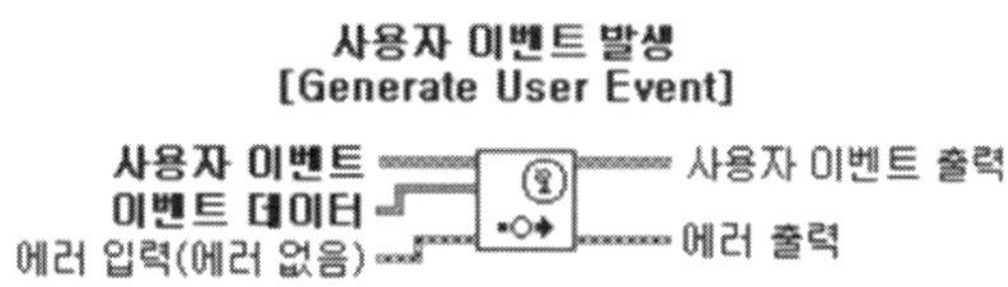

그림 2-258 사용자 이벤트 발생 함수

표 2-293 사용자 이벤트 등록 해제

사용자 이벤트 등록 해제하기
필요하지 않은 사용자 이벤트를 등록 해제하고 삭제

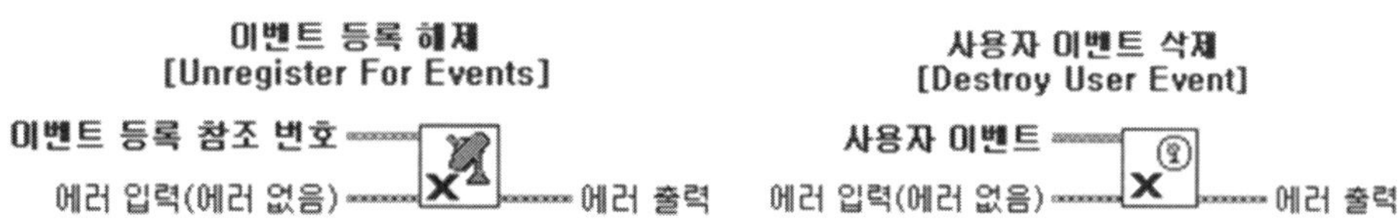

그림 2-259 이벤트 등록 해제 함수, 사용자 이벤트 삭제 함수

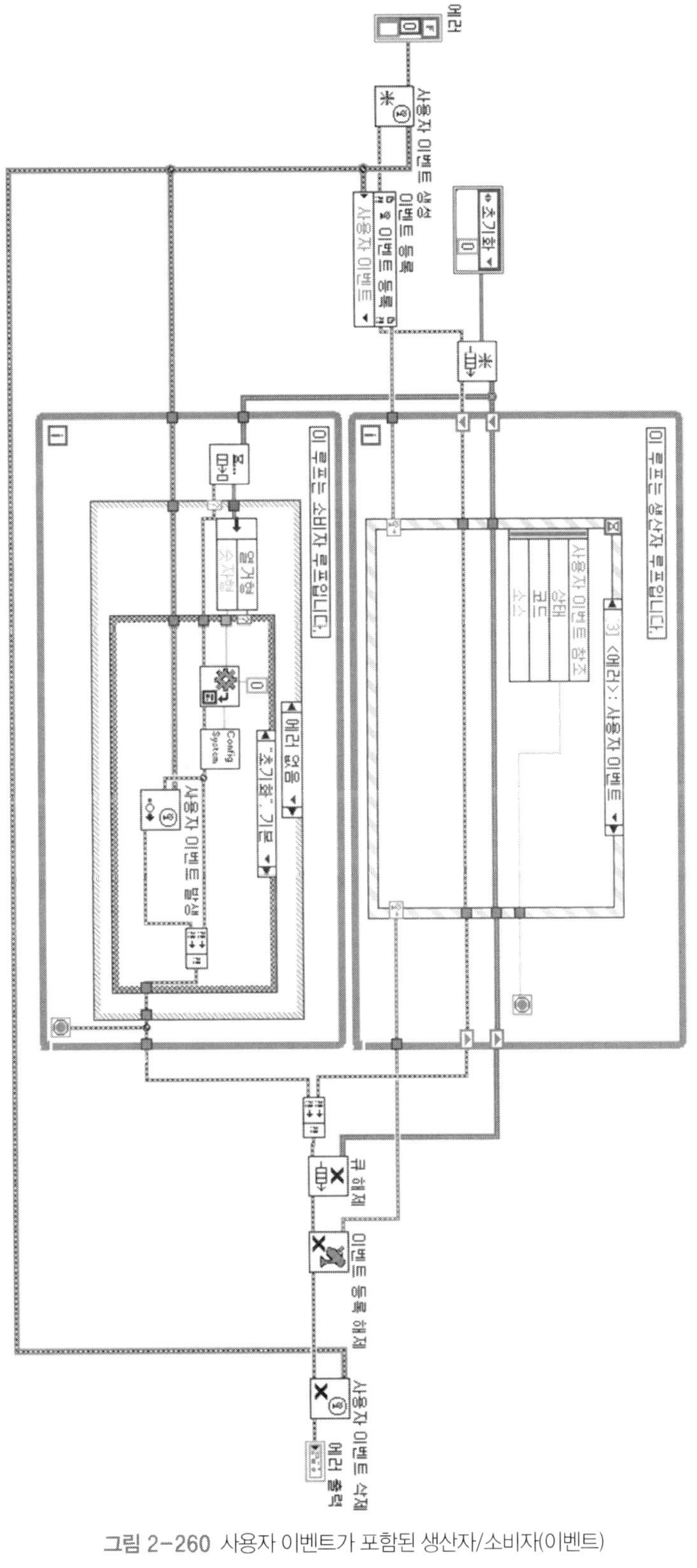

그림 2-260 사용자 이벤트가 포함된 생산자/소비자(이벤트)

계층구조 생성하기

계층 구조를 설계할 때에는 특정한 기능을 수행하는 개별 VI를 설계하는 과정이 포함됨

설계의 품질을 평가하는 요소

→ 커플링: 한 모듈과 다른 모듈 사이의 연결(커플링이 약해야 이상적)

→ 응집성: 하나의 모듈이 단일 목표에 집중하는 정도(응집성이 높아야 이상적)

LabVIEW 프로젝트로 작업하기

표 2-294

LabVIEW 프로젝트 사용하기
프로젝트 탐색기를 사용하여 LabVIEW 프로젝트를 만들고 편집
프로젝트 탐색기 윈도우에는 프로젝트 루트, 내 컴퓨터, 의존성, 빌드 스펙

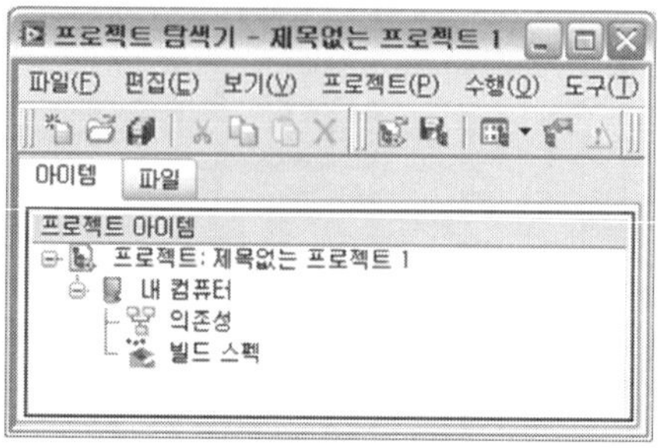

그림 2-261 프로젝트 탐색기 창

프로젝트 탐색기 윈도

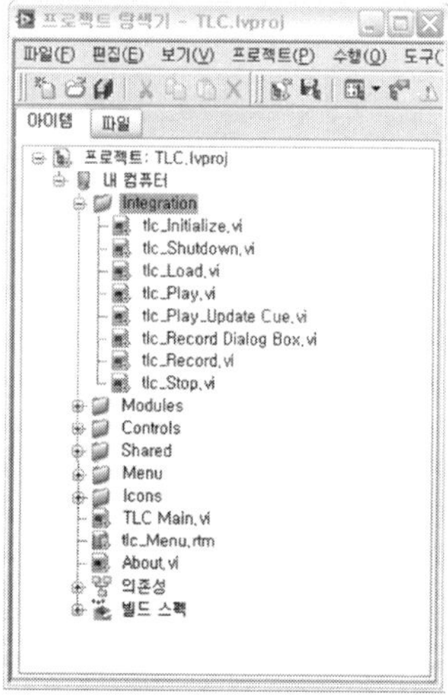

그림 2-262 아이템 보기

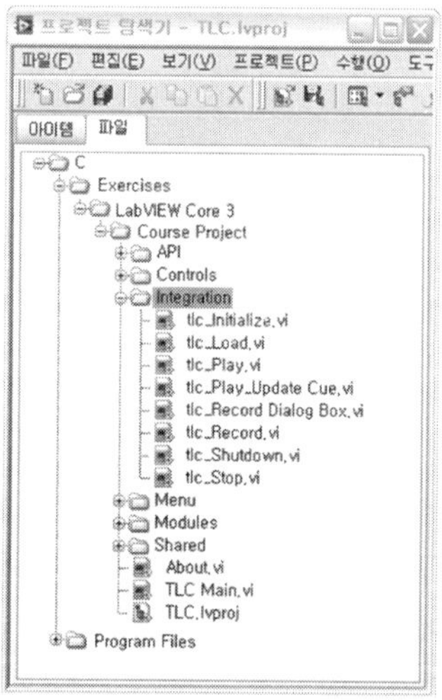

그림 2-263 파일보기

표 2-295 프로젝트 저장하기

프로젝트 저장하기
프로젝트를 저장하기 전에, 반드시 저장되지 않은 새 파일을 프로젝트에 저장
프로젝트를 저장할 때 LabVIEW는 의존성 아래의 아이템을 프로젝트의 구성요소로 저장하지 않음
파일 ≫ 프로젝트 저장을 선택하여 프로젝트 저장

표 2-296 버추얼 폴더와 자동 적용 폴더

프로젝트 폴더 사용하기
버추얼 폴더 - 프로젝트 아이템의 구조이며, 실제 디스크 상의 파일을 나타내는 것은 아님
자동 적용 폴더 - 디스크 상의 디렉터리를 프로젝트에 추가 - LabVIEW는 프로젝트 및 디스크의 변경 사항을 지속적으로 모니터하고 이에 따라 해당 폴더를 업데이트

그림 2-264 프로젝트 구조

표 2-297 프로젝트 의존성

프로젝트 의존성
의존성을 선택하여 주어진 타겟 아래의 VI에 필요한 SubVI 리스트 열기
의존성에서 마우스 오른쪽 버튼을 클릭하고 바로가기에서 새로 고침을 선택하여 리스트 업데이트

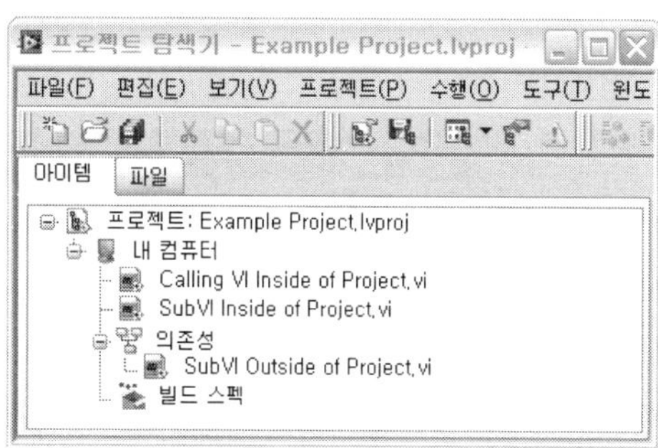

그림 2-265 프로젝트 탐색기에서의 의존성

표 2-298 프로젝트 라이브러리의 사용

프로젝트 라이브러리 사용하기
LabVIEW 프로젝트 라이브러리는 VI, 타입 정의, 공유 변수, 팔레트 메뉴 파일, 기타 파일의 집합
파일을 단일 아이템 계층구조로 조직화하는 데 유용
VI 이름 중복 가능성 감소
일반 접근을 특정 파일에 한정
소유하는 실제 파일이 포함되지 않음
VI와 양방향 링크를 유지

표 2-299 프로젝트 라이브러리 접근 옵션 설정

프로젝트 라이브러리에서 접근 옵션 설정하기
라이브러리 아이템의 접근 옵션: – 퍼블릭 – 공동영역 – 프라이빗
퍼블릭 아이템은 사용자가 프로젝트 라이브러리를 열었을 때 보이는 아이템. 다른 VI와 어플리케이션이 퍼블릭 VI를 호출할 수 있음
프라이빗 아이템은 사용자가 프로젝트 라이브러리나 팔레트를 열었을 때 보이지 않음. 프로젝트 라이브러리가 소유하지 않는 다른 VI와 어플리케이션은 프라이빗 VI를 호출할 수 없음

표 2-300 프로젝트 라이브러리 구성하기

프로젝트 라이브러리 구성하기
프로젝트 라이브러리와 관련된 파일만으로 구성된 별도의 LabVIEW 프로젝트 내에 각 프로젝트 라이브러리 생성
생성한 각 프로젝트 라이브러리에 별도의 파일 디렉터리 만들기
프로젝트 라이브러리가 소유하는 디스크에 파일을 옮겼을 경우, 프로젝트 라이브러리를 다시 열어서 저장
프로젝트 라이브러리가 소유하는 파일을 반드시 프로젝트 라이브러리와 같은 드라이브에 저장
프로젝트 라이브러리의 계층구조는 자동적용 폴더의 계층구조보다 우선함

표 2-301 LabVIEW 클래스

LabVIEW 클래스
LabVIEW 클래스는 프로젝트 라이브러리의 특수한 타입으로, 멤버 VI를 그룹으로 묶어 새 데이터 타입을 정의함
더 강력한 클러스터 타입
클래스의 구성 – 데이터 컨트롤(클러스터) – 데이터에 접근할 멤버 VI

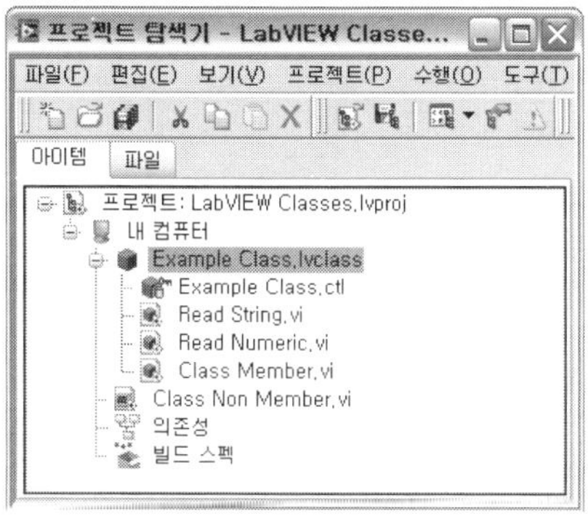

그림 2-266 클래스 구조

표 2-302 프로젝트 탐색기 도구

프로젝트 탐색기 도구
SubVI 찾기
호출자 찾기
프로젝트 아이템 찾기
충돌 해결

표 2-303 프로젝트 내의 충돌 해결하기

충돌해결
프로젝트 내에서 한 아이템이 다른 아이템과 충돌을 일으킬 수 있음
충돌 - LabVIEW가 이미 프로젝트 내에 있는 아이템과 같은 이름을 가진 VI를 로드하려고 할 때 발생하는 상호 링크 현상을 의미
상호 링크 - VI가 잘못된 경로에 있는 SubVI를 호출할 때 발생

표 2-304 프로젝트 내의 SubVI 찾기

SubVI 찾기
프로젝트 내 특정 아이템의 모든 SubVI 검색

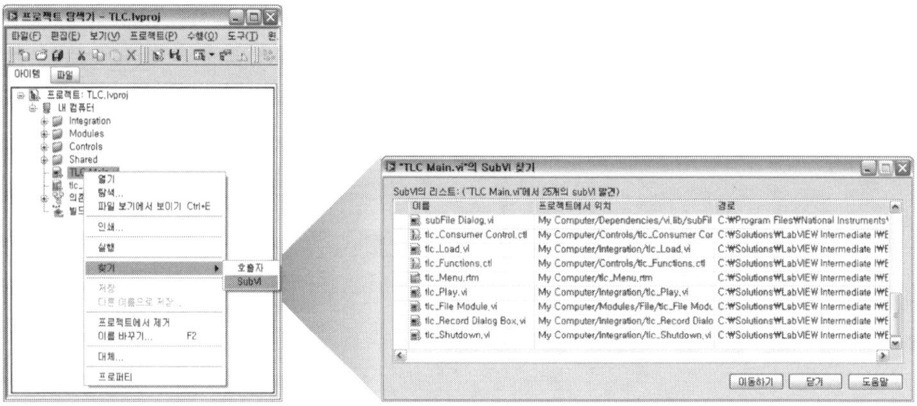

그림 2-267 SubVI 찾기

호출자 찾기

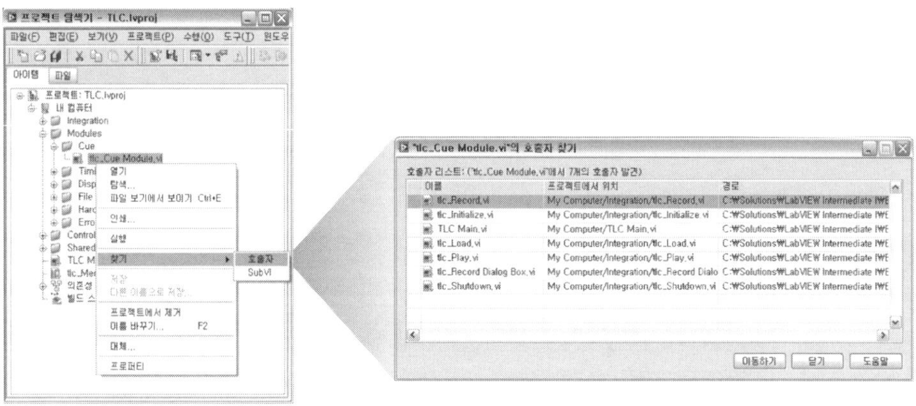

그림 2-268 프로젝트 내 특정 아이템의 모든 호출자 검색

표 2-305 프로젝트 내의 충돌

충돌의 예
프로젝트 내 두 VI의 이름이 같음
프로젝트 내의 한 VI가 프로젝트 외부의 한 SubVI를 호출하는데, 프로젝트 내에도 이와 같은 이름을 가진 VI가 존재

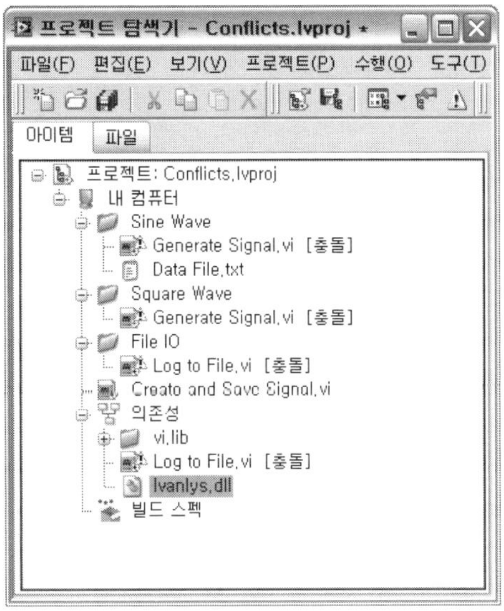

그림 2-269 프로젝트 탐색기

표 2-306 아이템 경로 보이기

아이템 경로 보이기
아이템의 전체 경로를 보고 상호 링크가 있는지 확인
메뉴 모음에서 프로젝트≫아이템 경로 보이기

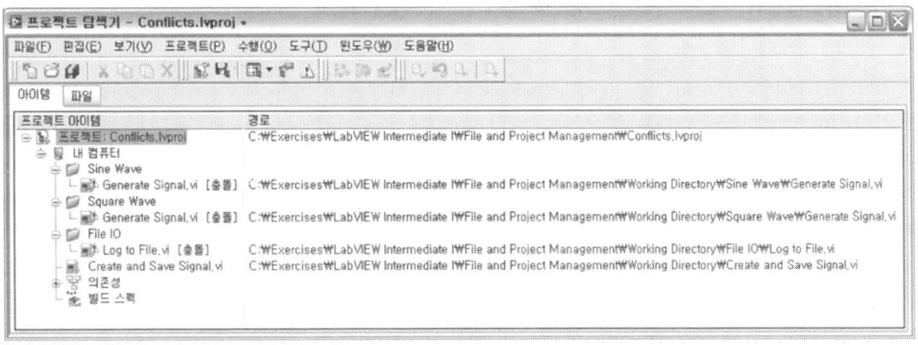

그림 2-270 프로젝트 탐색기에서 아이템 경로 확인하기

표 2-307 충돌 해결

충돌 해결방법
파일 이름을 고유한 이름으로 변경 - 프로젝트 탐색기는 모든 참조 아이템을 새 이름으로 업데이트
충돌 해결 도구 사용 - 프로젝트 탐색기의 충돌 해결 버튼을 클릭하여 프로젝트 충돌 해결 대화상자열기

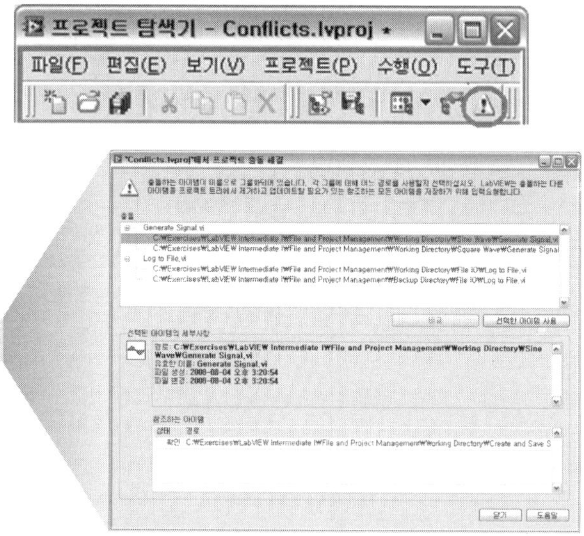

그림 2-271 프로젝트 충돌 해결 대화상자

데이터 타입 선택하기

표 2-308 스칼라 타입

스칼라 데이터
LabVIEW에서 가장 기본적인 데이터 구조
예: 숫자형, 불리언 값
스칼라 데이터는 향후 변경 시 보다 복잡한 데이터 구조가 필요하지 않은 경우에만 사용

표 2-309 배열 타입

데이터의 배열
배열은 같은 타입의 데이터 원소를 그룹으로 묶음
배열을 사용하는 경우: - 같은 데이터 타입의 원소가 하나 이상 포함된 데이터 - 각 데이터 원소가 서로 연관되어 있는 경우

표 2-310 클러스터 타입

데이터의 클러스터
모든 데이터 타입이 포함된 데이터 구조
클러스터는 객체에 대한 데이터를 정렬할 때 매우 유용
클러스터를 사용하여 데이터를 개별 데이터 타입으로 그룹화

표 2-311 타입 정의

타입정의
사용자 어플리케이션의 실행을 컨트롤하는 모든 데이터 타입을 타입 정의로 저장
타입 정의된 데이터 타입은 확장성이 더 높음 - 타입 정의를 수정하면 어플리케이션에서 해당 데이터 타입의 각 인스턴스로 전달
복잡한 데이터 타입의 경우 항상 타입 정의를 생성하여 일관성을 유지해야 함 - 클러스터 - 열거형 타입 컨트롤

표 2-312 LabVIEW 클래스

LabVIEW 클래스
LabVIEW 클래스는 클러스터 데이터 타입의 더욱 강력한 버전
클래스 파일(.lvclass)에는 클래스 정보가 저장됨 - 데이터 컨트롤 정의(데이터는 클러스터의 일부로 저장) - 멤버 VI의 리스트 - 각 멤버 VI의 프로퍼티 - 클래스 자체의 프로퍼티(예, 와이어 모양)

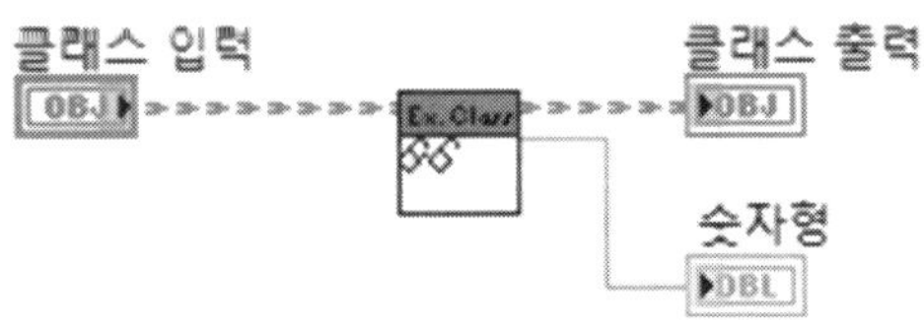

그림 2-272 LabVIEW 클래스 블록다이어그램

정보 숨기기

어떤 모듈이라도 다른 모듈에서는 글로벌 변수가 변경된 사실을 인식하지 못하도록 하면서 같은 글로벌 변수에 접근하고 값을 변경할 수 있음

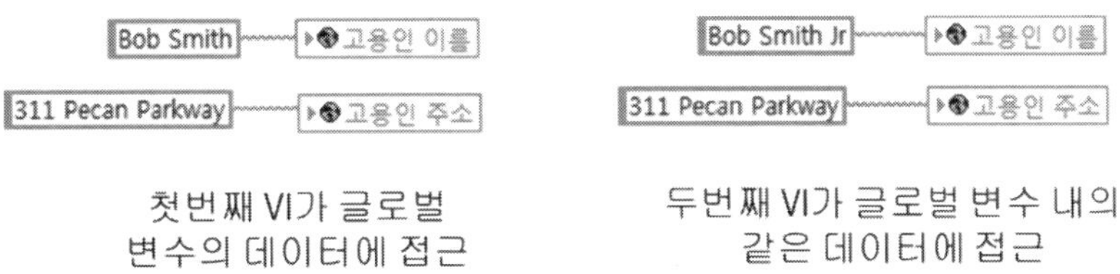

표 2-313 정보 숨기기 특징

정보 숨기기
글로벌 데이터에 접근하는 VI를 만들어 정보 숨기기 구현
VI를 호출하여 글로벌 데이터를 읽고 쓰기
정보 숨기기는 글로벌 데이터 보호

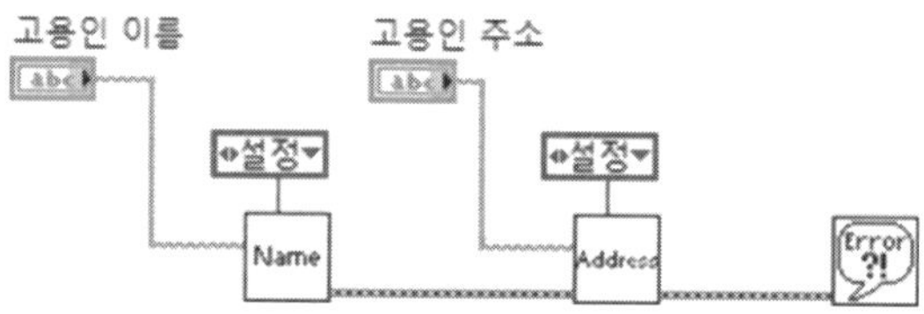

그림 2-273 정보 숨기기의 올바른 예

표 2-314 기능적 글로벌 변수 특징

기능적인 글로벌 변수
시프트레지스터에서 데이터 접근 컨트롤
경합 조건 발생 가능성 제거

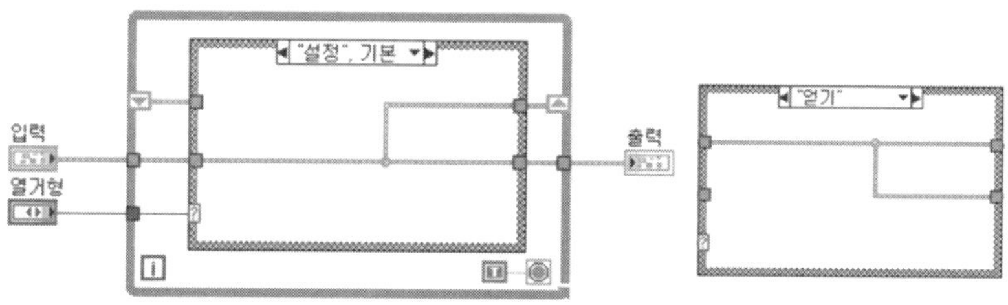

그림 2-274 일반적인 어플리케이션: 타이밍 수행

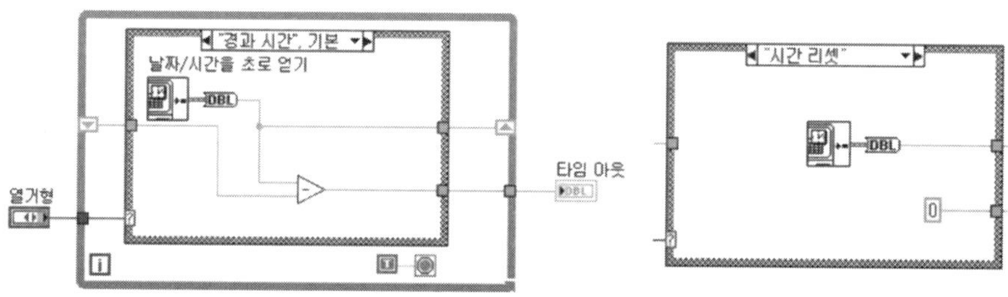

그림 2-275 SubVI가 호출되는 시간 사이의 경과 시간을 측정

표 2-315 캡슐화 특징

캡슐화
데이터와 메소드를 해당 데이터에 대한 접근을 제한하는 하나의 객체로 통합한 것
LabVIEW 클래스는 클래스 안에 저장되는 데이터에 대한 접근을 제한

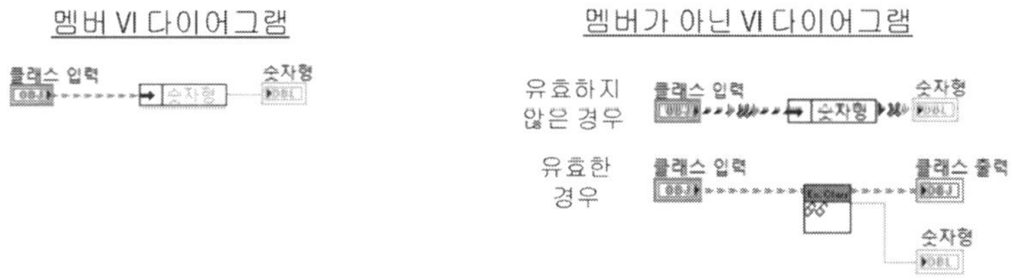

그림 2-276 캡슐화의 예

에러 핸들링 전략 설계하기

표 2-316 에러 핸들링 전략

세가지 기본 전략
잠재적 에러를 찾아내는 사전 예방 시스템 설계
에러를 확인하고 수정하는 에러 수정 과정 설계
사용자에게 에러를 보고하는 시스템 설계

표 2-317 전략 설계

에러 핸들링 전략 설계하기
기본적으로 LabVIEW는 실행을 지연함으로써 자동으로 에러를 처리
다른 에러 처리 방법 개발 가능
VI와 함수는 숫자 에러 코드(함수) 또는 에러 클러스터(VI)의 두 가지 방법으로 에러를 반환
사용자 에러 메세지를 정의하기 위해 예약된 에러 코드 – 8999 ~ 8000 – 5000 ~ 9999 – 500,000 ~ 599,999
일반 에러 핸들러 VI를 사용하여 사용자 에러 코드 정의

표 2-318 사용자 에러 코드 정의

사용자 에러 코드 정의
일반 에러 핸들러 VI를 사용하여 사용자 에러 코드 정의
에러 코드 파일 편집기는 〈labview〉.lib디렉터리에 XML 기반 텍스트 파일 생성
유용한 경우 - 여러 VI에 같은 사용자 에러 코드를 사용할 때 - 어플리케이션 또는 공유 라이브러리와 함께 사용자 에러 코드를 배포하는 경우

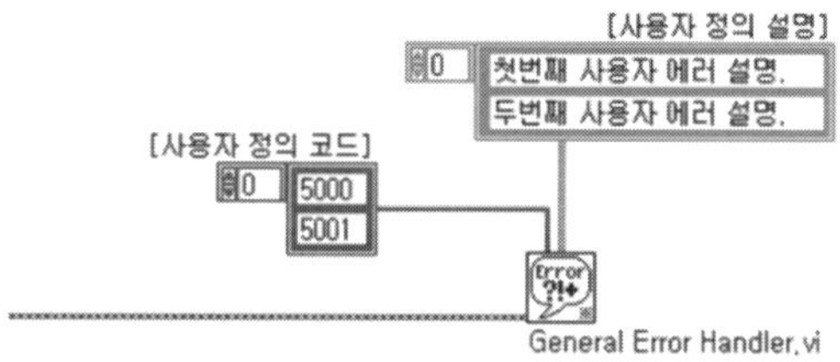

그림 2-277 사용자 에러 코드 정의하기

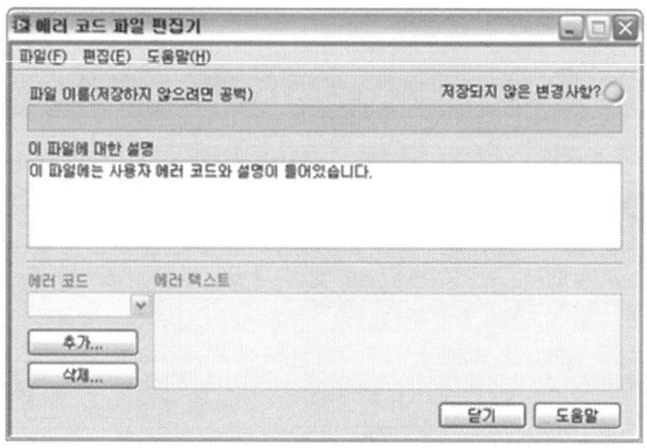

그림 2-278 에러 코드 편집기

2.1.21 사용자 인터페이스 구현하기

사용자 인터페이스 기반의 데이터타입 구현하기

텍스트 기반 프로그래밍 언어: 변수 선언

LabVIEW: 데이터가 VI를 따라 흐르는 과정에서 데이터 저장

→ 사용자 인터페이스 기반 데이터 타입

→ 블록다이어그램 상수

표 2-319 스칼라 데이터 특징

사용자 인터페이스 기반 데이터 타입: 스칼라 데이터
링 컨트롤: 숫자값을 문자열이나 그림과 연관시킴 - 프로그램적으로 문자열 라벨을 변경할 수 있음 - 확장성을 위해 불리언 컨트롤 대신 링 컨트롤을 사용
열거형 타입 컨트롤: 컨트롤의 숫자값과 문자열 라벨에 대한 정보 포함 - 실행 중에는 프로그램적으로 문자열 라벨을 변경할 수 없음 - 타입 정의를 만들어 보다 쉬운 코드 재개발
숫자형 스칼라 데이터 - 저장하려는 데이터에 보다 정확한 범위를 제공하는 데이터 타입 선택 - 예: 값의 범위 = 0 ~ 10의 정수 => U8 선택

표 2-320 배열 특징

사용자 인터페이스 기반 데이터 타입: 배열
배열을 그래프로 출력: 배열 데이터를 그래프로 보기 쉽게 나타냄
배열의 제한 사항: 다음을 생성할 수 없음 - 배열의 배열 - 서브패널 컨트롤의 배열 - 탭 컨트롤의 배열 - ActiveX 컨트롤의 배열 - 차트의 배열 - 멀티플롯 XY 그래프의 배열

표 2-321 클러스터 특징

사용자 인터페이스 기반 데이터 타입: 클러스터
여러가지 데이터 타입의 원소를 하나의 그룹으로 묶음
향후 추가를 위해 클러스터의 타입 정의 생성
장점: - 블록다이어그램에서 복잡한 와이어 연결을 제거 - 커넥터 팬 터미널의 개수 감소 - 특정 목적에 맞게 구성된 데이터 객체 생성

알아보기 쉬운 아이콘 구현하기

표 2-322 아이콘 구현하기

아이콘은 팔레트와 블록다이어그램에서 VI를 나타냄
권장사항: - 모든 VI에 알아보기 쉬운 아이콘을 만들 것 - 아이콘에는 특정 문화에서만 이해되는 표현의 사용을 피할 것 - 연관된 여러 VI에는 통일된 아이콘 스타일을 사용 - 항상 표준 크기(32 × 픽셀) 아이콘 만들기 - 경계를 사용하여 블록다이어그램에서 SubVI 아이콘이 보이도록 함 - 프로젝트 라이브러리를 사용하여 아이콘 템플렛을 적용
디스크, 프린터, 연필, 휴지통 이미지는 동작을 나타냄
글자가 쓰여있는 종이는 리포트를 나타냄 - 아이콘 디자인을 통합해주는 공통 요소
특정 언어를 사용하지 않음

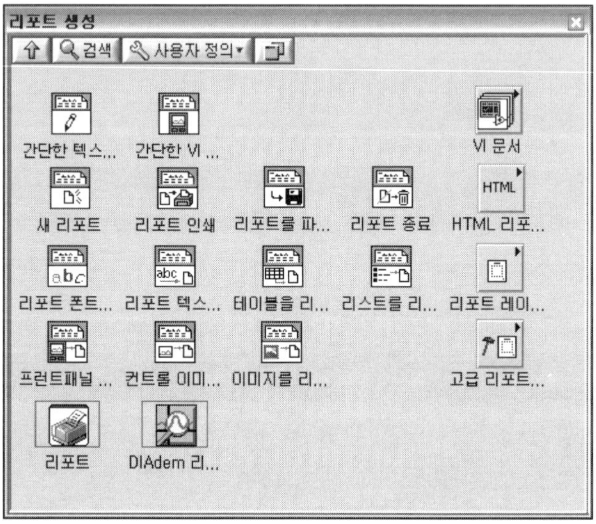

그림 2-279 리포트 생성 팔레트

적절한 커넥터 팬 구현하기

표 2-323 커넥터 팬의 개념

커넥터 팬
VI의 컨트롤 및 인디케이터에 해당하는 터미널을 모아놓은 것 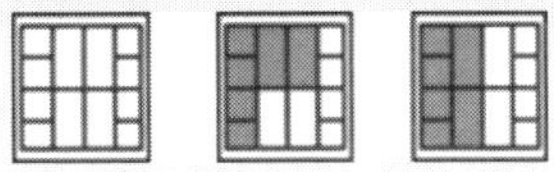
커넥터 팬 생성시 권장 사항: - 여분의 터미널 포함 - 오른쪽에 보이는 4 × 2 × 2 × 4 패턴을 사용 - 입력은 왼쪽에, 출력은 오른쪽에 - 관련된 VI에는 같은 커넥터 팬 패턴 선택 - 가능하면 터미널이 16개 이하인 커넥터 패턴 사용 더 많은 데이터를 전달해야 하는 경우에는 클러스터 사용 - 터미널을 지정할 때에는 VI를 서로 어떻게 연결할지 고려 - 모든 터미널에 필수, 권장, 옵션 설정을 사용 - 에러 처리 여부에 관계없이 반드시 모든 SubVI에 에러 입력과 에러 출력 클러스터 포함 - 프런트패널과 커넥터 팬 레이아웃을 비슷하게 설정

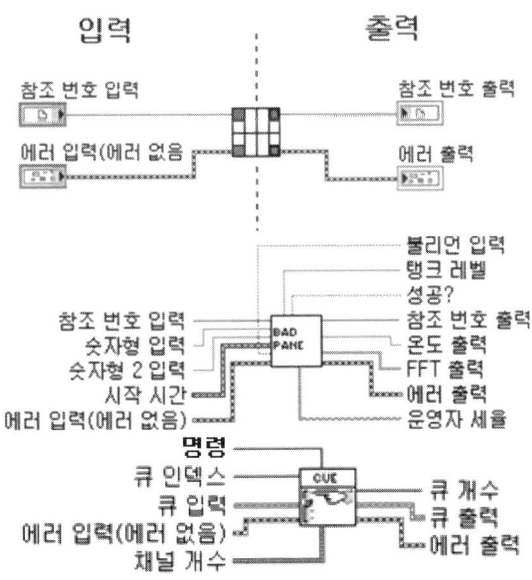

그림 2-280 커넥터 팬을 사용한 SubVI

2.1.22 코드 구현하기

디자인 패턴 구현하기

확장성이 있는 구조를 구현할 때에는 다음 아이템을 어떻게 처리할지 고려

표 2-324 디자인 패턴의 초기화

디자인 패턴 초기화하기
시프트레지스터나 피드백 노드에서 초기화
루프 밖의 값을 왼쪽 시프트레지스터 터미널에 연결하여 시프트레지스터를 초기화

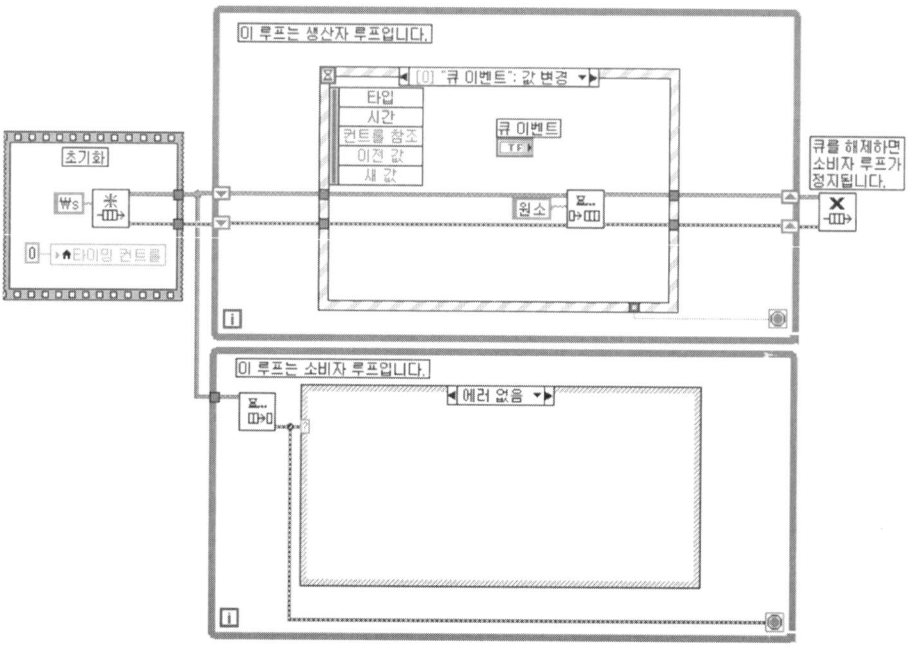

그림 2-281 단일 프레임 시퀀스 구조

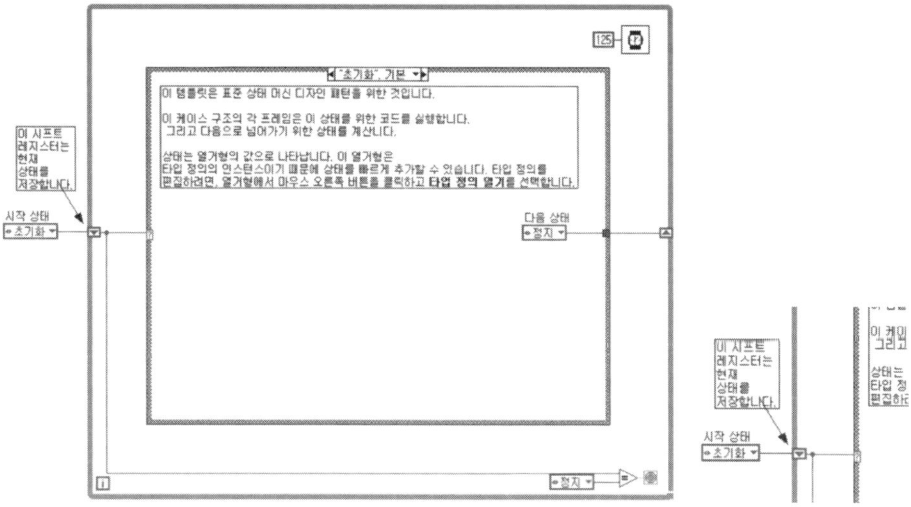

그림 2-282 초기화 상태

표 2-325 데이터 타입의 선택

데이터 전달을 위한 데이터 타입 선택하기	
모든 데이터 타입에 맞출 수 있는 LabVIEW의 두 가지 데이터 타입 – 배리언트 – 문자열	
배리언트와 열거형 타입이 포함된 클러스터는 유연성이 높음	

표 2-326 배리언트 데이터로 변환하기

배리언트 데이터	
[배리언트로] 함수를 사용하여 LabVIEW의 모든 데이터 타입을 배리언트로 변환	배리언트로 
[배리언트를 데이터로] 함수를 사용하여 배리언트를 LabVIEW의 모든 데이터 타입으로 변환	배리언트를 데이터로 
LabVIEW Real-Time에서는 배리언트를 지원하지 않음 – 문자열 또는 LabVIEW 클래스 사용	

데이터 전달을 위한 데이터 타입 선택하기

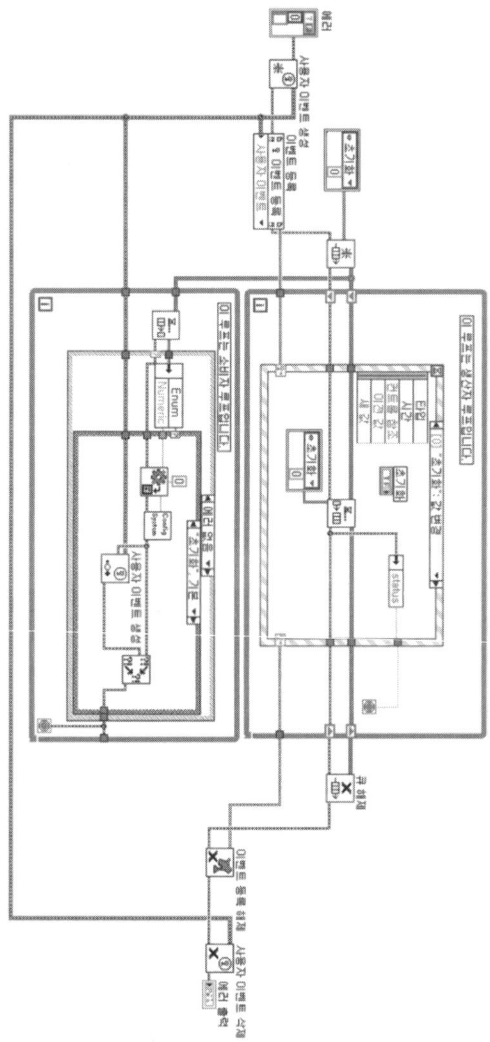

그림 2-283 큐함수의 데이터 타입 선택

LabVIEW 스타일 지침

스타일 지침을 따라 코드를 개발하면 버그나 에러를 방지할 수 있음

일관성있는 스타일 및 품질을 유지하기 위해 따라야 할 지침

→ 적당한 블록다이어그램 크기 유지

→ 알맞은 연결 기술 사용

→ 코드 문서화

→ 자체 문서화 코드 개발

→ 파일 구조 구성하기

자세한 지침은 LabVIEW 도움말의 LabVIEW 스타일 체크 리스트 토픽을 참조하길 바란다.

표 2-327

블록다이어그램을 적당한 크기로 유지
LabVIEW 코드의 가독성에 영향
블록다이어그램 윈도우 크기를 최대 1024 x 768 픽셀로 유지
윈도우에서 LabVIEW 코드가 지나치게 커지는 것을 방지 - 사용자가 윈도우를 스크롤해야 함 - 부득이 필요한 경우에는 수직 또는 수평 한 방향으로만 스크롤하도록 작성

표 2-328

알맞은 연결기술 사용
SubVI나 구조와 같은 블록다이어그램 객체 아래에는 어떤 와이어도 놓지 않음 와이어가 터미널에 올바르게 연결되어 있는지 분명히 볼 수 있도록 와이어를 연결
가능한 와이어가 꺾이지 않게 하고 되도록 와이어를 짧게 유지
불필요한 와이어는 모두 삭제
데이터를 전송하는데 와이어를 사용할 수 있을 때는 로컬 변수를 사용하지 않음
와이어의 데이터가 구조 내에서 사용되지 않는 경우에는 구조 안으로 와이어를 연결하지 않음
병렬 와이어는 균일한 간격으로 배치

표 2-329

코드 문서화
블록다이어그램에 주석을 붙여서 특정 코드가 어떤 기능을 갖는지 설명
와이어에 독립 라벨을 붙여 용도를 표시
구조에 라벨을 붙여 주요 기능을 지정
상수에 라벨을 붙여서 해당 상수의 특징을 설명
라이브러리 함수 호출 노드에 라벨을 붙여 노드가 호출하는 함수와 호출되는 라이브러리의 경로를 지정
주석을 사용하여 블록다이어그램에서 사용하는 알고리즘을 문서화
익스프레스 VI는 기본 도움말에서 설정에 대한 정보를 나타냄 블록다이어그램에서 이 정보를 문서화하여 이해도를 높임

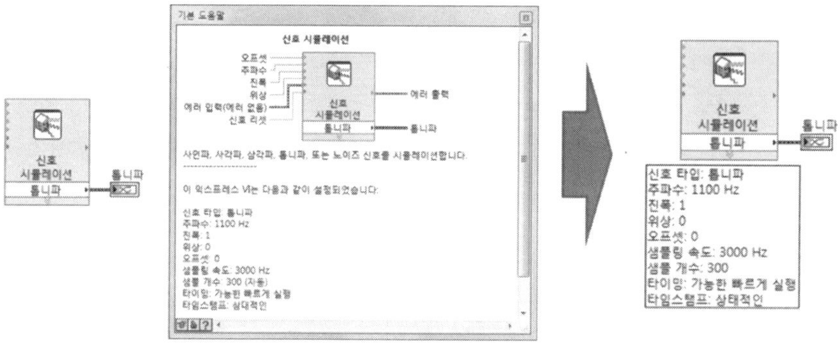

그림 2-284 블록다이어그램의 코드 문서화

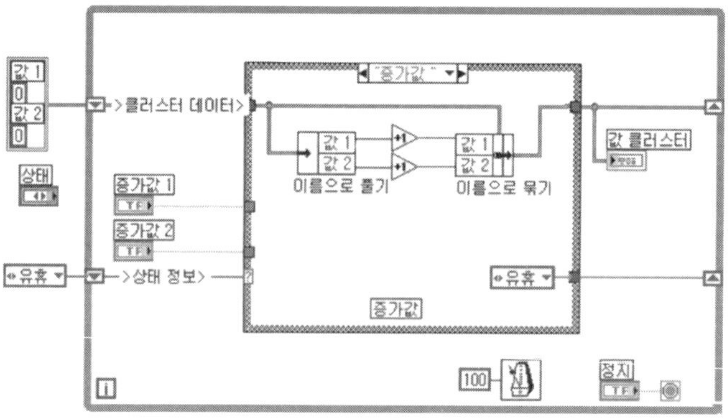

그림 2-285 자체 문서화된 코드 개발

표 2-330

파일 구조 구성하기
소프트웨어의 계층구조 특성을 반영하도록 VI를 구성
최상위레벨 VI에는 직접 접근할 수 있도록 설정
프로젝트 계층구조는 실제 시스템 상의 파일 구조와 유사해야 함

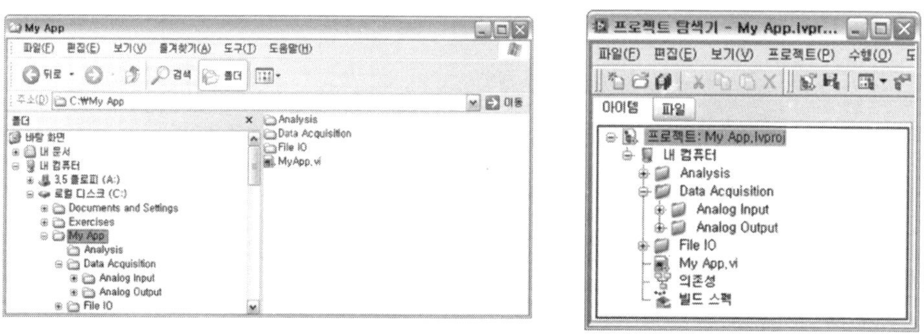

그림 2-286 파일 구조 구성하기

디자인 패턴 타이밍

표 2-331 실행, 소프트웨어 컨트롤 타이밍

확장 가능한 구조에서 구현할 수 있는 두 가지 형태의 타이밍
실행 타이밍: 프로세서에서 확장 가능한 구조가 얼마나 빨리 실행되는지 컨트롤
소프트웨어 컨트롤 타이밍: 설정된 시간 내에 수행할 실제 작업 시간을 지정

표 2-332 실행 타이밍 특징

실행 타이밍
타이밍이 이벤트 발생에 따라 설정되는 디자인 패턴에서는 실행 타이밍이 필요하지 않음

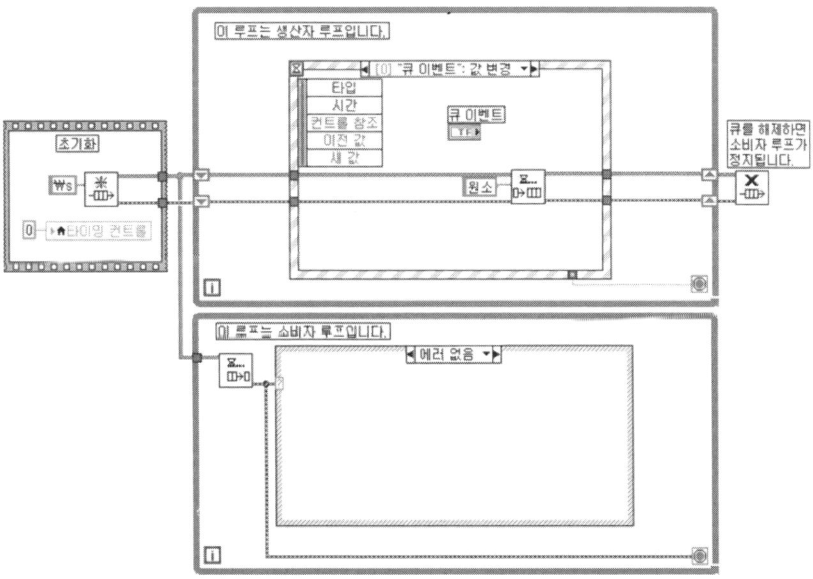

그림 2-287 생산자/소비자 루프

표 2-333 타이밍 설정하기

소프트웨어 컨트롤 타이밍
[기다림(ms)] 또는 [다음 ms 배수까지 기다림]을 사용하면 기다림 함수가 끝난 후 실행이 발생하도록 할 수 있음
소프트웨어 컨트롤 타이밍을 사용하면 디자인패턴을 정지 없이 연속적으로 실행 가능

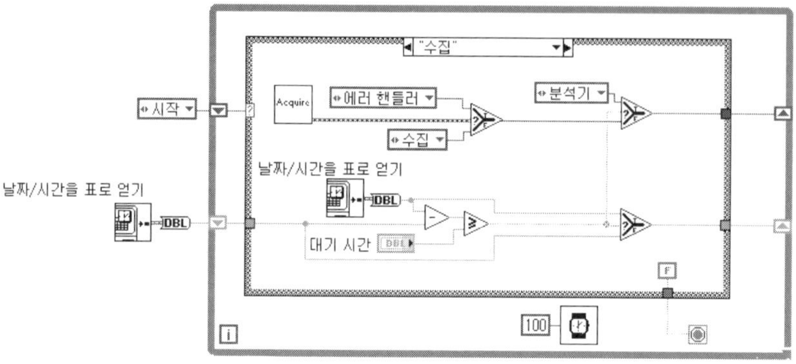

그림 2-288 [날짜/시간을 초로 얻기]

노트: [틱 카운트] 함수는 0으로 되돌아갈 수 있으므로 언제나 [틱 카운트] 대신 [날짜/시간을 초로 얻기]를 사용

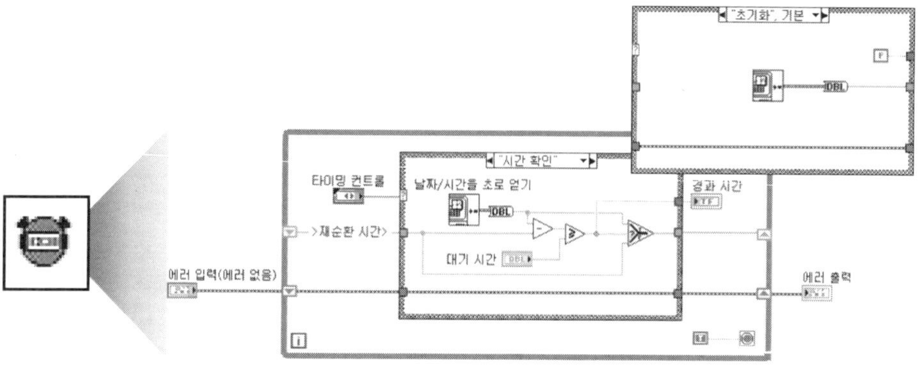

그림 2- 289 [날짜/시간을 초로 얻기]를 사용

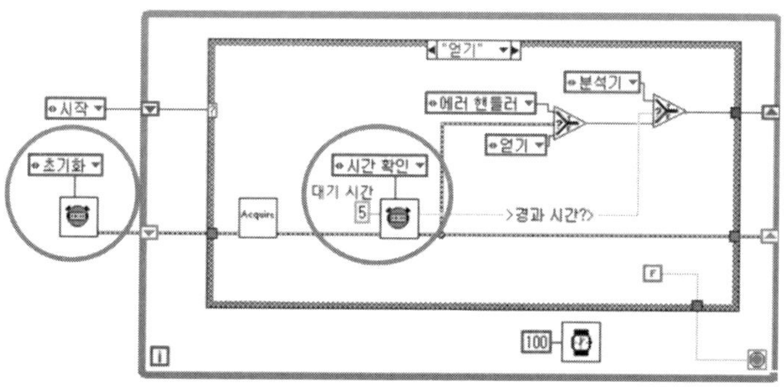

그림 2-290 기능적인 글로벌 변수를 사용하면 더욱 이해하고 파악하기 쉬운 VI 생성 가능

표 2-334

동기화 타임아웃
소비자 루프는 큐가 비어있는 상태에서도 50 ms 마다 실행
소비자 루프 내에서 함수가 실행되도록 허용

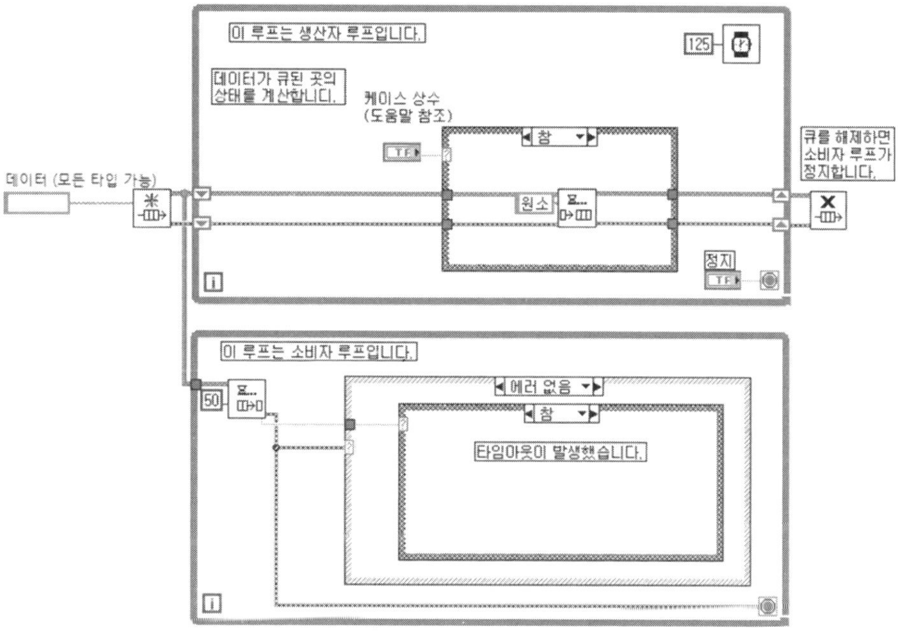

그림 2-291 타임 아웃 설정

표 2-335

이벤트 구조 타임아웃
ms 값을 이벤트 구조의 타임아웃 터미널에 연결하면 이벤트 구조가 활성화되고 타임아웃 케이스에서 해당 코드가 실행됨

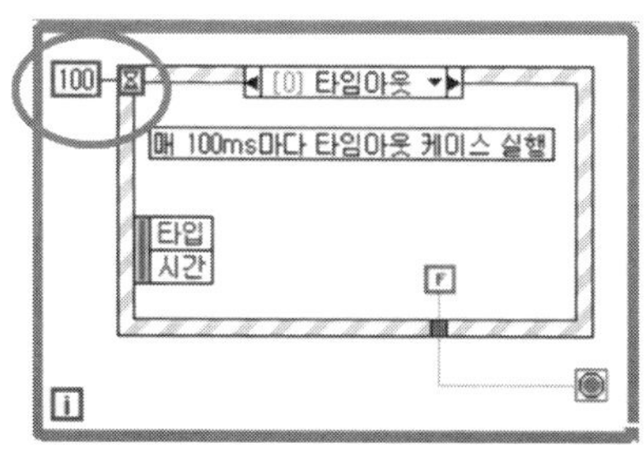

그림 2-292 이벤트 구조 타임아웃 설정

표 2-336

Timed 구조
블록다이어그램에서 Timed 구조를 사용하여 코드 블록을 반복하고 시간 경계와 지연 내에서 특정한 순서로 코드를 실행
두 종류의 Timed 구조 - Timed 시퀀스 구조 - Timed 루프

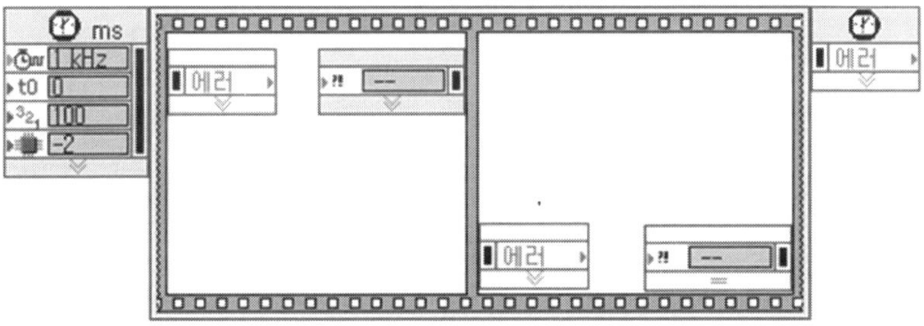

그림 2-293 Timed 시퀀스 구조

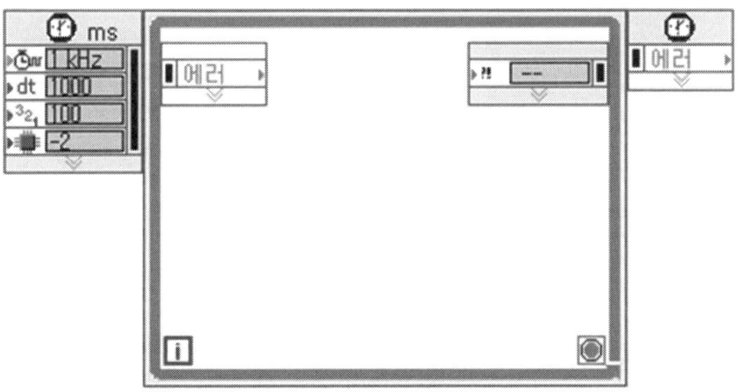

그림 2-294 Timed 루프

2.2 LabVIEW Real-Time Module

2.2.1 리얼타임 시스템 소개

리얼타임 운영 시스템은 이벤트 응답 및 폐 루프 컨트롤 시스템의 두 가지 유형의 어플리케이션을 해결하고자 개발되었다. 이벤트 응답 어플리케이션은 정해진 시간 내에 자극에 대한 응답을 필요로 한다. 이러한 시스템의 예로는 자동차 에어백 시스템을 들 수 있다. 폐 루프 컨트롤 시스템은 출력을 조정하기 위해 피드백을 지속적으로 프로세스한다. 폐 루프 컨트롤 시스템의 예로는 자동차 크루즈 컨트롤 시스템이 있다. 이 두 가지 유형의 시스템은 특정 기한 내에 작업을 완성해야 하며, 이러한 성능을 결정성이라고 부른다.

리얼타임 시스템은 흔히 "소프트" 또는 "하드"로 분류된다. 소프트 리얼타임은 일반적으로 시스템의 유틸리티가 마감시한 후 경과된 시간에 반비례한다. 예를 들어, 걸려오는 전화를 받기 위해 핸드폰 버튼을 누르면, 버튼이 눌러진 후에 반드시 통화가 연결되어야 한다. 그러나, 마감시한은 미션 중심(mission-critical)이 아니며 어느 정도의 지연은 용납될 수 있다. 하드 리얼타임 시스템은 마감시한을 놓친 이벤트에 대해 시스템 유틸리티가 0이 되는 시스템을 의미한다. 자동차 엔진 컨트롤 유닛(ECU)은 마감시한 내에 들어오는 신호를 반드시 프로세스하고 스파크 플러그 타이밍을 계산해야 한다. 마감시한을 놓친 경우, 엔진은 적절히 작동하지 않는다. 마감시한이 지난 후에도 태스크가 사용가능 여부는 시스템이 소프트 리얼타임인지 하드 리얼타임 시스템인지 여부에 달려있다.

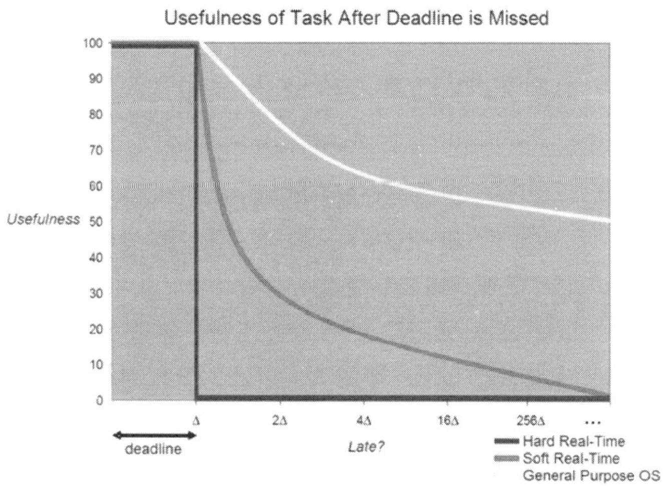

그림 2-295 하드 리얼타임 및 소프트 리얼타임 간의 차이점

Microsoft Windows, Mac OS과 같은 운영 시스템은 비결정적(non-critical) 측정 및 컨트롤 어플리케이션을 개발하고 실행하기 위한 최적의 플랫폼을 제공한다. 그러나, 이러한 운영 시스템은 일반적인 용도를 위해 설계되었기 때문에 결정성 있는 성능 또는 구동시간 연장이 요구되는 어플리케이션을 실행하기 위한 이상적인 플랫폼이 아니다.

범용 운영 시스템은 다양한 어플리케이션을 동시에 실행하기 위해 최적화되었으므로 모든 어플리케이션은 일정 정도의 프로세싱 시간을 부여 받게 된다. 이러한 운영 시스템은 반드시 마우스, 키보드 등의 주변기기로부터의 인터럽트에 반응해야 한다. 사용자는 이러한 태스크가 프로세서에 의해 처리될 때 제한된 컨트롤을 할 수 있다. 결과적으로, 최우선 순위의 태스크는 최저 우선순위의 태스크에 앞서며, 따라서 중대한 어플리케이션에 대한 응답 시간을 보장하는 것이 불가능하다.

반대로, 리얼타임 운영 시스템에서는 사용자가 태스크에 대한 우선순위를 정할 수 있으므로, 대부분의 중대한 태스크는 필요할 시 프로세서를 컨트롤할 수 있게 된다. 본 기능을 통해 사용자는 예측되는 결과를 도출해 내는 어플리케이션을 프로그래밍할 수 있다.

2.2.2 리얼타임 성능

리얼타임 성능과 관련된 가장 일반적인 오류는 리얼타임으로 인해 프로그램의 실행 속도가 증대될 것이라는 생각이다. 이는 일부 경우에 있어 사실이기도 하지만, 사실상 더욱 정확하고 예측 가능한 타이밍을 제공으로 인해 어플리케이션이 향상되는 것이다. 이러한 향상으로 인해, 특정 이벤트가 발생하는 정확한 시간을 판단할 수 있다.

2.2.3 리얼타임 컨트롤

리얼타임 컨트롤을 통해, 물리적인 시스템을 지속적으로 모니터링 및 시뮬레이션 할 수 있다. 리얼타임 컨트롤 어플리케이션은 지정된 시간 간격을 두고 사용자 정의된 태스크를 반복적으로 수행한다. 대부분의 리얼타임 컨트롤 시스템은 물리적 시스템을 모니터하고, 현재 상태를 이상적인 상태와 비교하며, 그 비교 결과를 바탕으로 물리적 시스템을 시뮬레이션 한다. 이와 같은 루프를 순회하는 데 걸리는 시간을 루프 주기 시간이라고 한다. 본 컨트롤 루프의 사이클 시간은 시스템이 얼마나 복잡한가에 따라 달라진다.

결정성은 이벤트 간에 세분화된 시간 간격의 일관성을 측정한다. PID 등의 여러 가지 컨트롤 알고리즘은 매우 결정성 있는 동작을 요구한다. 예를 들어, 엘리베이터는 컨트롤 루프의 결정성 있는 동작으로 인해 정확한 층으로 서서히 이동한다. 결정성이 없다면, 엘리베이터가 정확한 층에 도착하긴 하겠지만, 안정성이 결여될 것이다.

모든 리얼타임 시스템에서는 지터라고 불리는 일정 정도의 에러가 있다. 지터는 리얼타임 시스템의 결정성을 측정하는 또 다른 방법이다. 시스템에서 개별적인 시간 지연과 이상적인 시간 지연간의 최대의 차이로 지터를 계산할 수 있다.

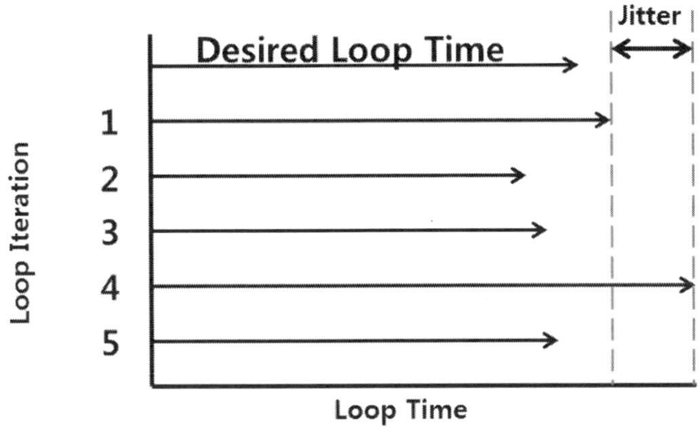

그림 2-296 지터 다이어그램 예

리얼타임 이벤트 응답

리얼타임 이벤트 응답으로 주어진 시간 내에 단일 이벤트에 응답할 수 있다. 리얼타임 시스템은 단일 이벤트에 대한 최대한의 응답 시간을 보장한다. 이벤트는 주기적 또는 임의적일 수 있다. 리얼타임 이벤트 응답 어플리케이션의 예는 안전 모니터링 시스템을 들 수 있다. 물리적 플랜트가 위험한 상태를 입력하면, 리얼타임 시스템은 반드시 시간 내에 "위험한" 이벤트에 응답해야 한다.

대기시간(latency)는 이벤트 응답에 걸리는 시간을 설명하는 데에 사용된다. 이는 리얼타임 컨트롤 어플리케이션에서 결정성과 유사한 개념이다. 리얼타임 이벤트 응답으로, 가장 낮은 대기시간을 보장받을 수 있다.

NI Real-Time 기술

LabVIEW Real-Time Module 및 Lab Windows/CVI Real-Time Module은 전용 하드웨어 타깃에서 안정적이며 결정성 있는 실행을 구현하는 데에 사용된다. 보다 높은 결정성이 필요한 경우, LabVIEW FPGA 모듈을 사용하면 재구성 가능한 I/O 기술을 포함한 하드웨어와 결합하여 하드웨어가 10억 분의 1초(ns) 단위로 반응한다.

- 그래픽 프로그래밍 또는 ANSI C로 결정성 있는 어플리케이션 신속 개발.
- 분산 컨트롤 및 모니터링 시스템의 간편한 구축.
- 다양한 I/O 통합 시간 단축.

내쇼날인스트루먼트는 최대의 안정성과 결정성 있는 성능을 위해 리얼타임 OS를 실행하는 임베디드 프로세서를 보유하는 다양한 리얼타임 하드웨어 타겟을 제공한다. 다양한 I/O를 높은 채널 카운트의 데이터 수집 및 컨트롤, 산업용 신호 컨디셔닝 그리고 안전 절연을 지원하는 모듈 형 하드웨어와 통합할 수 있다.

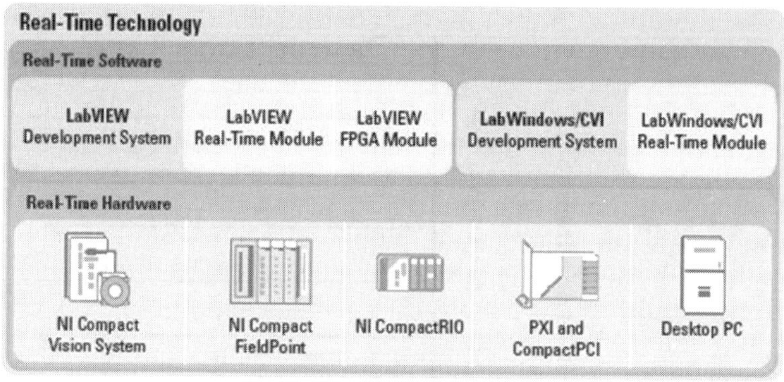

그림 2-297 NI Real-Time 기술

2.3 LabVIEW FPGA Module

NI LabVIEW FPGA Module을 사용하면 LabVIEW 그래픽 기반 개발 플랫폼으로 NI 재구성 가능한 I/O(RIO) 하드웨어의 FPGA를 프로그래밍할 수 있다. LabVIEW FPGA를 사용하면, 개발자들은 통합된 개발 환경, 폭넓은 IP 라이브러리, Hi-Fi 시뮬레이터, 디버깅 기능 등을 사용하여 복합 시스템을 보다 효율적으로 제작할 수 있다.

FPGA 기술

▶ **FPGA란?**

- Software로 정의된 Hardware
- 로직이 실행되기 위한 운영체계가 필요없음

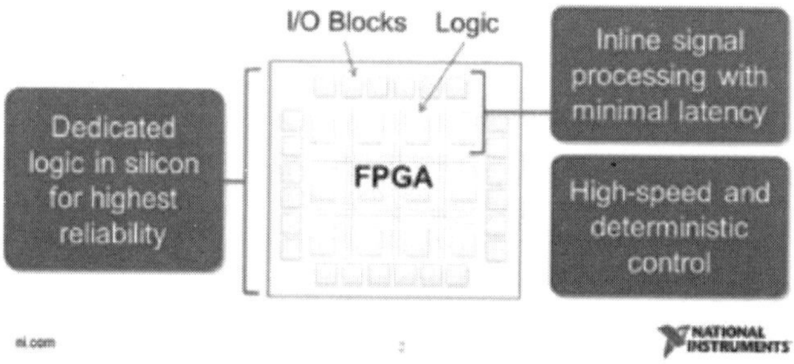

그림 2-298 FPGA

그래픽 기반 시스템 디자인

FPGA 기반 시스템을 개발하기 위해서는 로우레벨 소프트웨어 툴과 HDL을 사용하는 것이 일반적이다. 그러나 HDL을 배우고 효율적으로 사용하기 위해서는 과정이 번거

롭고 시간이 많이 걸린다. LabVIEW FPGA는 I/O로의 인터페이싱과 데이터 통신을 간소화하는 그래픽 기반 프로그래밍을 제공하므로, 설계의 생산성이 대폭 증대되고 시장 출시 시간이 단축된다.

IP 라이브러리 및 HDL 코드 재사용

FPGA를 사용하여 제작할 때 소프트웨어 개발 생산성을 더욱 높이려면 코드를 효율적으로 재사용하는 것이 매우 중요하다. LabVIEW FPGA는 카운터와 같은 기본 함수 또는 비디오 디코딩과 같은 고급 알고리즘에 사용하기 위한 NI와 Xilinx가 공동 개발한 IP를 제공한다. 또한 IP 통합 노드로 기존 HDL 코드를 반입하고 재사용할 수 있다.

신속한 알고리즘 개발

LabVIEW FPGA에는 시뮬레이션 기능과 디버깅 툴이 갖추어져 있으므로 컴파일 하기 전에 실행 오류를 최대한 많이 파악할 수 있다. 시뮬레이션을 하는 동안 실행 하이라이트, 브레이크포인트, 프로브 등의 주요 LabVIEW 디버깅 기능을 사용하여 코드를 디버깅할 수 있다

2.4 Biomedical Toolkit

Biomedical Workbench는 생체신호와 의료영상의 분석을 위한 어플리케이션을 제공한다. 사용자는 해당 어플리케이션을 사용할 수 있고 생체신호 생성, 재생, 시뮬레이션, 신호의 분석과 의료영상 이미지를 확인할 수 있다. 또한 Biomedical workbench에서 자신의 응용프로그램이나 랩뷰 VI를 추가할 수 있다.

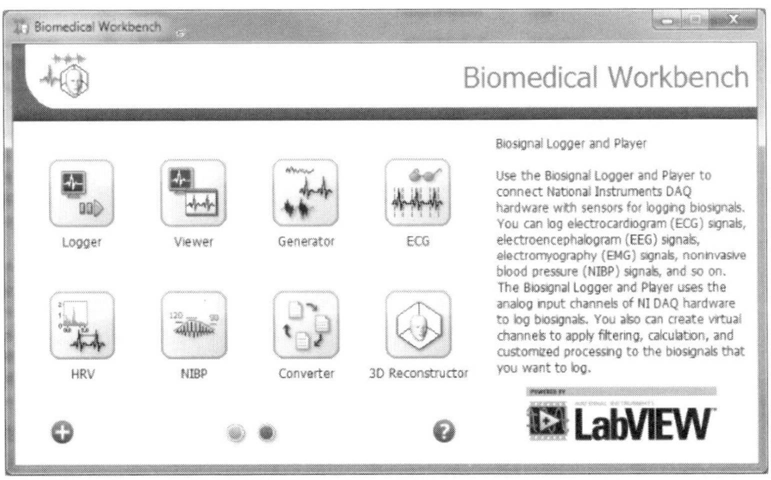

그림 2-299 Biomedical Workbench Main 화면

검색 및 응용프로그램을 실행한다.

- 소개를 볼 수 있도록 응용프로그램 아이콘 위로 마우스를 이동한다.
- 어플리케이션 아이콘을 클릭하여 실행한다.
- 윈도우 상의 초록색 버튼을 클릭하여 페이지를 변경한다.
- 윈도우의 오른쪽 아래에 있는 버튼 "?"는 오른쪽에 응용프로그램의 소개를 표시할지 여부를 선택할 수 있다.

응용 프로그램 아이콘을 재 배열

- 응용프로그램 아이콘을 드래그하여 다른 슬롯으로 이동한다.
- 왼쪽 또는 오른쪽 가장자리에 응용 프로그램 아이콘으로 드래그하여 이동할 수 있다.

어플리케이션이나 LabVIEW VI를 추가하기

Biomedical Workbench에서 자신의 응용프로그램이나 LabVIEW VI를 추가하기 위해 다음의 단계를 완료한다.

A. 왼쪽 하단에 "+"모양의 응용프로그램 추가 버튼을 클릭한다.

B. 응용프로그램 또는 LabVIEW의 경로를 선택한다. 응용 프로그램의 이름이 자동으로 생성된다.

C. 어플리케이션의 이름을 수정한다.

D. 어플리케이션이나 VI의 아이콘 설정을 위해 아이콘의 경로를 선택한다.

E. 입력 소개 상자에서 응용 프로그램 또는 VI에 대한 소개, 또는 텍스트 파일에서 소개를 읽어 파일에서 "읽기"를 클릭한다.

F. OK를 클릭한다.

G. 아이콘의 경로가 비어 있다면, 어플리케이션이나 VI로부터 기본 아이콘을 사용할 것인지 다른 아이콘을 사용할 것인지 선택하도록 팝업 창이 출력된다.

H. VI를 추가할 때 소스에 대한 빌드를 실행해야 한다. "신호처리 로거, HRV 분석"을 위한 사용자 정의 VI를 추가하는 방법을 참조한다.

2.4.1 Biosignal Logger and Player

Biosignal Logger and Player를 NI 하드웨어로부터 아날로그 입력 신호를 측정하기 위해 사용된다. Logger를 사용하여 신호를 측정하려면 다음 단계를 수행한다.

A. Biosignal Logger를 실행한다. Biomedical Workbench에서 Biosignal Logger and Player를 선택한다. 하나의 빈 차트가 화면에 표시된다.

B. Biosignal Logger를 사용하기 위해 각 채널을 구성하고 선택하여 다음 단계를 완료한다. 채널 컬럼의 각 항목은 DAQ 하드웨어에 입력 채널에 해당한다.

01. Logger의 불리언을 전환하고 Logger 설정을 클릭한다. 보여지는 화면에 1단계 이름 – AI 채널 / 3단계 – 설정을 확인한다.

02. 물리적 채널 드롭 다운 메뉴에서 DAQ 하드웨어의 올바른 입력 채널에 해당하는 장치를 선택하고 채널의 이름을 입력한다.

03. 필요에 따라 메뉴를 확장 센서에서 변환 스케일을 선택한다. 이것은 자동으로 올바른 교정을 사용하도록 로거를 변경할 것이다.

04. 입력 범위와 채널의 샘플링 속도를 설정한다.

05. 채널을 추가하기 위해 채널 설정의 오른쪽에 확인 표시 버튼을 클릭한다.

06. 설정 가상 채널 / 3 Steps - 2단계를 입력하려면 다음을 클릭한다.

07. 2단계는 당신이 기록할 생체 신호를 필터링, 계산 및 사용자 정의 처리를 적용하는 가상 채널을 만들 수 있다. 가상 채널이 필요하지 않은 경우, 2단계를 생략하고 다음 버튼을 클릭하여 SETP 3으로 이동한다.

08. 빈 채널 이름에 이름을 입력하고 난위 문사열 단위 이름을 설정한다.

09. 채널 드롭 다운 메뉴에서 원래 채널을 선택한다.

10. 가상 채널에 대한 형식을 드롭 다운 메뉴에서 유형을 선택하고 특정 구성에 해당하는 다른 설정을 지정한다.

11. 설정을 위해 / 3단계 로깅 - 3단계를 입력 다음 버튼을 클릭한다.

12. 탭 한다. AI와 가상 채널보기 순서, 기록할 채널을 선택한다. 채널의 앞에 확인 표시를 한다. 이는 해당 채널의 데이터를 기록할 것이다.

13. TDMS 경로 제어 신호를 기록하는 파일의 경로를 지정한다.

14. 더 많은 채널을 구성하기 위해 작업을 반복하고 구성을 저장하려면 확인 버튼을 클릭한다.

C. DAQ 디바이스에서 신호를 측정 시작 버튼을 클릭한다.

D. 측정된 이진수 데이터를 기록하기 위해 로그 버튼을 클릭한다.

E. 신호를 측정 중지하려면 중지 버튼을 클릭한다.

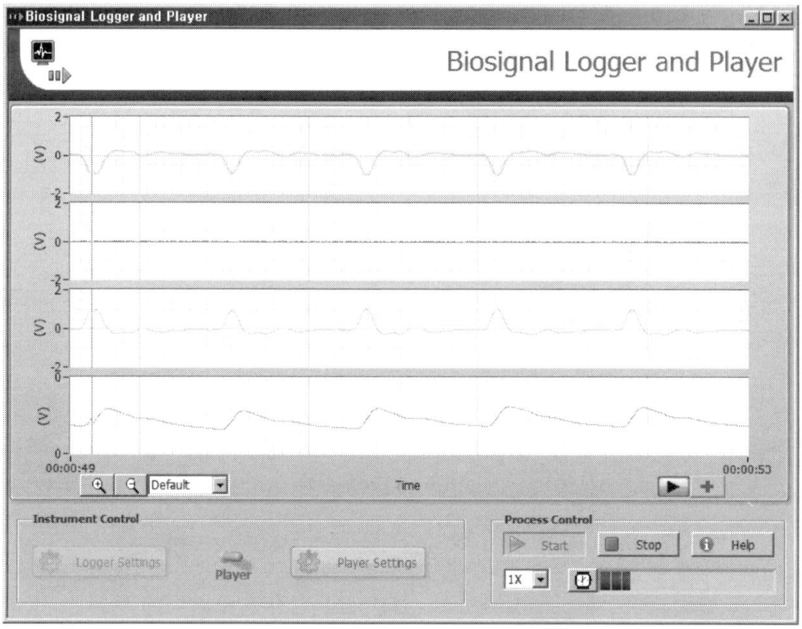

그림 2-300 Biosignal Logger and Player

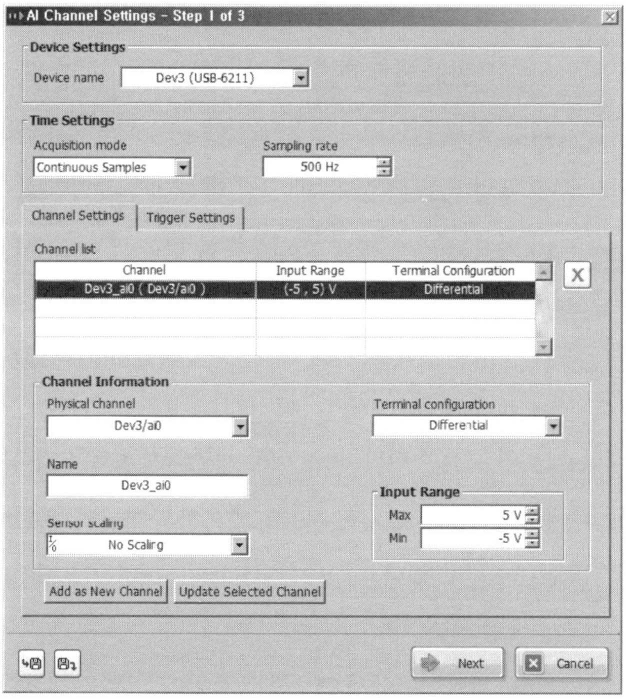

그림 2-301 AI Channel Setting

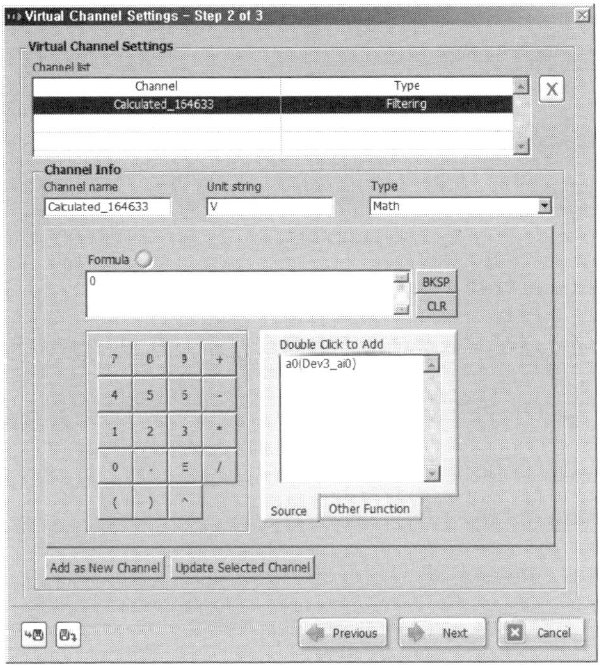

그림 2-302 Virtual Channel Setting

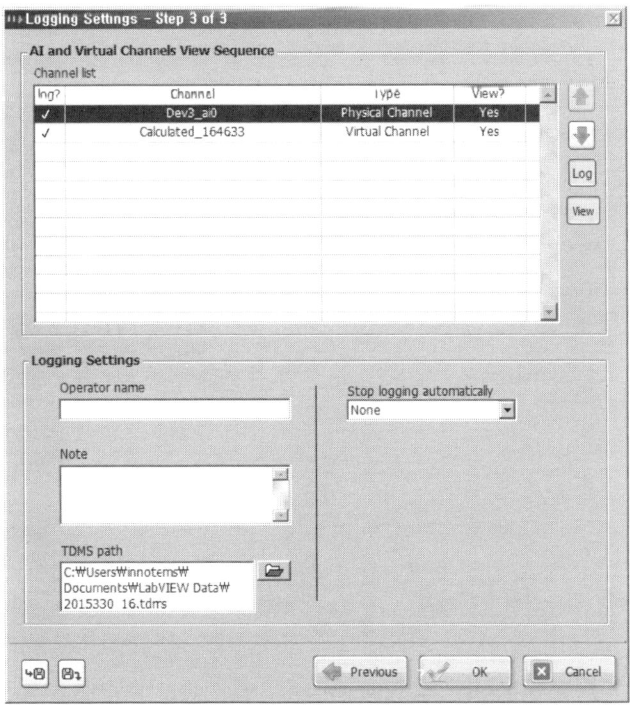

그림 2-303 Logging Setting

생체 신호 Player를 사용하여 지정된 경로에서 신호를 DISPLAY 하려면 다음 단계를 완료한다.

A. 플레이어의 불리언을 전환하고 플레이어 설정을 클릭한다. 윈도우가 팝업 되면 File to Play를 선택하여 화면에 출력한다.

B. 파일 경로 컨트롤에서 재생하고 싶은 파일을 선택한다.

C. 파일 내용 열에서 채널을 선택한다.

D. 웨이브 폼 그래프 설정에서 현재 시작 시간과 창 길이를 지정한다.

E. OK 버튼을 클릭한다.

F. 데이터의 표시를 위해 시작 버튼을 클릭한다. 재생 속도는 시작버튼 아래의 제어에 의해 구성할 수 있다.

G. 신호 표시를 중지하려면 중지 버튼을 클릭한다.

H. 이러한 각 설정에 대한 세부 사항을 설명하는 도움말 창을 끌어 생체 신호 로거 및 플레이어 창에 도움말 버튼을 클릭한다.

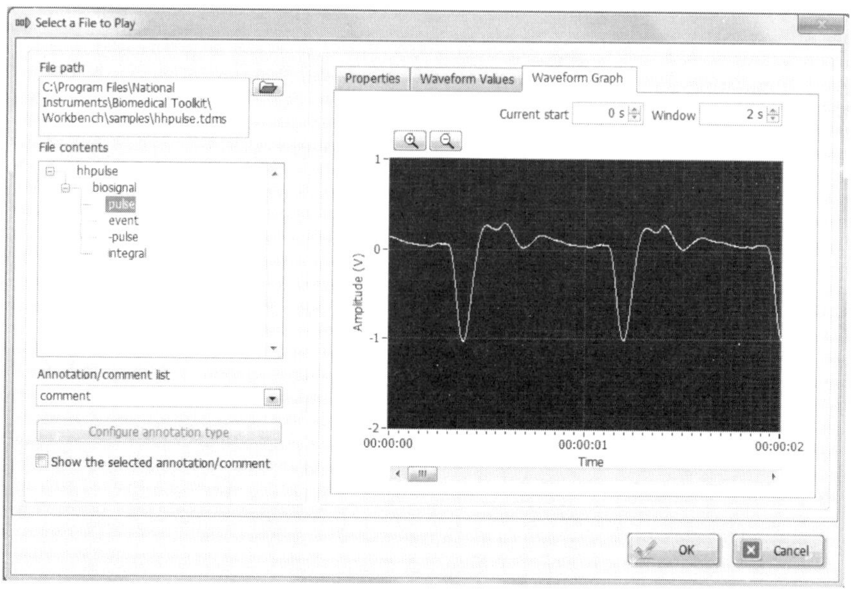

그림 2-304 Select a File to Play

2.4.2 Biosignal Generator

생체 신호 생성기는 생체 신호를 생성하기 위해 내쇼날인스트루먼트 하드웨어의 아날로그 출력 채널을 사용한다. 사용자는 파일에서 생체 신호를 생성하거나 심전도(ECG), 표면 근전도(sEMG) 및 뇌전도(EEG) 신호를 포함하는 합성 생체 신호를 생성할 수 있다.

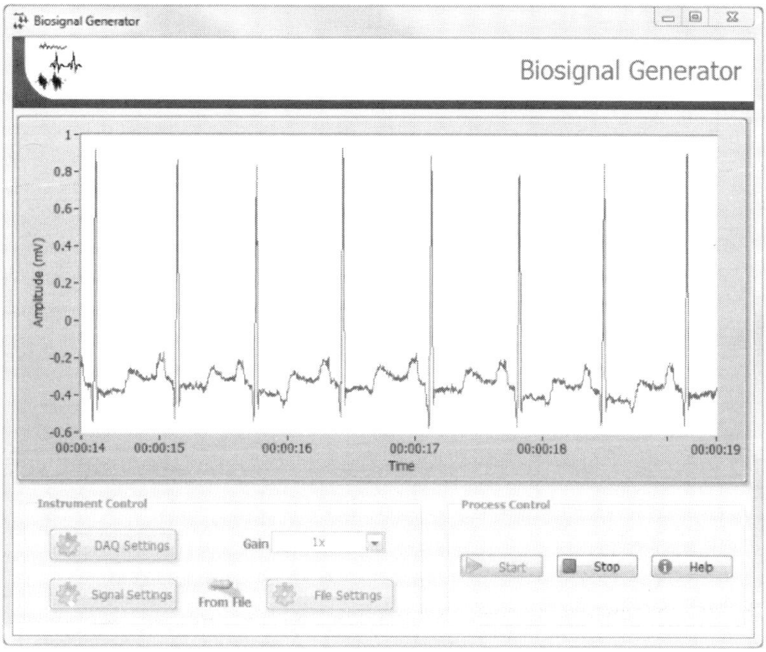

그림 2-305 Biosignal Generator

DAQ 출력 채널 구성

DAQ 출력 채널을 구성하려면 다음 단계를 완료한다.

A. 생체 신호 발생기에서, DAQ 설정 대화상자를 표시한다. DAQ 설정 버튼을 클릭한다.

B. 장치 이름 풀다운 메뉴에서 NI 하드웨어 장치를 선택한다. 사용자는 생체 신호를 생성하는 NI 하드웨어 장치의 아날로그 출력 채널을 사용한다.

C. 채널 정보 섹션에서 생체 신호를 생성하는 데 사용할 물리적 채널에 대한 구성을 지정한다.

D. 당신이 채널 정보에 지정된 채널을 추가할 채널 목록 옆에 있는 추가 버튼을 클릭한다.

E. 확인 버튼을 눌러 DAQ 설정 대화상자를 닫는다.

파일로부터 생체 신호 생성

데이터 수집(DAQ) 디바이스와 생체 신호 생성기를 사용하여 파일에서 생체 신호를 생성하려면 다음 단계를 완료한다.

A. 파일 설정 대화상자를 표시한다. 파일 설정 버튼을 클릭한다.

B. 생체 신호를 생성하는 데 사용할 파일을 선택하려면 파일 경로 텍스트 상자 옆에 있는 찾아보기 버튼을 클릭한다.

C. 파일 내용 트리에서, 당신은 생체 신호를 생성에 사용할 채널을 선택한다. 여러 채널을 선택할 수 있지만, 생체 신호 생성기는 생체 신호를 생성하기 위해 처음 선택한 경우에만 채널을 사용한다.

D. 채널의 속성을 보려면 속성, 파형 값 및 웨이브 폼 그래프 페이지를 사용한다. 당신이 파일의 내용 트리에서 여러 채널을 선택하는 경우, 웨이브 폼 그래프는 같은 플롯의 모든 채널을 표시한다.

E. 주석을 보기 위해 Show the selected annotation/comment 체크박스에 체크한다.

F. 파일 설정 대화상자를 닫기 위해 확인 버튼을 클릭한다.

G. 게인 풀다운 메뉴에서 생성된 생체 신호에 적용할 게인 값을 선택한다.

H. 파일에서 생체 신호를 생성하는 시작하려면 시작 버튼을 클릭한다.

I. 생체 신호를 생성 중지하려면 중지 버튼을 클릭한다. 생체 신호 발생기는 파일 끝에 도달하면 생체 신호를 생성을 자동으로 멈춘다.

합성 생체신호의 생성

데이터 수집 장치와 생체 신호 생성기를 사용하여 합성 생체 신호를 생성하려면 다음 단계를 완료한다.

A. 신호 설정 대화상자를 표시하기 위해 신호 설정 버튼을 클릭한다.

B. 신호 유형 풀다운 메뉴를 클릭하고 생성할 신호의 유형을 선택한다. 생체 신호 생성기는 ECG, sEMG 및 EEG 신호를 생성할 수 있다.

C. 신호 설정 대화상자에서 생성하려는 신호의 유형에 대한 설정을 지정한다.

D. 신호 설정 대화상자를 닫으려면 확인 버튼을 클릭한다.

E. 게인 풀다운 메뉴에서 생성된 생체 신호에 적용할 게인 값을 선택한다.

F. 신호를 생성하기 위해 시작 버튼을 클릭한다.

G. 생체 신호를 생성 중지하려면 중지 버튼을 클릭한다.

2.4.3 Biosignal Calibrator

생체 신호를 획득하는 센서와 NI DAQ 장치를 사용하는 경우, 먼저 사용하는 센서는 NI-DAQmx 규모를 정의해야 한다. Biosignal Calibrator는 각 센서에 대한 새로운 NI-DAQmx에 스케일을 만들 수 있다. 서로 다른 교정 방법을 선택하고 사용자가 만든 스케일 데이터 포인트를 추가하여 다른 캘리브레이션 파라미터를 정의할 수 있다. 선형, 다항식 및 테이블 매핑: 생체 신호 캘리브레이터는 세 가지 교정 방법을 지원한다.

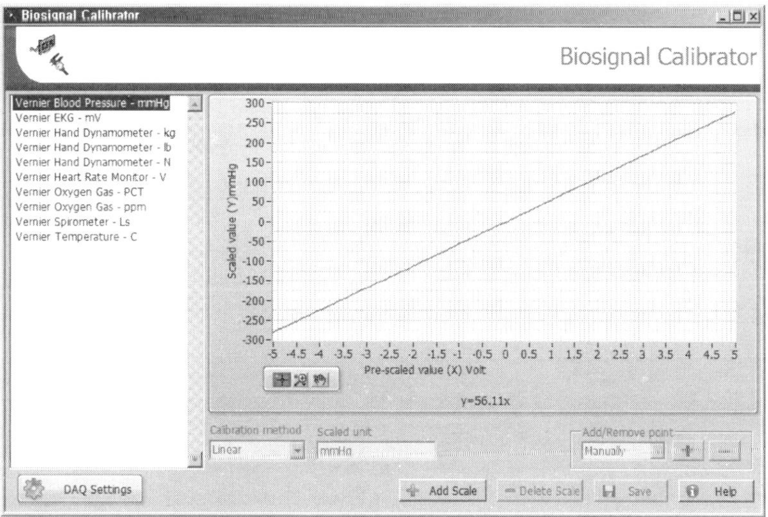

그림 2-306 Biosignal Calibrator

NI-DAQmx 스케일 만들기

A. 바이오 메디컬 워크 벤치를 열고 두 번째 페이지로 이동한다. 이 응용 프로그램을 열고 생체 신호 캘리브레이터 아이콘을 클릭한다.

B. 스케일 추가를 클릭한다. 입력 스케일 이름 대화상자가 나타난다.

C. 스케일 이름을 입력하고 리스트 박스의 "y=x"기본 캘리브레이션 기능을 새로운 스케일을 추가하고 OK 버튼을 눌러 대화상자를 닫는다.

D. DAQ 채널 구성

E. DAQ 설정 버튼을 클릭하여 대화상자를 연다.

F. 장치의 풀다운 메뉴에서 장치를 선택한다.

G. 채널 정보 섹션에서, 물리적 채널 풀다운 메뉴에서 채널을 선택한다. 채널의 이름과 입력 범위를 지정한다.

H. Add as New Channel을 클릭하면 채널에 이러한 설정을 추가할 수 있다.

I. 설정을 확인하고 대화상자를 닫으려면 확인을 클릭한다.

J. . DAQ 채널을 구성한 후, 추가 / 제거 포인트 풀다운 메뉴 DAQ에서 변경된다.

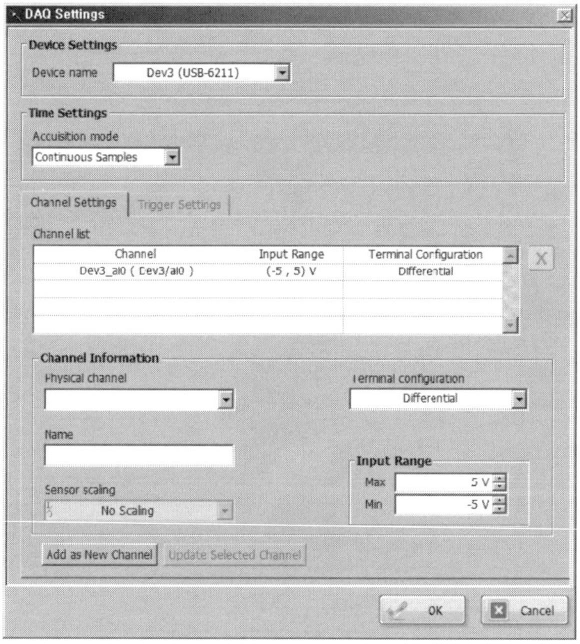

그림 2-307 DAQ Setting

▌데이터 포인트를 추가하여 스케일을 편집

A. 교정 방법 풀다운 메뉴에서 교정 방법을 선택한다.

B. 스케일 단위 필드에 규모의 단위를 지정한다.

C. 추가 포인트 대화상자를 열려면 "추가 / 제거" 포인트 섹션의 "+"를 클릭한다.

D. 이 대화상자는 DAQ에서 얻은 프리 스케일 값을 대화상자에 표시한다.

E. 컨트롤이 원하는 인수 값을 표시할 때 일시 정지 버튼을 클릭한다.

F. 스케일 값 필드에서 조정 값을 입력한다.

G. 그래프에 점을 추가하려면 확인을 클릭한다.

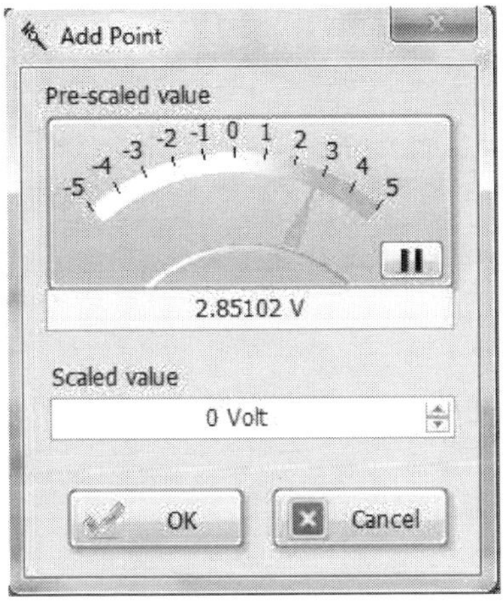

그림 2-308 Add Point

스케일을 저장합니다.

ECG Feature Extractor

ECG Feature Extractor는 QRS 군과 P, T 파를 ECG 신호로부터 추출할 수 있다. 입력 신호는 파일에서 로드 또는 DAQ 장치로부터 획득될 수 있다. 당신이 DAQ 장치를 사용하는 경우, ECG Feature Extractor 온라인 분석을 수행힐 수 있다.

▶ LabVIEW2013의 New ECG Feature Extractor

- ST 세그먼트 분석
- 보다 정확한 특징 추출의 결과를 제공하는 새로운 알고리즘.
- 특징 추출 결과를 수정하고 파일에 저장
- 이전에 저장 한 파일에서 로드하여 특징 추출하기
- 그래프에 주석 표기

New Feature 설정 대화상자

설정 대화상자가 새로운 알고리즘에 대해 재 설계되었다. QRS 검출 섹션에서는 QRS 주파수, QRS onset, QRS offset을 설정할 수 있다. P/T 신호의 섹션에서는 로우패스 필터를 설정하여 노이즈를 제거할 수 있다. 응용프로그램이 P파와 T파를 제어하는 방법을 구성할 PR 간격과 QT 간격을 설정한다.

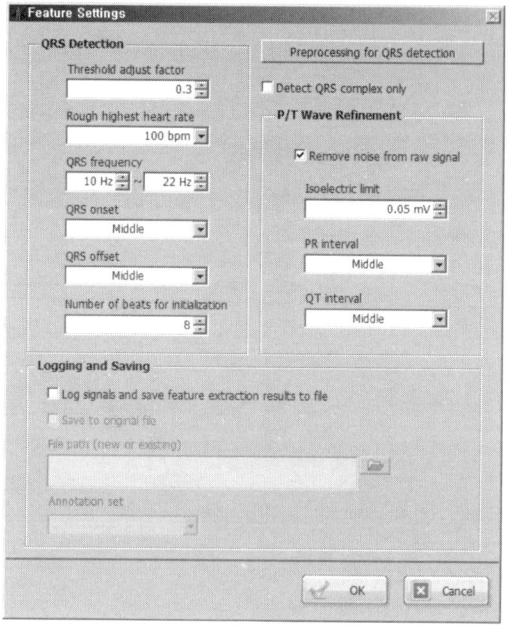

그림 2-309 Feature Setting

New ST Segment analysis

이 버전에서의 ECG Feature Extractor는 ST 세그먼트 분석 기능을 제공한다. 사용자는 주 창에서 통계를 클릭하여 통계에서 ST 세그먼트 정보를 찾거나 Beat Characteristics 창 또는 그래프에서 마우스 오른쪽 버튼을 클릭하여 수정을 선택하면 특징을 수정할 수 있다.

Modify the Feature Extraction Results

자동 특징 추출결과는 최적의 결과가 아닐 경우 결과를 수정할 수 있다.

참고: 전용 파일 모드에서 결과를 수정할 수 있다.

Modify a Beat

특징 추출이 완료되면, Beat에서 마우스 오른쪽 클릭하여 Show – Modify Beat Characteristics...를 선택하여 Beat Characteristics 윈도우 창을 열어 사용자가 원하는 대로 수정할 수 있다. 이 윈도우에서 주석을 드래그하여 수정한 특정포인트에 표시할 수 있다. 다른 Beat characteristics은 자동으로 업데이트 될 것이다. 사용자는 Zoom in, Zoom out을 통해 확대 축소할 수 있다. Feature Setting에서 Detect QRS Complex를 체크하지 않은 경우에만 사용자는 그래프에서 마우스 오른쪽 버튼으로 클릭하고 이 비트가 유효한 P 파 또는 T 파가 포함되어 있는지 여부를 지정하는 P Wave Valid 또는

T Wave valid을 선택할 수 있다. 사용자는 현재 변경된 Beat의 내용을 저장하기 위해서 적용버튼을 클릭한다. 그리고 수정 사항을 보기 위해 “>>”버튼이나 “<<”버튼을 클릭하여 이전 화면과 다음 화면을 볼 수 있다.

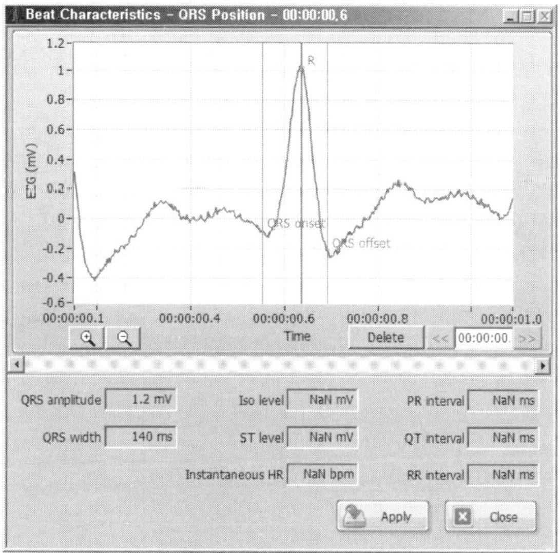

그림 2-310 QRS Position Setting

Delete a Beat

비트를 삭제하려면 비트 특성 창에서 삭제를 클릭한다. 당신은 또한 “Select Delete Beats...”메인 창에서 삭제하려는 비트에 마우스 오른쪽 단추로 클릭한 다음 모든 비트를 삭제하거나 현재의 비트를 삭제하도록 선택할 수 있다.

ADD a Beat

새로운 비트를 추가하려면 주 창에서 비트를 추가할 영역을 마우스 오른쪽 버튼으로 클릭하고 Add Beat Manually...를 선택한다. Beat Characteristics 창이 자동으로 열리고 그 다음 추가 비트를 수정할 수 있다. 참고: 추가되는 Beat가 기존의 Beat와 중복될 수 있기 때문에 사용자는 빈 영역에 추가해야 한다.

Save Feature Extraction Results

특징 추출 결과를 저장하려면 먼저 기능 설정을 구성해야 한다. 기능 설정 대화상자에서 로그 신호를 선택하고 파일로 특징 추출 결과를 저장한 다음 파일 경로(TDMS 파일)을 지정한다. 또한 주석과 같은 특징 추출 결과를 작성하는 주석 태그를 지정할 수 있다. 사용자는 LabVIEW의 Biomedical Toolkit에 의해 생성된 TDMS 파일에서

ECG 신호를 로드할 때, 원본 파일에 주석을 저장하기 위해 "원본 파일에 저장"을 선택할 수 있다. 기능 설정을 구성한 후, 특징 추출 결과를 저장하려면 시작을 클릭한다. 사용자는 수동으로 수정한 후 결과를 저장하려는 경우, 메인 창에서 저장을 클릭해야 한다.

주석을이용하여 주석출력과 해당기능의 추출결과 불러오기

ECG 파일에 주석을 포함하는 경우, 사용자는 ECG Feature Extractor에서 볼 수 있다. 파일을 로드한 후 Ann을 클릭한다. 구성 주석 대화상자가 나타난다. 주석 태그를 나열한다. 하나 이상의 태그를 선택하고 확인을 클릭할 수 있다. 선택한 주석 메인 창에 표시된다.

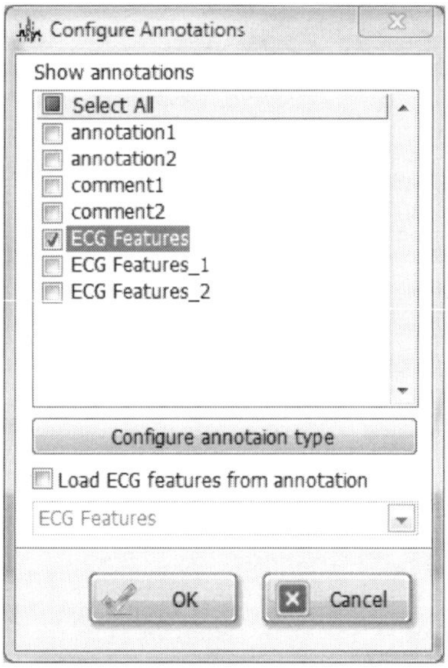

그림 2-311 Configure Annotations

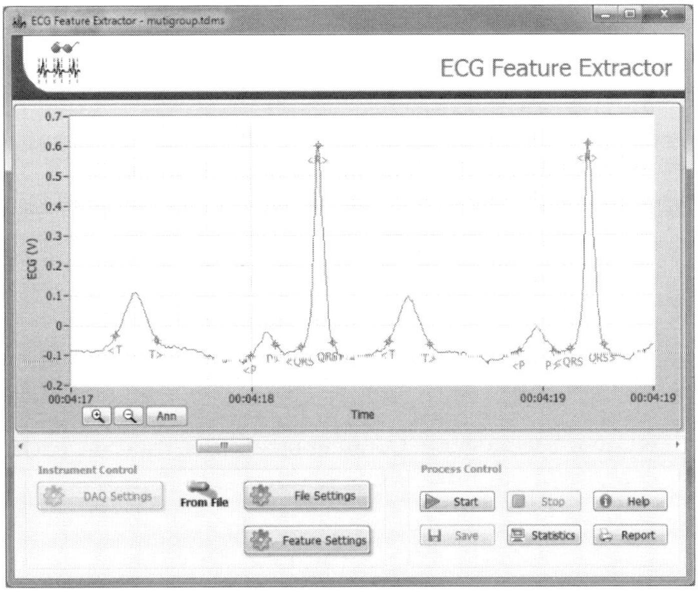

그림 2-312 ECG Feature Extractor

파일이 이전에 ECG Feature Extractor에 의해 작성된 주석을 포함하는 경우, 사용자는 주석에서 해당 기능의 추출 결과를 로드할 수 있다. 이 작업을 수행하기 위해, 사용자는 구성 주석 대화상자의 주석에서 ECG 기능을 선택하고 주석 태그를 선택해야 한다.

2.4.4 Heart Rate Variability Analyzer

심전도는 일반적으로 의사들이 빈 맥과 같은 심장질환을 진단하는 데 도움을 준다. 그 외에도 ECG를 직접 분석하여 연구원이나 의사들은 간접적으로 ECG 신호를 분석한다. 가장 많이 하는 분석은 HRV이다. HRV 분석은 연속된 심 박동을 시간에 따라 변화하는 것을 표시하기 위해 R-R 간격을 분석하게 된다.

▌일반적인 한번의 ECG 신호는 몇몇 신호를 생성한다.

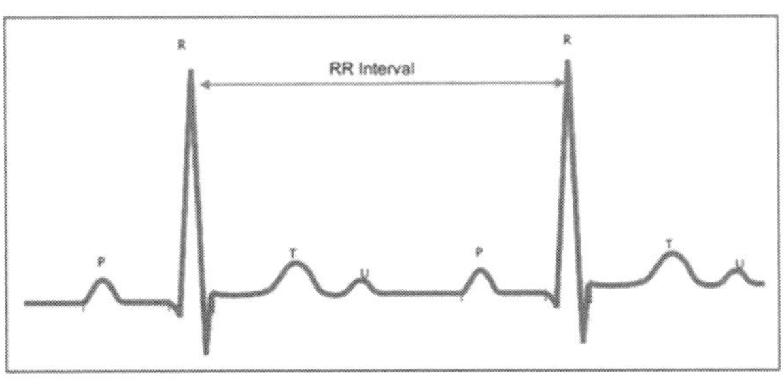

그림 2-313 ECG Signal

그 중 가장 높은 진폭을 갖는 피크 점을 R 피크라고 한다. RR 간격은 두 개의 연속된 R 피크까지의 경과 시간을 의미한다. 진폭이 낮은 피크 점은 P, T, U 파이다. HRV 분석은 RR 간격 신호에서 측정 값을 추출하는 응용 프로그램이다. 이 응용 프로그램은 다음과 같은 기능들이 포함되어 있다.

- ECG feature Extractor로부터 텍스트 파일 또는 ECG 기능 파일의 RR 간격을 가져오기
- ECG feature Extractor에서 직접 RR 간격을 동기화 할 수 있다.
- 전처리 및 RR 분석을 통해 일반적인 시간 영역과 주파수 영역에 대해 신호 측정
- Gabor Spectrogram, Continuous Wavelet Transform Scalogram, Recurrence Map 을 이용한 고급 신호 분석을 통합
- 분석 결과를 인쇄 또는 HTML 파일로 내보내기

R-R 간격의 신호가져오기

RR 간격의 신호를 가져오려면 다음 단계를 완료한다.

A. RR 소스 섹션에서 RR 간격을 로드할 소스를 선택한다.

B. "1단계"에 있는 선택에 따라 해당 작업을 선택하시오.

01. (텍스트 RR 파일의 경우) 가져 오기 설정을 클릭하고 가져올 파일을 선택하고 확인을 클릭한다.

02. (주석 ECG 파일의 경우), 파일 설정 대화상자를 표시한다. 가져오기 설정을 클릭하여 파일 경로 옆에 있는 찾아보기 버튼을 클릭한다. 파일을 선택(지원 ECG 기능 추출 기에 의해 생성된 파일만)를 가져오고 확인을 클릭한다. ECG 신호가 여러 분석 결과가 포함되어 있는 경우, 주석 / 주석 목록에서 하나를 선택한다. 마지막으로, 대화상자를 닫으려면 확인을 클릭한다.

03. (ECG feature Extractor의 경우) 시작을 클릭하고 모든 RR 간격을 가져올 때까지 기다린 다음 중지를 클릭한다.

C. RR 간격 플롯의 RR 간격의 신호를 관찰한다.

D. 분석을 시작하고 시작으로 설정을 선택하고자 하는 RR 간격 신호의 위치를 마우스 오른쪽 버튼으로 클릭한다.

E. 분석을 종료하고자 하는 RR 간격 신호를 마우스 오른쪽 단추로 선택하고 종료로 설정한다.

R-R 간격의 신호처리

HRV 분석은 Detrending 및 임계 값 등의 전처리 기술을 지원한다. 가져온 RR 신호를 전 처리과정을 통해 완료한다.

A. 설정하고자 하는 RR 간격 플롯을 마우스 오른쪽 버튼으로 클릭하고 "Detrend?" 버튼을 클릭하여 RR 간격에 Detrend를 적용한다.

B. 설정하고자 하는 RR 간격 플롯을 마우스 오른쪽 버튼으로 클릭하고 "Threshold?"버튼을 클릭하여 RR 간격에 임계 값을 추가할 수 있다.

C. 설정하고자 하는 RR 간격 플롯을 마우스 오른쪽 버튼으로 클릭하고 "Set as Upper Limit"버튼을 클릭하여 상위 리미트를 설정할 수 있다.

D. 설정하고자 하는 RR 간격 플롯을 마우스 오른쪽 버튼으로 클릭하고 "Set as Lower Limit"버튼을 클릭하여 하위 리미트를 설정할 수 있다.

E. 사용자는 임계 값을 조절하기 위해 녹색 선을 드래그 할 수 있다.

R-R 간격의 신호분석

HRV 분석기는 다음 신호 분석 방법을 지원한다.

- Statistics
- Poincare Plot
- Fast-Fourier Transform(FFT) Spectrum
- Autoregressive(AR) Spectrum
- Short-Time Fourier Transform(STFT) Spectrogram
- Gabor Spectrogram
- Wavelet Coefficients
- Detrended Fluctuation Analysis(DFA) Plot
- Recurrence Map(RM) Plot
- 그 외에 사용자 분석 방법 추가 가능

신호 분석 섹션에서, 당신은 RR 간격의 신호에 적용할 신호 분석 방법을 선택한다. 사용자가 선택하는 방법은 설정을 구성해야 하는 경우, 분석 설정 버튼을 클릭하여 그 방법의 구성 대화상자를 표시한다

참고: 사용자가 선택하는 방법은 사용자가 구성할 수 있는 설정을 포함하는 경우에만 분석 설정 단추를 사용할 수 있다.

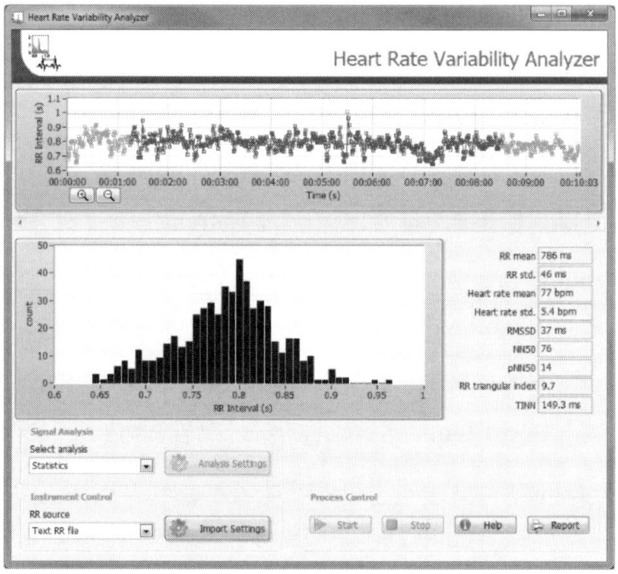

그림 2-314 Heart Rate Variablility Analyzer

분석결과 내보내기

HRV 분석기는 HTML 파일에 분석 결과를 내보낼 수 있다. 또한 직접 보고서를 인쇄할 수 있다. 보고서를 생성하려면 다음 단계를 완료한다.

A. 보고서 내보내기 구성 대화상자를 표시하는 보고서 버튼을 클릭한다.

B. 보고서 옵션 섹션에서 보고서를 인쇄하거나 HTML 파일로 저장하여 분석 결과를 내보낼 여부를 지정한다.

C. 프린터 목록 풀다운 메뉴에서 프린터를 선택하거나 파일 경로 텍스트 상자에 HTML 파일의 경로를 지정한다.

D. (선택 사항) 보고서 옵션 대화상자를 표시하려면 옵션 버튼을 클릭한다. 당신은 보고서의 글꼴 및 페이지 설정을 사용자 정의할 수 있다.

E. 항목 목록 트리에서 보고서에 추가할 아이템을 선택한다. 당신은 <SHIFT> 키 또는 <컨트롤> 키를 사용하여 여러 항목을 선택할 수 있다.

F. 보고서를 생성하는 시작 내보내기 버튼을 클릭한다.

Noninvasive Blood Pressure(NIBP) Analyzer

비 침습적 혈압 분석의 경우 혈압 측정에 의해 출력되는 혈압 신호를 분석하여 최고 혈압, 최저 혈압, 맥박과 같은 데이터로 분석할 수 있다.

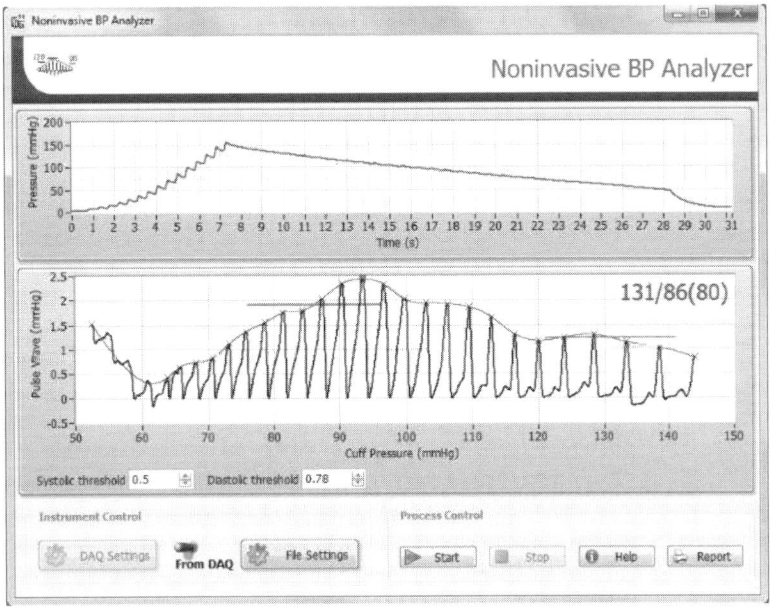

그림 2-315 Noninvasive BP Analyzer

2.4.5 File Format Converter

의료 신호 처리 분야에서, 소프트웨어 및 하드웨어 장비는 각각의 다른 데이터 파일의 유형을 생성한다. 파일 형식 변환기는 다양한 분야에 사용하기 위한 다른 형식의 파일을 변환할 수 있는 LabVIEW 어플리케이션이다.

이 응용 프로그램은 다음과 같은 기능이 포함되어 있다:

- 다음의 파일 형식의 파일을 가져오기
- TDMS(.tdms)
- LVM(.lvm)
- MATLAB®
- PhysioBank Database(.hea)
- Axon Instruments data file formats(.abf)
- TDM(.tdm)
- Audio(.mp3, .wma, .wav)
- CSV(.csv)
- European Data Format(.edf, .rec)
- HL7_aECG(.hl7)

- SCP(.scp)
- ACQ(.acq)
- EMGWorks(.emg)
- AstroMed(.dcr)
- C3D(.c3d)
- DDF(.ddf)
- iWorx(.iwxdata)
- 변환된 파일을 다음의 형식으로 저장한다.
- TDMS(.tdms)
- PhysioBank Database(.hea)
- European Data Format(.edf)

하나의 파일 형식의 데이터를 로드하거나 다른 파일 형식으로 데이터에서 특정 신호를 변환하려면 다음 단계를 완료한다.

A. File Format Converter를 실행힌다.

B. Operation 섹션에서 입력 경로텍스트 상자 옆에 있는 찾아보기 버튼을 클릭하고 데이터를 로드할 파일을 찾는다.

C. Ok 버튼을 클릭한다.

D. 출력 형식 풀다운 메뉴에서 내 보낸 채널을 변환할 파일 형식을 선택한다.

E. 채널 설정 섹션에서 변환하고 추가 버튼을 클릭하여 원하는 입력 열에서 채널을 선택한다. 이 채널은 출력 열에 나타난다.

F. 출력 열에서 채널을 변환 시작 버튼을 클릭한다. 새로운 데이터 파일의 위치와 대화상자가 표시된다.

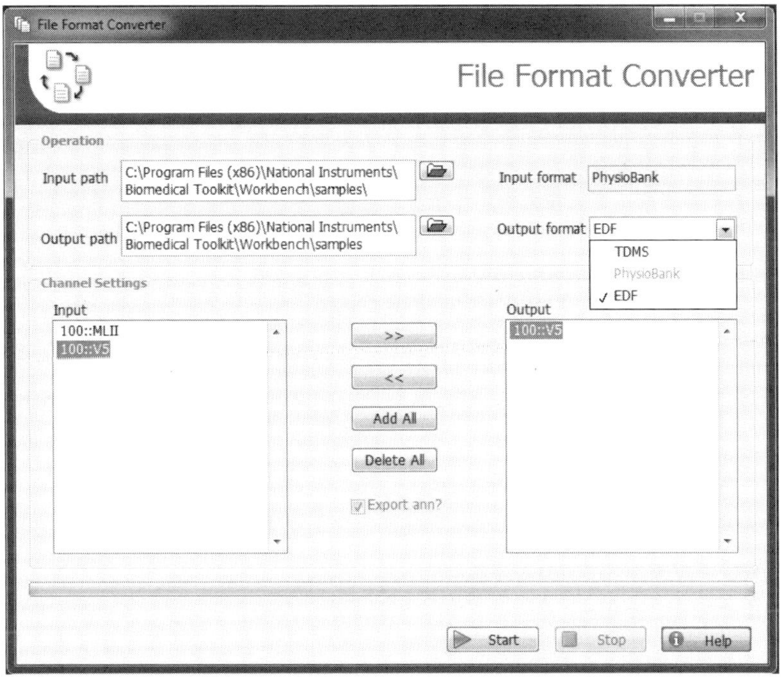

그림 2-316 File Format Converter

2.4.6 3D image reconstructor

3D Image reconstructor는 2차원 영상의 슬라이스 세트로부터 입체 모델을 재구성하는 것이다. 그것은 사용자가 분석을 하고 판단하는 데 도움을 주는 사실적인 시각화 기술을 제공한다. 이 기술은 널리 의학 물리학 및 공학에 많은 분야에서 사용된다. 예를 들어, MRI 스캐너는 조직의 2차원 화상 조각들을 생산한다. 3D Image reconstructor를 사용함으로써, 의사들은 관심 있는 영역에 대한 자세한 정보를 입체화에서 내부 구조를 볼 수 있다.

"ISO-Surface"는 세 가지 차원에서 볼륨 데이터에서 이미지를 재구성하는 일반적인 방법 중 하나이다. 그러한 공간의 체적 내에서 "압력", "온도" 및 "속도"와 같은 상수 값의 점으로 구성된 표면이다.

"LabVIEW의 Biomedical Toolbit의 Biomedical Workbench의 3D 이미지 복원기"는 ISO-Surface 방법에 의해 입체 모델을 재구성하는 응용 프로그램이다. 사용자는 실제 어플리케이션에서 사전 정의된 모델 데이터 또는 외부 화상 파일을 로드할 수 있다. 이 어플리케이션은 ISO-Surface를 생성해 원래 2차원 화상 슬라이스 모두를 시각화 기타 방법을 제공한다.

Loading Pre-defined Model Data

미리 정의된 모델 데이터를 로드하려면 다음 단계를 완료한다.

A. 3D Image Reconstructor를 실행한다.

B. "Model" 컨트롤을 클릭하고 "Saddle" 및 "Sphere"에서 미리 정의된 모델을 선택한다.

Loading External Image Files

외부 이미지 파일을 로드하려면 다음 단계를 완료한다.

A. 모델 풀다운 메뉴를 선택하고 Load Image 대화상자에서 이미지 파일을 선택하여 디스플레이 해준다.

B. 외부 이미지 파일의 종류를 선택하는 파일 형식 풀다운 메뉴를 클릭한다. 3D 이미지 복원기는 다음과 같은 이미지 파일 형식을 지원한다:

01. BMP

02. DICOM

03. JPEG

04. PNG

C. 폴더 경로 텍스트 상자 옆의 찾아보기 단추를 클릭하고 이미지 파일이 들어 있는 디렉터리로 이동한다.

D. 문자열 접두어의 이미지 파일의 접두사를 지정한다. 이미지 파일이 MYPIC_001.bmp과 MYPIC_002.bmp로 명명되는 경우 예를 들어, 문자열 접두어에 MYPIC_를 입력

E. 번호 suffix 폭의 이미지 파일의 수의 폭을 지정한다. 이미지 파일이 MYPIC_001.bmp, MYPIC_002.bmp로 명명되는 경우 예를 들어, 번호 접미사 폭에 3을 입력한다.

F. 이미지 색인 섹션에서 로드할 이미지 파일의 시리즈의 시작과 끝 인덱스를 지정한다.

G. 정보 섹션에서 파일 경로 정보 및 이미지 정보를 검토한다.

H. 구성로드 이미지 구성 대화상자에서 카운트 컨트롤에 로드할 이미지 파일의 번호를 입력한다.

I. 구성로드 이미지 설정 대화상자에서 "다운 샘플링 요소" 컨트롤에 이미지 파일의 크기를 조절하는 인자를 입력한다. 원 화상의 크기가 m by N인 경우, 3D 이미지는 복원기 m /Factor by N / 요인 이미지 크기를 조절.

참고: 3D 이미지 복원기 큰 크기의 이미지 파일의 입체 모델을 재구성 이상의 CPU와 메모리 공간을 요한다.

J. 지정된 이미지 파일을 로드하고 구성로드 이미지 대화상자를 닫는다. 확인 버튼을 클릭한다. 이 스크린 샷은 테일러 S. Amarel의 샘플 데이터를 사용

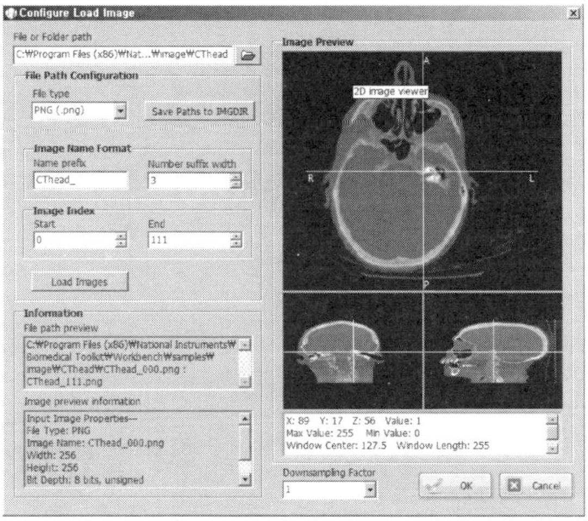

그림 2-317 Configure Load Image

Miscellaneous Visualization Features

A. 3D Image Reconstructor를 실행한다.

B. 미리 정의된 모델 데이터 또는 외부 이미지 파일을 로드한다.

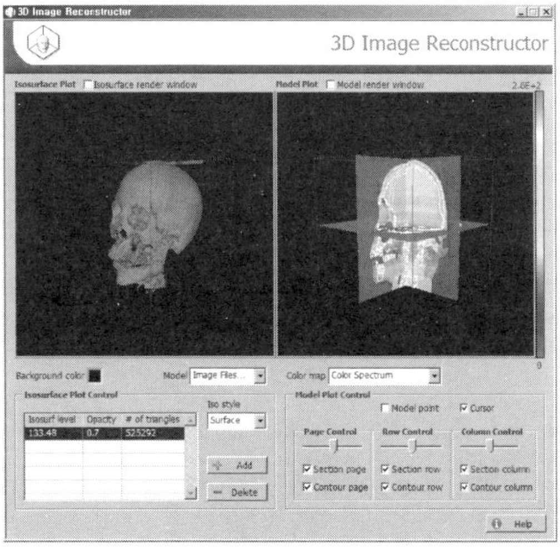

그림 2-318 3D Image Reconstructor

2.5 Multisim

사용자 인터페이스

이 부분에서는 Multisim에 사용자 인터페이스의 기본 동작에 대해 설명한다.

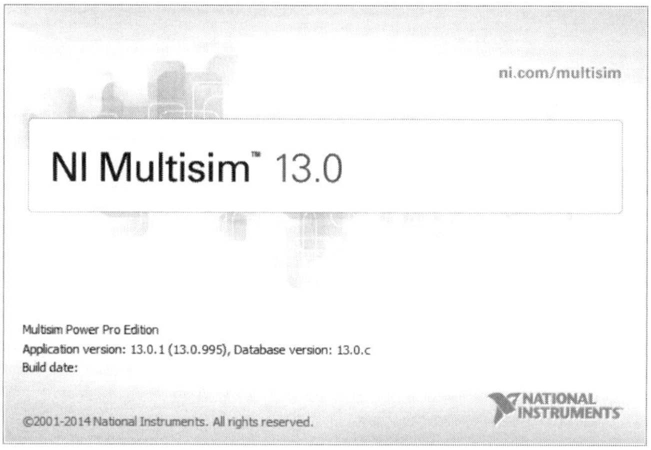

그림 2-319 Multisim 2013

Multisim 인터페이스의 소개

Multisim은 NI Circuit Design Suite의 "EDA(Electronics Design Automation)"도구로써 사용자가 회로를 디자인하는 데에 최상의 지원을 해주는 회로 캡처, 시뮬레이션 응용프로그램이다. 또한, Multisim은 PCB layout의 앞 단계에 회로, 시뮬레이션을 공급하기 위해 설계되었다.

직관적인 회로도 캡처 및 회로 시뮬레이션

Multisim은 프로그램을 사용하기 위해서 전문가일 필요는 없다. 직관적인 캡처 환경과 산업 표준의 SPICE 시뮬레이션에 사용하기 쉬운 인터페이스로 구성되어 있으며, Multisim은 PCB의 설계와 검증을 바로 실행할 수 있다. 설계 과정 초기부터 시뮬레이션과 측정의 질을 향상시킬 뿐만 아니라, 비용 소모적인 프로토타입의 반복적인 작업을 방지하고 개발시간을 절약할 수 있다. 다음은 멀티심의 특징을 설명하고 있다.

- 직관적인 디자인 환경
- 모델없이 와이어링 및 배치 가능
- 인터랙티브한 버추얼 인스트루먼트로 시뮬레이션과 실제 신호 확인
- 일반적으로 사용되는 회로의 자동 생성을 위한 회로 마법사
- 파트/움직임에 대한 rubberbanding(부품이 동시 연결선도 같이 움직임)
- 데이터베이스로 신속한 액세스
- 레이아웃을 위해 간편하게 NI Ultiboard로 반출
- 전문적인 전자 설계 툴

편리한 설계 환경의 이점을 활용함과 동시에 24개의 정교한 SPICE 분석부터 포괄적인 컴포넌트 라이브러리에 이르는 고급 Multisim 기능을 통해 복합적인 설계를 수행한다. 설계자들은 맞춤 컴포넌트 마법사를 사용하여 최신 파트를 통합할 수 있다. LabVIEW 측정 소프트웨어를 사용하여 실제 측정을 시뮬레이션에 도입하여 신속하게 설계를 프로토타입 및 테스트 할 수 있다.

- 16,000개 이상의 컴포넌트(즉시 시뮬레이션 가능한 모델 포함)
- 세계적인 제조업체인 Analog Devices와 Texas Instruments의 디바이스 모델
- 새로운 파트 및 시뮬레이션 모델의 편리한 추가
- Monte Carlo 및 Worst-Case 등의 종합적인 분석 모음
- 능률적인 디자인 흐름

통합된 툴 체인을 통해 개념에서 제조, 캡쳐에서 시뮬레이션, 레이아웃에서 테스트에 이르는 전 과정을 원활히 진행할 수 있다.

- Multisim 회로도 캡쳐 및 인터랙티브 SPICE 시뮬레이션
- 통합된 라우팅 기술이 있는 Ultiboard PCB 레이아웃
- 고급 설계 및 프로토타입 분석을 위해 맞춤화된 LabVIEW 측정 인스트루먼트
- LabVIEW 및 Signal Express의 산업 표준 인터랙티브 측정 밑 분석

■ Multisim의 환경

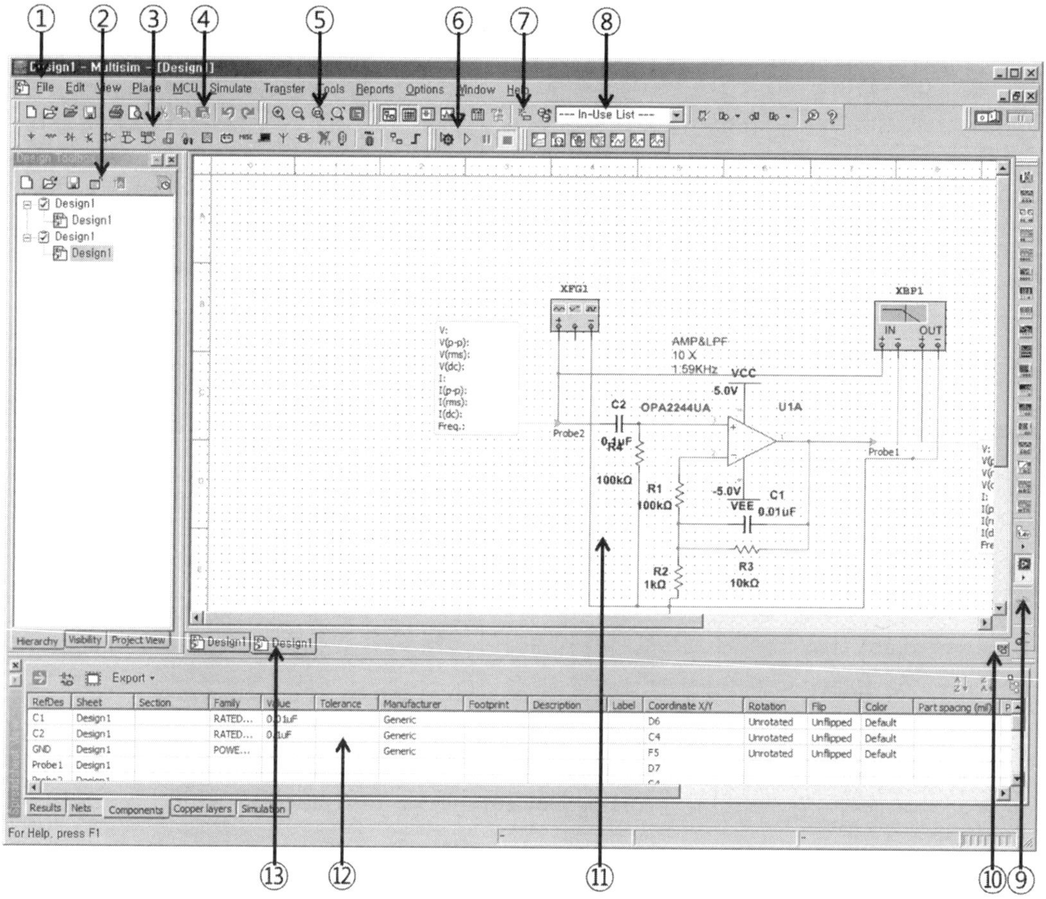

1. 메뉴바
2. 디자인 도구상자
3. 구성요소 도구모음
4. 표준 도구모음
5. 보기 도구모음
6. 시뮬레이션 도구모음
7. 메인 도구모음
8. 사용 목록
9. 장비 도구모음
10. 스크롤(좌/우)
11. 회로 창
12. 스프레드시트 보기
13. 액티브 탭

위와 같은 Multisim의 구성으로 사용자가 직접 회로를 설계하고 Multisim의 기능들을 사용할 수 있도록 각각의 주제를 갖는 섹션별로 실습 내용을 제공하고 실습을 통해 기본적인 Multisim의 지식을 습득한다.

Chapter 03

INNO-MEDU100을 활용한 디지털 헬스케어 시스템 구축하기

앞서 살펴본 2장에서 프로그래밍 기법 및 기초 하드웨어 구동을 위한 환경 지식을 설명하였다. 3장에서는 디지털 헬스케어 시스템 구현하기를 통하여, 실제 구현 방안을 상세히 소개한다. 이때, NI myRIO를 사용하고, LabVIEW Real-Time과 FPGA 개념을 도입하여 Biomedical Toolkit으로 생체신호를 측정하고 분석하게 된다. 또한, 생체신호의 경우는 신호가 mV 단위로 미세하여, 수 V 크기의 전압 신호로 증폭이 필요하며 노이즈 저감을 위한 필터 등의 신호 처리를 요한다. 이에, 센서의 생체신호 측정 이전에 프론트 엔드를 직접 설계할 수 있도록 심전도, 근전도, SpO2 등 Multisim(예제 제공)을 이용한 회로 설계를 다룬다.

이때, 독자분들의 이해를 돕기 위하여 INNO-MEDU100을 통한 상세 따라하기를 수록함은 물론, 제공하는 LabVIEW 예제를 통하여 구동을 확인할 수 있을 것이다. 또한, 디지털 헬스케어 시스템의 핵심인 모바일 기기와의 연동 예제 또한 제공한다.

디지털 헬스케어 시스템의 구현을 하고자 하는 연구자, 공학도들을 위하여 3장 본문에서는 각 생체신호 측정부 설명의 뒷단에 실습 방안을 수록하고 있으며, 이를 통한 연구 및 수업 연계에 도움이 되기를 바란다.

3.1 INNO-MEDU100의 LabVIEW 프로그래밍 환경 구축하기

FPGA 코딩

- LabVIEW를 실행하고 메인 화면에서 Create Project를 선택한다.

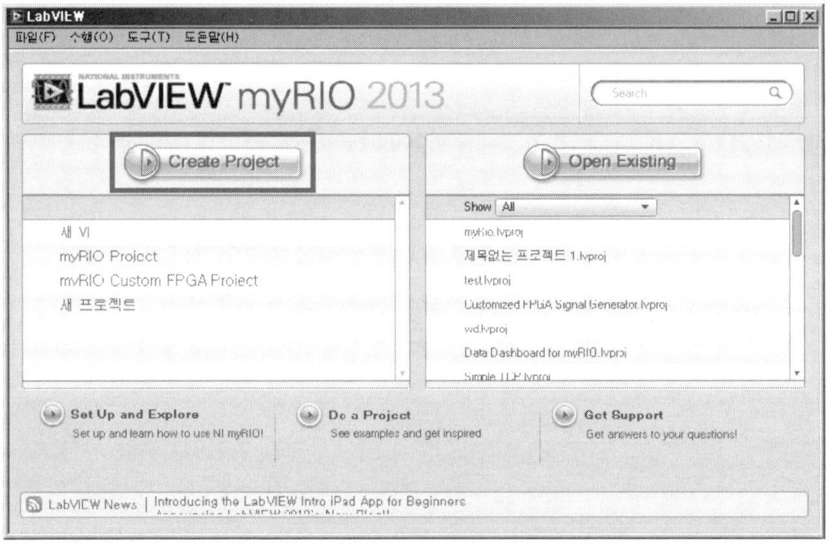

그림 3-1 LabVIEW 실행 화면

- 프로젝트 생성 창이 나타나면 왼쪽 목록 중 템플릿의 myRIO를 선택하고 새 프로젝트를 생성한다.

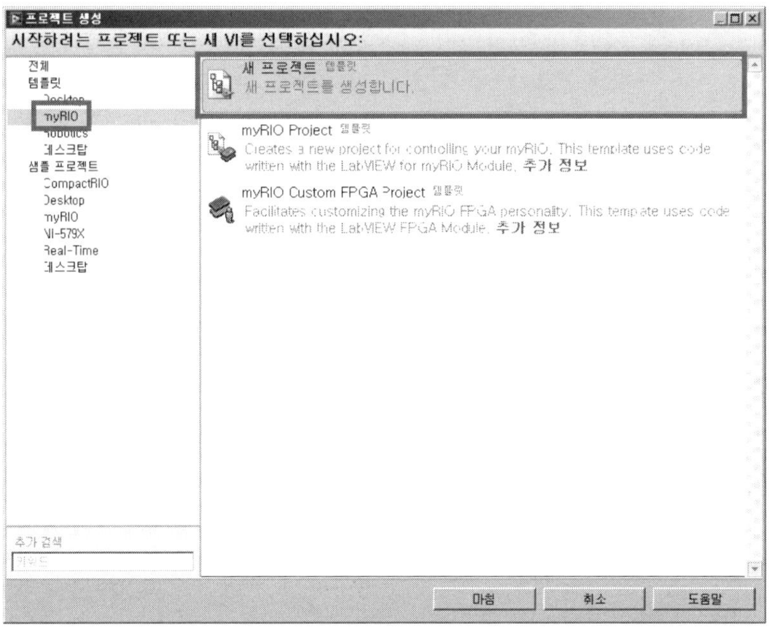

그림 3-2 프로젝트 생성

- 프로젝트 탐색기 창이 열리면 프로젝트를 저장하고, 프로젝트에 마우스를 가져간 뒤 마우스 오른쪽 버튼을 눌러 새로 만들기 → 타겟 및 디바이스를 실행한다.

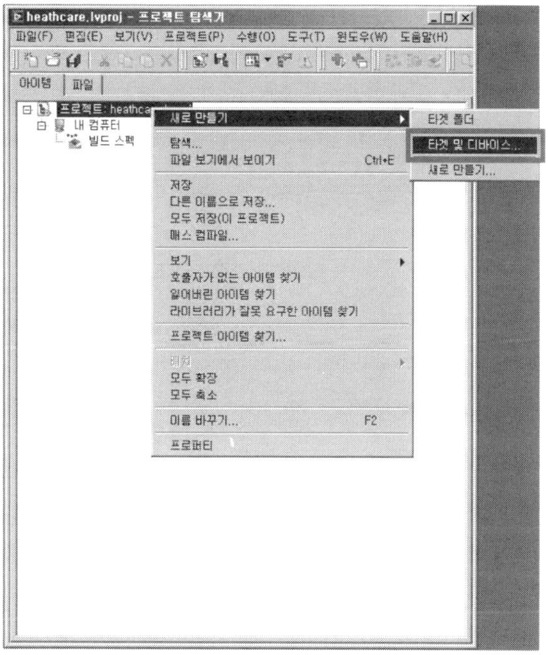

그림 3-3 프로젝트 탐색기

- 타겟과 디바이스 추가 창이 뜨면 목록의 myRIO를 선택하고 기기의 검색이 완료되면 검색된 myRIO를 선택 후 확인을 누른다(디바이스 검색은 myRIO의 전원이 켜지고 USB타입으로 PC와 연결되어 있어야 한다).

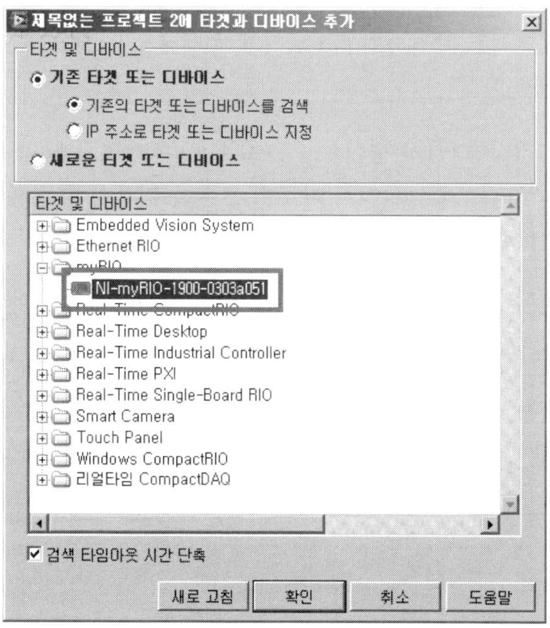

그림 3-4 myRIO 디바이스 추가

- 프로젝트 탐색기를 보면 myRIO 장비가 목록에 추가되어 있는 것을 확인할 수 있다.

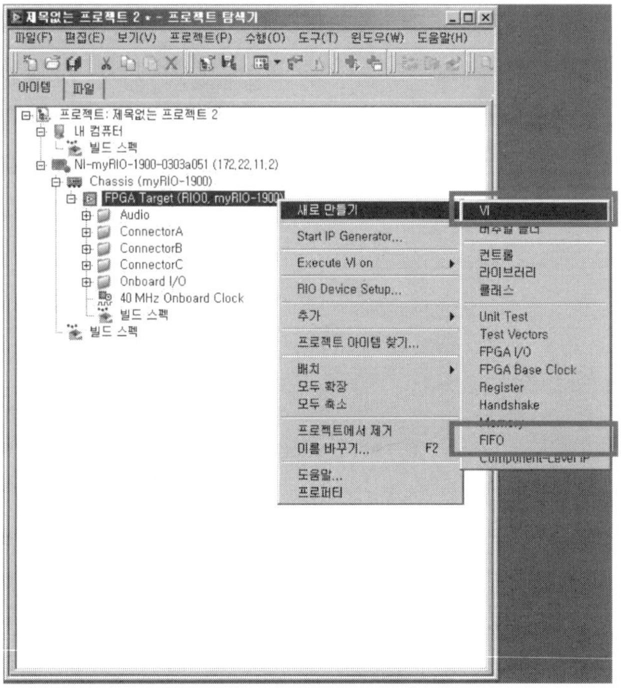

그림 3-5 FPGA VI 추가, FIFO 추가

- FPGA에 대한 코딩을 준비하기 위해 myRIO의 하위 목록을 펼쳐 "Chassis → FPGA Target"을 선택하고 마우스 오른쪽 버튼을 눌러 "새로 만들기 → VI"를 선택해 준다.
- 프로젝트 탐색기의 FPGA타겟에 새로운 VI가 생성되었고 VI의 이름은 FPGA로 변경한다.
- 데이터를 FIFO 형식으로 Real Time Application에 전달하기 위해 프로젝트 탐색기의 FPGA Target에서 마우스 오른쪽 버튼을 클릭해 팝업 메뉴에서 새로 만들기 → FIFO를 선택해 준다.
- 선택 후 FIFO Properties 창이 뜨고 General 항목에서 이름을 AI로 변경하고, Type은 Target to Host - DMA로 설정해 준다.

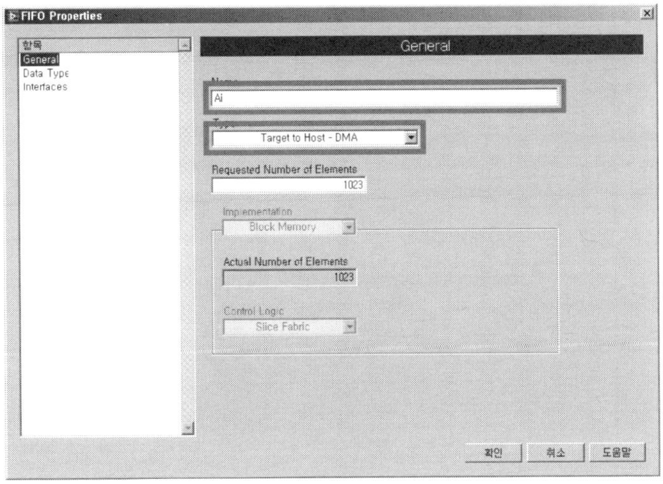

그림 3-6 FIFO Properties

- FIFO 설정이 완료되면 프로젝트 탐색기 창에 Ai라는 이름의 FIFO가 생성된 것을 확인할 수 있다.

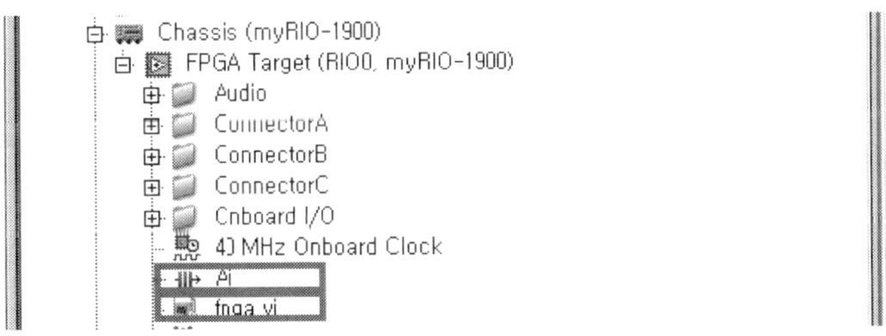

그림 3-7 FIFO 생성

- 설정이 완료되면 FPGA의 코딩을 위해 FPGA Target에 만들어 두었던 FPGA.VI를 더블클릭하여 블록다이어그램을 열어 준다.

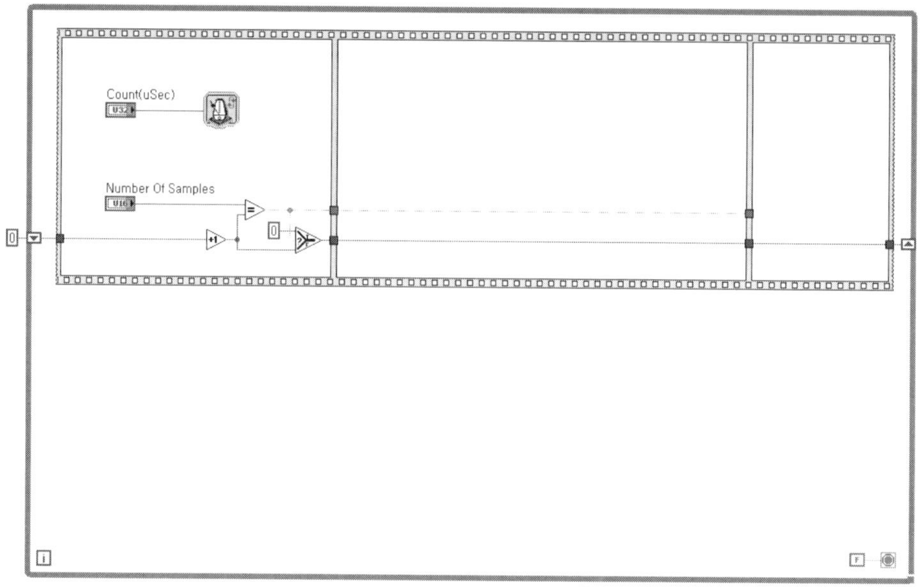

그림 3-8 FPGA.VI 블록다이어그램

- 블록다이어그램에 위 그림과 같이 While 루프 구조와 플랫 시퀀스 구조를 생성한다. (플랫 시퀀스의 수는 구조 경계에서 마우스 오른쪽 클릭 후 시퀀스 추가 메뉴로 추가가 가능하다.)
- 생성 후 블록다이어그램에서 마우스 오른쪽 버튼 클릭으로 Function 팔레트를 열고 루프 타이머, 같음?, +1, 선택 함수와 컨트롤, 불리언 상수를 생성하여 FPGA 블록다이어그램 그림과 같이 코딩한다. (루프의 타이머 설정, 측정 샘플링 값을 설정할 수 있다.)

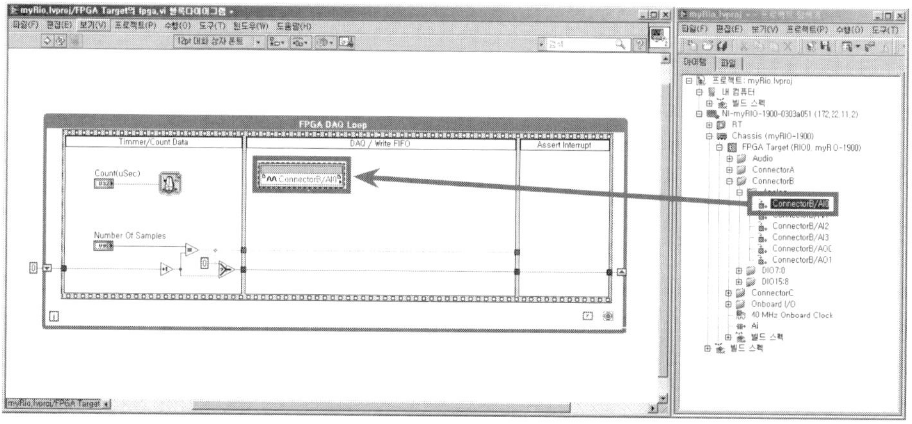

그림 3-9 FPGA I/O 노드 생성

- FPGA I/O 노드를 블록다이어그램에서 추가하기 위해 그림 같이 프로젝트 탐색기 창의 FPGA Target 에서 ConnectorB 목록을 펼친 후 Analog 폴더에 ConnectorB/AI0을 FPGA 블록다이어그램으로 드래그 앤 드롭한다.

그림 3-10 FPGA I/O 노드 확장

- 노드의 경계 면에 마우스를 왼쪽 클릭하여 드래그하면 쉽게 ConnectorB/AI1을 추가할 수 있다.
- 노드를 추가한 후 FIFO를 추가하기 위해 이전에 생성하였던 FIFO 아이콘을 드래그하여 블록다이어그램에 추가하고 FPGA.VI 그림 같이 배열 만들기 함수와 For 루프를 이용해 코딩한다.
- 마지막으로 샘플링 값에 의해 인터럽트가 발생되도록 마지막 플랫시퀀스에 Buffer Overflow 인디케이터와 케이스 구조의 인터럽트 함수를 추가하여 코딩을 완료한다.

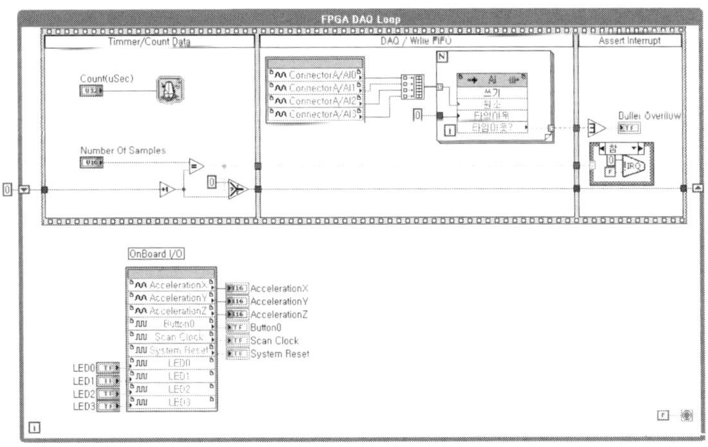

그림 3-11 FPGA.VI

- 코딩이 완료되면 myRIO의 ConnectorB/AI0~3의 데이터 측정값이 100개의 샘플 값으로 측정되고 데이터는 FIFO를 통해 메모리에 쌓여 Real Time Application에서 데이터를 처리하게 된다. Onboard I/O의 경우는 직접적으로 측정에 사용되지는 않지만 개발자가 언제든지 활용 가능하며 추가적으로 myRIO의 Analog digital I/O포트를 같은 방식으로 추가하거나 제거하여 응용 가능하다.
- 완료된 VI를 실행하면 FPGA 컴파일이 진행된다. (컴파일은 컴퓨터의 사양과 작업

상태, 코딩상태에 따라 소요되는 시간이 달라지며 약 40분에서 1시간이 소요된다 - 에러 발생 시 FPGA Compile Tool이 설치되어 있는지 확인한다.)

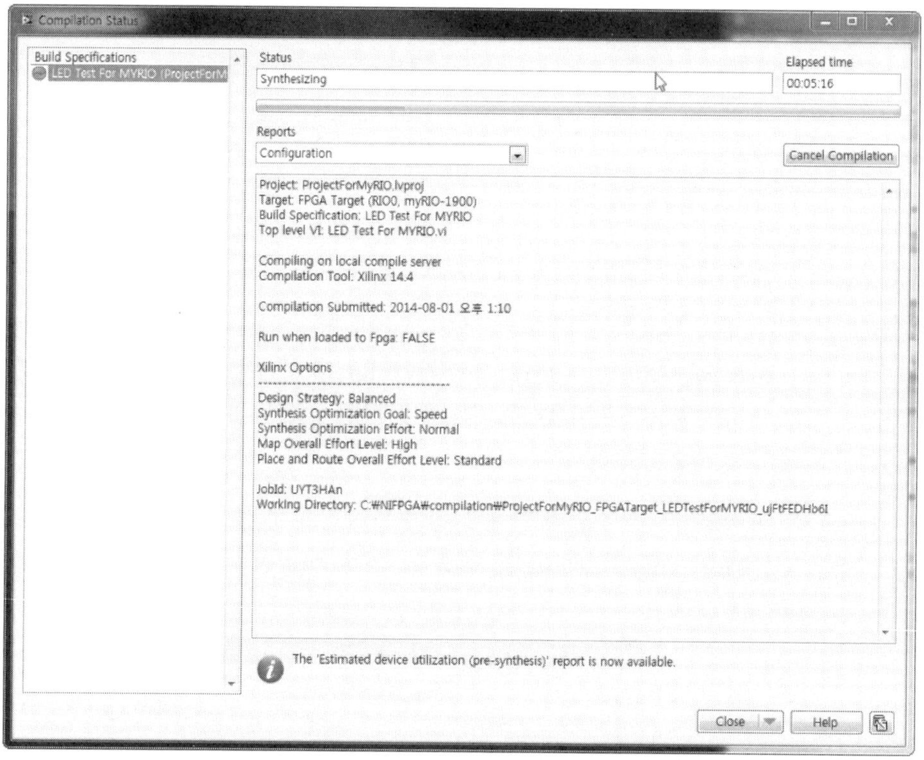

그림 3-12 FPGA 컴파일링

3.2 NI myRIO

NI myRIO란?

학생들은 NI myRIO의 사용을 통해 듀얼 코어 ARM®Cortex™-A9 리얼타임 프로세싱과 Xilinx FPGA 직접 설정 가능한 I/O를 체험할 수 있다. NI myRIO는 온 보드 디바이스, 긴밀한 소프트웨어 연동뿐 아니라, 코스웨어와 튜토리얼를 포함하는 라이브러리도 제공한다. 따라서, NI myRIO는 학생들이 한 학기 동안 실제의 엔지니어링을 체험할 수 있는 합리적인 가격의 툴이다.

그림 3-13 myRIO 모습

하나의 툴로 여러 개념을 정의

학생들은 하나의 디바이스로 학습한 후, 동일 디바이스를 사용하여 프로젝트를 완성할 수 있다. 학생들은 휴대용 폼팩터로 제공되는 업계 표준 기술을 사용하여, 실제 프로젝트에 적용되는 다양한 엔지니어링 개념을 학습할 수 있다.

▶ 졸업 작품

NI myRIO의 하드웨어/소프트웨어 통합 솔루션을 사용하면, 학생들은 다른 툴을 사용할 때 보다 단축된 시간에 프로젝트를 완성할 수 있다.

- 커뮤니티에서 아이디어 교환.
- 온 보드 디바이스 및 무선 기능.
- 학생들을 위한 합리적인 가격.
- 모든 센서 및 액추에이터와 호환.

▶ 메카트로닉스

학생들이 시스템 설계의 모든 개념을 이해할 수 있도록 하나의 디바이스로 여러 개념을 강의할 수 있다.

- 최대 40개 라인의 디지털 I/O, 10개 아날로그 입력 채널, 6개 아날로그 출력 채널로 센서와 액추에이터에 연결.
- 수업 및 프로젝트에 재사용 가능.
- USB 디바이스에 연결하기 위한 온 보드 WiFi 및 USB 포트.

▶ 컨트롤

학생들은 NI myRIO를 사용하여 이론 학습에서 시뮬레이션까지 순조롭게 진행할 수 있다. 리얼타임 프로세싱과 센서/액추에이터 연결을 제공하여 하나의 플랫폼에서 학습한 후 이 플랫폼을 다른 프로젝트에도 사용할 수 있다.

- 하나의 디바이스로 여러 컨트롤 어플리케이션 강의.
- 시뮬레이션에서 실제 실행까지 순조롭게 진행.
- 학생들이 디바이스로 개념을 익힌 후 동일 디바이스로 시스템 구축.

▶ **로봇**

학생들의 실력에 따라 간단하거나 복합적인 로봇 어플리케이션을 구축하고 체험할 수 있다. 내장된 무선 기능과 오픈 I/O를 사용하여 데이터를 모니터링하고 감지할 수 있다.

- Linux Real-Time OS를 실행하는 Xilinx Zynq SoC(system on a chip).
- 소형 폼팩터.
- 휴대용 배터리 구동 어플리케이션을 위한 6~16 V, 14W 전원 제공.

▶ **임베디드**

NI myRIO는 Xilinx Zynq 통합 FPGA와 ARM Cortex-A9 프로세서를 제공하므로, 학생들은 I/O를 직접 프로그래밍할 수 있고 하나의 디바이스에 리얼타임 프로세싱을 구현할 수 있다.

- LabVIEW 또는 C/C++로 프로세서 프로그래밍.
- LabVIEW 그래픽 기반 소프트웨어로 FPGA 프로그래밍 간소화.
- FPGA 특성을 제공하는 라이브러리를 다운로드 하여 직접 설정.

▶ **커리큘럼의 통합**

- NI LabVIEW는 실습 위주의 강의, 연구 어플리케이션 개선 및 차세대 인재 양성을 위해 전 세계 대학에서 사용하는 그래픽 기반 프로그래밍 환경이다. 교육자와 연구원들은 그래픽 기반 시스템 디자인의 직관적인 특성을 활용하여 어플리케이션을 디자인하고, 프로토타입을 제작하고, 배포할 수 있다.
- GUI를 신속하게 생성하여 어플리케이션과 연동하고, 내장된 수백 개의 차트, 그래프, 온도계 및 2D/3D 시각화 툴로 데이터를 시각화 처리할 수 있다.
- 무료 학습 리소스, 실험, 연습 문제, 튜토리얼 등을 통해 LabVIEW 사용 방법을 살펴보고 다양한 엔지니어링 및 과학 교육에 LabVIEW를 적용할 수 있다.

▶ **다기능**

NI myRIO는 Xilinx의 최신 Zynq 기술을 사용하며, FPGA와 Real-Time OS 실행 프로세서를 갖추고 있다. Zynq 기술을 온 보드 가속도계, 프로그래밍 가능한 LED, 오디오 I/O, 아날로그/디지털 I/O, USB 포트 등과 함께 사용하면 무궁무진한 아이디어를 실현할 수 있다.

▶ **합리적인 가격과 휴대성**

NI myRIO는 인클로저가 제공되며 학생에게 할인 혜택을 제공하기 때문에 강의실 내외부에서 각자의 하드웨어 디바이스로 학습할 수 있다. 내장된 WiFi 기능을 이용하면 무선으로 데이터를 전송하고 코드를 배포할 수 있다.

▶ **수준에 관계없는 프로그래밍**

학생들은 본인의 전공이나 프로그래밍 경험에 상관 없이 한 학기 동안 프로젝트를 완성할 수 있다. NI myRIO에는 LabVIEW로 FPGA를 프로그래밍하며, LabVIEW 또는 C/C++로 프로세서를 프로그래밍할 수 있는 옵션이 있다. 학생들은 현재의 실력에 맞게 프로그래밍할 수 있고 점차적으로 보다 복합적인 프로그래밍도 처리할 수 있게 된다.

▶ **호환 및 확장성**

NI myRIO 플랫폼은 확장이 가능하기 때문에 학생들이 배운 학습 내용을 확장하여 복합적인 프로젝트를 구축할 수 있다. 신구 센서/액추에이터를 병행 사용하면, 교육자와 학생들은 디바이스를 다음 프로젝트나 다음 학기에도 재사용할 수 있다.

3.3 INNO-MEDU100을 활용한 생체신호 계측, 분석 및 모바일 시스템 연동

3.3.1 INNO-MEDU100

의료분야에서 사용되는 기초적인 센서(ECG, EMG, SpO2, NIBP)를 이용해 회로설계와 소프트웨어 설계를 직접 경험하도록 하여 센서에 대한 이해와 신호처리, 신호 분석이 가능하도록 한 NI myRIO 기반의 의공학 교육 키트이다.

제품 구성

▶ **센서**

A. 심전도 측정용 센서

B. 근전도 측정용 센서

C. 산소포화도 측정용 센서

D. 혈압 측정용 센서

▶ **하드웨어**

A. NI myRIO

그림 3-14 INNO-MEDU100

B. LCD Display Module

C. Bread Board

D. Analog signal processing circuit

▶ **소프트웨어**

A. NI LabVIEW 2013(Option 선택)(또는 이후 버전 사용가능)

B. NI Multisim(Option 선택)

▶ **제품 특징**

A. 실험 및 실습을 위한 교육용 Kit

B. 강의 또는 학습용 교재 제공

C. 사용자 개발 소프트웨어 소스 제공

D. 제공되는 회로를 통해 개발자가 직접 하드웨어 설계

E. National instrument 사의 myRIO를 이용한 FPGA/Real-Time 어플리케이션 개발

F. 유/무선방식의 데이터 디스플레이

G. 태블릿 PC나 모바일 장비와 연동 가능

3.3.2 INNO-MEDU100 LCD 코딩

INNO-MEDU100은 제품의 실행 정보나 측정 데이터를 출력하기 위한 LCD가 내장되어 있다. LCD는 로딩화면, 대기화면, SpO_2 측정화면, ECG 측정화면, EMG 측정화면, NIBP 측정화면으로 구성되어 있고 각각의 화면은 INNO-MEDU100의 기능 중 하나인 UART 통신을 통해서 해당 프로토콜이 전송될 경우 실행된다.

그림 3-15 INNO-MEDU100 Loading 화면

INNO-MEDU100은 기본적으로 제품의 부팅이 완료되고 측정이 가능한 상태로 되면 로딩화면에서 측정 대기화면으로 전환되도록 LabVIEW 프로그램이 코딩되어 있다.

그림 3-16 INNO-MEDU100의 측정 대기화면

▶ **Loading 화면에서 대기화면으로 전환되도록 LabVIEW 프로그램 코딩하기**

- INNO-MEDU100의 전원을 On 하면 LCD에 전원이 들어오고 로딩중이라는 화면이 출력되고 하단에 네모 상자가 좌우로 이동한다.
- "FPGA 코딩하기"에서 코딩했던 프로젝트를 열어 myRIO아이콘 위에서 마우스 우측버튼을 클릭하여 팝업메뉴를 열고 새로 만들기 – VI를 선택하여 새로운 VI를 생성한다.

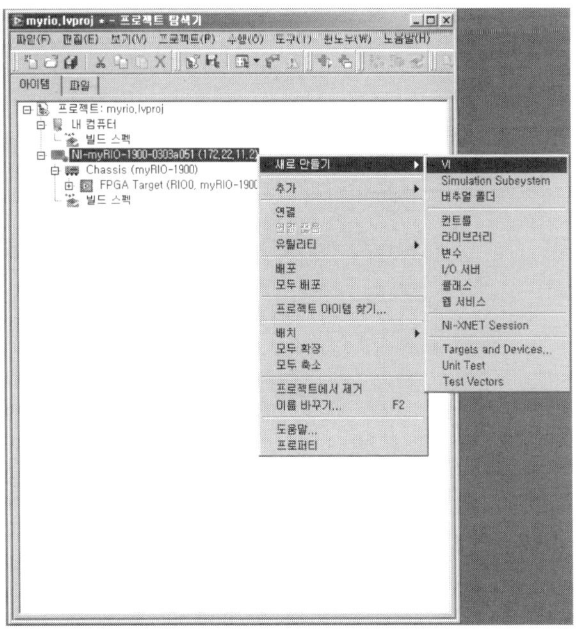

그림 3-17 VI 추가하기

- VI가 추가되면 이름을 Uart라고 설정해 주고 더블클릭하여 프런트패널을 연다.
- VI의 블록다이어그램을 열고 팝업메뉴의 myRIO - Uart 함수를 선택하여 블록다이어그램에 불러온다.

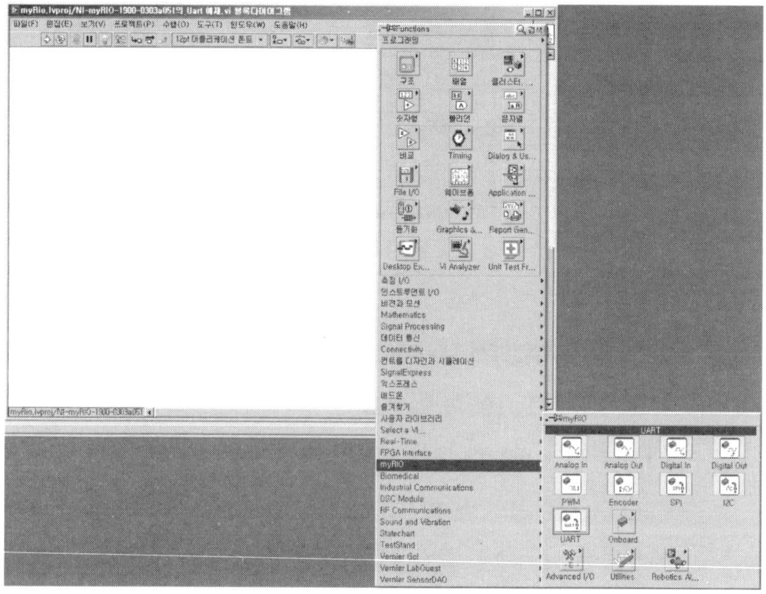

그림 3-18 Uart 함수 불러오기

- Uart 함수를 블록다이어그램에 추가하면 설정 창이 출력되고 다음 그림과 같이 설정한다.

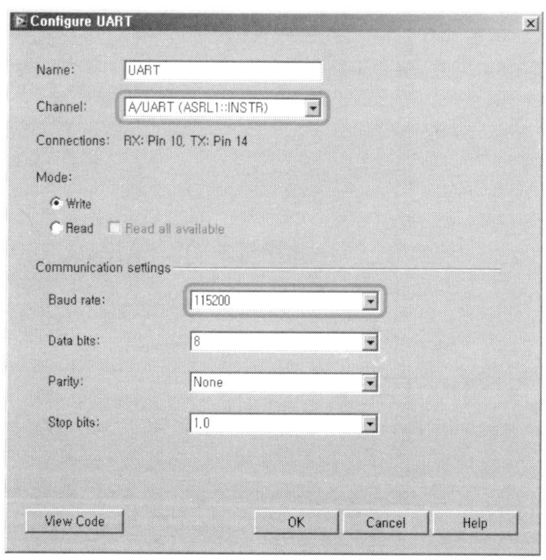

그림 3-19 Uart 함수 설정 창

- 설정을 완료하면 myRIO Uart Express 함수가 생성되고 입력으로 “Characters to write”, 출력으로 “Character Count”가 생성된 것을 확인할 수 있다. 입력 부분에는 Uart 통신의 TX 라인으로 보내질 LCD 프로토콜이 입력되고 출력은 보내진 프로토콜의 길이가 출력된다. 하지만 프로토콜의 길이는 사용하지 않는다.
- 함수의 입력 부분에서 마우스 오른쪽 버튼을 클릭하여 팝업창을 출력하고 생성 – 상수를 선택하여 문자열 상수를 만든다.

그림 3-20 익스프레스 함수 생성

- 만들어진 빈 상수에 LCD의 초기 대기상태 화면 명령어인 “<RST>”를 입력해 주고 VI를 실행하면 main화면 상태로 전환된다.

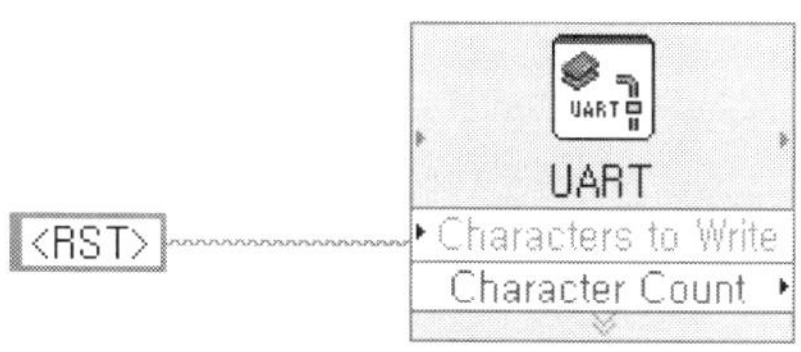

그림 3-21 LCD Main 화면 출력 프로토콜 전송

- 코딩에 사용된 Express 함수는 하위레벨의 함수 코드로 확인이 가능하다. 함수 설정 창에서 VIEW CODE를 클릭하면 하위레벨로 이루어진 코드가 출력되고 블록다이어그램에 복사하여 코딩에 사용 가능하다.

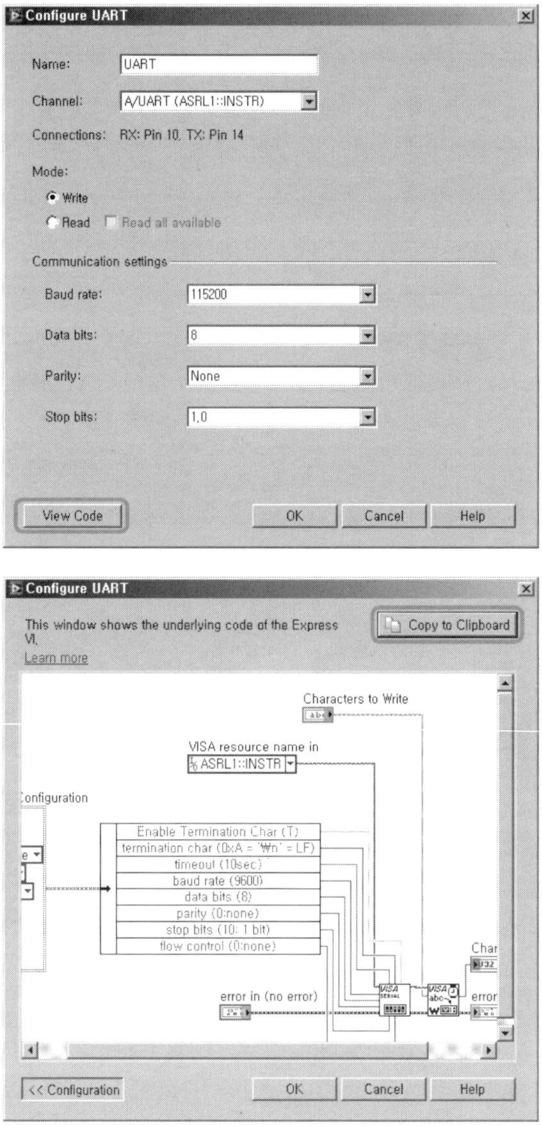

그림 3-22 Express 함수의 하위레벨 코드 확인 창

- 하위레벨 코드는 "VISA 시리얼 포트 설정"함수와 "VISA 쓰기"함수로 이루어져 있으며 Express 함수를 사용하지 않고 하위레벨 코드를 사용시에는 "VISA 시리얼 포트 설정"함수로 포트 설정을 1회 하고 VISA 쓰기 함수를 뒤이어 여러 번 사용해 응용할 수 있다(이 내용은 센서를 사용할 때 각각 데이터 출력 시 사용된다).
- 아래 그림은 FPGA로부터 Real Time 프로세서로 데이터를 받아오는 코드의 내용이다. 이 코드는 아래 센서를 구현하는 부분에서 자세히 설명되고 본 파트에서는 LCD를 다루는 내용만 언급한다.

- 아래 그림에서 표시된 부분이 LCD 화면을 로딩 화면에서 메인 화면으로 전환시켜 주는 부분이고 UART.VI는 위에서 설명한 UART Express 함수의 하위레벨을 수정하여 필요한 부분으로만 작성한 Sub VI 함수이다. 이 UART.vi는 제공되는 함수를 사용하면 유용하게 쓰일 수 있다.

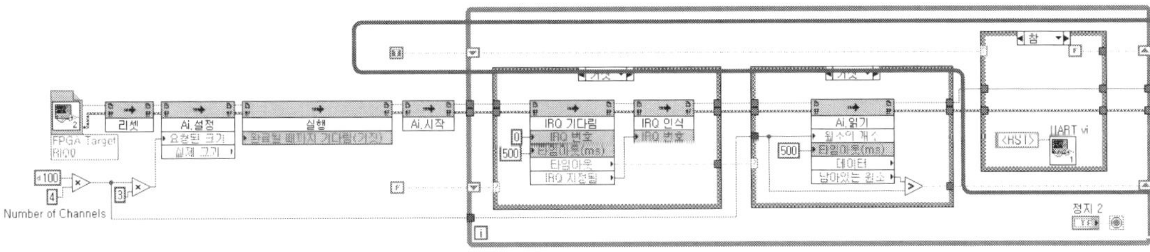

그림 3-23

- While Loop 안에 케이스 구조를 생성하고 Ture 케이스에 UART.VI 함수를 넣고 문자열 상수를 통해 <RST> 명령어를 작성해 준다. 이후 While Loop에 시프트레지스터를 만들고 초기값을 Ture로 설정하기 위해 Ture 블리언 상수를 만들어 그림같이 연결해 준다. 다음 UART.VI 함수가 있는 케이스문은 False 불리언 상수를 만들어 시프트레지스터로 연결해 주고 거짓 케이스 역시 False 불리언 상수를 만들어 연결해 주면 코딩이 완료된다.
- LCD를 제어하는 코드는 개발자가 자유로운 코딩 방법으로 변경이 가능하며 센서를 사용할 경우를 설정하여 센서 동작 시 센서에 해당하는 LCD가 출력되도록 설정이 가능하다. 이 내용은 각각의 센서 구현 파트에서 자세히 다룬다.

▶ **LCD 제어용 UART 통신 프로토콜**

센서	프로토콜	
Main 화면	〈RST〉	
ECG 센서	기본 화면	〈BECG〉
		ECG 측정화면이 출력되고 모든 값은 0으로 설정된다.
	측정값 전송	〈ECG■■■,◆.◆◆,○.○○〉
		■: 맥박수, ◆: 주파수, ○: 진폭
PPG 센서	기본화면	〈BSPO〉
		PPG 측정화면이 출력되고 모든 값은 0으로 설정된다.
	측정값 전송	〈SPO■■■,◆.◆◆,○.○○〉
		■: 맥박수, ◆: 주파수, ○: 진폭

NIBP 센서	기본화면	〈BNIB〉
		NIBP 측정 화면이 출력되고 모든 값은 0으로 설정된다.
	측정값 전송	〈NIB■■■,◆◆◆,○○○〉
		■: 커프 압력, ◆: 최고 혈압, ○: 최저 혈압
EMG 센서	기본화면	〈EMG〉
		EMG 측정은 수치값이 없어 그래프 확인만 하기 때문에 측정값 전송 프로토콜은 없다.

3.3.3 의료센서란?

- 바이오 시스템으로부터 생명현상과 관련된 정보를 포함한 다양한 에너지 신호를 입력으로 받아서 전기신호의 출력을 제공하는 변환소자이다. 이때 측정대상변수의 접근성에 따라 체내변수, 체표변수, 체방사변수, 체외시료변수로 나눌 수 있다.
- 생체전기신호는 가장 많이 활용되고 있는 의용 생체계측 시스템의 측정대상변수이다. 따라서 생체전기신호 계측 시스템의 구성과 작동원리를 이해하는 것은 매우 중요한 의미를 갖는다.
- 이러한 전기신호 중 ECG, EMG에 관하여 실험을 통해 이해하고 그 밖에 혈압, 산소포화도 센서를 이용해 생체 신호를 측정해 본다.
- 아래 그림을 통해 생체계측의 과정을 이해할 수 있다.

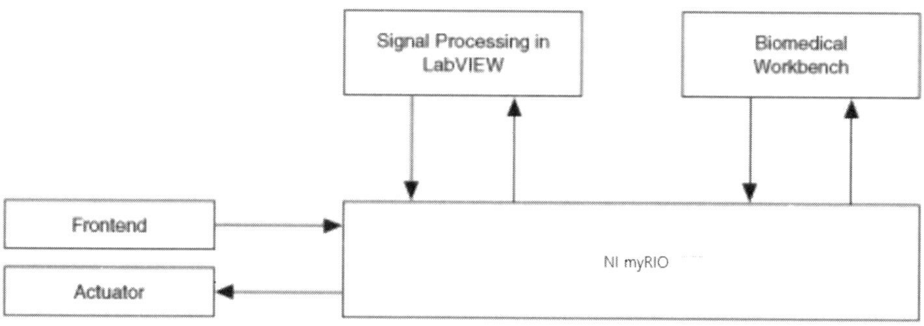

그림 3-24

3.3.4 심전도(Electrocardiography)

심전도(electrocardiogram)는 정해진 시간에 심장의 전기적 활동을 해석하는 것으로, 심장이 수축 이완을 반복하면서 심 박동과 함께 발생하는 전위차를 곡선으로 기록한 것이다. 심장의 수축을 일으키는 원동력이 심방의 동방결절에서 발생되는 미세한 전류인데, 심장 상태에 따른 전류흐름은 그림 3-25와 같이 나타낼 수 있다.

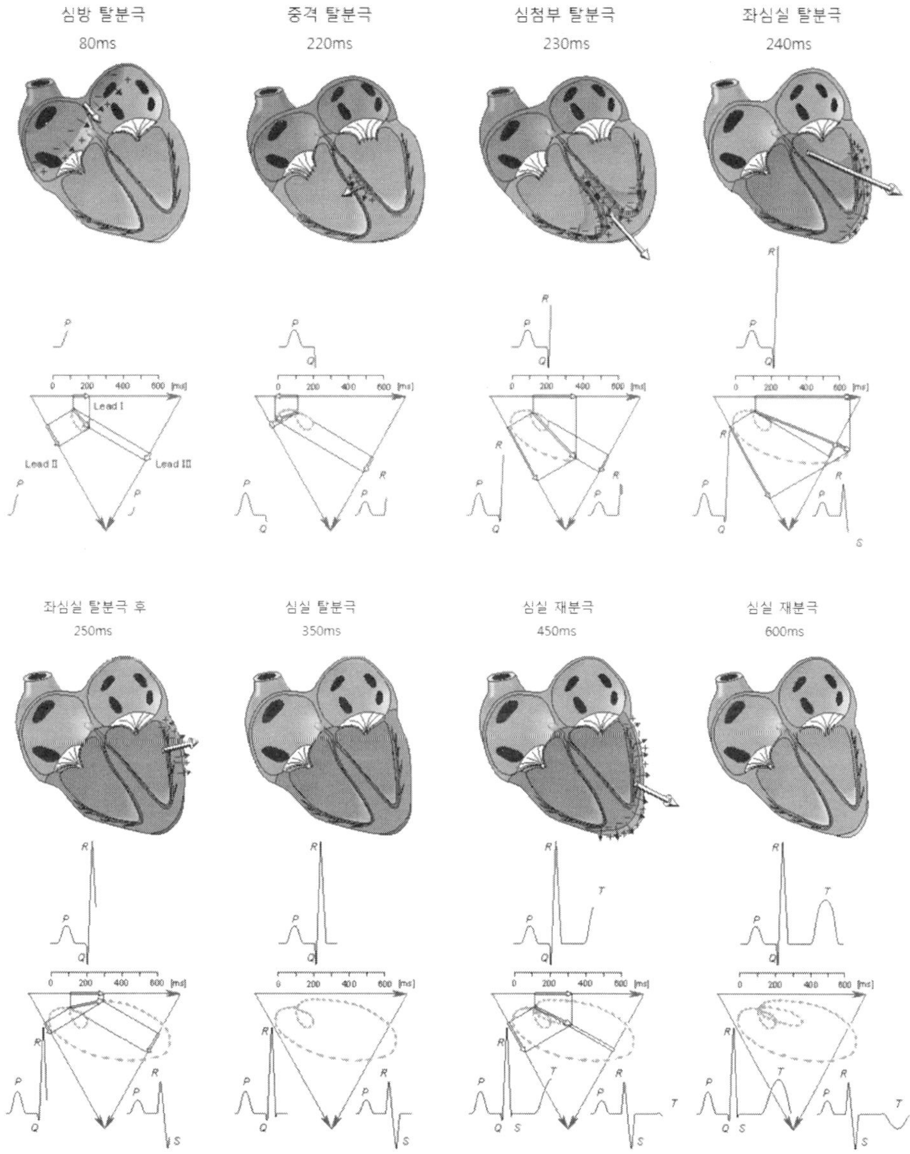

그림 3-25 ECG 파형의 흐름

심전도는 일반적으로 다음과 같은 모양을 갖는데, 크게 세 가지의 파장이 형성된다. P파는 동방결절을 통해 심방에 전달된 자극이 심방을 탈 분극시키면서 형성되며, QRS파는 심실의 탈 분극시 나타난다. T파는 심실의 재 분극시 형성된다.

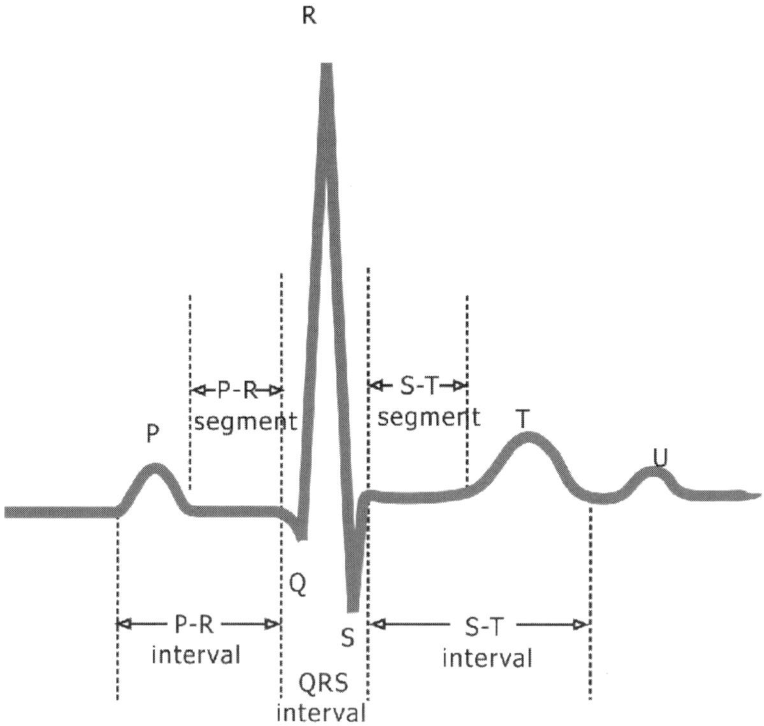

그림 3-26 정상 심전도 신호의 예

심전도 신호계측의 개요

심전도/근전도 측정용 케이블을 이용하여 심전도 신호를 측정하고 NI myRIO를 통해 신호를 계측하여 분석 후 PC 또는 Tablet PC로 데이터를 전송하여 출력한다.

심전도 신호계측을 위한 준비

심전도/근전도 측정용 케이블, INNO-MEDU100, PC or Tablet PC, NI LabVIEW 2013 프로그램, NI myRIO 디바이스 드라이버, NI FPGA 모듈, Ag/Agcl 일회용 전극

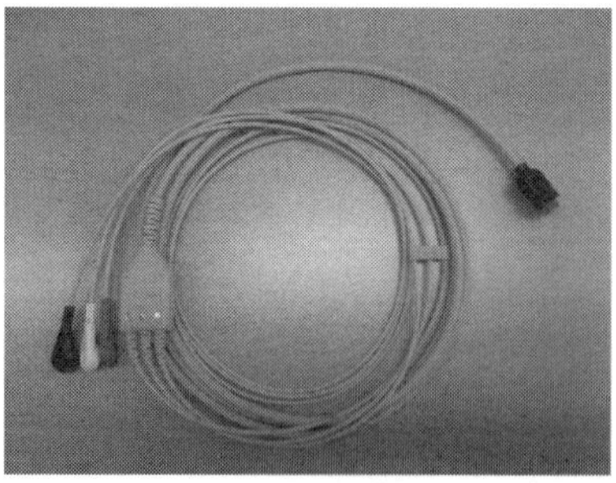

그림 3-27 심전도/근전도 측정용 케이블

시스템 구현

▶ INNO-MEDU100 측정용 커넥터 사용 시

- 심전도 측정용 케이블을 INNO-MEDU100의 ECG 커넥터 부위와 연결한다.
- 아날로그 신호처리 회로부는 장비의 내부에 설계되어 있으므로 별도로 설계하지 않는다.

▶ INNO-MEDU100 Bread Board 사용 시

- Bread Board 사용 시 아날로그 신호를 처리해 주는 부분이 없으므로 다음의 회로도를 이용해 설계한다.

ECG 회로 설계하기

▶ 목표

ECG 신호를 확인하기 위해 Filter, Amp, Add 회로를 구성하고 신호처리 과정을 이해한다.

회로설계는 INNO-MEDU100의 Bread Board를 이용해 설계하고 회로구성이 완료되면 INNO-MEDU100을 활용해 전원입력, 신호 분석을 실습한다.

▶ 참고 사항

ECG 신호의 전기적 특성

생체 신호	크기	주파수(Hz)	센서
ECG	0.5 ~ 5mV	0.01 ~ 250	피부 표면 전극

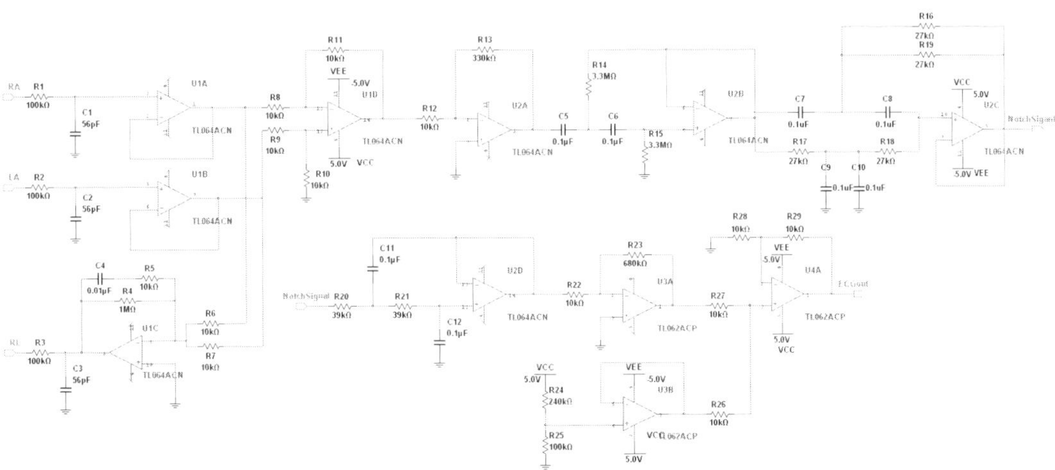

그림 3-28 ECG 신호처리 회로도

▶ **실습**

Multisim을 이용해 "HPF(High Pass Filter) → 차동 → Amp(Amplifier) → HPF → Notch → LPF(Low Pass Filter) → 가산기"순으로 회로를 구성한다

A. ECG 회로의 설계를 위해 NI Multisim에서 회로 창을 새로 추가하고, HPF를 설계한다.

❶ 왼쪽 상단의 구성요소 도구모음에서 저항 모양의 아이콘을 클릭하고 Select a Component 윈도우 창을 출력한다(저항 아이콘이 아닌 구성요소 도구모음의 다른 아이콘을 클릭하여 창을 출력할 수도 있다).

❷ 창이 출력되면 Database – Master Database, Group – Basic, Family – Resistor Component – 100kΩ으로 설정하고 OK버튼을 누르거나 더블클릭하여 저항을 회로 창에 추가한다.

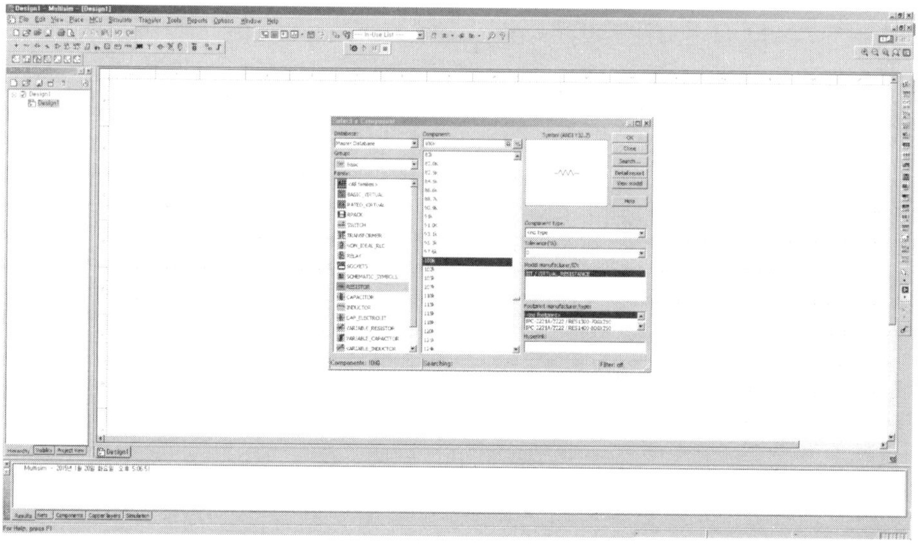

❸ 같은 방법으로 Capacitor와 GND를 추가한다(56uF). 부품 추가 시 Component 항목에서 직접 사용자가 검색하여 부품을 쉽게 찾을 수 있다.

❹ 부품을 추가하여 부품의 끝에서 끝으로 연결하여 회로를 설계한다.

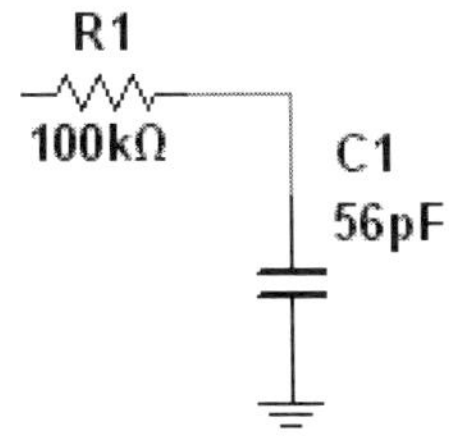

❺ 설계된 회로의 주파수 특성을 확인하기 위해 NI Multisim의 가상 장비를 이용하여 시뮬레이션을 한다. 가상 장비는 윈도우 창의 오른쪽에 장비 도구모음에 있으며 부품을 추가하는 방식과 동일하게 사용하고자 하는 장비를 클릭하고 회로 창에 추가할 수 있다.

❻ 설계된 Filter의 주파수 특성을 확인하기 위해 Select a Component 창에서 AC 전원 소스를 이용해 전원을 입력(RMS - 1, Frequency 60)해 주고, Bode Plotter를 추가하여 와이어링을 완료한다.

그림 3-29 Bode Plotter 아이콘

❼ 전원은 Select a Component 창의 Group - Sources, Family - Power_Sources, Component - AC_POWER를 선택하여 추가할 수 있다. 추가된 전원 소스는 해당 부품을 더블클릭하여 주파수, RMS, Offset 등의 값을 변경할 수 있다.

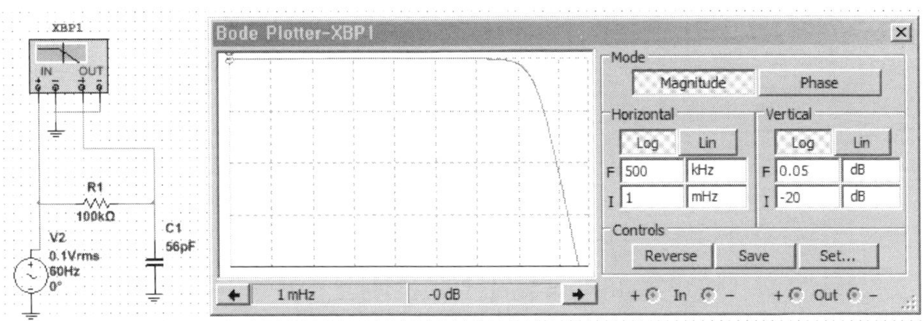

❽ 완료된 회로를 시뮬레이션 하기 위해 Multisim 창의 전원 버튼 또는 시뮬레이션 버튼을 클릭해 시뮬레이션을 실행하고 Bode Plotter 아이콘을 더블클릭해 창을 출력하여 주파수 응답을 확인한다.

B. 다음으로 Loading Effect를 제거하기 위해 차동증폭기를 설계하기 전에 Buffer 회로를 설계한다.

❶ OP-AMP를 추가하기 위해 구성요소 도구모음에서 Group - <All Groups>를 선택하여 모든 구성요소를 검색할 수 있도록 한다. 이후 Component 항목에서 OP-AMP 부품인 TL064를 검색한다.

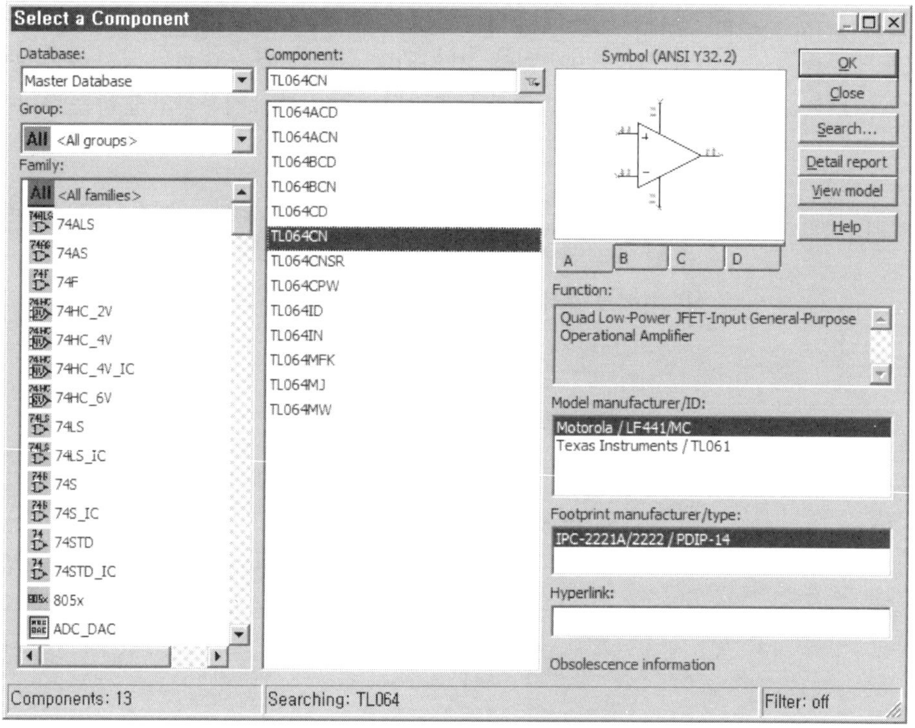

❷ 검색된 부품 중 TL064CN을 선택하여 회로 창에 부품을 추가해 준다.

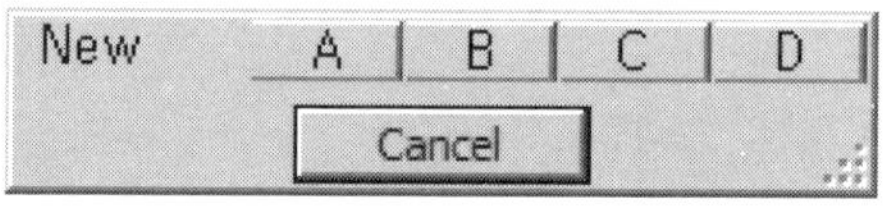

OP-AMP의 경우 하나의 IC에 4개가 포함되어 있으므로 A, B, C, D를 통해 사용하고자 하는 AMP를 선택하여 회로 창에 추가한다.

❸ 추가된 OP-AMP에 VCC - +5V, VEE - −5V를 추가해 준다. VCC와 VEE는 구성요소 도구상자에서 검색하여 추가 가능하다.

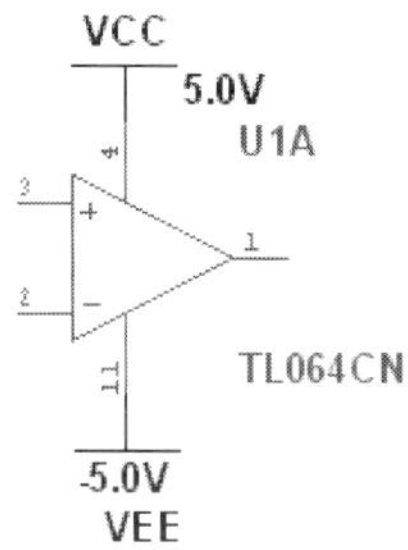

❹ 전원 입력이 완료되면 OP-AMP의 출력이 반전 단자로 Feedback 되고, 비 반전 단자로 신호가 입력되는 Buffer를 설계한다.

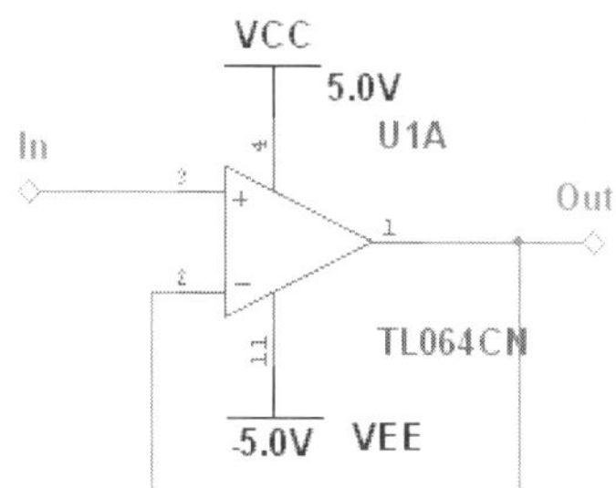

❺ 설계된 Buffer는 전에 설계된 HPF의 출력과 Buffer의 입력을 와이어링 하여 회로를 설계한다(심전도 신호 측정은 RA, LA에서 측정되므로 2개의 Buffer 회로를 설계한다).

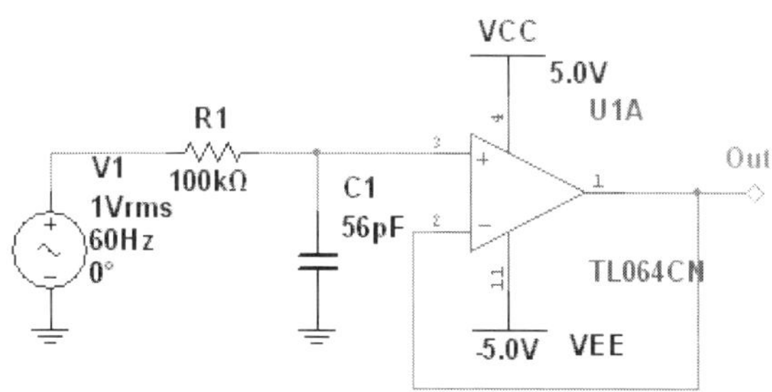

C. 오른팔과 왼팔에서 측정되는 ECG 신호의 동일한 노이즈는 제거하고 원신호를 증폭하기 위해 차동증폭기를 설계한다.

❶ 차동증폭기에 사용할 OP-AMP를 추가하기 위해 Buffer 설계와 동일하게 TL064를 검색하여 회로 창에 추가한다.

❷ TL064CN을 위의 방법으로 동일하게 선택하면 추가할 OP-AMP를 선택하는 팝업 창이 출력된다.

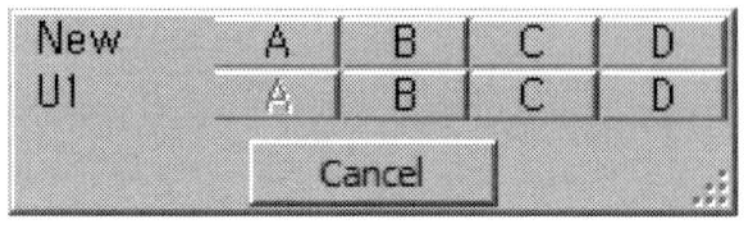

❸ New 라인의 A, B, C, D를 추가 시 새로운 부품의 OP-AMP가 추가되고 U1 라인의 B, C, D를 추가 시 기존(Buffer)에서 추가했던 부품에서의 OP-AMP를 추가할 수 있다. 동일한 부품을 사용하기 위해 U1 라인의 B를 선택하여 OP-AMP를 추가한다.

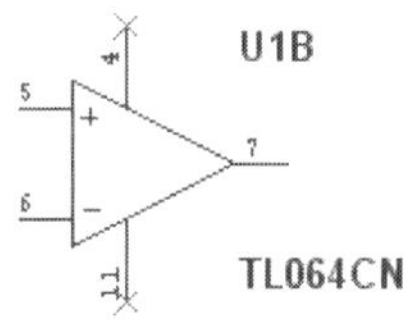

OP-AMP를 보면 VCC, VEE 단자는 X 표시되어 있는 것을 확인할 수 있고, OP-AMP의 순서는 U1B로 표기되어 있는 것을 확인할 수 있다.

❹ 추가된 OP-AMP를 이용해 2배 증폭되는 차동증폭기를 설계하기 위해 10KΩ 저항 4개와 입력 전원 2개를 이용해 다음과 같이 회로를 설계한다.

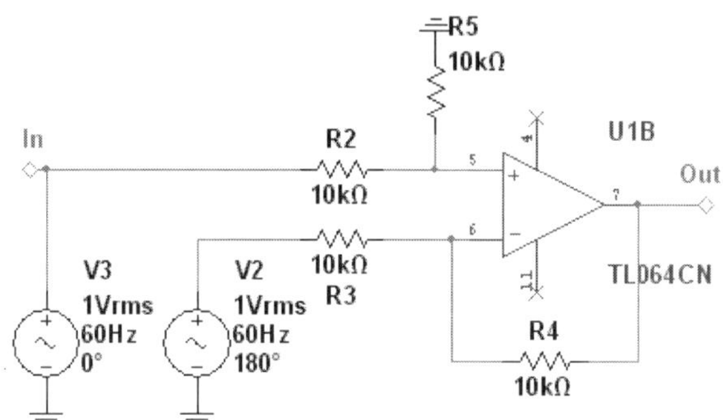

❺ 설계된 회로를 시뮬레이션 하여 2배 증폭되는 결과를 확인하기 위해 V2전원을 더블클릭하여 Phase를 180으로 설정해 준다.

❻ 장비 도구모음에서 Tektronix oscilloscope를 선택하여 회로 창에 추가하고 1번은 Out 에, 2번은 V2에, 3번은 V3에 와이어링 해 주고 오실로스코프를 더블클릭하여 가상의 장비 화면을 출력한다. 출력된 가상 오실로스코프 창의 왼쪽 하단에 POWER 버튼을 클릭하여 전원을 On한다.

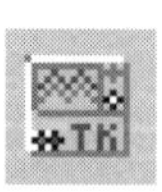

그림 3-30 오실로스코프 아이콘

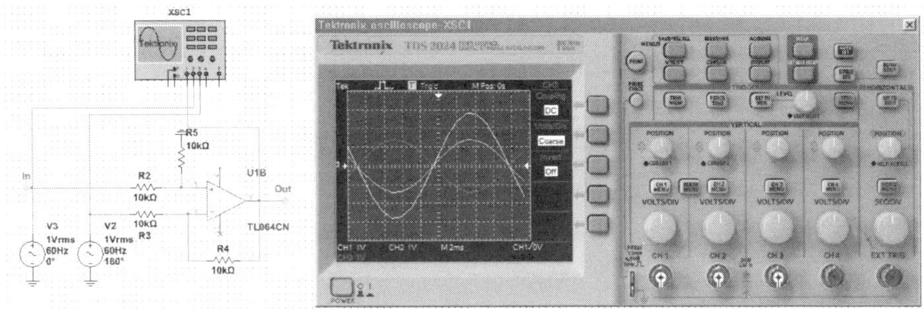

❼ 시뮬레이션을 실행하고 각각 입력과 출력의 신호를 확인한다(입력신호 두 개의 위상 차에 의해 출력신호가 2배 커지는 것을 확인할 수 있다).

❽ 설계가 완료된 회로의 입력에 설계된 오른팔, 왼팔의 버퍼 회로 출력과 각각 와이어링 하여 회로를 완성한다.

❾ 완성된 회로는 아래와 같이 Bode Plotter와 오실로스코프를 이용해 주파수 특성, 증폭률을 확인할 수 있다(OP-AMP의 반전, 비 반전 단자의 위치에 유의한다).

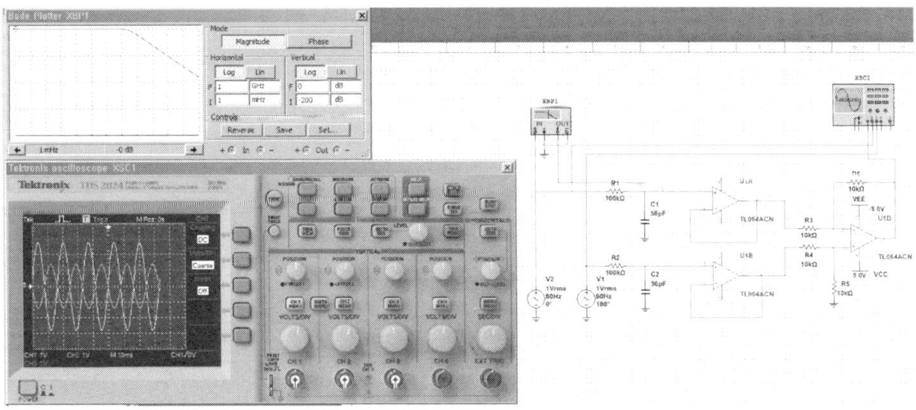

D. ECG 회로를 설계 시 Right Leg Driver 회로를 구성하여 노이즈를 제거하는 역할을 한다. 때문에 차동증폭기를 구성하기 전에 인체로 피드백되는 회로를 구성하는데 다음과 같은 회로를 통해 설계가 가능하다. 회로의 R6, R7에 입력은 위에서 설계한 차동증폭의 각각 입력부분과 연결되고 RL부분은 오른다리의 전극과 연결된다. 아래의 Right Leg Driver 회로는 별도의 설명 없이 직접 설계하여 시뮬레이션 해보고 확인한다.

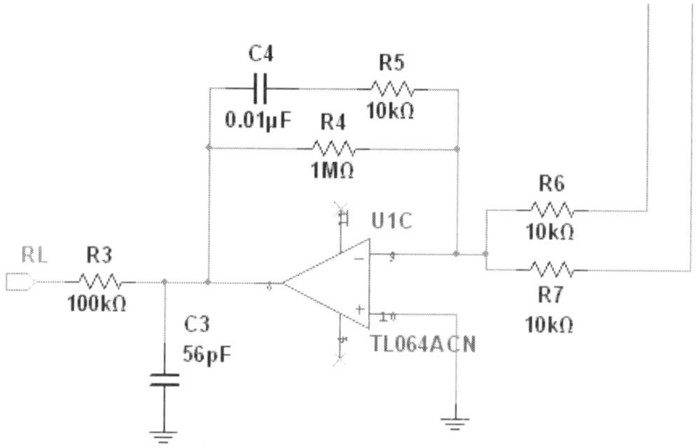

※ Right Leg Driver 회로를 구성함으로써 노이즈의 제거, 동상신호제거 비(CMRR)를 높일 수 있으며 설계 방법으로는 10KΩ 다음 단에 각각 차동증폭기의 RA, LA 입력으로 병렬상태로 연결해 준다(최종 회로도 참고).

E. Right Leg Driver까지 완료된 차동증폭된 신호를 약 33배 더 증폭하기 위해 반전 증폭기를 설계한다.

❶ 반전증폭기의 경우 와 같은 수식에 의해 이득이 정해지고 이득되는 값만큼 출력전압이 결정된다. 따라서 33배 증폭을 위해 R1 = 10kΩ, R2 = 330kΩ으로 설정하여 다음과 같은 반전 증폭기 회로를 구성한다.

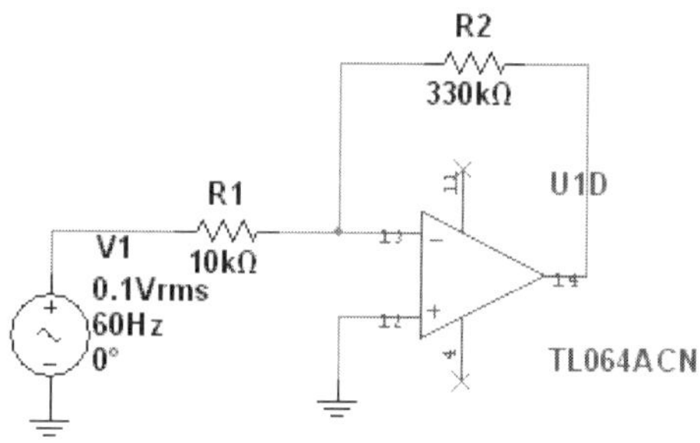

❷ 구성된 회로는 33배 증폭되는 것을 시뮬레이션 하기 위해 입력신호 rms값을 0.1V로 설정해 주고 주파수를 60Hz로 설정한다.

❸ OP-AMP에 와이어링 할 때는 반전 단자와 비 반전 단자의 위치에 유의하고 VCC와 VEE가 필요할 경우 구성요소 도구모음에서 추가하여 설계해 준다.

❹ 설계가 완료된 회로를 시뮬레이션 하기 위해 가상의 오실로스코프를 회로 창에 위치하고 1번을 입력되는 신호에 연결하고 2번을 OP-AMP의 출력 단에 연결한 후 가상의 오실로스코프 창을 열어 전원을 On한다. 시뮬레이션을 실행하고 오실로스코프 창에 신호가 증폭되는 것을 확인한다.

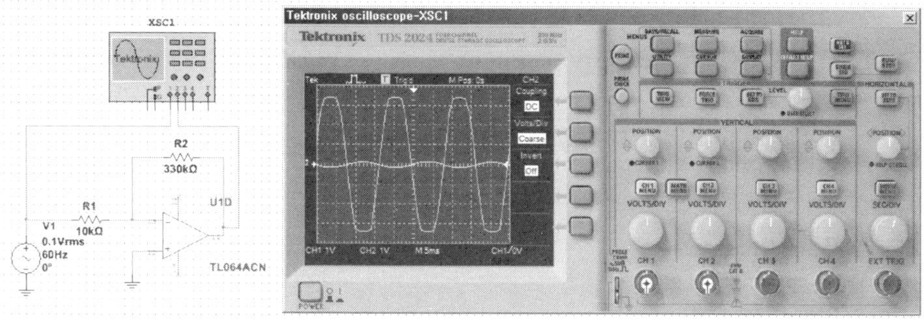

❺ 오실로스코프의 창을 확인하면 원신호에 비해 33배 증폭된 신호를 확인할 수 있는데 증폭된 신호가 OP-AMP에 입력되는 Reference 전압(+5, −5)보다 더 크게 증폭되어 Saturation되는 것을 확인할 수 있다. 이런 현상은 실제 ECG 신호에서는 더 작은 신호를 증폭하기 때문에 발생하지 않는다.

❻ 반전증폭이 완료되면 전단에서 설계한 차동증폭의 출력과 반전증폭기의 입력에 연결하여 회로를 구성한다.

❼ 만약 OP-AMP의 Reference 전압을 더 크게 하거나 작게 할 때 어떻게 변하는지 확인해 본다.

F. 차동증폭에 의해 발생된 신호의 Offset 전압을 제거해 주기 위해 고주파 필터인 HPF를 설계한다.

❶ 구성요소 도구모음에서 OP-AMP(TL064)를 회로 창에 추가하고 커패시터 2개(0.1uF)와 저항 2개(3MΩ)를 추가하여 HPF를 설계한다.

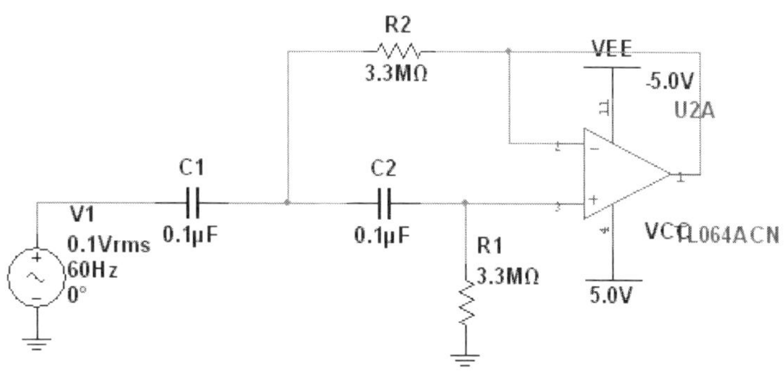

❷ 설계하는 필터는 능동소자인 OP-AMP를 사용한 능동 필터로 2차 Sallen-Key High Pass Filter이다. 본 필터의 경우 사용되는 저항과 커패시터 각각 동일한 2개의 소자가 사용되었을 때 의 수식에 의해 차단 주파수를 계산할 수 있다.

❸ 설계가 완료되면 시뮬레이션을 위해 장비 도구모음에서 Bode Plotter를 회로

창에 추가하고 IN의(+)단자를 입력에, OUT의(+)단자를 OP-AMP의 출력에 연결한 후 Bode Plotter의 IN, OUT의(−)단자를 함께 묶어 그라운드로 연결해 준다.

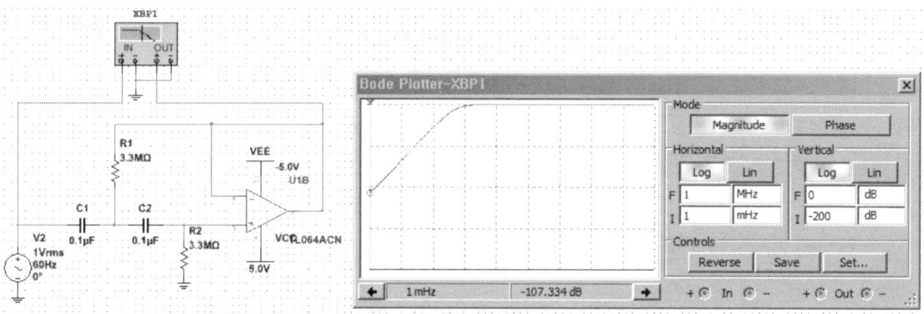

❹ 연결된 회로를 시뮬레이션을 실행해 Bode plotter 창에서 주파수 응답을 확인한다.

❺ 주파수 응답의 정상동작을 확인 후 앞 단의 HPF에 출력부분과 HPF 입력 단을 연결 하여 회로를 설계한다.

G. HPF를 통해 Offset 전압이 제거된 신호를 LPF를 설계하여 노이즈에 해당하는 고주파 신호를 제거한다.

❶ 구성요소 도구모음에서 OP-AMP(TL064)를 회로 창에 추가하고 커패시터 2개(0.1uF), 저항 2개(37kΩ)를 추가하여 LPF를 설계한다.

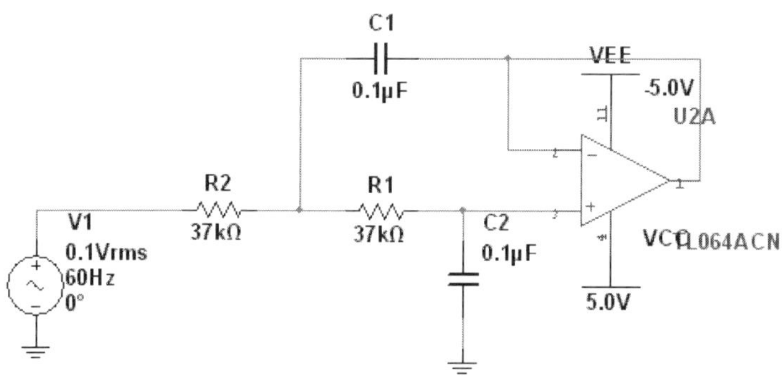

❷ 설계하는 필터는 능동소자인 OP-AMP를 사용한 능동 필터로 2차 Sallen-Key Low Pass Filter이다. 본 필터의 경우 사용되는 저항과 커패시터 각각 동일한 2개의 소자가 사용되었을 때 의 수식에 의해 차단 주파수를 계산할 수 있다

❸ 설계가 완료되면 시뮬레이션을 위해 장비 도구모음에서 Bode Plotter를 회로 창에 추가하고 IN의 (+)단자를 입력에, OUT의 (+)단자를 OP-AMP의 출력에 연

결한 후 Bode Plotter의 IN, OUT의 (−)단자를 함께 묶어 그라운드로 연결해 준다.

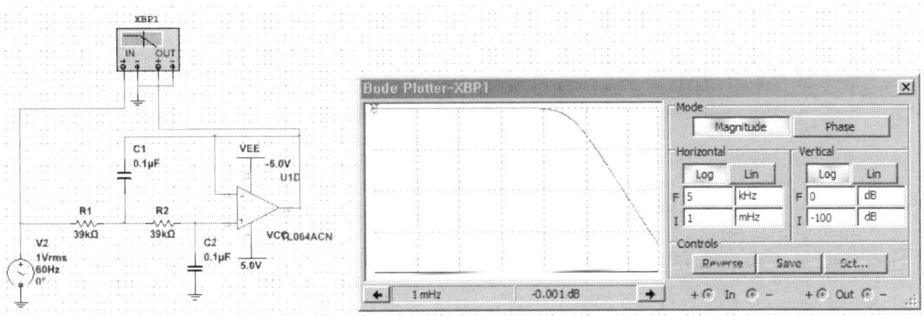

❹ 연결된 회로를 시뮬레이션을 실행해 Bode Plotter 창에서 주파수 응답을 확인한다.

❺ 주파수 응답의 정상동작을 확인 후 앞 단의 HPF에 출력부분과 LPF 입력 단을 연결 하여 회로를 설계한다.

H. LPF에 의해 필터된 신호를 1V이내의 신호로 증폭하기 위해 약 68배 증폭되는 반전 증폭기를 설계한다. ECG 회로에서는 반전 증폭기를 2번 설계하여 원신호를 얻을 수 있도록 한다.

❶ 반전증폭기의 경우 Vout= −(Rref/Rin)Vin와 같은 수식에 의해 이득이 정해지고 이득되는 값만큼 출력전압이 결정된다. 따라서 68배 증폭을 위해 R1 = 10kΩ, R2 = 680kΩ으로 설정하여 다음과 같은 반전 증폭기 회로를 구성한다.

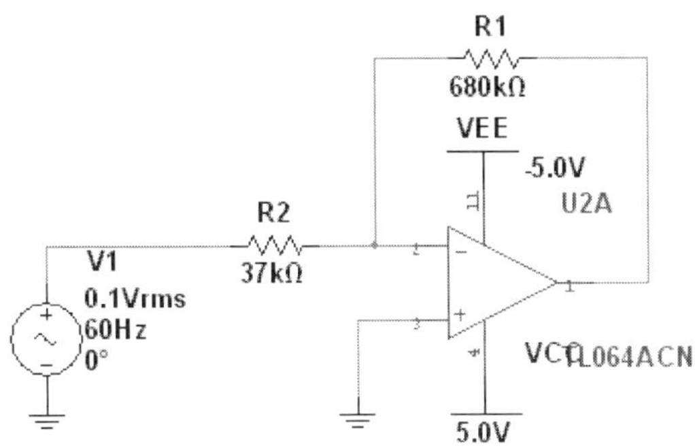

❷ 구성된 회로는 68배 증폭되는 것을 시뮬레이션 하기 위해 입력신호 rms값을 0.1V로 설정해 주고 주파수를 60Hz로 설정한다.

❸ 설계가 완료된 회로를 시뮬레이션 하기 위해 가상의 오실로스코프를 회로 창에 위치하고 1번을 입력되는 신호에 연결하고 2번을 OP-AMP의 출력 단에 연결한 후 가상의 오실로스코프 창을 열어 전원을 On한다. 시뮬레이션을 실행하고 오실로스코프 창에 신호가 증폭되는 것을 확인한다.

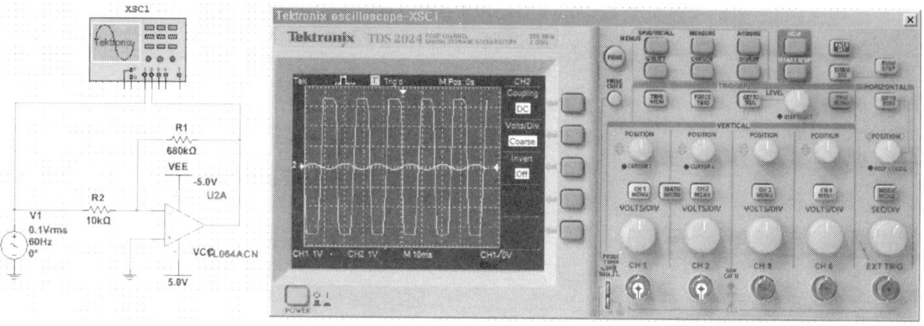

❹ 오실로스코프의 창을 확인하면 원신호에 비해 68배 증폭된 신호를 확인할 수 있는데 증폭된 신호가 OP-AMP에 입력되는 Reference 전압(+5, −5)보다 더 크게 증폭되어 33배 증폭했던 부분보다 더욱 Saturation되는 것을 확인할 수 있다. 이런 현상은 실제 ECG 신호에서는 더 작은 신호를 증폭하기 때문에 발생하지 않는다.

❺ 증폭기 설계가 완료되면 LPF 단의 출력과 반전 증폭 단의 입력을 연결하여 ECG 신호를 증폭하는 회로를 완료한다.

I. 증폭을 마치면 ECG 신호는 오실로스코프 상에서 확인할 수 있을 정도로 신호처리가 완료되고 원 신호에 약 1.5V의 전압 Offset을 주기 위해 OP-AMP를 이용한 전압 비 반전 가산기를 설계한다.

❶ 비 반전 가산기를 설계하기 위해 OP-AMP 2개와 저항 6개(10KΩ 4개, 240kΩ 1개, 100kΩ 1개)를 이용한다. OP-AMP는 각각 가산회로와 Buffer 회로에 사용되며 Buffer 회로의 경우 1.5V가 가산되는 부분에서 Loading Effect를 제거하기 위해 설계된다.

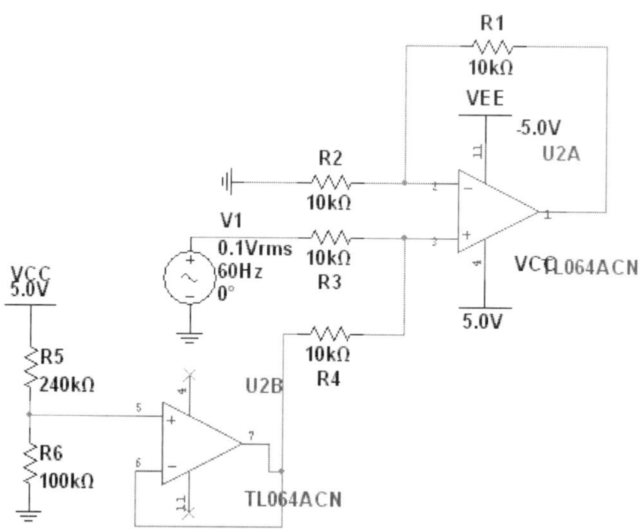

❷ 설계된 회로는 VCC +5V를 240KΩ 저항과 100KΩ 저항의 전압분배에 의해 약 1.5V 전압을 만들어 Buffer를 통해 가산기의 비 반전 단자로 입력된다. VCC +5V는 OP-AMP의 Reference 전압에서 복사하여 간단하게 추가할 수 있고 DC_INTERACTIVE_VOLTAGE를 이용해 전압을 가변하며 확인할 수 있다.

❸ DC_INTERATIVE_VOLTAGE는 NI Multisim의 구성요소 도구모음에서 Group – Sources, Family – SIGNAL_VOLTAGE_SOURCES에서 Component 항목의 DC_INTERACTIVE_VOLTAGE를 선택하여 사용 할 수 있으며 DC_INTERATIVE_VOLTAGE는 마우스 커서를 아이콘 위에 올렸을 때 나타나는 좌/우 조절 막대를 이용해 전압 가변이 가능하다.

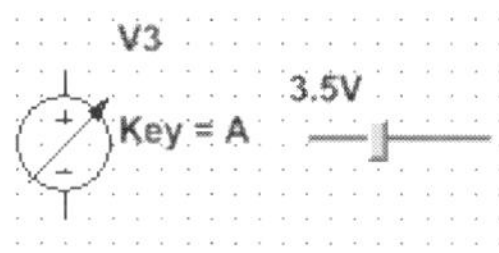

❹ DC_INTERATIVE_VOLTAGE까지 추가한 회로를 완성하여 오실로스코프를 회로 창에 추가하고 1번을 신호의 입력에 연결하고 2번을 OP-AMP의 출력에 연결하여 원신호가 조절하는 전압만큼 Offset 되는 것을 확인한다(DC_INTERATIVE_VOLTAGE에서 출력되는 전압은 저항에 의해 전압 분배되어 Offset 되는 것에 유의한다).

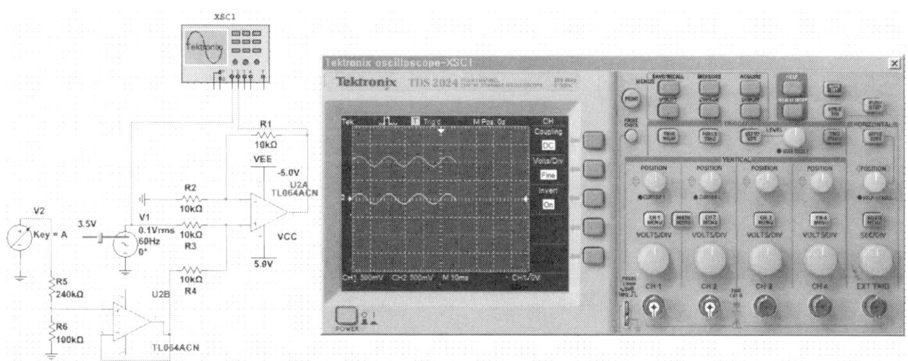

❺ 시뮬레이션을 확인한 후 68배 증폭한 증폭회로의 출력과 가산회로의 입력을 연결하여 ECG 신호가 약 1.5V Offset 되도록 한다.

J. 60Hz 전원 노이즈를 제거하기 위해 Notch Filter를 설계한다.

❶ ECG신호를 확인하면 아직 잡음이 많이 혼합되어 있는 것을 확인할 수 있다. 이유는 OP-AMP전원을 사용하거나 그 밖에 회로 구동에서 필요한 전원을 사용하며 유입된 60Hz의 전원 노이즈가 제거되지 않아 발생되는 현상이다. 기본적으

로 생체신호를 계측하는 회로에서는 60Hz 제거 필터인 Notch Filter를 필수적으로 설계해야 하며 외부 전원을 배터리의 형태로 사용할 경우 노이즈를 감소할 수 있는 효과가 있다.

❷ Notch Filter의 경우 저항 4개와 커패시터 4개, OP-AMP(TL064)를 사용하여 설계 가능하다. 60Hz의 대역을 차단하는 Notch Filter를 설계하는 방법은 다양한 방법이 있으며 필터의 Q값을 가장 이상적으로 가질 수 있도록 개별적으로 설계해 본다.

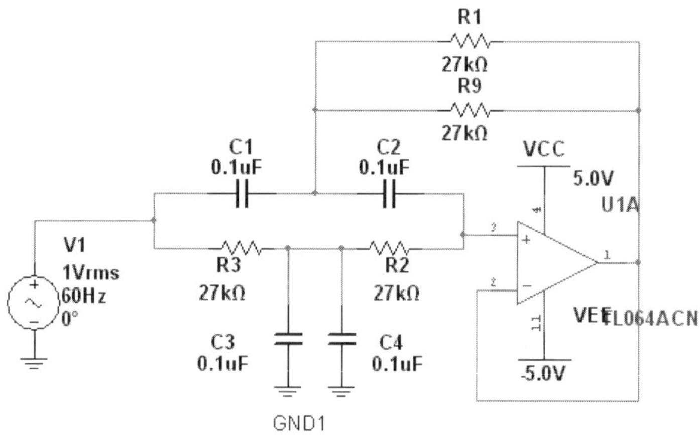

❸ 필터 설계 후 시뮬레이션을 하기 위한 전원을 구성요소 도구모음에서 추가하고 Bode plotter를 이용해 주파수 응답을 확인한다. Notch filter의 경우 Band Reject Filter에 해당하므로 주파수 응답 곡선은 60hz를 기준으로 차단되는 것을 확인할 수 있다.

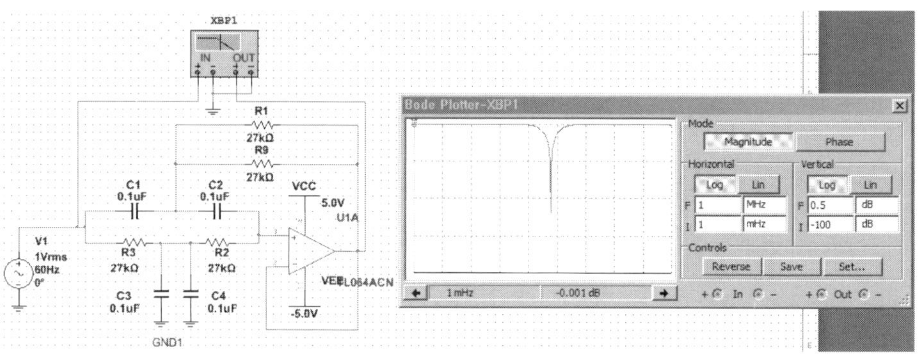

❹ Notch Filter까지 설계가 완료되면 ECG 원신호를 오실로스코프 상에서 확인할 수 있으며 출력되는 신호를 INNO MEDU100의 AI 라인으로 연결하여 LabVIEW에서 신호를 분석하거나 확인할 수 있다. LabVIEW를 활용하여 ECG 신호를 출력하는 방법에 관해서는 다음 장에서 자세히 다루도록 한다.

LabVIEW 프로그램 작성

▶ Real Time Application

FPGA의 코딩이 끝난 프로젝트 탐색기에서 myRIO 항목을 선택 후 마우스 오른쪽 버튼 클릭 후 새로 만들기 → VI를 선택하여 Real Time Application을 코딩할 VI를 생성한다. 생성된 VI를 myRIO RT로 저장한다.

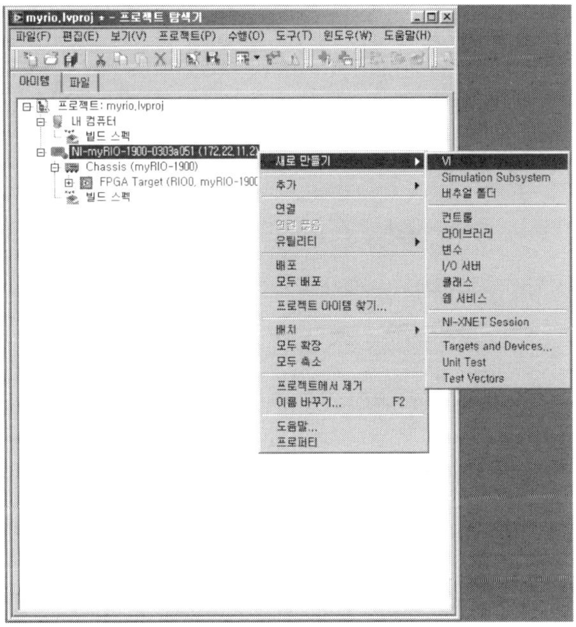

그림 3-31 myRIO RT.vi 생성

myRIO RT.vi를 열고 블록다이어 그램에 FPGA로부터 버퍼되어 넘어오는 데이터를 받아 처리할 소스를 코딩한다.

myRIO RT.vi에서 사용할 소스로는 랩뷰 프로그래밍의 디자인 패턴 중 하나인 마스터/슬레이브 패턴을 사용하게 되며 프로젝트 탐색기 창의 "파일 – 새로 만들기"를 선택하여 제공되는 기본 소스를 응용할 수 있다.

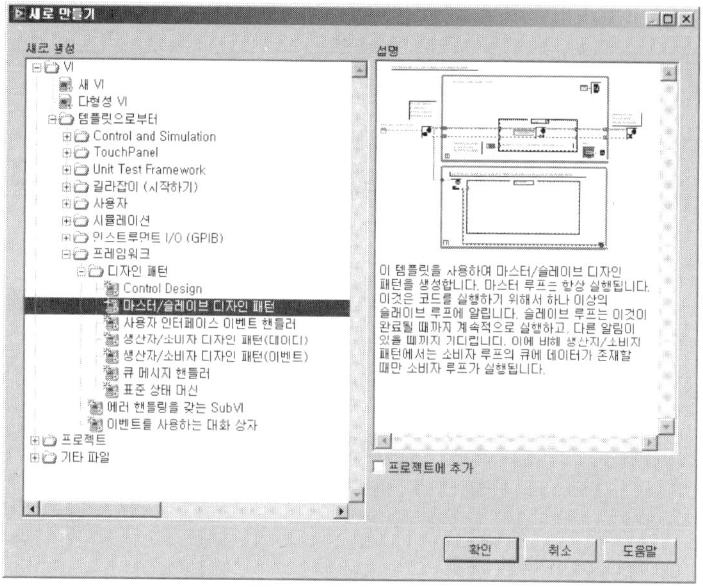

그림 3-32 마스터/슬레이브 패턴 응용

myRIO RT.vi의 블록다이어그램의 Function 팔레트에서 “FPGA interface → Open FPGA VI reference 함수”를 선택하고 생성한다.

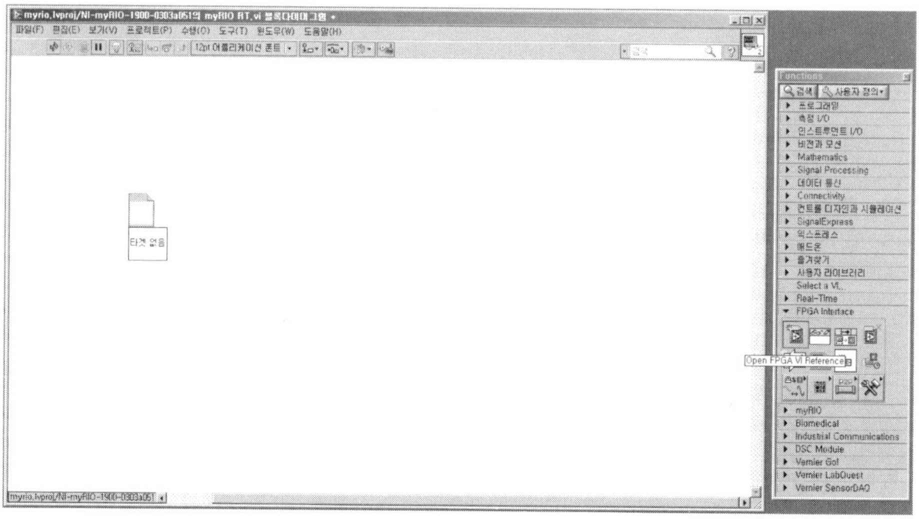

그림 3-33 myRIO RT.vi 블록다이어그램 화면

생성된 함수의 아이콘에서 더블클릭하면 Configure Open FPGA VI Reference 창이 나타나고 VI 항목을 선택하여 Select VI 창에서 생성해 놓은 FPGA.vi 파일을 설정해 준다. 설정을 완료하면 생성해 놓은 Open FPGA VI reference 함수의 아이콘이 변하는 것을 확인할 수 있다.

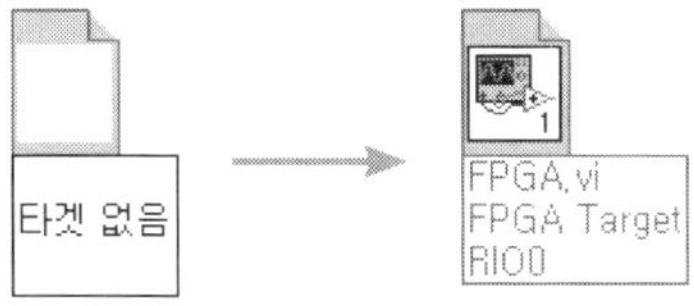

그림 3-34 Open FPGA VI reference 함수 생성

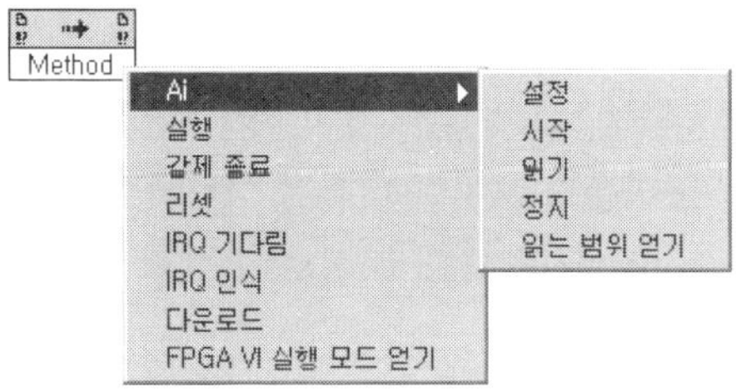

그림 3-35 Invoke method 설정

FPGA의 설정을 위해 Function 팔레트의 FPGA Interface 항목에서 Invoke method 함수들 생성하여 아이콘의 텍스트 부분을 클릭하여 그림처럼 리셋, Ai 설정, 실행, Ai 시작 순서로 코딩한다.

마스터/슬레이브 패턴을 활용하여 마스터 루프의 소스를 그림과 같이 코딩한다.

- While 루프 안의 소스는 마스터/슬레이브 패턴의 마스터 부분에 해당하며 FPGA.VI에 설정해 놓은 인터럽트 함수에서 인터럽트 발생 시 Ai의 FIFO로부터 데이터를 배열의 형태로 알림 자에 전달된다.
- 케이스 구조의 참, 거짓 부분 코드는 그림 3-36을 참조한다.

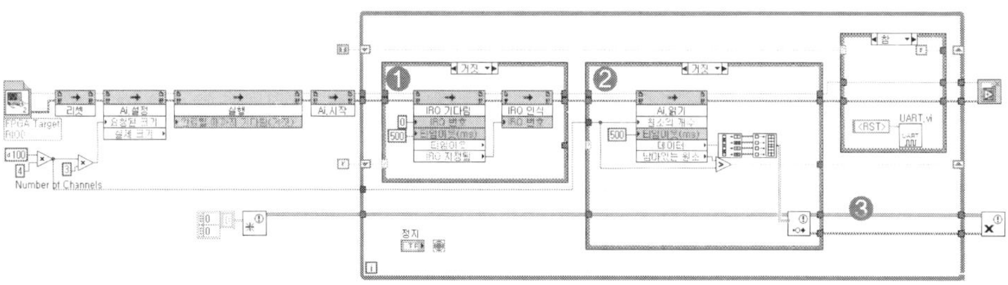

그림 3-36 마스터 루프

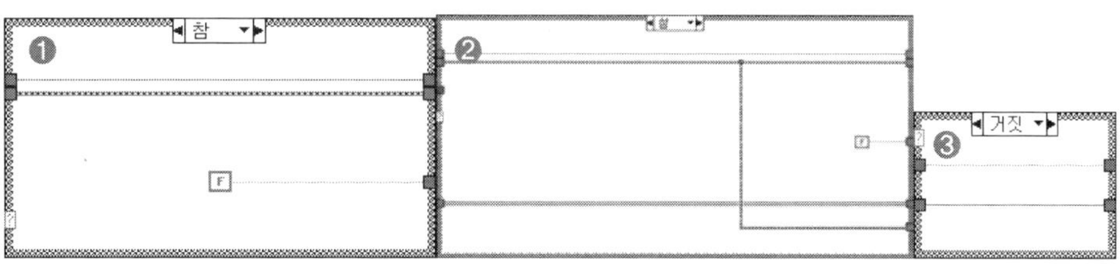

그림 3-37 마스터 루프 "참"케이스

슬레이브 루프의 소스를 그림 3-38과 같이 코딩한다.

- 알림 기다림 함수를 사용하여 코딩한 후 2D 배열의 형태로 넘어온 데이터를 배열 인덱스(1행 → ConnectorB/Ai1)하여 데이터를 받아오고 100개씩 넘어오는 데이터가 3000개가 될 때까지 시프트레지스터를 이용해 쌓아 준다.
- 데이터가 3000개 이상이 되면 ECG데이터를 분석(R Peak Detection, R-R interval, Heart Rate, ECG Signal)하는 알고리즘에 의해 인디케이터로 출력된다(분석 알고리즘은 제공되는 Sub VI를 사용한다 – SubVI의 추가는 프로젝트 탐색기에서 "내 컴퓨터"항목을 마우스 오른쪽 버튼을 클릭하여 팝업 메뉴의 "추가 → 폴더(자동 적용)..."을 통해 SubVI를 추가할 수 있다).
- 데이터가 무제한으로 쌓이게 되면 PC의 CPU에 과부화가 생기게 되어 문제가 될 수 있으므로 3000개의 데이터가 유지되도록 루프가 동작할 때마다 오래된 데이터 100개를 삭제하는 부분을 추가한다.
- 슬레이브 루프의 그림 3-38의 거짓 케이스는 시프트레지스터를 연결해 준다. 1번케이스의 거짓은 비워둔다.

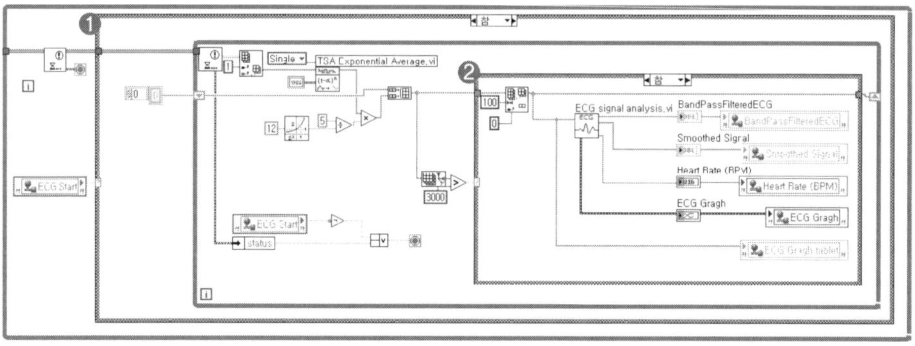

그림 3-38 슬레이브 루프

- 루프를 실행하는 블리언 변수나 데이터 분석을 통해 출력되는 인디케이터 변수는 HMI(Human Machine Interface) 또는 Tablet PC에서 데이터 공유가 가능하도록 네트워크 공유변수로 만들어 공유변수 라이브러리에 추가해 준다.

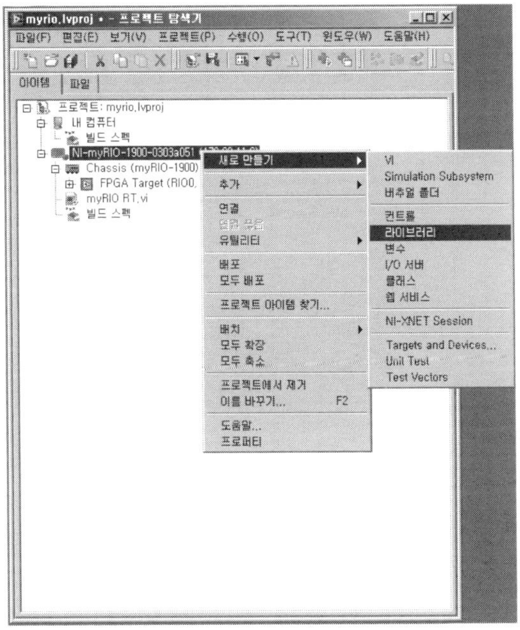

그림 3-39 공유변수 라이브러리 생성

- 추가된 라이브러리를 저장하고 프로젝트 탐색기의 생성된 라이브러리 항목에서 마우스 오른쪽 버튼을 클릭하여 "새로 만들기 → 변수"를 선택한다.
- 공유변수 프로퍼티 창이 나타나면 변수의 이름, 타입, 데이터 타입을 설정 후 확인버튼을 눌러 변수를 생성한다. 생성된 변수는 목록에서 블록다이어그램으로 드래그 앤 드롭을 통해 코딩 가능하다(블록다이어그램의 공유변수를 생성하고자 하는 변수아이콘에서 마우스 오른쪽 클릭 후 "생성 → 공유변수"로 생성이 가능하다).

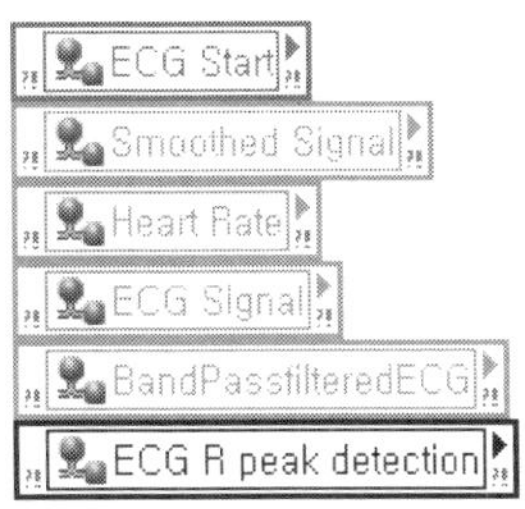

그림 3-40 네트워크 공유변수

- 프로그램을 실행하면 배포가 시작되고 배포가 완료되면 VI가 실행된다.
  - FPGA의 컴파일이 되어 있지 않는 경우 에러가 발생할 수 있다.
  - 배포 진행 창의 "성공적인 완료 시 닫기"옵션을 선택하지 않으면 배포 완료 후 사용자가 닫기 버튼을 누를 때까지 VI를 실행하지 않고 대기한다.

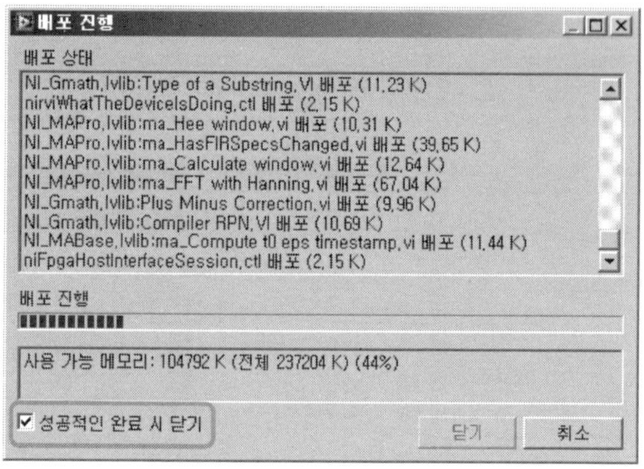

그림 3-41 배포 진행 중

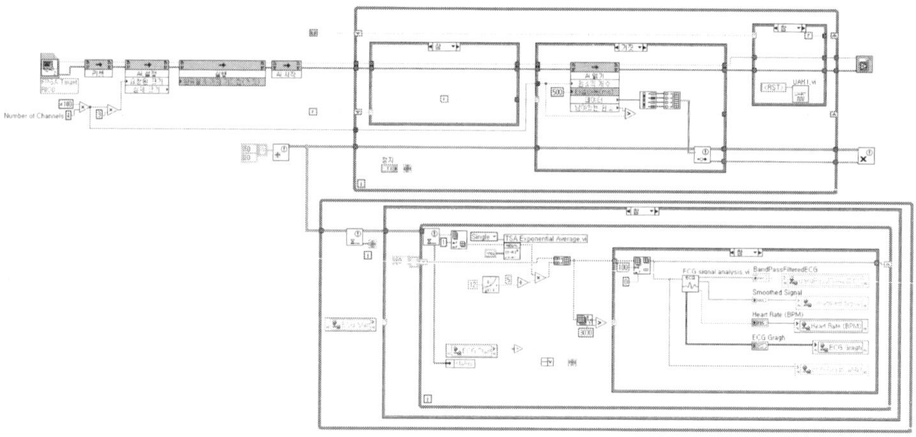

그림 3-42 완료된 블록다이어그램

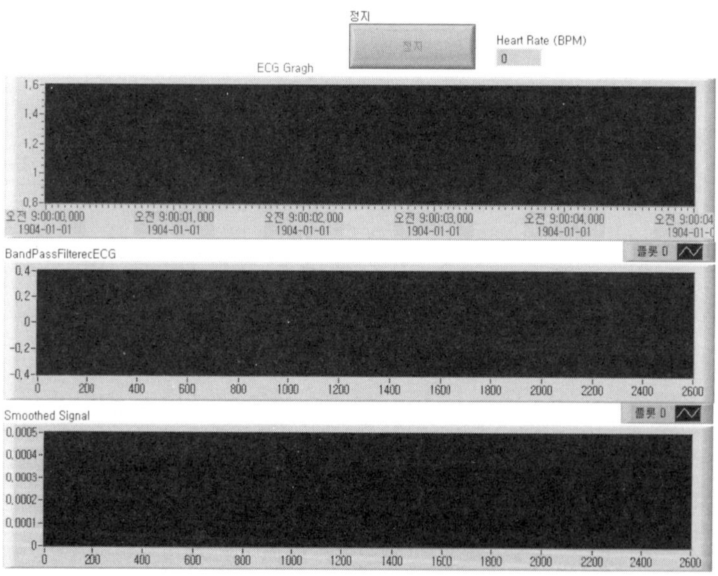

그림 3-43 완료된 프런트패널

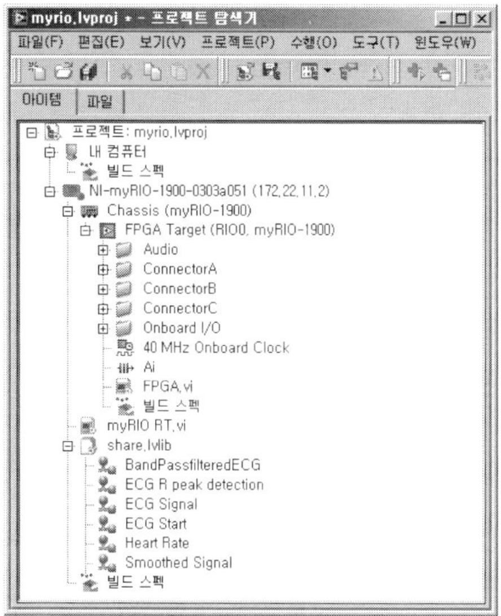

그림 3-44 완료된 프로젝트

- 완료된 VI를 이용해 Real Time Application을 빌드하여 myRIO 자체적으로 실시간 동작이 가능하도록 한다.
  - 프로젝트 탐색기에서 myRIO 항목의 "빌드 스펙"을 선택하고 마우스 오른쪽 버튼을 클릭하여 "새로 만들기 → Real-Time Application"을 선택한다.

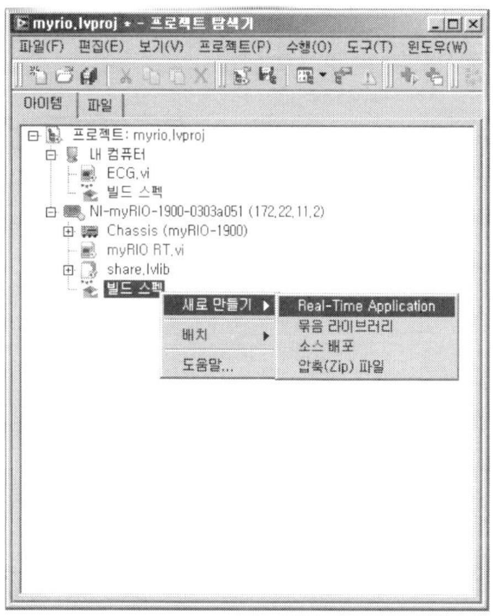

그림 3-45 Real-Time Application 빌드

  - 선택하면 My Real-Time Application 프로퍼티 창이 뜨고 Information 항목에서 빌드 스펙 이름과 저장 경로를 설정할 수 있다.

- 설정을 완료했다면 Source Files 항목을 선택하고 "시작 VI"에 myRIO RT.vi를 "항상 포함"에 share.lvlib를 추가하고 빌드 버튼을 눌러 빌드를 시작한다(기타 다른 항목에 관한 설정은 사용자 임의로 설정 가능하나 변경하지 않아도 무방하다).

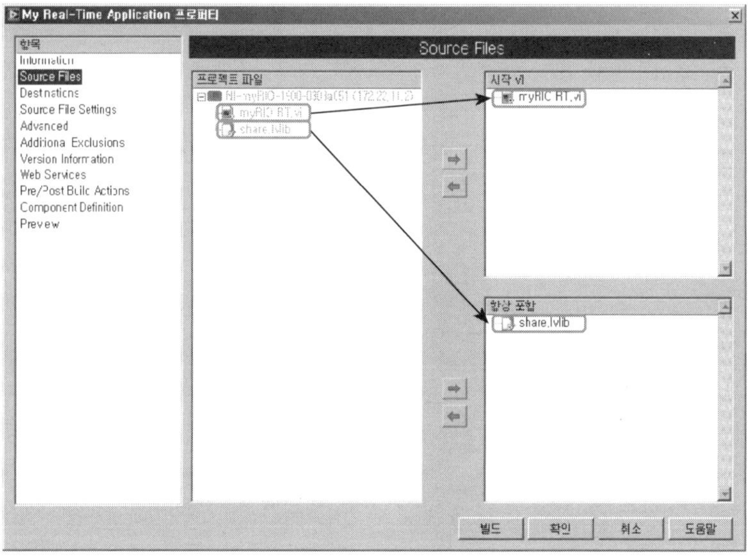

그림 3-46 Source Files 추가

- 빌드가 완료되면 그림 3-47과 같이 "빌드 스펙"아래에 생성한 (My Real-Time Application) 빌드 항목이 추가되어 있으며, 마우스 오른쪽 버튼을 클릭하여 Run as Startup을 설정해 준다.

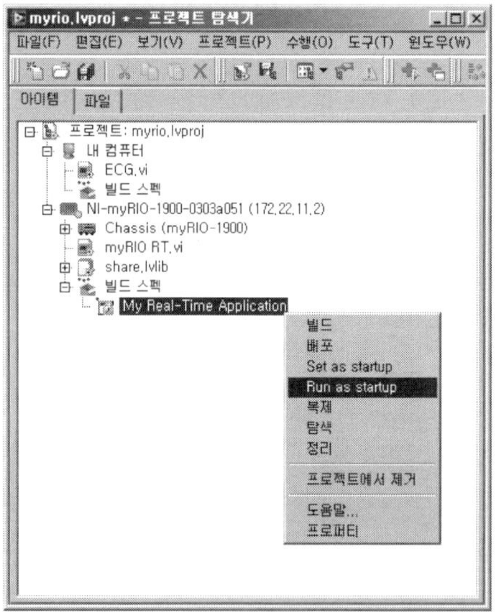

그림 3-47 Run as startup 설정 후 myRIO의 실시간 동작

- ECG 센서 측정 시 LCD에 값 출력하기
  - LCD를 제어하기 위해 ECG 센서의 Real Time application에 UART 통신이 가능하도록 코드를 추가해 준다(함수는 UART.VI를 사용한다).
  - 완성된 Real Time application 코드의 슬레이브 루프에 그림 3-48과 같이 코딩한다.

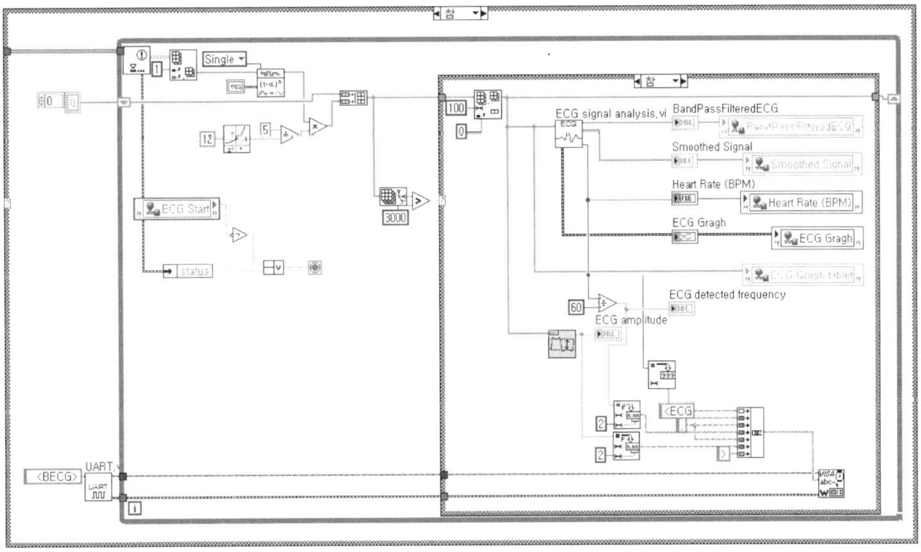

그림 3-48 LCD 제어 코드가 추가된 슬레이브 루프

- 루프의 케이스 구조에 UART.VI를 위치하고 <BECG>명령어를 전송해 초기 ECG 화면이 출력되도록 한다.
- 이후 While Loop 안의 케이스 구조에 "단일 톤 정보 추출"함수와, "진폭과 레벨"함수를 위치하고 각각의 수치를 "숫자를 소수점형 문자열로"함수를 통해 문자열로 변경하고 정밀도는 2를 설정하여 소수점 2자리까지 출력되도록 한다.
- 맥박값을 문자열로 변경하고 문자열 연결 함수를 통해 "<ECG■■■,◆.◆◆,○.○○>"형태의 프로토콜이 완성되도록 설정해 준다.
- 문자열 형태로 만들어진 프로토콜은 VISA 쓰기 함수를 이용해 전송해 주도록 한다.
- 완성된 코드는 측정이 시작되면 루프가 동작할 때마다 데이터를 LCD에 출력한다.

그림 3-49 ECG 측정 LCD 화면

▶ **HMI(Human Machine Interface) Application**

- HMI를 생성하기 위해 프로젝트 탐색기 목록 중 "내 컴퓨터"아이콘에서 마우스 오른쪽 버튼을 클릭하여 새로 만들기 → VI를 선택하고 VI가 생성되면 ECG라는 파일 이름으로 저장한다.
- 저장된 VI의 프런트패널을 열고 공유변수와 연결할 그래프, 차트, 블리언 컨트롤, 숫자형 인디케이터를 위치한다.

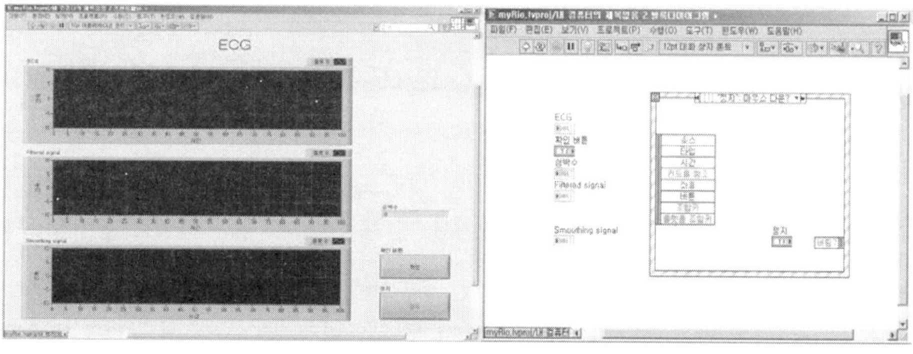

그림 3-50 심전도 HMI 프런트패널과 블록다이어그램.

- 이제 VI의 블록다이어그램에서 생성된 변수를 네트워크 공유변수와 연결해 준다.
  - 네트워크 공유변수와 연결해 주기 위해서는 연결하고자 하는 변수에서 마우스 오른쪽 버튼을 클릭하고 프로퍼티를 선택하면 해당 변수의 프로퍼티 창이 나타난다.

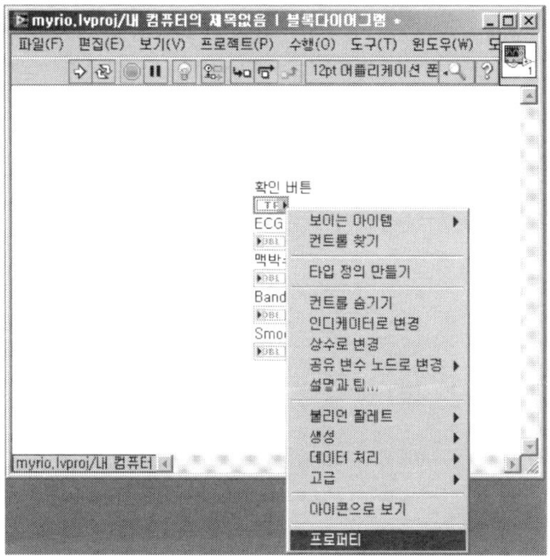

그림 3-51 확인 버튼의 팝업 메뉴 창

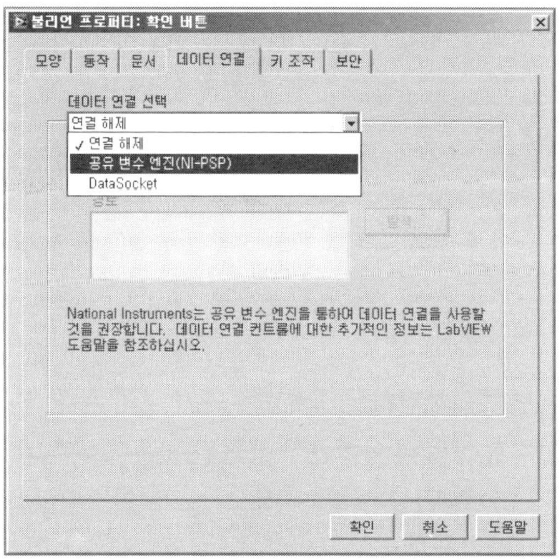

그림 3-52 확인 버튼의 프로퍼티 창

- 프로퍼티 창에서 “데이터 연결”탭을 선택하고 “데이터 연결 선택”의 하위 메뉴에서 “공유변수 엔진(NI-PSP)”을 선택하면 아래의 경로가 활성화되고 탐색 버튼을 누르고, 소스 아이템 선택 창이 나타난 후 그림 3-53과 같이 연결하고자 하는 공유변수를 선택해 준다.

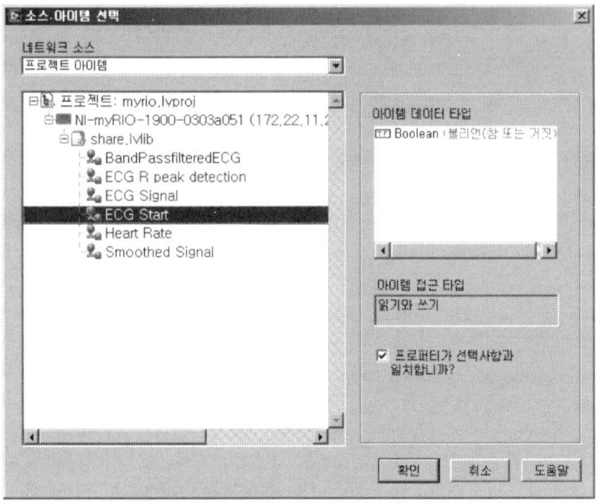

그림 3-53 소스 아이템 선택 창.

- 변수의 프로퍼티 창의 경로에 공유변수의 경로가 설정되어 있는 것을 확인한 후 확인 버튼을 누른다(연결하고자 하는 변수와 공유변수 간의 데이터 형태가 다르면 VI에 에러가 발생된다. Ex. 그래프를 차트에 연결할 경우 에러 발생).

그림 3-54 공유변수의 경로

- 다른 변수도 해당하는 공유변수와 연결해 준다. 연결이 완료되면 프런트패널의 변수에 삼각형 모양의 아이콘이 생성된 것을 확인할 수 있다. 이 아이콘은 데이터 연결의 상태 LED로 VI를 실행 시 정상적으로 연결되었을 경우는 초록색, 잘못 연결되었을 경우는 빨강색으로 표시된다.

그림 3-55 데이터 연결 상태 LED

- 다시 블록다이어그램을 열고 이벤트 구조와 정지 버튼을 하나씩 생성하고 이벤트 구조의 이벤트 추가를 이용해 이벤트 소스는 "정지 버튼", 이벤트는 "마우스 다운?"을 설정하여 추가한다.

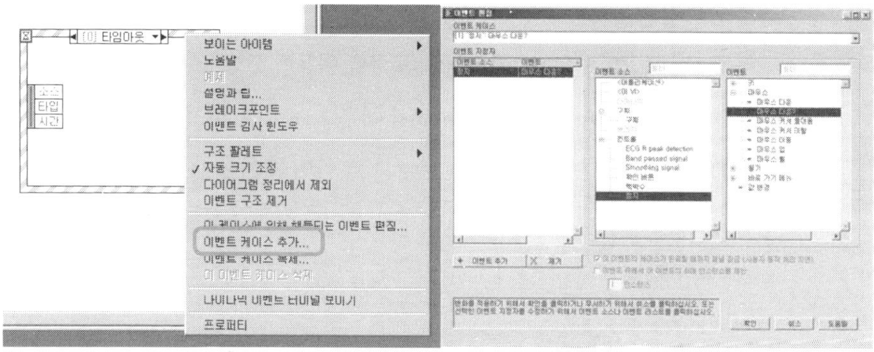

그림 3-56 정지 버튼의 이벤트 추가

- 추가된 이벤트의 페이지를 보면 구조 내부에 입/출력 터미널이 생성되어 있고, 입력 터미널을 클릭하여 "버림?"으로 변경해 준 후 그림 3-57과 같이 코딩한다.

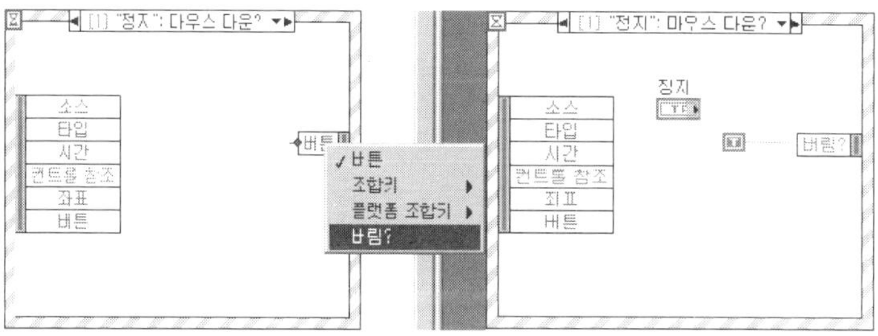

그림 3-57 이벤트 구조 코딩

- 이벤트 구조를 추가함으로써 vi실행 시 종료 버튼을 누르기 전까지 종료되지 않고 공유변수로부터 데이터를 주고받을 수 있다.
- 코딩이 완료된 Vi를 장식을 이용해 알맞게 꾸미고 각각의 인디케이터의 라벨을 수정한 후 실행하고 데이터 측정이 잘 이루어지는지 확인한다.

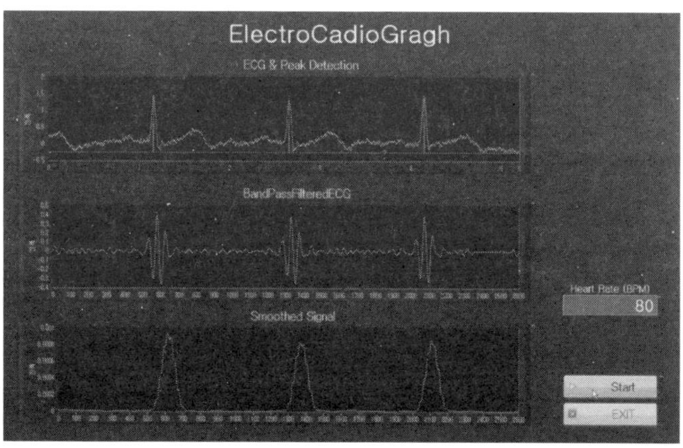

그림 3-58 ECG HMI 신호 측정

모바일 활용

▶ Tablet PC - Data dashboard를 이용한 코딩

- Tablet PC에서 Data dashboard 어플리케이션을 설치한 후 실행한다.
- Data dashboard를 실행하고 오른쪽 위의 더하기를 터치하여 페이지를 추가한다.
  - 페이지를 추가하면 추가된 페이지 화면으로 변환되고 각각의 메뉴를 선택하여 코딩을 진행하면 된다.

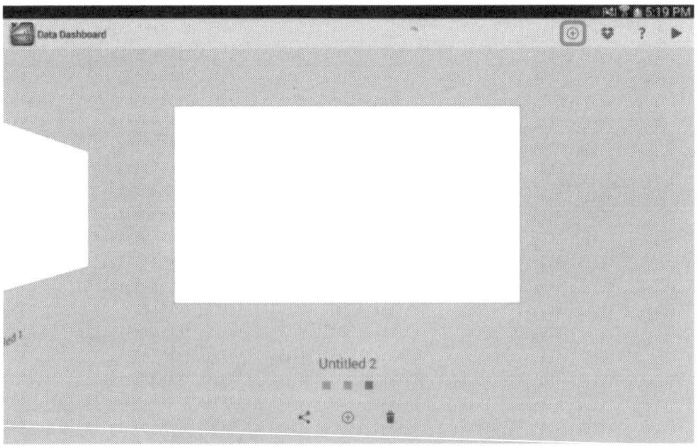

그림 3-59 Data dashboard main 화면

- HMI를 코딩할 때와 마찬가지로 필요한 인디케이터와 컨트롤을 Palette 메뉴에서 선택하여 페이지에 추가한다.

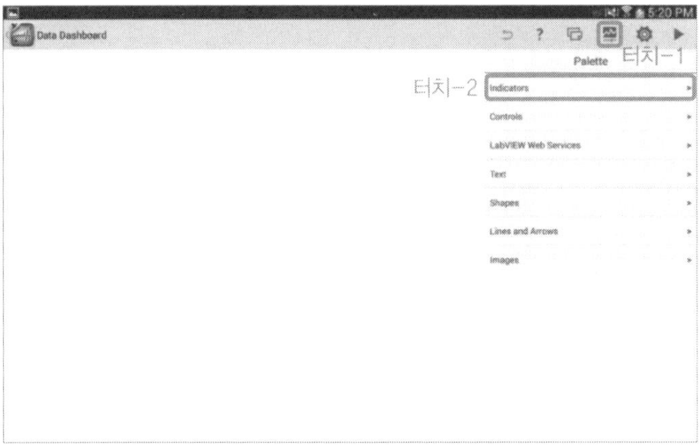

그림 3-60 팔레트 메뉴에서 인디케이터 선택

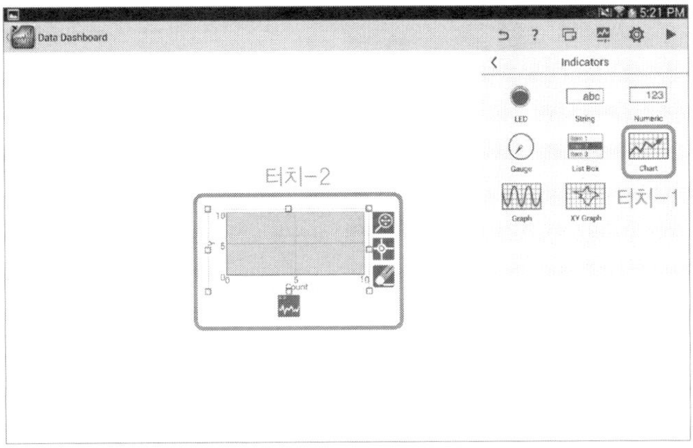

그림 3-61 인디케이터 항목에서 차트를 터치 후 페이지를 터치한다.

- 페이지에 인디케이터를 추가한 후 인디케이터의 중앙 하단에 표시되는 그림 3-62와 같은 아이콘을 터치하여 myRIO에 공유변수와 연결해 준다.

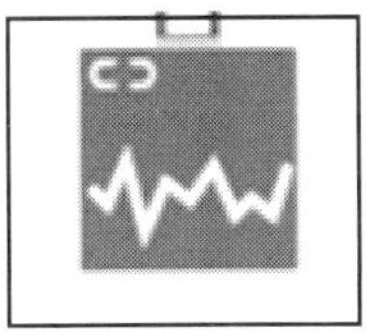

그림 3-62 변수 연결 아이콘

- 아이콘을 터치하면 Connect 메뉴가 나타나고 Shared Variables 메뉴를 터치한다.

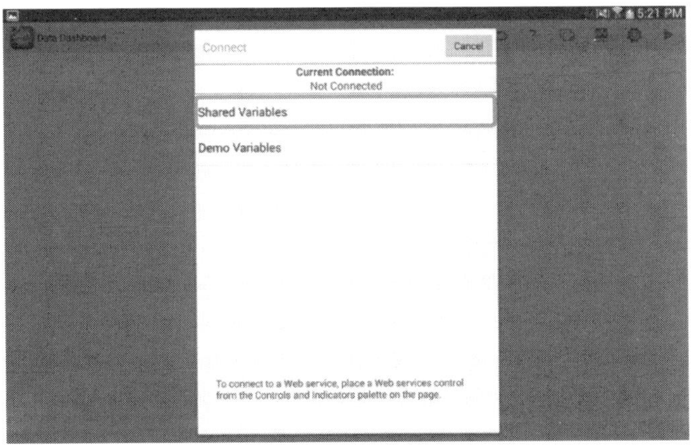

그림 3-63 myRIO 연결하기 위한 공유변수 선택

- Shared Variables 메뉴가 나타나면 myRIO와 WIFI로 연결하기 위해 New Server 항목에 WIFI에 할당된 IP주소를 입력한다(172.16.0.1).

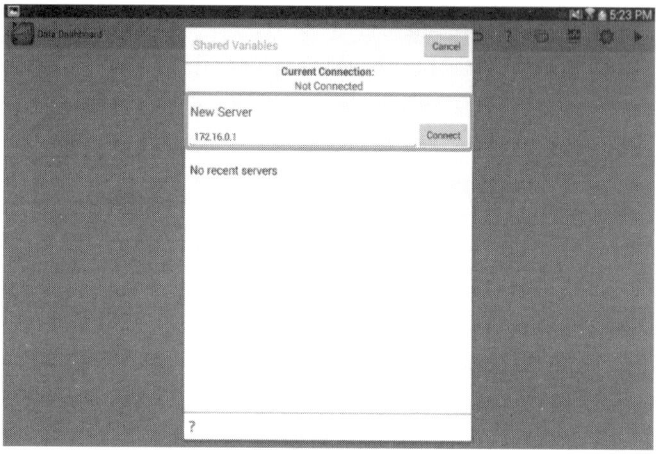

그림 3-64 Shared Variables 메뉴

- myRIO에 WIFI로 연결되면 현재 생성되어 있는 라이브러리의 목록이 나타나고 이 목록은 LabVIEW에서 생성하였던 라이브러리와 동일하다(LabVIEW에서 Share.lvlib라이브러리를 생성하여 공유변수를 추가하였으므로 Share를 터치하고 변수의 목록이 나오면 사용자가 모니터링 하고자 하는 변수를 선택한다).
- HMI상에서는 어떠한 형태의 변수든 연결이 가능하였지만 Data Dashboard의 경우는 연결 가능한 변수가 한정되어 있다.

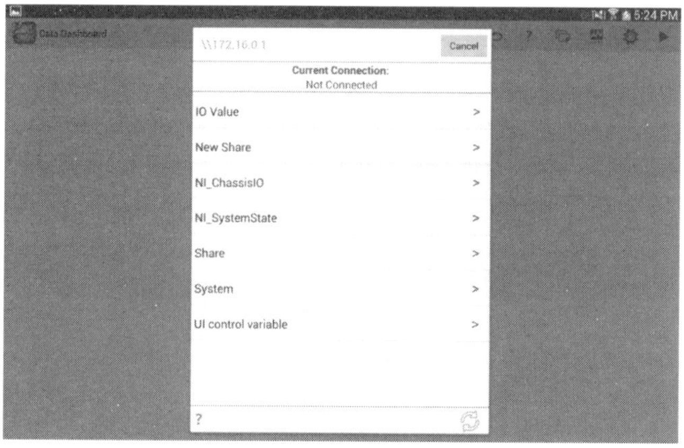

그림 3-65 현재 연결된 장비의 라이브러리 목록

- 같은 방식으로 각각의 인디케이터와 컨트롤을 생성해 주고 ECG 신호를 측정할 수 있는 페이지를 완성한다.
- 완성 후 myRIO의 Real-Time Application이 동작 중에 Start 버튼을 터치하여 HMI와 동일한 신호가 출력되는지 확인한다(데이터를 받을 수 있는 양의 차이로 HMI와 약간의 신호 차이가 있을 수 있다).

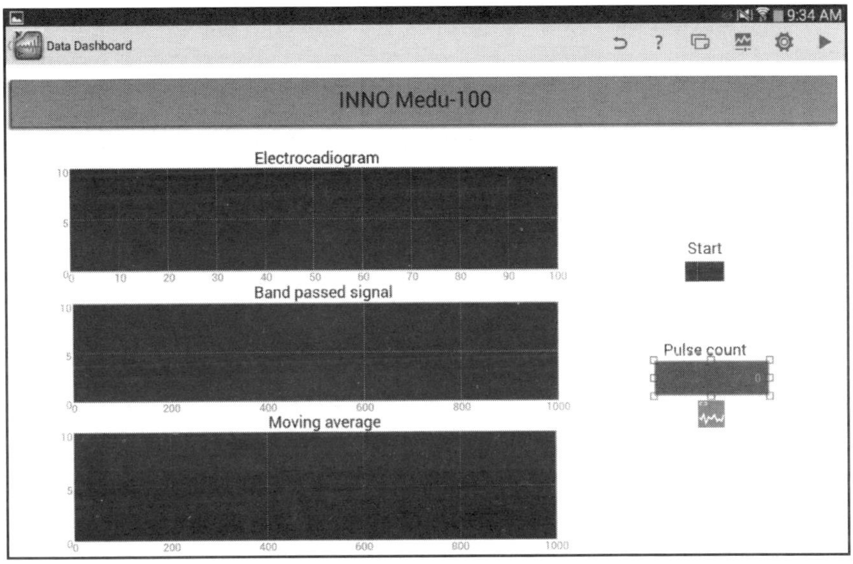

그림 3-66 ECG main 페이지

▶ **Smart Phone - Data dashboard를 이용한 코딩**

- Data Dashboard 어플리케이션을 스마트폰에 설치한다.
- 설치 후 실행하면 페이지를 추가하는 화면이 나타나고 화면을 터치한다.

그림 3-67 +Add

- Select a server 화면이 나타나면 Connect to shared variable...을 터치한다.

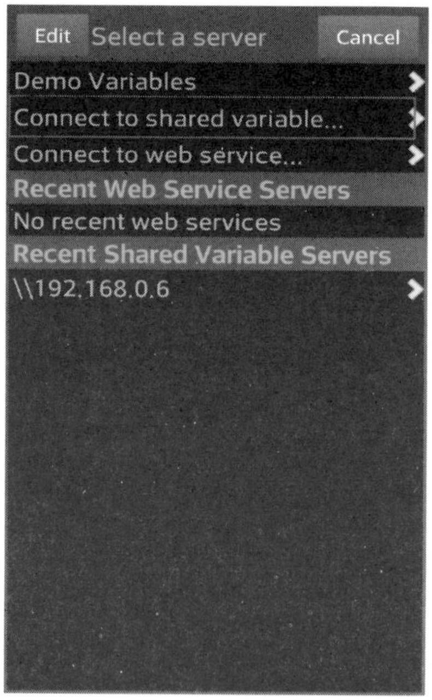

그림 3-68 Connect to shared variable...

- Connect to sever 화면이 나타나면 Server Name에 myRIO의 WIFI에 할당된 IP주소를 입력해 연결한다.

그림 3-69 myRIO WIFI의 IP 주소를 입력

- Choose a variable 창이 나타나면 공유변수가 생성되어 있는 라이브러리를 터치하고 해당 공유변수를 터치하면 인디케이터를 설정할 수 있는 화면이 나온다. 인디케이터를 설정해 주면 페이지에 인디케이터가 추가되고 실행 시 데이터가 출력된다(모바일 Data dashboard의 경우 하나의 페이지에 하나의 변수만 생성 가능하며 스칼라 값의 변수만 생성 가능하다).

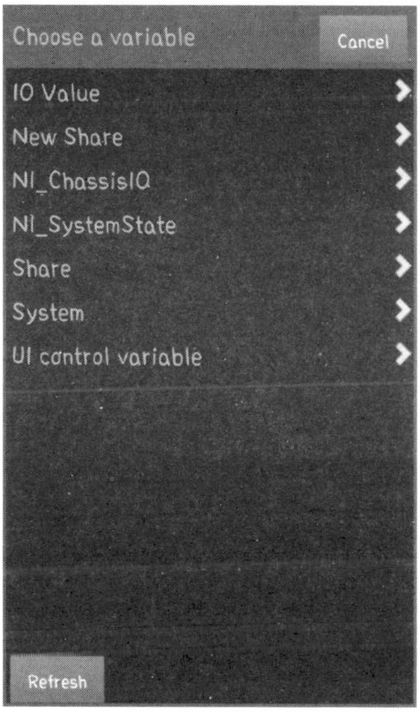

그림 3-70 Choose a variable 화면

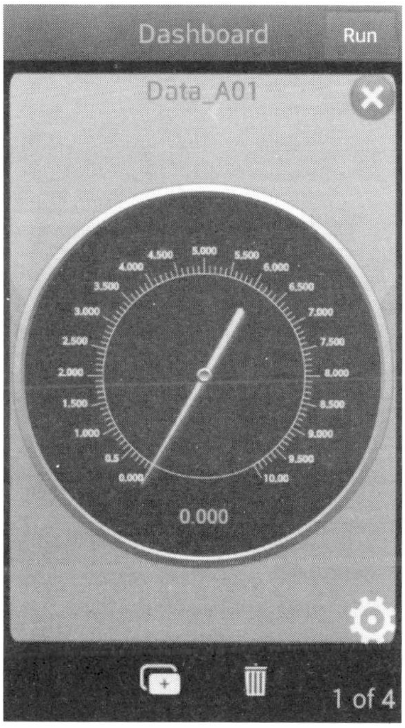

그림 3-71 공유변수와 연결된 인디케이터를 추가한 페이지

3.3.5 근전도(Electromyography)

근육의 구성

- 근육(muscle) 근조직(musculature)을 구성하는 기본 요소로 수축과 이완작용을 통해 뼈를 움직이고 내장을 활동하게 하는 인체 운동의 근원이다. 근육은 근섬유(muscle fiber)의 다발로 구성.

근전도 검사

- 근전도 검사는 말초신경과 근 골격근에서 형성되는 미세한 전기 현상(electrical potential)을 감지하여 증폭기에서 증폭시킨 후 음극선을 통해 형성되는 전기적 파장을 계기판(oscilloscope)에서 관찰, 분석하여 병변을 찾아내는 전기진단법이다.
- 정상 수의근(가로무늬근)의 근섬유에서는 복합동작 전위로 기록되는 전기방출이 발

생하는데, 근의 활동 전위는 약 $10\theta\mu V \sim 10\ mV$의 전위, 30ms의 지속시간, 5~10,000 Hz의 넓은 주파수 대역을 갖는 특성이 있어 이 조건을 충족시켜 증폭 기록할 수 있는 근전도 기기를 이용하여 질적, 양적으로 분석하게 된다.

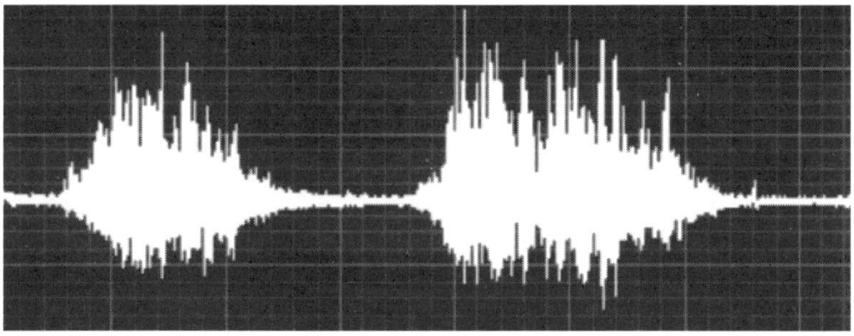

그림 3-72 EMG 파형의 흐름

근전도 신호계측의 개요

- 근전도 측정용 센서를 이용하여 팔 근육의 근전도 신호를 측정하고 NI myRIO를 통해 신호를 계측하여 분석 후 윈도우 또는 Tablet PC로 데이터를 전송하여 출력한다.

근전도 신호계측을 위한 준비

- 일회용 Ag/Agcl 전극, 심전도/근전도 측정용 케이블, INNO-MEDU100, PC or Tablet PC, NI LabVIEW 2013 프로그램, NI myRIO 디바이스 드라이버, NI FPGA 모듈.

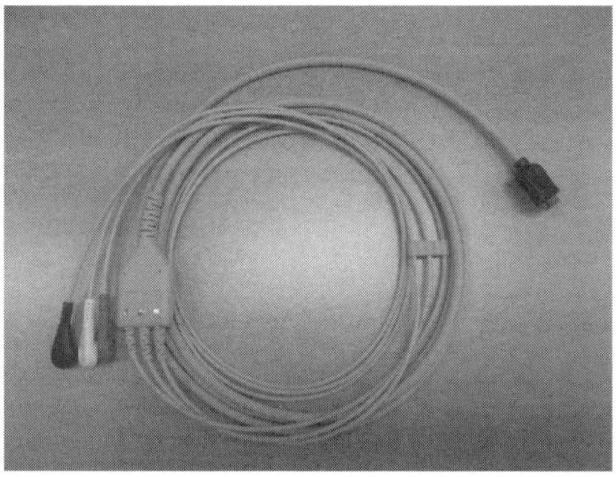

그림 3-73 심전도/근전도 측정용 케이블

시스템 구현

▶ INNO-MEDU100 사용 시

- 일회용 Ag/Agcl전극을 근전도 센서와 연결하고 센서의 커넥터를 INNO-MEDU100의 EMG 커넥터에 연결한다.

- 아날로그 신호처리 회로부는 장비의 내부에 설계되어 있으므로 별도로 설계하지 않는다.

▶ **Bread Board 사용 시**

- Bread Board 사용 시 아날로그 신호를 처리해 주는 부분이 없으므로 다음의 회로도를 이용해 설계한다.

EMG 회로 설계하기.

▶ **목표**

EMG 신호를 확인하기 위해 Filter, Amp, Add 회로를 구성하고 신호처리 과정을 이해한다.

회로설계는 INNO-MEDU100의 Bread Board를 이용해 설계하고 회로구성이 완료되면 INNO-MEDU100을 활용해 전원입력, 신호 분석을 실습한다.

▶ **참고 사항**

EMG 신호의 전기적 특성

생체 신호	크기	주파수(Hz)	센서
EMG	0.05 ~ 5mV	0 ~ 500Hz	피부 표면 전극

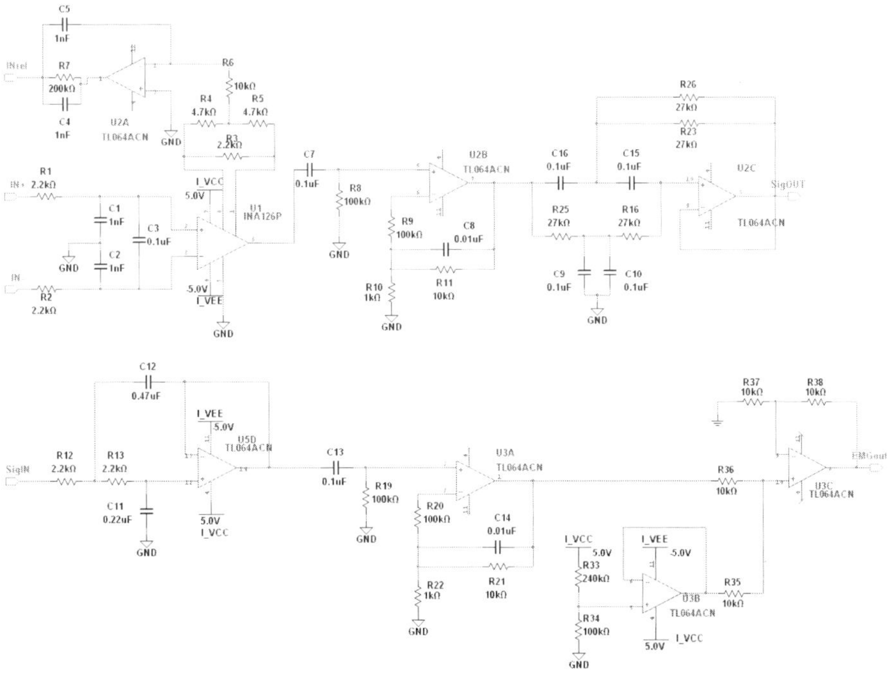

그림 3-74 EMG 신호처리 회로도

▶ **실습**

Multisim을 이용해 "Implementation AMP → HPF → Amp&LPF → Notch → LPF → HPF → Amp&LPF → 가산기"순으로 회로를 구성한다

A. EMG 회로의 설계를 위해 NI Multisim에서 회로 창을 새로 추가하고, Implementation AMP를 설계한다.

그림 3-75 회로창 추가하기

❶ 왼쪽 상단의 구성요소 도구모음에서 저항 모양의 아이콘을 클릭하고 Select a Component 윈도우 창을 출력한다(저항 아이콘이 아닌 구성요소 도구모음의 다른 아이콘을 클릭하여 창을 출력할 수도 있다).

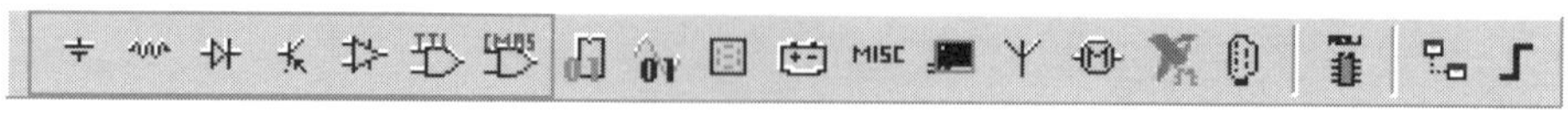

그림 3-76 구성요소 도구모음

❷ 창이 출력되면 Group - <All groups>, Family - <Allfamilies>로 선택하고 Component 항목에서 INA126P를 검색하여 Implementation AMP를 회로 창에 추가한다.

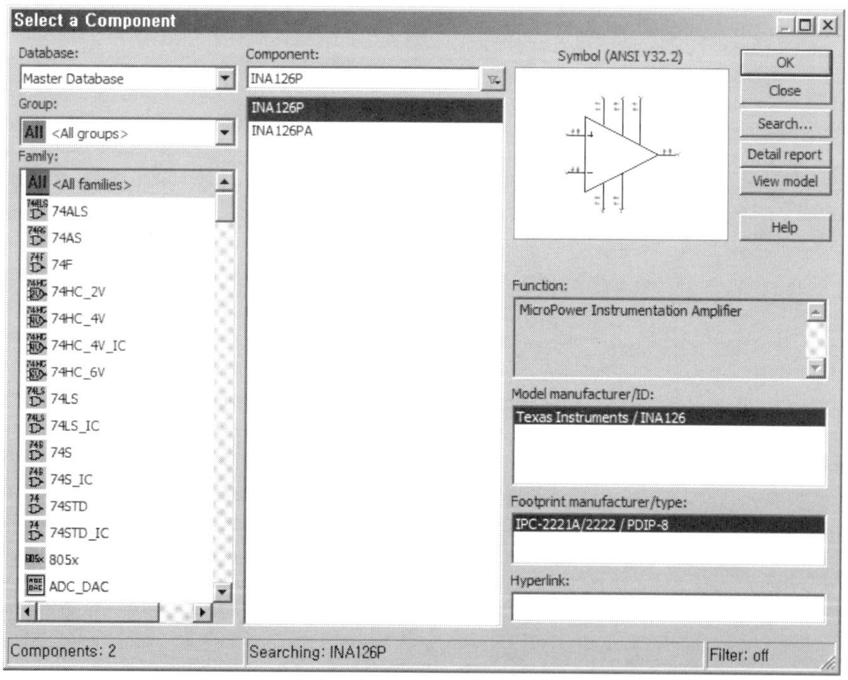

❸ Implementation AMP의 경우 ECG에서 설계했던 Buffer에 의해 입력된 차동증폭의 원리와 동일한 경우로 구성되어 있다. 같은 기능을 하는 부품을 비싼 값을 들여 사용하는 여러 이유가 있겠지만 OP-AMP 3개를 이용해 많은 면적과 많은 작업량을 줄이고 그 밖의 많은 장점에 의해 사용하게 된다. 실제 INNO MEDU100에서도 교육을 받는 대상을 위해 ECG 회로는 Buffer와 차동증폭을 각각 설계하도록 하였고 EMG 회로는 하나의 Implementation AMP를 이용해 설계할 수 있도록 하였다. 두 가지 방법을 통해 회로를 설계하고 비교해 보도록 한다.

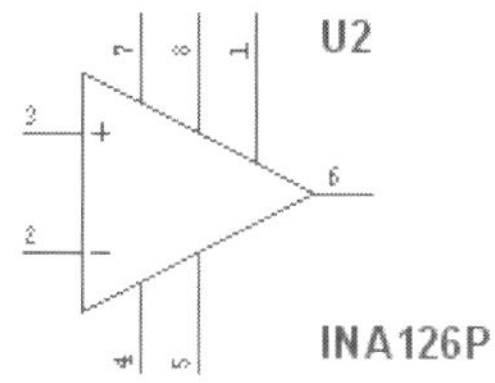

❹ 회로 창에 INA126P가 추가되었으면 Select a Component 창에서 Databasc - Master Database, Group - Basic, Family - Resistor Component - 4.7kΩ으로 설정하고 OK 버튼을 누르거나 해당 항목을 더블클릭하여 회로 창에 저항을 추가해 준다.

❺ 같은 방법으로 저항 4.7kΩ 2개, 2.2kΩ 3개를 회로 창에 추가해 준다.

❻ 이후 같은 방법으로 Capacitor 항목에서 1nF 2개와 0.1uF 1개, GND를 선택하여 회로 창에 추가하고 아래 그림과 같이 저항, 커패시터, INA126P를 와이어링해 준다.

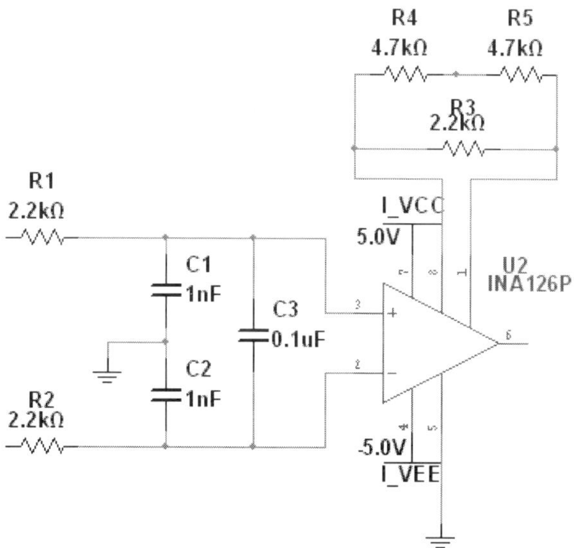

❼ 설계된 회로를 검증하기 위해 NI Multisim의 가상 장비를 이용하여 시뮬레이션을 한다. 가상 장비는 윈도우 창의 오른쪽에 장비 도구모음에 있으며 부품을 추가하는 방식과 동일하게 사용하고자 하는 부품을 클릭하고 회로 창에 추가할 수 있다.

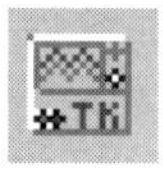

그림 3-77 오실로스코프 아이콘

❽ 설계된 Implementation AMP의 동작 특성을 확인하기 위해 오실로스코프를 회로 창에 추가하고 Select a component 창에서 AC 전원 소스를 R1, R2에 각각 RMS - 0.1, Frequency 60으로 설정해 주고 와이어링을 완료한다(전원은 Select a Component 창의 Group - Sources, Family - Power_Sources, Component - AC_POWER를 선택하여 추가할 수 있다, 추가된 전원 소스는 해당 부품을 더블클릭하여 주파수, RMS, Offset 등의 값을 변경할 수 있다).

❾ 추가된 R2 저항 쪽의 AC 전원의 아이콘을 더블클릭하여 위상을 180도로 설정한다. Implementation AMP의 경우 8번과 1번 핀의 저항 값에 의해 증폭률이 설정된다. INA126P에 관한 자세한 사항은 Datasheet를 참고한다.

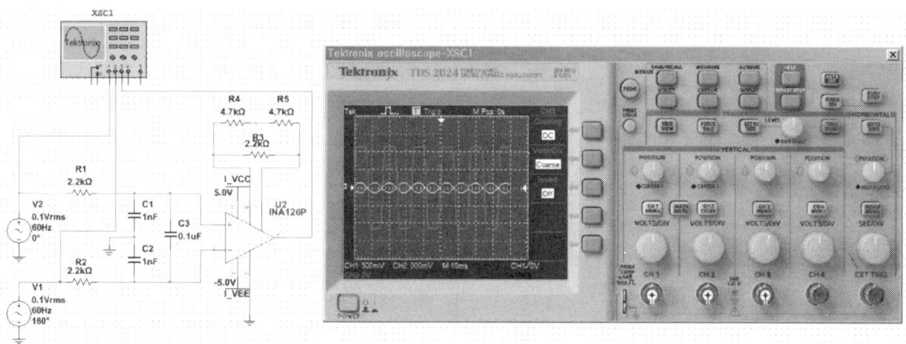

❿ 모든 부품들이 연결된 후 시뮬레이션을 실행한다.

⓫ 오실로스코프 아이콘을 더블클릭하면 가상의 오실로스코프 화면이 출력되고 각각의 신호를 확인할 수 있다. 작은 2개의 신호는 180 위상 차가 발생한 입력 신호이고 큰 신호는 출력된 신호이다. 출력신호는 증폭된 것을 확인할 수 있으나 INA126P에 공급되는 Reference 전압 +5V, −5V에 의해 Saturation 된 것을 확인할 수 있다.

⓬ INA126P의 증폭 원리를 확인하기 위해 8번, 1번에 연결된 저항들을 모두 제거하고 Select a component 창에서 Group - <ALL Groups>, Family - <ALL

families>로 설정한 후 Component 항목에서 Potentiometer를 검색하여 추가하고 아이콘을 더블클릭하여 값을 10KΩ로 변경한 후 8번, 1번 핀에 연결해 준다. 추가된 부품은 가변저항의 역할을 할 것이고 저항이 변함에 따라 증폭률의 변화를 확인한다.

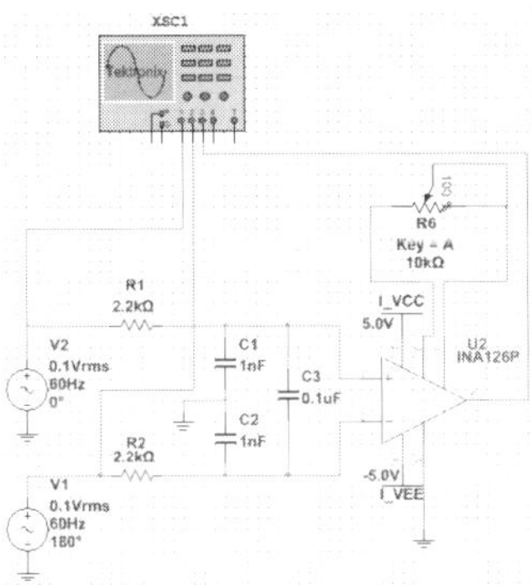

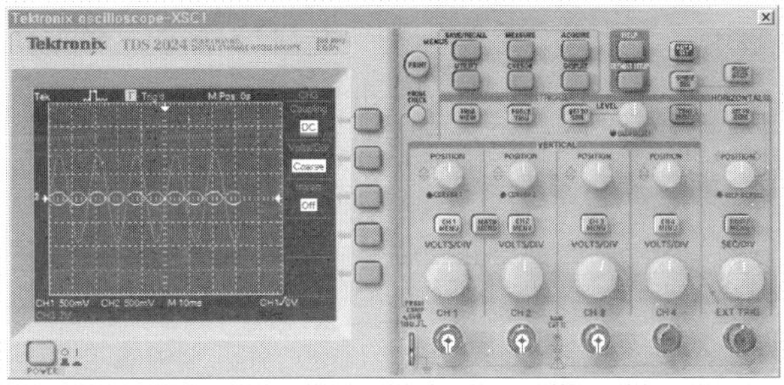

⑬ 아이콘 위에 마우스 커서를 올리면 나타나는 좌우 조절막대를 좌우로 변경하며 출력 신호가 커지고 작아지는 것을 확인할 수 있다.

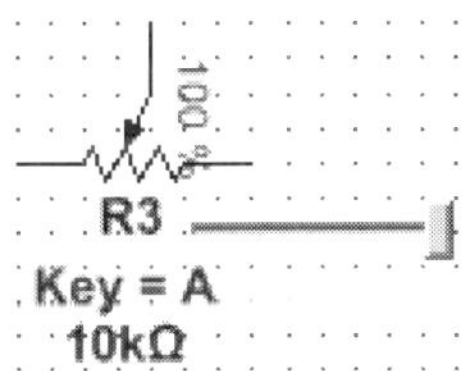

B. Implementation AMP를 설계한 후 신호의 노이즈 제거와 기준전압으로 사용되는 회로를 설계한다. 해당 회로는 Implementation AMP의 8번, 1번 핀의 저항 4.7KΩ 중앙에 병렬로 설계되며 회로를 설계한 후 Bode plotter와 오실로스코프를 각각 이용해 주파수 특성과 신호 증폭률을 확인하여 본다.

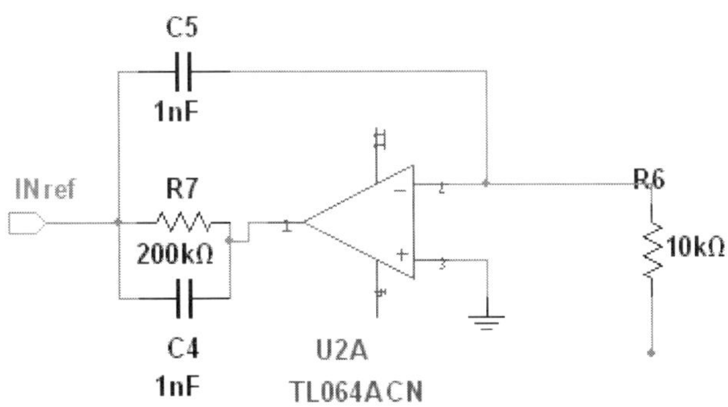

※ 설계 방법으로는 10KΩ옴 다음 단에 각각 차동증폭기의 RA, LA 입력으로 병렬상태로 연결해 준다(최종 회로도 참고).

C. Implementation AMP를 통해 출력된 신호를 HPF를 설계해 저주파 신호를 제거한다.

❶ 왼쪽 상단의 구성요소 도구모음에서 저항 모양의 아이콘을 클릭하고 Select a Component 윈도우 창을 출력한다. (저항 아이콘이 아닌 구성요소 도구모음의 다른 아이콘을 클릭하여 창을 출력할 수도 있다.)

❷ 창이 출력되면 Database – Master Database, Group – Basic, Family – Resistor Component – 100kΩ으로 설정하고 OK 버튼을 누르거나 더블클릭하여 저항을 회로 창에 추가한다.

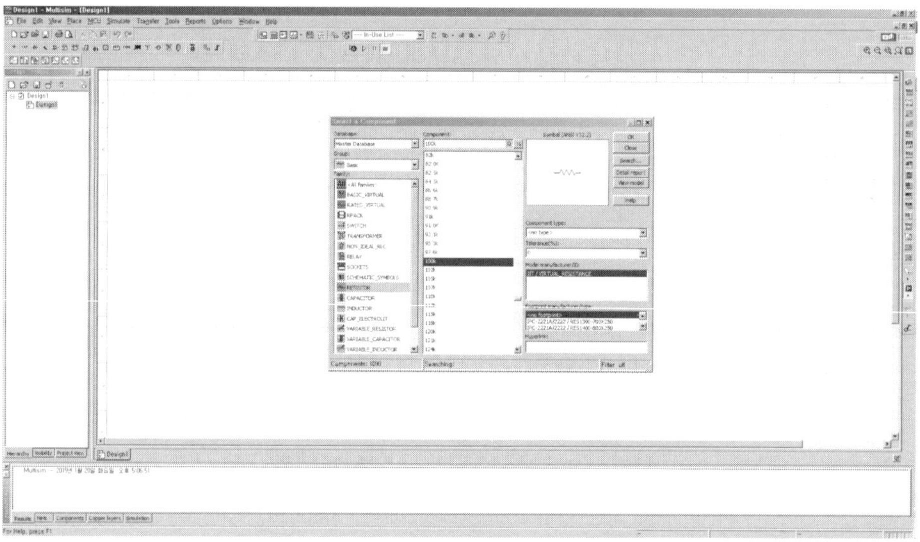

❸ 같은 방법으로 Capacitor와 GND를 추가한다(0.1pF). 부품 추가 시 Component 항목에서 직접 사용자가 검색하여 부품을 쉽게 찾을 수 있다.

❹ 부품을 추가하여 부품의 끝에서 끝으로 연결하여 회로를 설계한다.

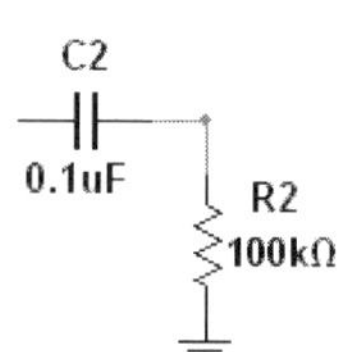

❺ 설계된 회로의 주파수 특성을 확인하기 위해 NI Multisim의 가상 장비를 이용하여 시뮬레이션을 한다. 가상 장비는 윈도우 창의 오른쪽에 장비 도구 모음에 있으며 부품을 추가하는 방식과 동일하게 사용하고자 하는 부품을 클릭하고 회로 창에 추가할 수 있다.

그림 3-78 Bode Plotter 아이콘

⑥ 설계된 Filter의 주파수 특성을 확인하기 위해 Select a Component 창에서 AC 전원 소스를 이용해 전원을 입력(RMS - 0.1, Frequency 60)해 주고, Bode Plotter를 추가하여 와이어링을 완료한다(전원은 Select a Component 창의 Group - Sources, Family - Power_Sources, Component - AC_POWER를 선택하여 추가할 수 있다, 추가된 전원 소스는 해당 부품을 더블클릭하여 주파수, RMS, Offset 등의 값을 변경할 수 있다).

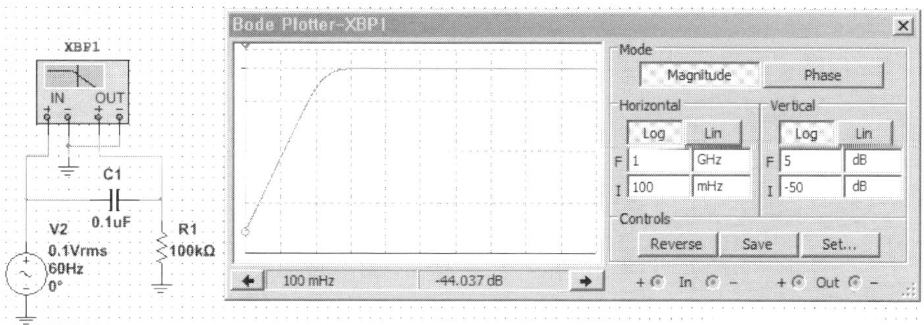

⑦ 완료된 회로를 시뮬레이션 하기 위해 Multisim 창의 전원 버튼 또는 시뮬레이션 버튼을 클릭해 시뮬레이션을 실행하고 Bode Plotter 부품을 더블클릭해 창을 출력하여 주파수 응답을 확인한다.

D. LPF와 AMP를 설계하여 고주파 신호를 차단하고 신호를 증폭하는 회로를 설계한다.

❶ 본 회로는 저항 3개(10kΩ, 100kΩ, 1kΩ)와 커패시터 1개(0.01uF)로 구성되며 R1과 C1으로 필터가 생성되고, R4와 R5의 반전증폭 계산식으로 증폭률이 결정된다.

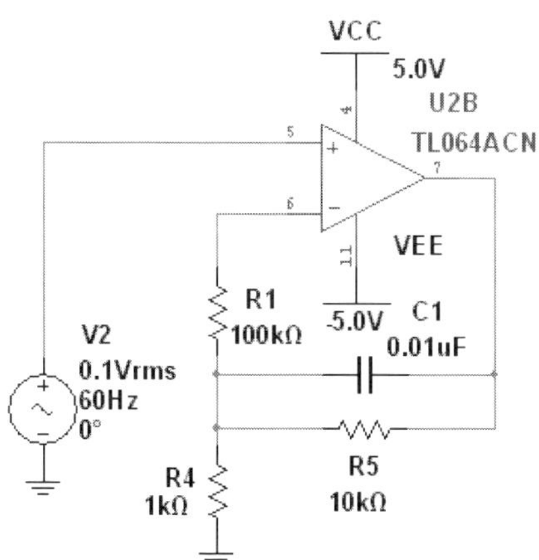

❷ 설계된 회로의 특성을 확인하기 위해 AC전원을 추가해 주고 Bode plotter와 오실로스코프를 각각 장비 도구모음에서 클릭하여 추가하고, Bode plotter의 IN(+)는 회로의 입력 라인에 연결하고, OUT(+)는 회로의 출력라인에 연결한다. 그리고 NI/OUT의 (−)는 함께 묶어 GND와 연결한다. 오실로스코프는 1번을 입력에, 2번은 출력 라인에 연결하여 각 장비 별로 주파수 특성, 증폭률을 함께 확인한다.

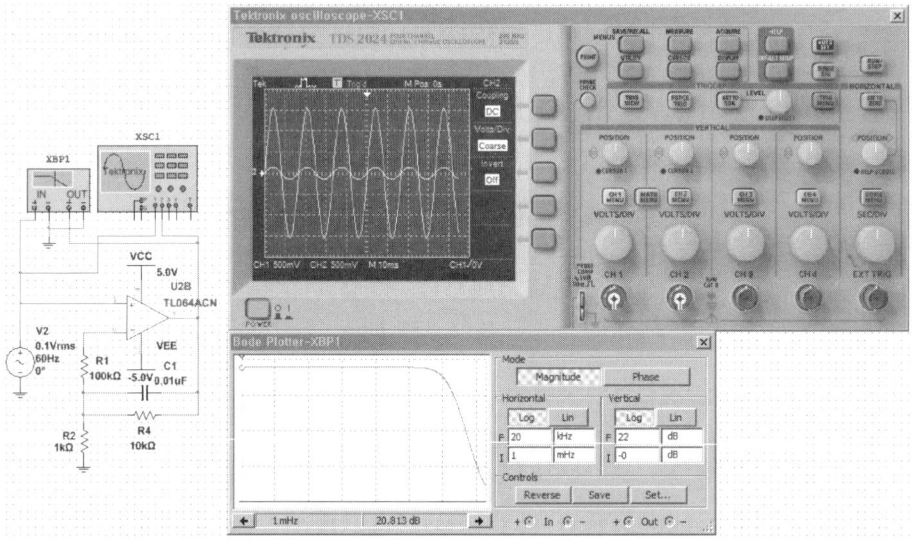

❸ 특성을 보면 LPF의 경우는 Cutoff 주파수가 1.59Khz임을 알 수 있고, 증폭률은 약 10배 정도가 증폭되었음을 알 수 있다. 반전증폭기의 경우 $Vout = -(Rref/Rin)Vin$와 같은 수식에 의해 이득이 정해지고 이득되는 값만큼 출력전압이 결정된다.

❹ 회로를 HPF의 출력과 LPF&AMP의 입력 부분에 연결하여 회로를 완료한다.

E. 60Hz 전원 노이즈를 제거하기 위해 Notch Filter를 설계한다.

❶ 220V 60Hz 전원을 통해 회로를 구동하는 경우 트렌스 포머와 레귤레이터 등을 거쳐 OP-AMP가 동작할 수 있는 전원이 공급된다. 이 경우 공급 전원이 원신호에 유입되어 60Hz의 전원 노이즈가 발생되고 기본적으로 생체신호를 계측하는 회로에서는 60Hz 제거 필터인 Notch Filter를 필수적으로 설계해야 한다. 외부 전원을 배터리의 형태로 사용할 경우 노이즈를 감소할 수 있는 효과가 있다.

❷ Notch Filter의 경우 저항 4개와 커패시터 4개, OP-AMP(TL064)를 사용하여 설계 가능하다. 60Hz의 대역을 차단하는 Notch Filter를 설계하는 방법은 다양

한 방법이 있으며 필터의 Q값을 가장 이상적으로 가질 수 있도록 개별적으로 설계해 본다.

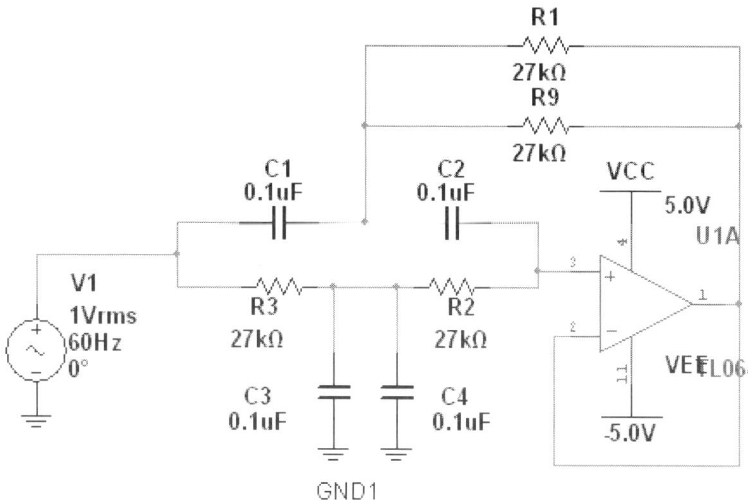

❸ 필터 설계 후 시뮬레이션을 하기 위한 전원을 구성요소 도구모음에서 추가하고 Bode plotter를 이용해 주파수 응답을 확인한다. Notch filter의 경우 Band Reject Filter에 해당하므로 주파수 응답 곡선은 60hz를 기준으로 치단되는 것을 확인할 수 있다.

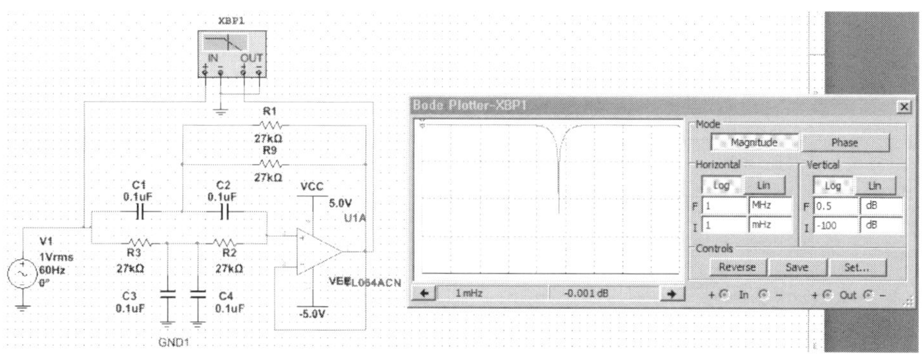

❹ LPF&AMP 회로의 출력부분과 Notch Filter의 입력부분을 연결한다.

F. LPF를 설계하여 노이즈에 해당하는 고주파 신호를 제거한다.

❶ 구성요소 도구모음에서 OP-AMP(TL064)를 회로 창에 추가하고 커패시터 2개(0.22uF, 0.47uF), 저항 2개(2.2kΩ)를 추가하여 LPF를 설계한다.

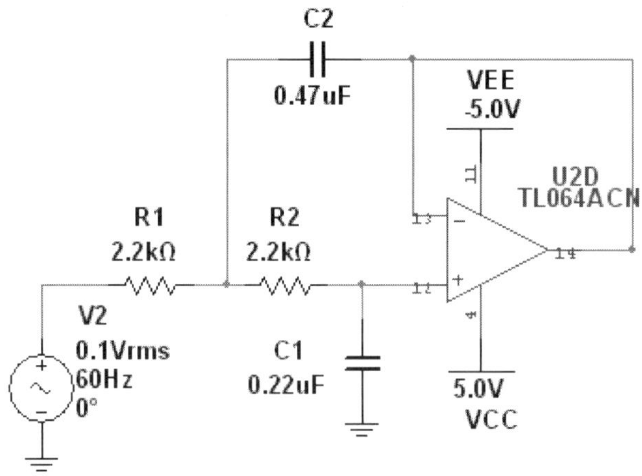

❷ 설계하는 필터는 능동소자인 OP-AMP를 사용한 능동 필터로 2차 Sallen-Key Low Pass Filter이다. 본 필터의 경우 사용되는 저항과 커패시터 각각 동일한 2개의 소자가 사용되었을 때 Cutoff = $1/2\pi RC$의 수식에 의해 차단 주파수를 계산할 수 있다.

❸ 설계가 완료되면 시뮬레이션을 위해 장비 도구모음에서 Bode Plotter를 회로창에 추가하고 IN의 (+)단자를 입력에, OUT의 (+)단자를 OP-AMP의 출력에 연결한 후 Bode Plotter의 IN, ㅌ OUT의 (−)단자를 함께 묶어 그라운드로 연결해 준다.

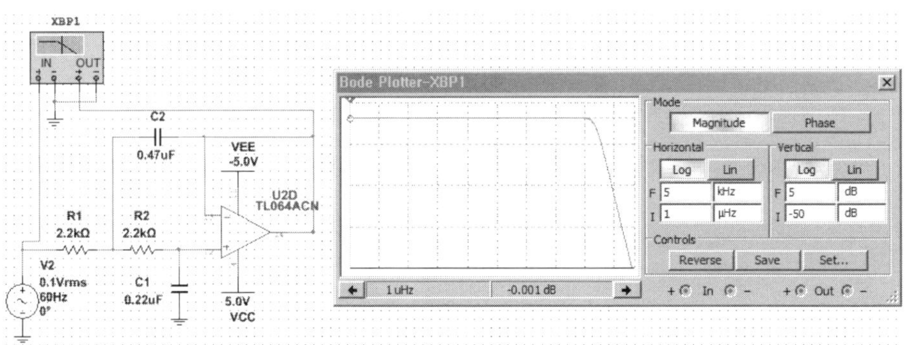

❹ 연결된 회로를 시뮬레이션을 실행해 Bode Plotter 창에서 주파수 응답을 확인한다.

❺ 주파수 응답을 확인 후 앞 단의 Notch Filter의 출력과 LPF의 입력을 연결한다.

G. 앞 단에서 증폭에 의해 커진 노이즈 신호를 HPF를 한 번 더 설계하여 필터링한다.

❶ 저항 1개(100KΩ), 커패시터 1개(0.1uF)를 이용해 수동 High Pass Filter를 설계한다.

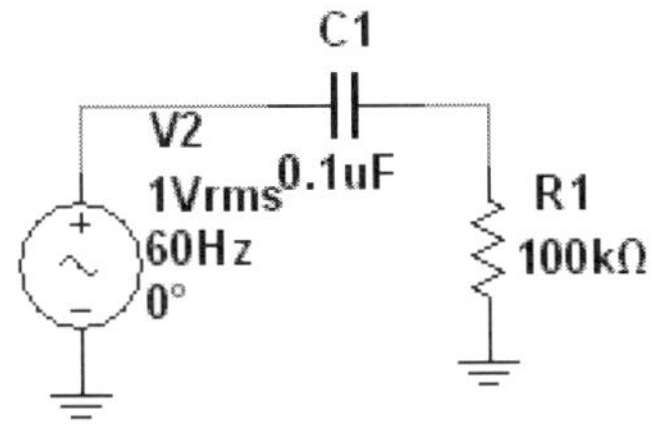

❷ 설계된 HPF의 주파수 특성을 확인하기 위해 Bode plotter를 이용한다. 앞서 Implementation AMP 다음 단에서 설계한 HPF와 동일하게 설계되었으므로 같은 특성이 나와야 한다.

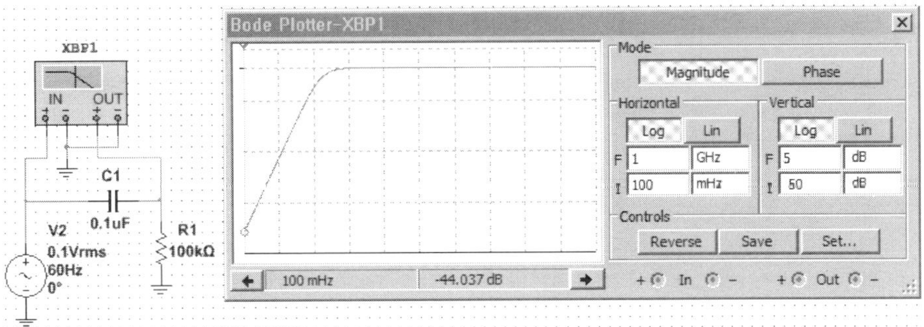

❸ 완료된 회로를 LPF 출력과 연결한다.

H. 신호를 5배 증폭하고 1.59kHz의 Cutoff 주파수를 갖는 회로를 설계한다.

❶ 본 회로는 저항 3개(10kΩ, 100kΩ, 2kΩ)와 커패시터 1개(0.01uF)로 구성되며 R2과 C2로 필터가 생성되고, R4와 R3의 반전증폭 계산식으로 증폭률이 결정된다.

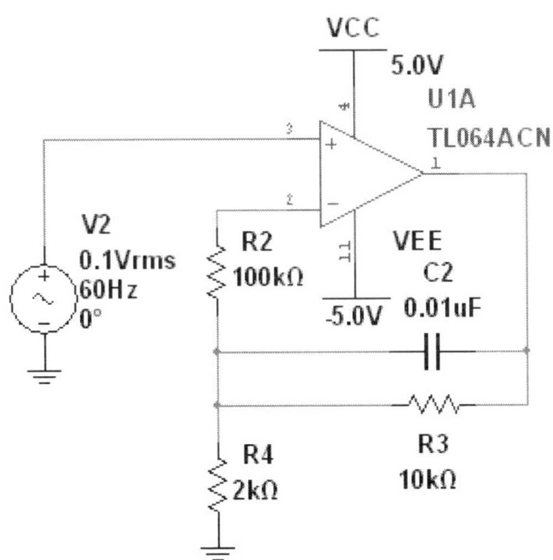

❷ 설계된 회로의 특성을 확인하기 위해 AC전원을 추가해 주고 Bode plotter와 오실로스코프를 각각 장비 도구모음에서 클릭하여 추가하고, Bode plotter의 IN(+)는 회로의 입력 라인에 연결하고, OUT(+)는 회로의 출력라인에 연결한다. 그리고 NI/OUT의 (−)는 함께 묶어 GND와 연결한다. 오실로스코프는 1번을 입력에, 2번은 출력 라인에 연결하여 각 장비 별로 주파수 특성, 증폭률을 함께 확인한다.

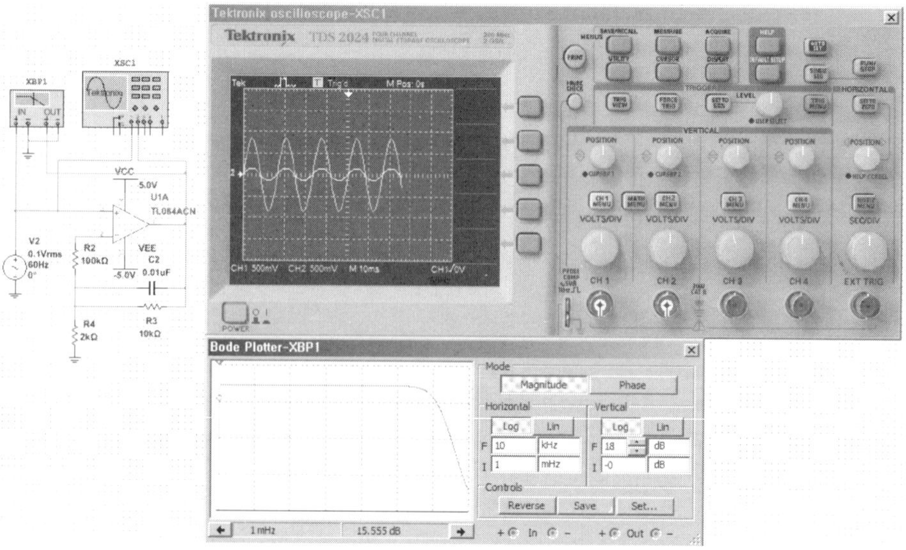

❸ 특성을 보면 LPF의 경우는 Cutoff 주파수가 1.59Khz임을 알 수 있고, 증폭률은 약 5배 정도가 증폭되었음을 알 수 있다. 반전증폭기의 경우 Vout = −(*Ref*/*Rin*)*Vin*와 같은 수식에 의해 이득이 정해지고 이득되는 값만큼 출력전압이 결정된다.

❹ 완성된 회로는 HPF의 출력부분과 연결한다.

I. 신호처리가 완료되고 원 신호에 약 1.5V의 전압 Offset을 주기 위해 OP-AMP를 이용한 전압 비 반전 가산기를 설계한다.

❶ 비 반전 가산기를 설계하기 위해 OP-AMP 2개와 저항 6개(10KΩ 4개, 240kΩ 1개, 100kΩ 1개)를 이용한다. OP-AMP는 각각 가산회로와 Buffer 회로에 사용되며 Buffer 회로의 경우 1.5V가 가산되는 부분에서 Loading Effect를 제거하기 위해 설계된다.

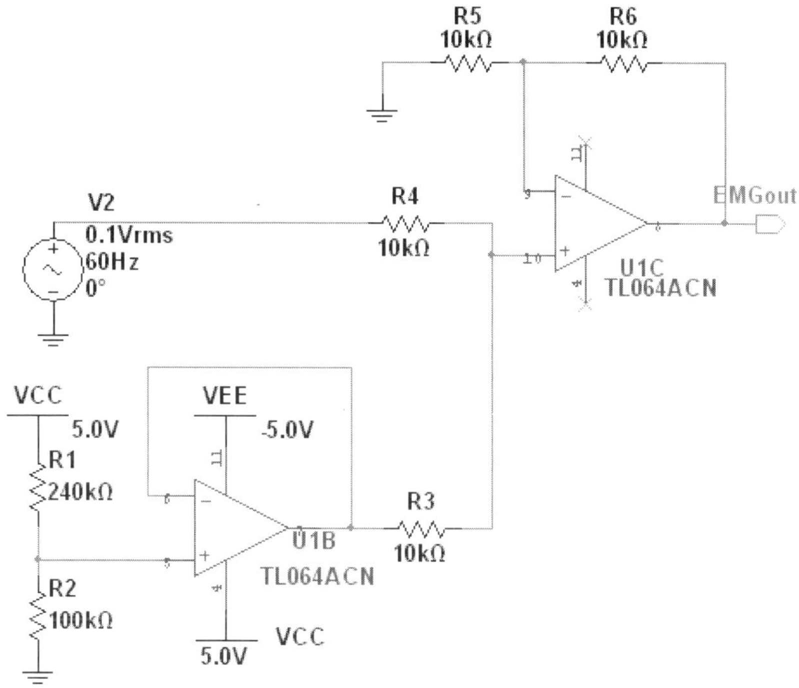

❷ 설계된 회로는 VCC +5V를 240KΩ 저항과 100K 저항의 전압분배에 의해 약 1.5V 전압을 만들어 Buffer를 동해 가산기의 비 반전 단자로 입력된다. VCC +5V는 OP-AMP의 Reference 전압에서 복사하여 간단하게 추가할 수 있고 DC_INTERACTIVE_VOLTAGE를 이용해 전압을 가변하며 확인할 수 있다.

❸ DC_INTERATIVE_VOLTAGE는 NI Multisim의 구성요소 도구모음에서 Group - Sources, Family - SIGNAL_VOLTAGE_SOURCES에서 Component 항목의 DC_INTERACTIVE_VOLTAGE를 선택하여 사용할 수 있으며 DC_INTERATIVE_VOLTAGE는 마우스 커서를 아이콘 위에 올렸을 때 나타나는 좌/우 조절 막대를 이용해 전압 가변이 가능하다.

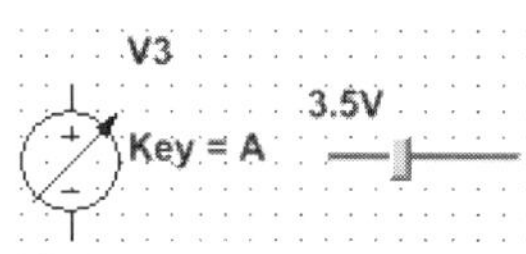

❹ DC_INTERATIVE_VOLTAGE까지 추가한 회로를 완성하여 오실로스코프를 회로 창에 추가하고 1번을 신호의 입력에 연결하고 2번을 OP-AMP의 출력에 연결하여 원신호가 조절하는 전압만큼 Offset 되는 것을 확인한다(DC_INTERATIVE_VOLTAGE에서 출력되는 전압은 저항에 의해 전압 분배되어 Offset 되는 것에 유의한다).

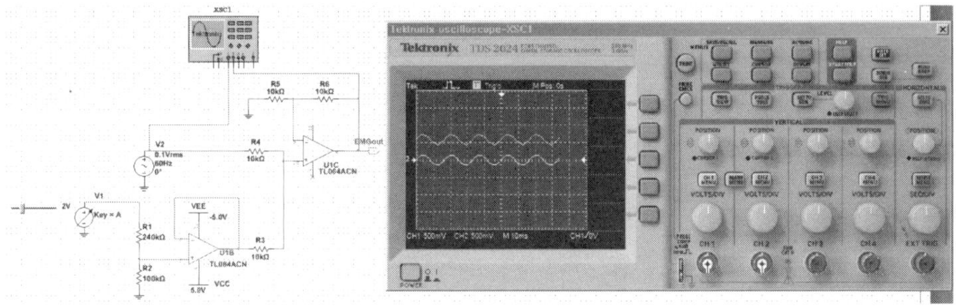

❺ 시뮬레이션을 확인한 후 LPF&AMP 회로의 출력에 연결하여 EMG 회로가 최종으로 1.5V Offset 되도록 한다.

LabVIEW 프로그램 작성

▶ Real Time Application

- FPGA의 코딩이 끝난 프로젝트 탐색기에서 myRIO 항목을 선택 후 마우스 오른쪽 버튼 클릭 후 새로 만들기 → VI를 선택하여 Real Time Application을 코딩할 VI를 생성한다. 생성된 VI를 myRIO RT로 저장한다.

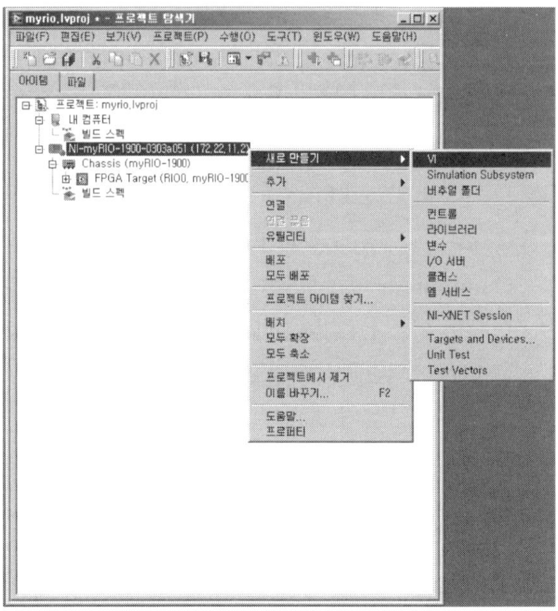

그림 3-79 myRIO RT.vi 생성

- myRIO RT.vi를 열고 블록다이어그램에 FPGA로부터 버퍼되어 넘어오는 데이터를 받아 처리할 소스를 코딩한다.

- myRIO RT.vi에서 사용할 소스로는 랩뷰 프로그래밍의 디자인 패턴 중 하나인 마스터/슬레이브 패턴을 사용하게 되며 프로젝트 탐색기 창의 "파일 – 새로 만들기"를 선택하여 제공되는 기본 소스를 응용할 수 있다.

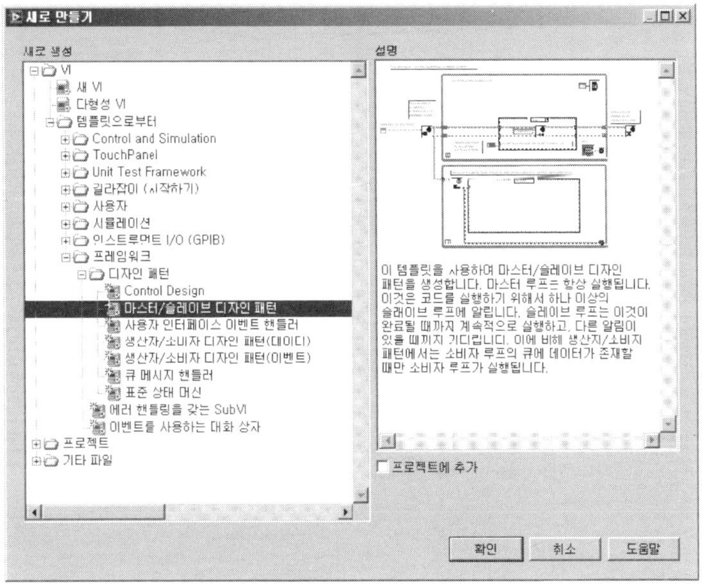

그림 3-80 마스터/슬레이브 패턴 응용

- myRIO RT.vi의 블록다이어그램의 Function 팔레트에서 "FPGA interface → Open FPGA VI reference 함수"를 선택하고 생성한다.

그림 3-81 myRIO RT.vi 블록다이어그램 화면

- 생성된 함수의 아이콘에서 더블클릭하면 Configure Open FPGA VI Reference 창이 나타나고 VI 항목을 선택하여 Select VI 창에서 생성해 놓은 FPGA.vi 파일을 설정해 준다. 설정을 완료하면 생성해 놓은 Open FPGA VI reference 함수의 아이콘이 변하는 것을 확인할 수 있다.

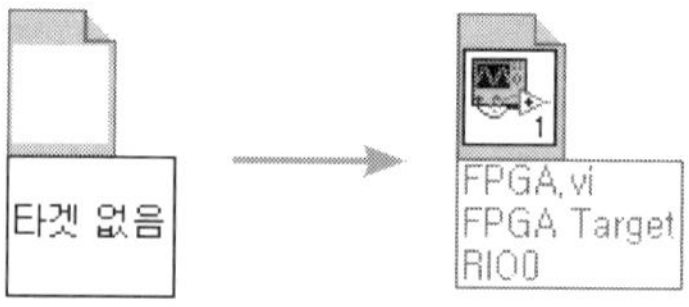

그림 3-82 Open FPGA VI reference 함수 생성

- FPGA의 설정을 위해 Function 팔레트의 FPGA Interface 항목에서 Invoke method 함수를 생성하여 아이콘의 택스트 부분을 클릭하여 그림 3-83처럼 리셋, Ai. 설정, 실행, Ai. 시작 순서로 코딩한다.

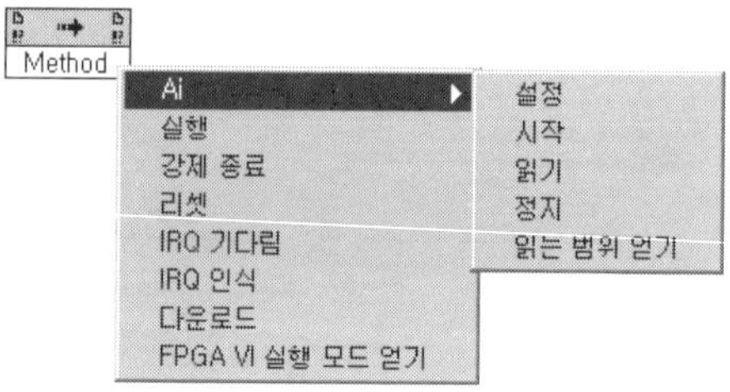

그림 3-83 Invoke method 설정

- 마스터/슬레이브 패턴을 활용하여 마스터 루프의 소스를 그림 3-84와 같이 코딩한다.
  - While 루프 안의 소스는 마스터/슬레이브 패턴의 마스터 부분에 해당하며 FPGA.VI에 설정해 놓은 인터럽트 함수에서 인터럽트 발생 시 Ai의 FIFO로부터 데이터를 배열의 형태로 알림 자에 전달된다.
  - 케이스 구조의 참, 거짓 부분 코드는 그림 3-85를 참조한다.

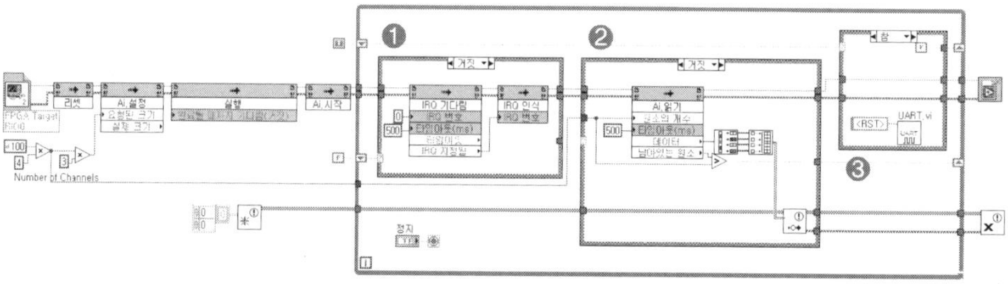

그림 3-84 마스터 루프

그림 3-85 마스터 루프 "참"케이스

- 슬레이브 루프의 소스를 그림과 같이 코딩한다.
  - 알림 기다림 함수를 사용하여 코딩한 후 2D 배열의 형태로 넘어온 데이터를 배열 인덱스(2행 → ConnectorB/Ai2)하여 데이터를 받아오고 100개씩 넘어오는 데이터가 3000개가 될 때까지 시프트레지스터를 이용해 쌓아 준다.
  - 데이터가 3000개 이상이 되면 EMG데이터를 분석(Moving Average)하는 알고리즘에 의해 인디케이터로 출력된다. (분석 알고리즘은 제공되는 Sub VI를 사용한다 - SubVI의 추가는 프로젝트 탐색기에서 "내 컴퓨터"항목을 마우스 오른쪽 버튼을 클릭하여 팝업 메뉴의 "추가 → 폴더(자동 적용)..."을 통해 SubVI를 추가할 수 있다.)
  - 데이터가 무제한으로 쌓이게 되면 PC의 CPU에 과부화가 생기게 되어 문제가 될 수 있으므로 3000개의 데이터가 유지되도록 루프가 동작할 때마다 오래된 데이터 100개를 삭제하는 부분을 추가한다.
  - 슬레이브 루프의 1번의 거짓 케이스는 빈 케이스 상태로 두고, 2번의 거짓 케이스는 입력되는 배열을 출력과 연결해 준다.

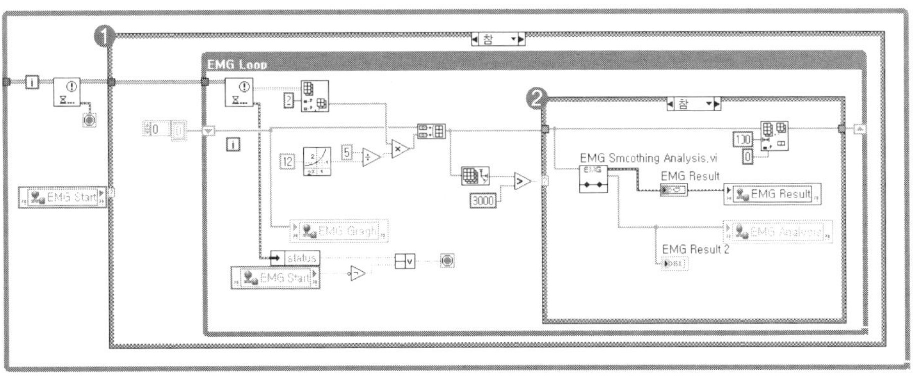

그림 3-86 슬레이브 루프

- 루프를 실행하는 블리언 변수나 데이터분석을 통해 출력되는 인디케이터 변수는 HMI(Human Machine Interface) 또는 Tablet PC에서 데이터 공유가 가능하도록 네트워크 공유변수로 만들어 공유변수 라이브러리에 추가해 준다.

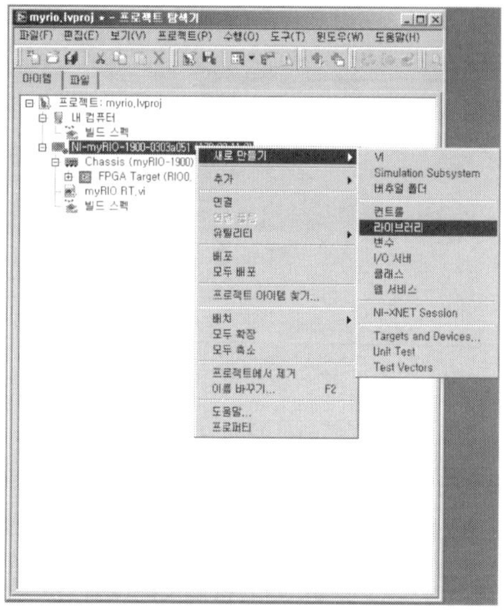

그림 3-87 공유변수 라이브러리 생성

- 추가된 라이브러리를 저장하고 프로젝트 탐색기의 생성된 라이브러리 항목에서 마우스 오른쪽 버튼을 클릭하여 "새로 만들기 → 변수"를 선택한다.
- 공유변수 프로퍼티 창이 나타나면 변수의 이름, 타입, 데이터 타입을 설정 후 확인 버튼을 눌러 변수를 생성한다. 생성된 변수는 목록에서 블록다이어그램으로 드래그 앤 드롭을 통해 코딩 가능하다(블록다이어그램의 공유변수를 생성하고자 하는 변수아이콘에서 마우스 오른쪽 클릭 후 "생성 → 공유변수"로 생성이 가능하다).

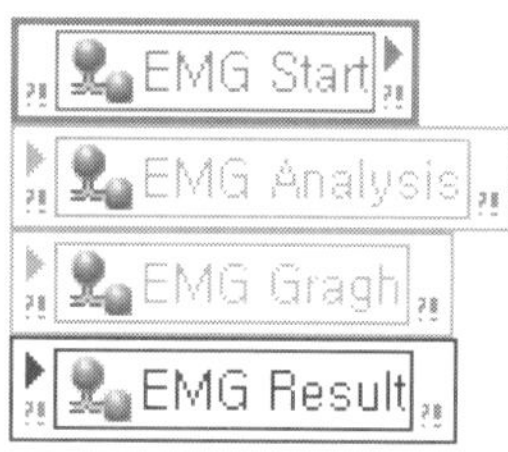

그림 3-88 네트워크 공유변수

- 프로그램을 실행하면 배포가 시작되고 배포가 완료되면 VI가 실행된다.
  - FPGA의 컴파일이 되어 있지 않는 경우 에러가 발생할 수 있다.
  - 배포 진행 창의 "성공적인 완료 시 닫기"옵션을 선택하지 않으면 배포완료 후 사용자가 닫기 버튼을 누를 때까지 VI를 실행하지 않고 대기한다.

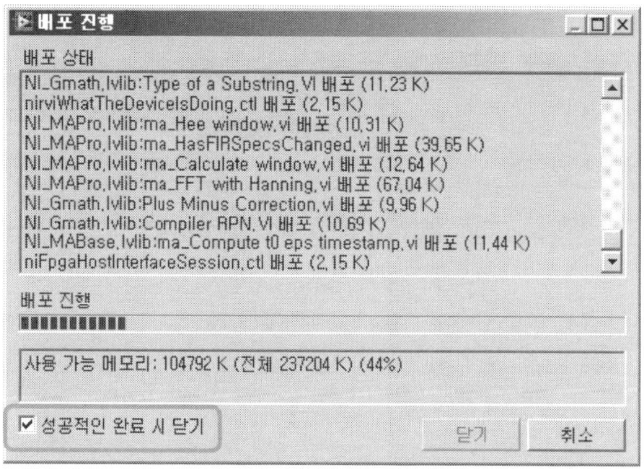

그림 3-89 배포 진행 중

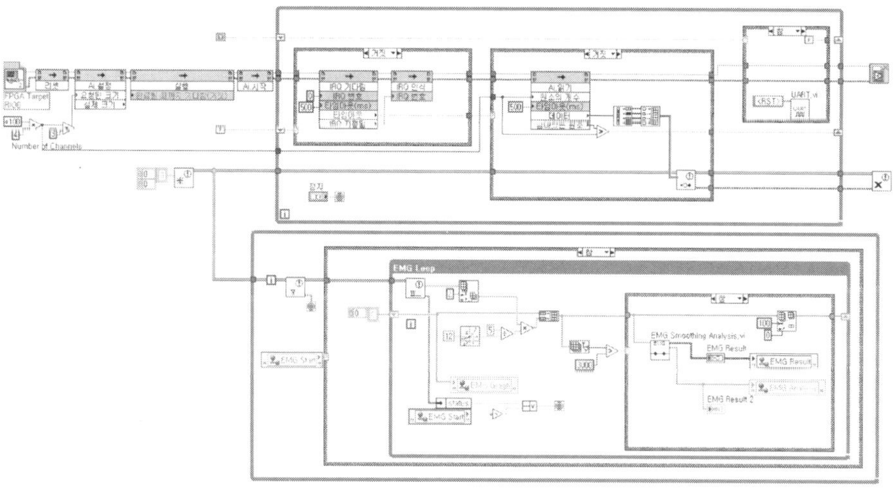

그림 3-90 완료된 블록다이어그램

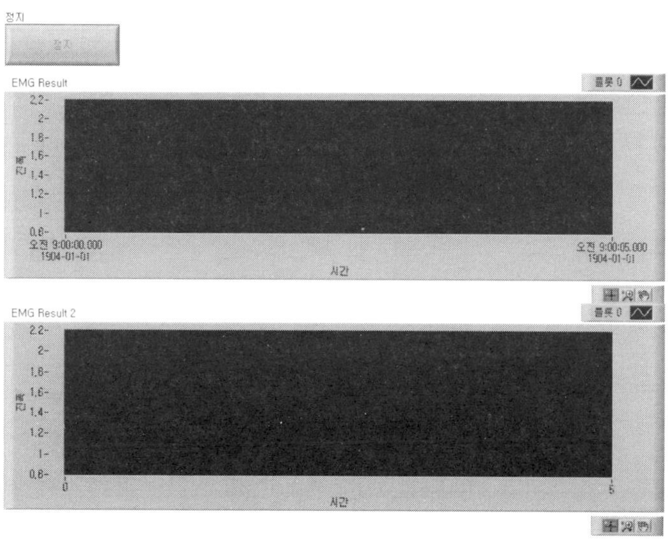

그림 3-91 완료된 프런트패널

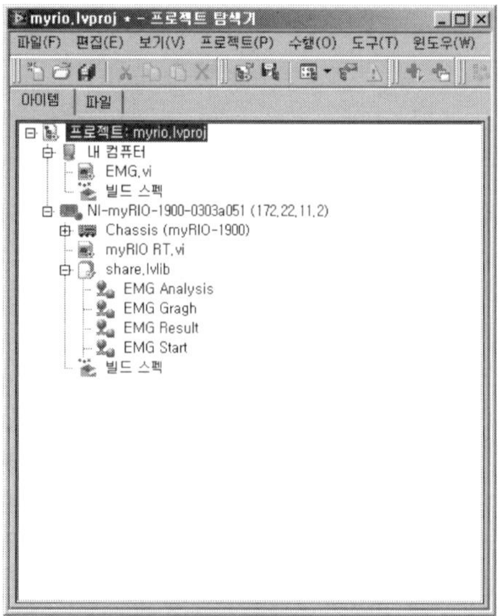

그림 3-92 완료된 프로젝트

- 완료된 VI를 이용해 Real Time Application을 빌드하여 myRIO 자체적으로 실시간 동작이 가능하도록 한다.
  - 프로젝트 탐색기에서 myRIO 항목의 "빌드 스펙"을 선택하고 마우스 오른쪽 버튼을 클릭하여 "새로 만들기 → Real-Time Application"을 선택한다.

그림 3-93 Real-Time Application 빌드

  - 선택하면 My Real-Time Application 프로퍼티 창이 뜨고 Information 항목에서

빌드 스펙 이름과 저장 경로를 설정할 수 있다.

- 설정을 완료 했다면 Source Files 항목을 선택하고 "시작 VI"에 myRIO RT.vi를 "항상 포함"에 share.lvlib를 추가하고 빌드 버튼을 눌러 빌드를 시작한다(기타 다른 항목에 관한 설정은 사용자 임의로 설정 가능하나 변경하지 않아도 무방하다).

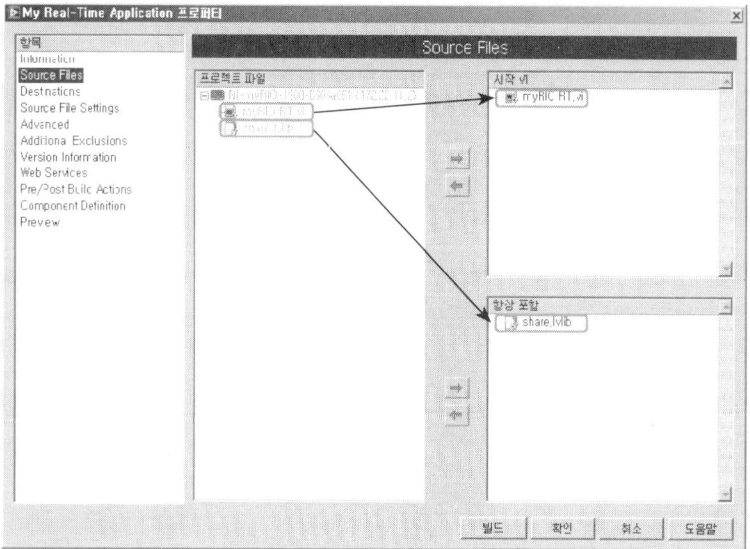

그림 3-94 Source Files 추가

- 빌드가 완료되면 그림 3-95와 같이 "빌드 스펙"아래에 생성한 (My Real-Time Application) 빌드 항목이 추가되어 있으며, 마우스 오른쪽 버튼을 클릭하여 Run as Startup을 설정해 준다.

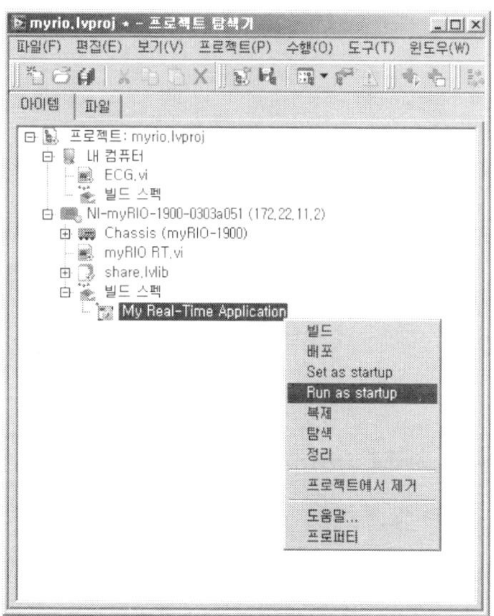

그림 3-95 Run as startup 설정 후 myRIO의 실시간 동작

▶ EMG 센서 측정 시 LCD에 값 출력하기

- LCD를 제어하기 위해 EMG 센서의 Real Time application에 UART 통신이 가능하도록 코드를 추가해 준다. (함수는 제공되는 UART.VI를 사용한다.)
- 완성된 Real Time application 코드의 슬레이브 루프에 그림 3-96과 같이 코딩한다.

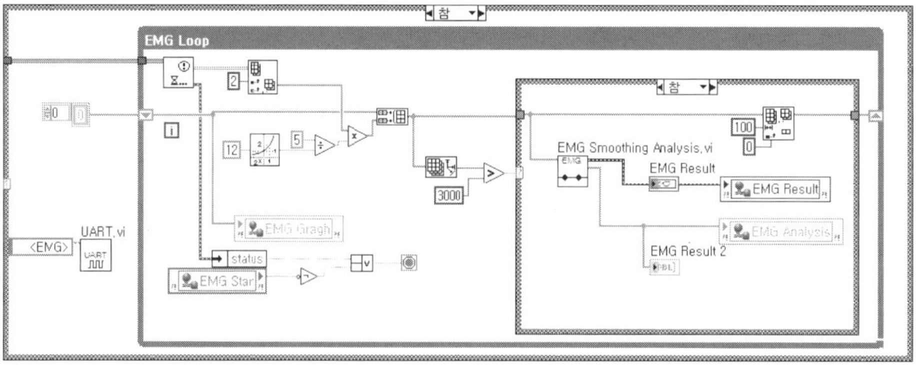

그림 3-96 LCD 제어 코드가 추가된 슬레이브 루프

- 루프의 케이스 구조에 UART.VI를 위치하고 <EMG>명령어를 전송해 EMG 센서 측정 화면이 출력되도록 한다.
- EMG 센서의 경우는 수치화된 값이 없이 때문에 그래프를 통해 확인하며 루프 실행 시 측정 중을 알리는 화면만 사용된다.

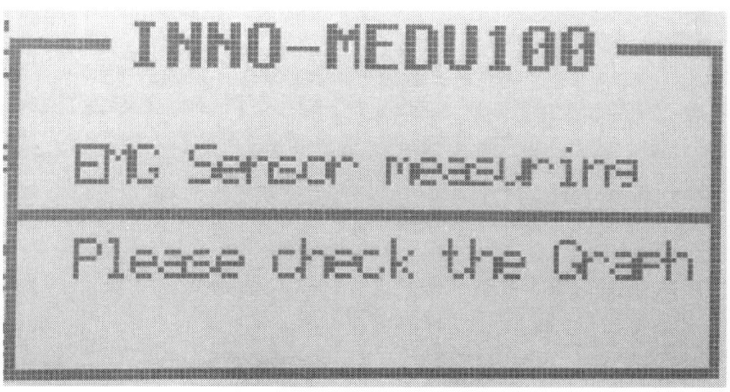

그림 3-97 ECG 측정 LCD 화면

▶ HMI(Human Machine Interface) Application

- HMI를 생성하기 위해 프로젝트 탐색기 목록 중 "내 컴퓨터"아이콘에서 마우스 오른쪽 버튼을 클릭하여 새로 만들기 → VI를 선택하고 VI가 생성 되면 EMG라는 파일 이름으로 저장한다.

- 저장된 VI의 프런트패널을 열고 공유변수와 연결할 그래프, 차트, 블리언 컨트롤, 숫자형 인디케이터를 위치한다.
- EMG의 경우 추가적인 신호 분석을 위해 Biomedical toolkit의 MNF(Mean Power Frequency)함수를 이용해 MNF를 출력해 준다,

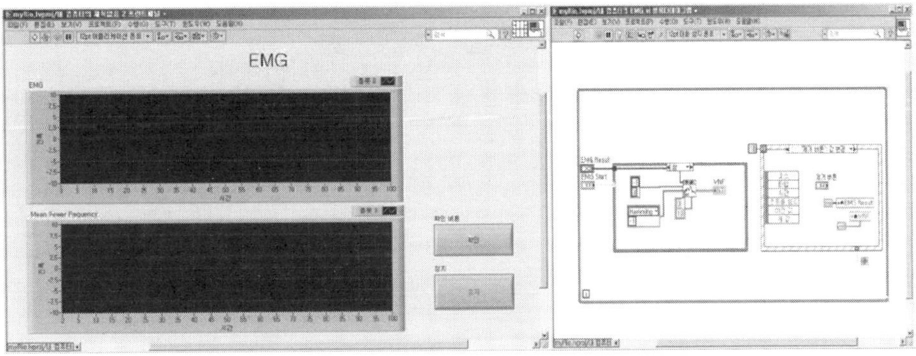

그림 3-98 근전도 HMI 프런트패널과, 블록다이어그램.

- 이제 VI의 블록다이어그램에서 생성된 변수를 네트워크 공유변수와 연결해 준다.
  - 네트워크 공유변수와 연결해 주기 위해서는 연결하고자 하는 변수에서 마우스 오른쪽 버튼을 클릭하고 프로퍼티를 선택하면 해당 변수의 프로퍼티 창이 나타난다.

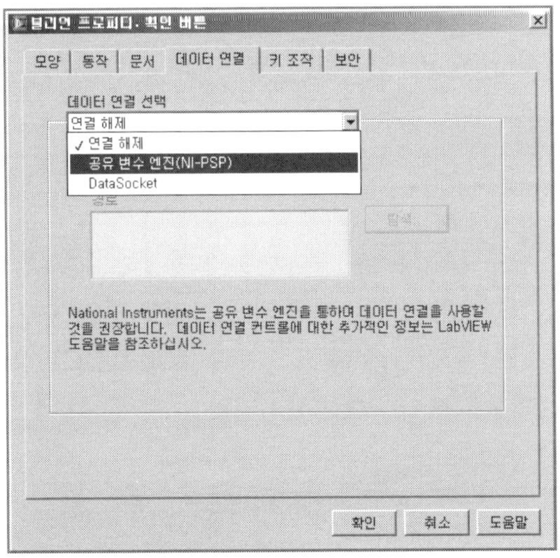

그림 3-99 확인버튼의 프로퍼티 창

- 프로퍼티 창에서 "데이터 연결"탭을 선택하고 "데이터 연결 선택"의 하위 메뉴에서 "공유변수 엔진(NI-PSP)"을 선택하면 아래의 경로가 활성화되고 탐색 버튼을 누르

고, 소스 아이템 선택 창이 나타난 후 그림 3-100과 같이 연결하고자 하는 공유변수를 선택해 준다.

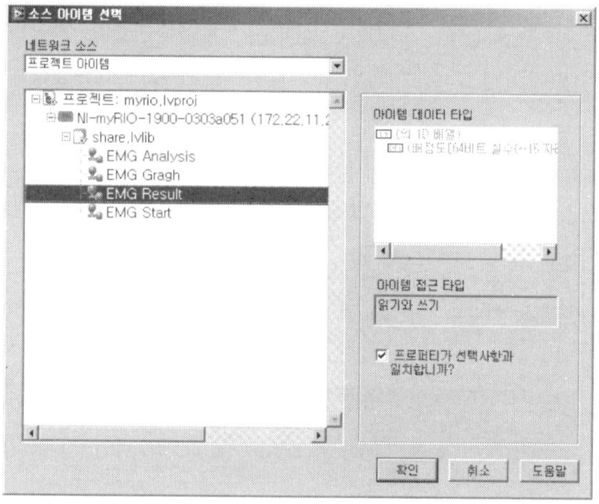

그림 3-100 소스 아이템 선택 창

- 변수의 프로퍼티 창의 경로에 공유변수의 경로가 설정되어 있는 것을 확인한 후 확인 버튼을 누른다(연결하고자 하는 변수와 공유변수간의 데이터 형태가 다르면 VI에 에러가 발생된다. Ex. 그래프를 차트에 연결할 경우 에러발생).

그림 3-101 공유변수의 경로

- 다른 변수도 해당하는 공유변수와 연결해 준다. 연결이 완료되면 프런트패널의 변수에 삼각형모양의 아이콘이 생성된 것을 확인할 수 있다. 이 아이콘은 데이터 연결의 상태 LED로 VI를 실행 시 정상적인 연결이 되었을 경우는 초록색, 잘못된 연결이 되었을 경우는 빨강색으로 표시된다.

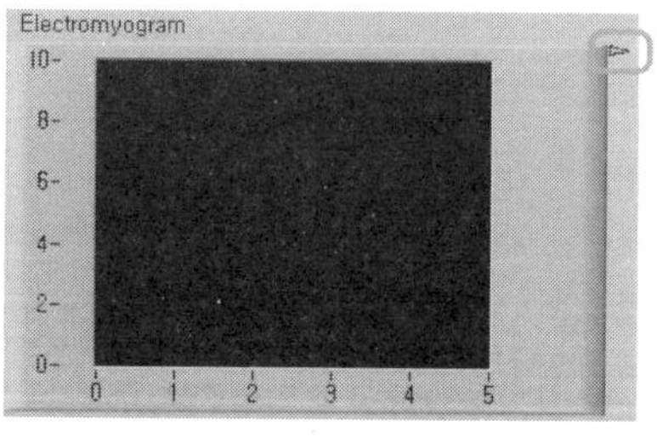

그림 3-102 데이터 연결 상태 LED

- 다시 블록다이어그램을 열고 이벤트 구조와 정지버튼을 하나씩 생성하고 이벤트 구조의 이벤트 추가를 이용해 이벤트 소스는 "정지버튼", 이벤트는 "마우스 다운?"을 설정하여 추가한다.

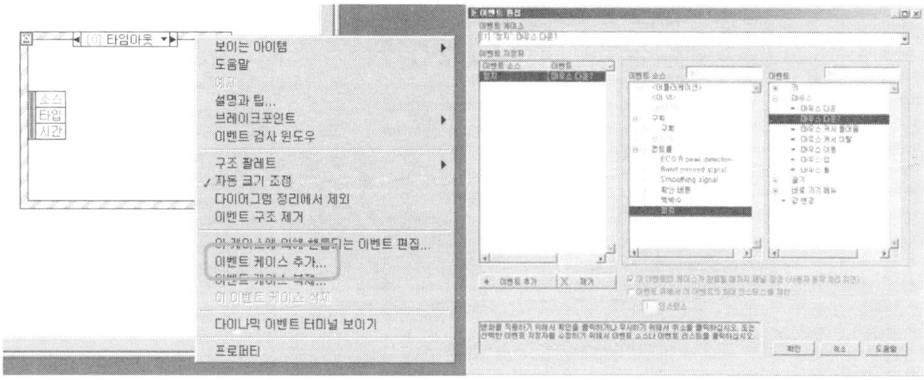

그림 3-103 정지 버튼의 이벤트 추가

- 추가된 이벤트의 페이지를 보면 구조 내부에 입/출력 터미널이 생성되어 있고, 입력 터미널을 클릭하여 "버림?"으로 변경해 준 후 그림 3-104와 같이 코딩한다.

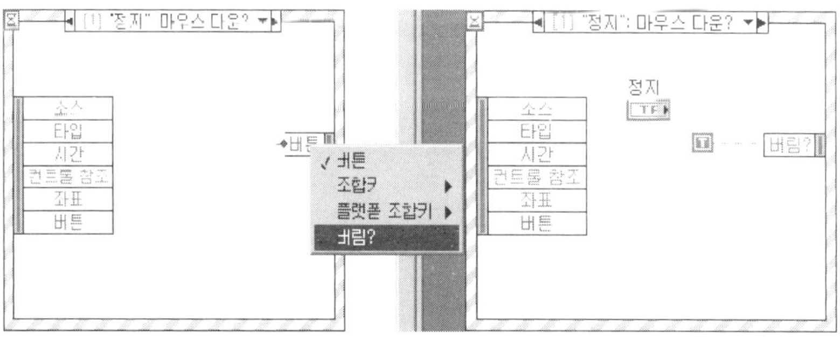

그림 3-104 이벤트 구조 코딩

- 이벤트 구조를 추가함으로써 vi실행 시 종료버튼을 누르기 전까지 종료되지 않고 공유변수로부터 데이터를 주고받을 수 있다.

- 코딩이 완료된 Vi를 장식을 이용해 알맞게 꾸미고 각각의 인디케이터의 라벨을 수정한 후 실행하고 데이터 측정이 잘 이루어지는지 확인한다.

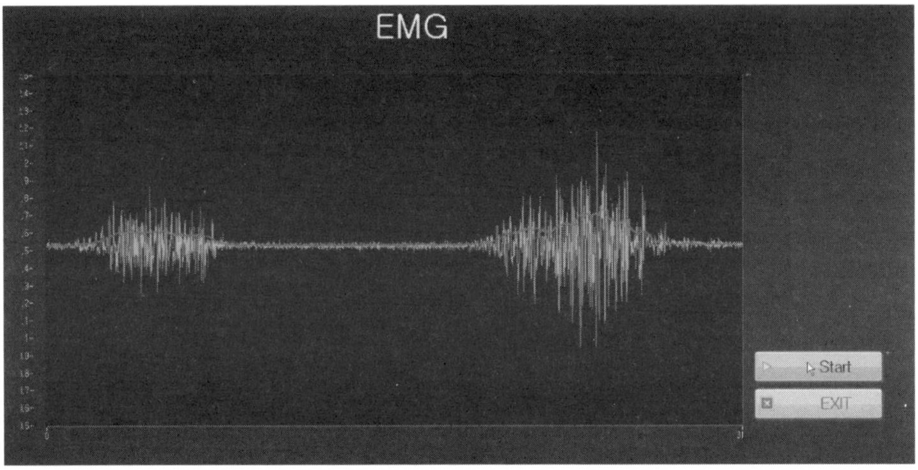

그림 3-105 EMG HMI 신호 측정

모바일 활용

▶ Tablet PC - Data dashboard를 이용한 코딩

- Tablet PC에서 Data Dashboard 어플리케이션을 설치한 후 실행한다.
- Data dashboard를 실행하고 오른쪽 위의 더하기를 터치하여 페이지를 추가한다.
    - 페이지를 추가하면 추가된 페이지화면으로 변환되고 각각의 메뉴를 선택하여 코딩을 진행하면 된다

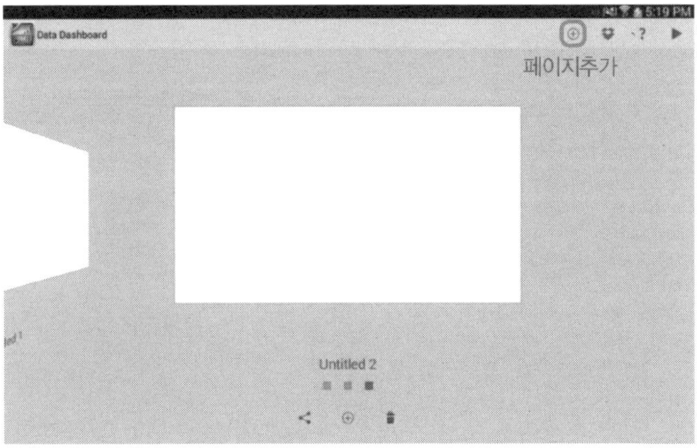

그림 3-106 Data dashboard main 화면

- HMI를 코딩할 때와 마찬가지로 필요한 인디케이터와 컨트롤을 Palette 메뉴에서 선택하여 페이지에 추가한다.

그림 3-107 팔레트 메뉴에서 인디케이터 선택

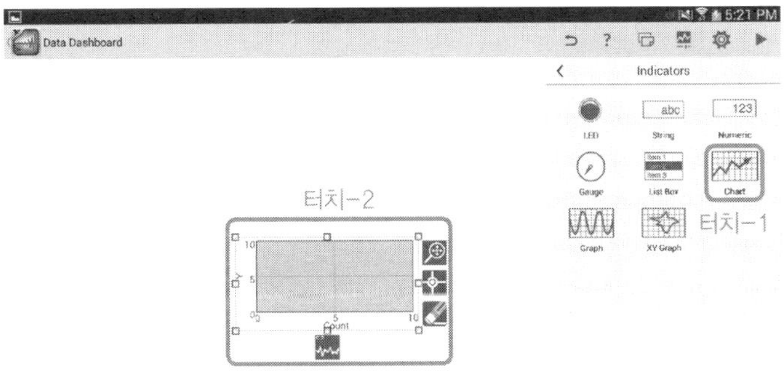

그림 3-108 인디케이터 항목에서 차트를 터치 후 페이지를 터치한다.

- 페이지에 인디케이터를 추가한 후 인디케이터의 중앙 하단에 표시되는 그림 3-109와 같은 아이콘을 터치하여 myRIO에 공유변수와 연결해 준다.

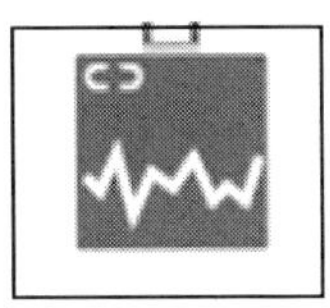

그림 3-109 변수 연결 아이콘

- 아이콘을 터치하면 Connect 메뉴가 나타나고 Shared Variables 메뉴를 터치한다.

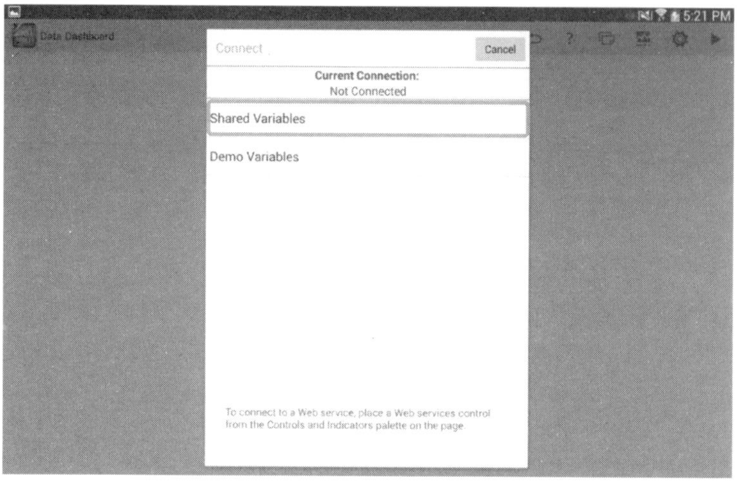

그림 3-110 myRIO 연결하기 위한 공유변수 선택

- Shared Variables 화면이 나타나면 myRIO와 WIFI로 연결하기 위해 New Server 항목에 WIFI에 할당된 IP주소를 입력한다. (172.16.0.1)

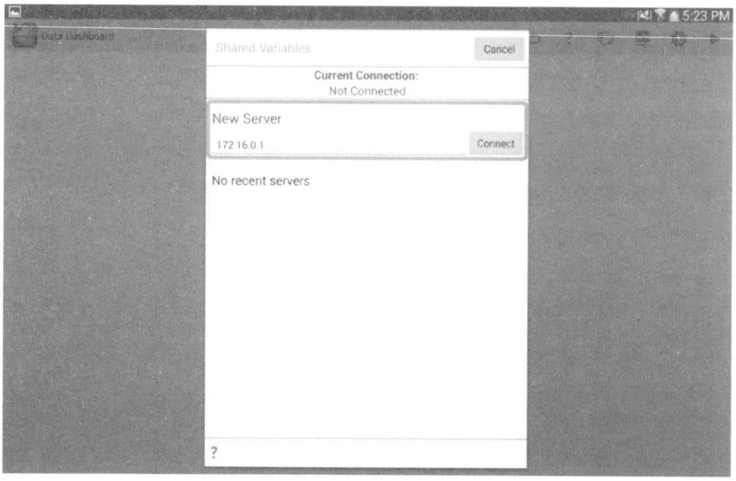

그림 3-111 Shared Variables 메뉴

- myRIO에 WIFI로 연결이 되면 현재 생성되어 있는 라이브러리의 목록이 나타나고 이 목록은 LabVIEW에서 생성하였던 라이브러리와 동일하다(LabVIEW에서 Share.lvlib 라이브러리를 생성하여 공유변수를 추가하였으므로 Share를 터치하고 변수의 목록이 나오면 사용자가 모니터링 하고자 하는 변수를 선택한다).
- HMI상에서는 어떠한 형태의 변수든 연결이 가능하였지만 Data Dashboard의 경우는 연결 가능한 변수가 한정되어 있다.

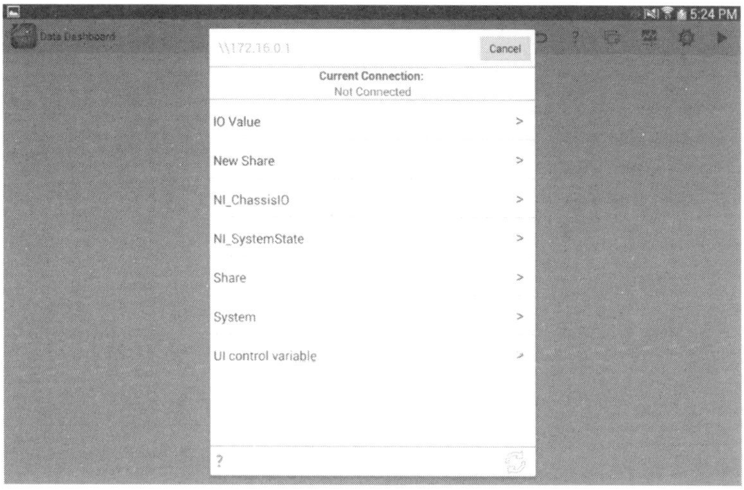

그림 3-112 현재 연결된 장비의 라이브러리 목록

- 그림 3-113과 같이 각각의 인디케이터와 컨트롤을 생성해 주고 EMG 신호를 측정할 수 있는 페이지를 완성한다.
- 완성 후 myRIO의 Real-Time Application이 동작 중에 Start 버튼을 터치하여 HMI와 동일한 신호가 출력되는지 확인한다(데이터를 받을 수 있는 양의 차이로 HMI와 약간의 신호 차이가 있을 수 있다).

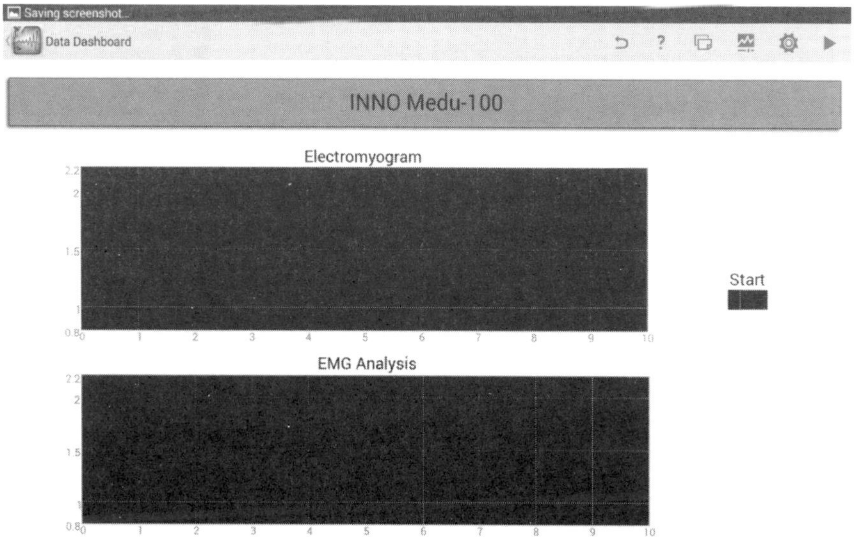

그림 3-113 EMG main 페이지

▶ **Smart Phone - Data dashboard를 이용한 코딩**

- Data Dashboard 어플리케이션을 스마트폰에 설치한다.
- 설치 후 실행하면 페이지를 추가하는 화면이 나타나고 화면을 터치한다.

그림 3-114 스마트폰 Data Dashboard 메인 화면

- Select a server 화면이 나타나면 Connect to shared variable...을 터치한다.

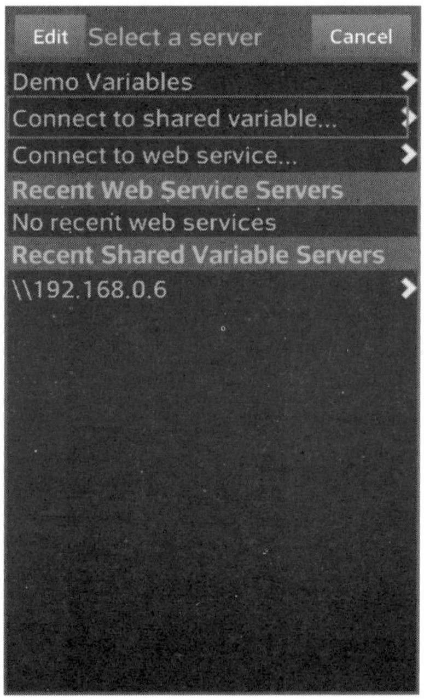

그림 3-115 Connect to shared variable...

- Connect to sever 화면이 나타나면 Server Name에 myRIO의 WIFI에 할당된 IP주소를 입력해 연결한다.

그림 3-116 myRIO WIFI의 IP 주소를 입력

- Choose a variable 창이 나타나면 공유변수가 생성되어 있는 라이브러리를 터치하고 해당 공유변수를 터치하면 인디케이터를 설정할 수 있는 화면이 나온다. 인디케이터를 설정해 주면 페이지에 인디케이터가 추가되고 실행 시 데이터가 출력된다(모바일 Data dashboard의 경우 하나의 페이지에 하나의 변수만 생성 가능하며 스칼라 값의 변수만 생성 가능하다).

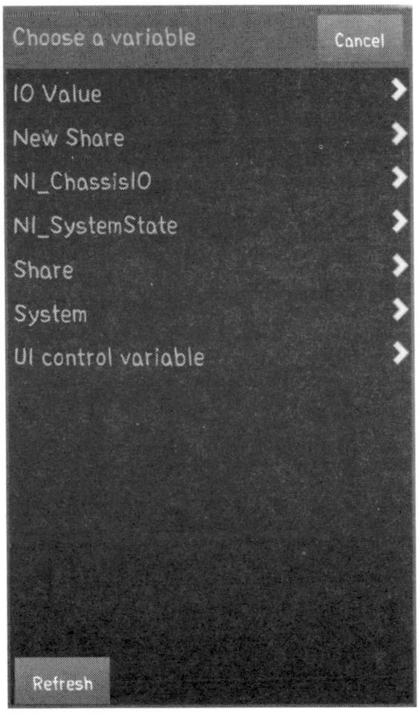

그림 3-117 Choose a variable 화면

그림 3-118 공유변수와 연결된 인디케이터를 추가한 페이지

3.3.6 SpO2(PPG-Photoplethysmography)

산소포화도

근육(muscle) 근조직(musculature) 적혈구중 헤모글로빈의 산소결합능력 가운데 산소가 실제로 결합하고 있는 비율을 %로 표시한 것을 산소포화도라고 하는데 산화헤모글로빈(HBO2)과 환원헤모글로빈(Hb)에서는 파장에 따라서 흡광계수가 다르고 파장 805㎚ 부근에서 Hb와 HbO2흡관계수는 거의 같은데, 605㎚ 부근에서는 두드러지게 다르다. 이것을 이용해서 비관혈적으로 산소포화도를 정밀하게 조사하는 것이 가능하다. 이런 방식으로 구한 것을 광학적 산소포화도라고 한다.

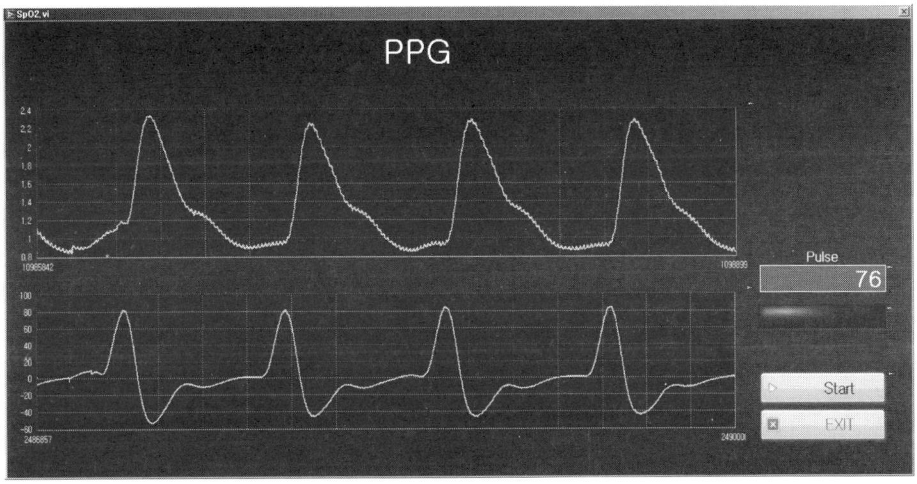

그림 3-119 PPG 파형의 흐름

PPG 신호계측의 개요

적외선LED와 자외선(붉은색)LED, 포토다이오드로 구성된 SpO2센서를 통해 PPG 신호를 검출하고 검출 된 신호를 분석하여 맥박을 측정한다. 검출된 신호와 맥박을 각각 HMI와 Tablet PC로 디스플레이 한다. (혈중 산소포화도는 측정하지 않는다.)

PPG 신호계측을 위한 준비

SpO2 측정용 센서, INNO-MEDU100, PC or Tablet PC, NI LabVIEW 2013 프로그램, NI myRIO 디바이스 드라이버, NI FPGA 모듈

그림 3-120 산소포화도/맥파센서

시스템 구현

▶ INNO-MEDU100 사용 시

SpO2 센서를 INNO-MEDU100의 SpO2 커넥터에 연결한다.

아날로그 신호처리 부는 센서에 내장되어 있으므로 별도로 설계하지 않는다.

Bread Board 사용 시

Bread Board 사용 시 아날로그 신호를 처리해 주는 부분이 없으므로 다음의 회로도를 이용해 설계한다.

PPG 회로 설계 하기

▶ 목표

PPG 신호를 확인하기 위해 Filter, Amp, Add 회로를 구성하고 신호처리 과정을 이해한다.

회로설계는 INNO-MEDU100의 Bread Board를 이용해 설계하고 회로구성이 완료되면 INNO-MEDU100을 활용해 전원입력, 신호 분석을 실습한다.

▶ 참고 사항

PPG 신호의 전기적 특성

생체 신호	크기	주파수(Hz)	센서
PPG	센서의 특성에 따라 다름	0.1 ~ 10	Red-Infrared sensor

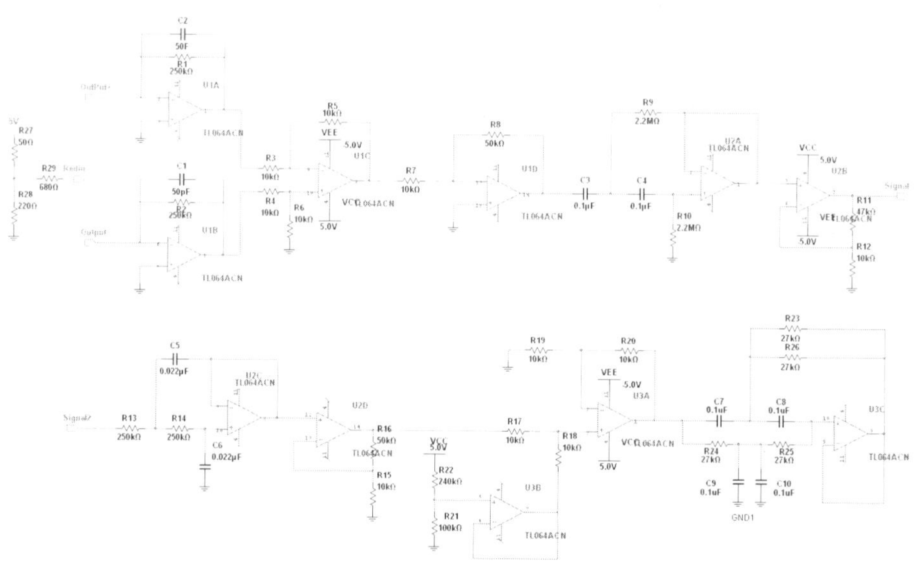

그림 3-121 PPG 신호처리 회로도

▸ **실습**

Multisim을 이용해 "IVC → Differential AMP → Amp → HPF → AMP → LPF → AMP → ADD → Notch Filter"순으로 회로를 구성한다

A. PPG 회로의 설계를 위해 NI Multisim에서 회로 창을 새로 추가하고, 두 개의 입력단에 각각 IVC를 설계한다.

❶ 왼쪽 상단의 구성요소 도구모음에서 저항 모양의 아이콘을 클릭하고 Select a Component 윈도우 창을 출력한다. (저항 아이콘이 아닌 구성요소 도구모음의 다른 아이콘을 클릭하여 창을 출력할 수도 있다.)

❷ 창이 출력되면 Group - <All groups>, Family - <Allfamilies>로 선택하고 Component 항목에서 TL064를 검색하여 OP AMP를 회로 창에 추가한다.

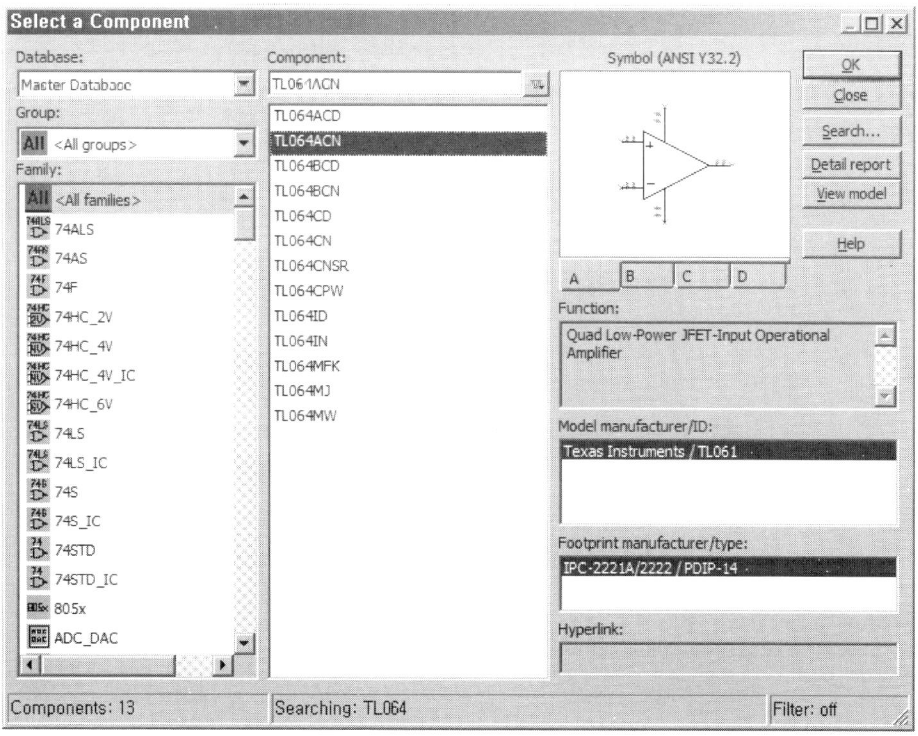

❸ IVC의 회로는 전류의 차이를 전압신호로 바꾸어 주는 회로이다. IVC 회로를 보면 커패시터와 저항으로 구성되어 있는데, 저항은 감도를 선택하도록 하는 기능을 한다. 저항 값이 높을수록 감도가 좋아지는데 어린이나 여성의 경우 비교적 손가락이 가늘고 피부가 투명하기 때문에 감도를 낮추고 남자나 노인의 경우 피부가 두꺼워 감도를 높여 측정할 수 있다. 본 회로의 경우 고정적인 저항을 사용해 측정을 하지만 설계자가 원하는 값으로 변경하며 실험할 수 있다.

❹ 회로 창에 TL064가 추가되었으면 Select a Component 창에서 Database - Master Database, Group - Basic, Family - Resistor, Component - 250kΩ 로 설정하고 OK 버튼을 누르거나 해당 항목을 더블클릭하여 회로 창에 저항을 추가해 준다.

❺ 같은 방법으로 Family - Capacitor, Component - 50pF을 회로 창에 추가해 준다.

❻ 이후 아래 그림과 같이 OP AMP와 각각의 부품들을 연결하여 IVC회로를 완성한다(GND의 경우 Group - Sources, Family - Power_Sources, Component - Ground를 선택하여 추가할 수 있다).

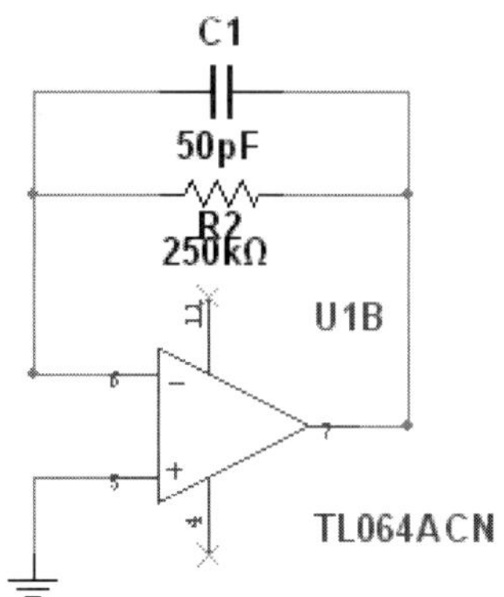

그림 3-122 IVC 회로

❼ 설계된 회로를 검증하기 위해 NI Multisim의 가상 장비를 이용하여 시뮬레이션을 한다. 가상 장비는 윈도우 창의 오른쪽에 장비 도구 모음에 있으며 부품을 추가하는 방식과 동일하게 사용하고자 하는 부품을 클릭하고 회로 창에 추가할 수 있다.

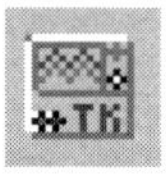

그림 3-123 오실로스코프 아이콘

❽ 설계된 IVC 회로의 동작 특성을 확인하기 위해 오실로스코프를 회로 창에 추가하고 Select a component 창에서 Group - Sources, Family - Signal_Current_Sources, Component - AC_Current를 선택하여 입력소스를 AC 전류로 설정해 준다. AC 전류 소스를 더블클릭하여 0.01mA, 40Hz로 설정해 주고 오실로스코프를 이용해 1번은 입력, 2번은 출력에 연결한다.

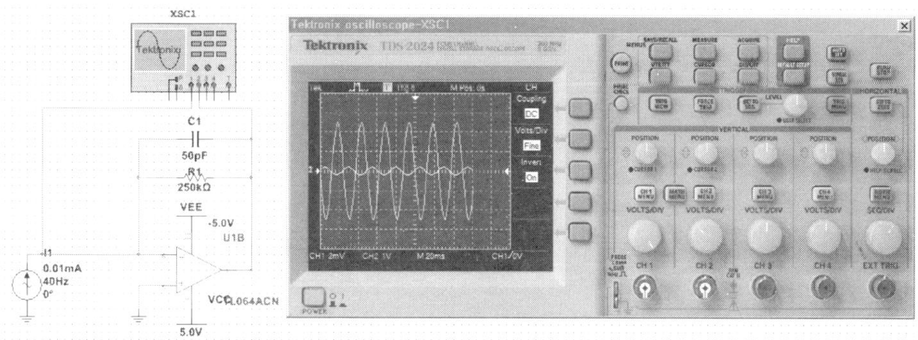

❾ 시뮬레이션을 실행하고 오실로스코프의 전원을 On하면 신호를 확인할 수 있다. 입력신호의 경우 매우 작은 크기의 전류소스를 확인할 수 있고 출력의 경우 위상차이가 발생한 증폭된 신호를 확인할 수 있다.

❿ 시뮬레이션이 완료되면 동일한 회로를 1개 추가로 설계하여 측정되는 IR-R 센서의 신호를 처리해 준다.

B. IVC 처리된 신호를 차동증폭기를 설계하여 원신호는 2배 증폭하고 노이즈는 제거하도록 한다.

❶ 차동증폭기 설계를 위해 IVC 회로에서 사용하였던 OP AMP 1개를 회로 창에 추가한다.

❷ TL064CN을 Select a Component 창에서 동일한 부품으로 선택하면 추가할 OP AMP를 선택하는 팝업 창이 출력된다.

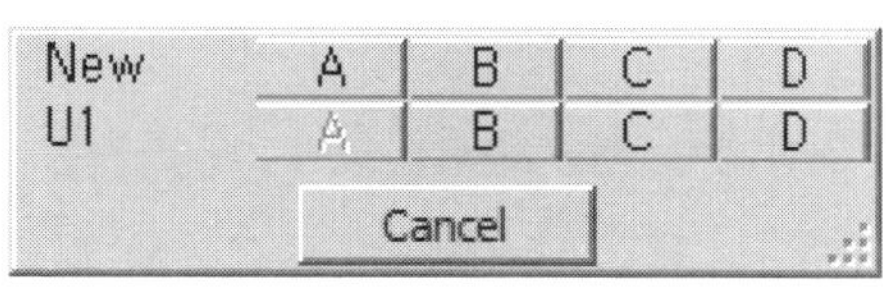

❸ New 라인의 A, B, C, D를 추가 시 새로운 부품의 OP AMP가 추가되고 U1 라인의 B, C, D를 추가 시 기존(IVC)에서 추가했던 부품에서의 OP AMP를 추가할 수 있다. 동일한 부품을 사용하기 위해 U1 라인의 부품을 선택하여 OP AMP를 추가한다.

❹ 추가된 OP AMP를 이용해 2배 증폭되는 차동 증폭기를 설계하기 위해 10KΩ 저항 4개와 입력 전원 2개를 이용해 다음과 같이 회로를 설계한다.

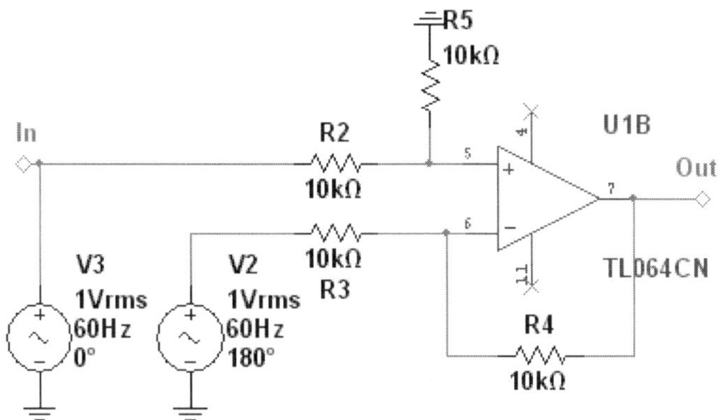

❺ 설계된 회로를 시뮬레이션 하여 2배 증폭되는 결과를 확인하기 위해 V2전원을 더블클릭하여 Phase 를 180으로 설정해 준다.

❻ 장비 도구모음에서 Tektronix oscilloscope를 선택하여 회로 창에 추가하고 1번은 Out 에, 2번은 V2에, 3번은 V3에 와이어링 해 주고 오실로스코프를 더블클릭하여 가상의 장비 화면을 출력한다. 출력된 가상 오실로스코프 창의 왼쪽 하단에 POWER 버튼을 클릭하여 전원을 On한다.

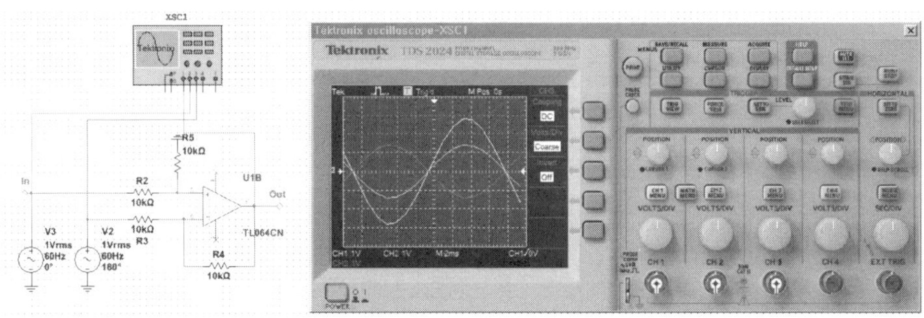

❼ 시뮬레이션을 실행하고 각각 입력과 출력의 신호를 확인한다. (입력신호 두 개의 위상 차에 의해 출력신호가 2배 커지는 것을 확인할 수 있다.)

C. 회로를 약 5배 증폭하기 위해 증폭기를 설계한다.

❶ 반전증폭기의 경우 Vout = −(*Rref*/*Rin*)*Vin*와 같은 수식에 의해 이득이 정해지고 이득되는 값만큼 출력전압이 결정된다. 따라서 5배 증폭을 위해 Rin = 10kΩ, Rref = 50kΩ로 설계하여 다음과 같은 반전 증폭기 회로를 구성한다.

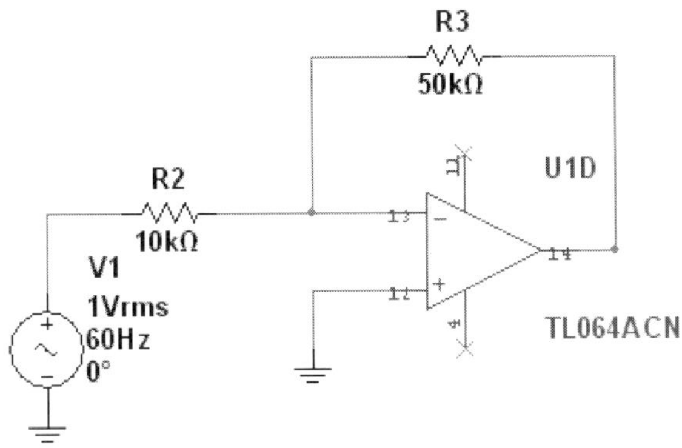

❷ 구성된 회로는 5배 증폭되는 것을 시뮬레이션 하기 위해 입력신호 rms값을 1V로 설정 해 주고 주파수를 60Hz로 설정한다.

❸ OP AMP에 와이어링 할 때는 반전 단자와 비 반전 단자의 위치에 유의하고 VCC와 VEE가 필요할 경우 구성요소 도구모음에서 추가하여 설계해 준다.

❹ 설계가 완료된 회로를 시뮬레이션 하기 위해 가상의 오실로스코프를 회로 창에 위치하고 1번을 입력되는 신호에 연결하고 2번을 OP AMP의 출력 단에 연결한 후 가상의 오실로스코프 창을 열어 전원을 On한다. 시뮬레이션을 실행하고 오실로스코프 창에 신호가 증폭되는 것을 확인한다.

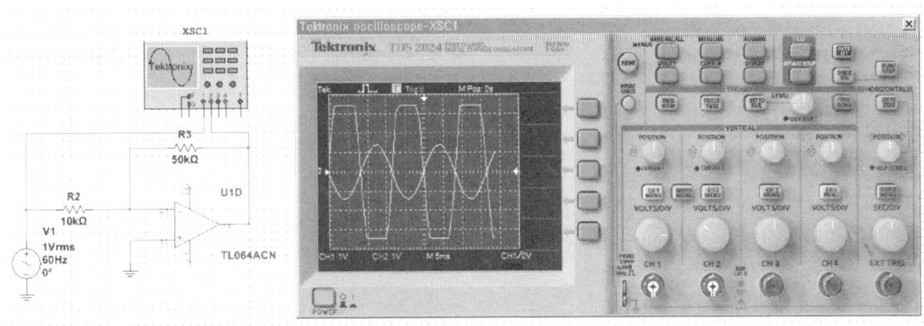

❺ 오실로스코프의 창을 확인하면 원신호에 비해 50배 증폭된 신호를 확인할 수 있는데 증폭된 신호가 OP AMP에 입력되는 Reference 전압(+5, −5)보다 더 크게 증폭되어 Saturation되는 것을 확인할 수 있다. 이런 현상은 실제 PPG 신호에서는 더 작은 신호를 증폭하기 때문에 발생하지 않는다.

❻ 반전증폭이 완료되면 전단에서 설계한 차동증폭의 출력과 반전증폭기의 입력에 연결하여 회로를 구성한다.

❼ 만약 OP AMP의 Reference 전압을 더 크게 하거나 작게 할 때 어떻게 변하는지

확인해 본다.

D. 차동증폭에 의해 발생된 신호의 Offset 전압과 저주파 노이즈를 제거해 주기 위해 고주파 필터인 HPF를 설계한다.

❶ 구성요소 도구모음에서 OP AMP(TL064)를 회로창에 추가하고 커패시터 2개(0.1uF)와 저항 2개(2.2MΩ)을 추가하여 HPF를 설계한다.

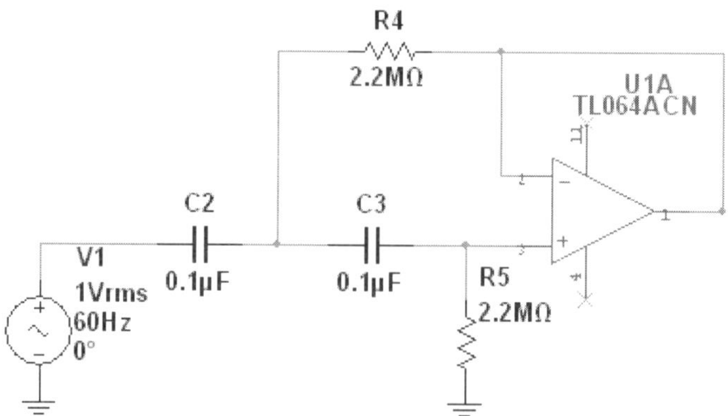

❷ 설계하는 필터는 능동소자인 OP AMP를 사용한 능동 필터로 2차 Sallen-Key High Pass Filter이다. 본 필터의 경우 사용되는 저항과 커패시터 각각 동일한 2개의 소자가 사용되었을 때 Cutoff = $1/2\pi RC$의 수식에 의해 차단 주파수를 계산할 수 있다.

그림 3-124 Bode Plotter 아이콘

❸ 설계가 완료되면 시뮬레이션을 위해 장비 도구모음에서 Bode Plotter를 회로 창에 추가하고 IN의 (+)단자를 입력에, OUT의 (+)단자를 OP AMP의 출력에 연결한 후 Bode Plotter의 IN, OUT의 (−)단자를 함께 묶어 그라운드로 연결해 준다.

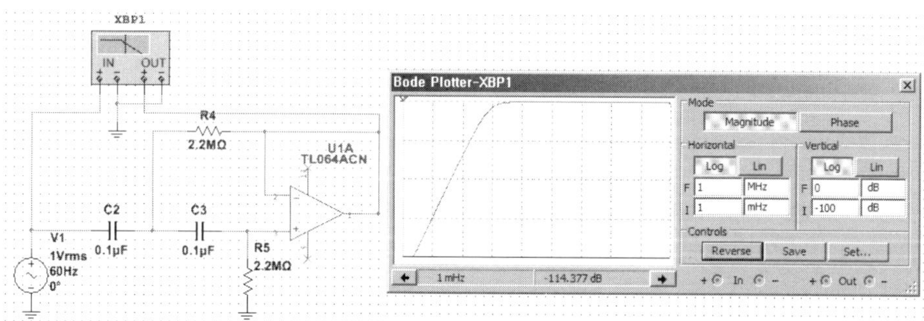

❹ 연결된 회로를 시뮬레이션을 실행해 Bode plotter 창에서 주파수 응답을 확인한다.

❺ 주파수 응답의 정상동작을 확인한 후 앞 단의 반전증폭기의 출력부분과 HPF 입력 단을 연결하여 회로를 설계한다.

E. HPF을 이용해 Offset 전압이 제거된 신호를 약 5.7배 증폭하기 위해 증폭기를 설계한다.

❶ 비 반전증폭기의 경우 Vout = (1 + $R2/R3$)Vin와 같은 수식에 의해 이득이 정해지고 이득되는 값만큼 출력전압이 결정된다. 따라서 5.7배 증폭을 위해 R3 = 10kΩ, R2 = 47kΩ으로 설정하여 다음과 같은 반전 증폭기 회로를 구성한다.

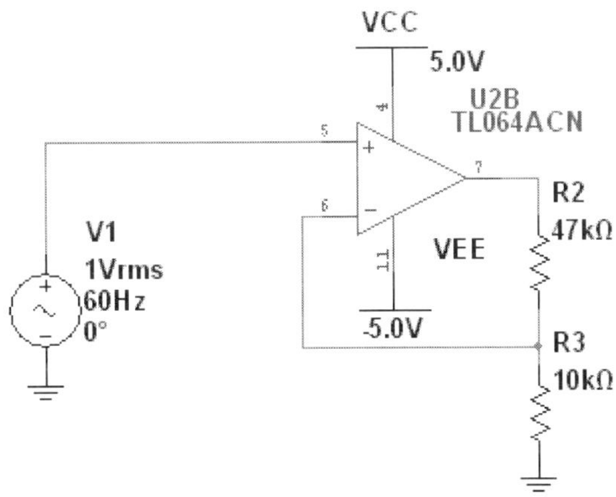

❷ 구성된 회로는 5.7배 증폭되는 것을 시뮬레이션 하기 위해 입력신호 rms값을 1V로 설정해 주고 주파수를 60Hz로 설정한다.

❸ OP AMP에 와이어링 할 때는 반전 단자와 비 반전 단자의 위치에 유의하고 VCC와 VEE가 필요할 경우 구성요소 도구모음에서 추가하여 설계해 준다.

❹ 설계가 완료된 회로를 시뮬레이션 하기 위해 가상의 오실로스코프를 회로 창에 위치하고 1번을 입력되는 신호에 연결하고 2번을 OP AMP의 출력 단에 연결한 후 가상의 오실로스코프 창을 열어 전원을 On한다. 시뮬레이션을 실행하고 오실로스코프 창에 신호가 증폭되는 것을 확인한다.

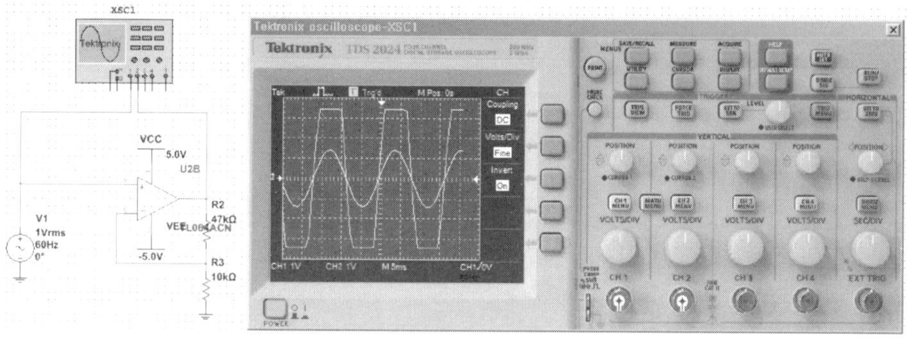

❺ 오실로스코프의 창을 확인하면 원신호에 비해 5.7배 증폭된 신호를 확인할 수 있는데 증폭된 신호가 OP AMP에 입력되는 Reference 전압(+5, −5)보다 더 크게 증폭되어 Saturation되는 것을 확인할 수 있다. 또, 반전 증폭기와 다르게 신호가 반전되지 않고 원신호와 같은 위상을 갖는 것을 확인할 수 있다.

❻ 비 반전증폭이 완료되면 HPF회로의 출력과 비 반전증폭기의 입력에 연결하여 회로를 구성한다.

❼ 만약 OP AMP의 Reference 전압을 더 크게 하거나 작게 할 때 어떻게 변하는지 확인해 본다.

F. 고주파 노이즈를 제거하기 위해 LPF 회로를 설계한다.

❶ 구성요소 도구모음에서 OP AMP(TL064)를 회로 창에 추가하고 커패시터 2개(0.022uF), 저항 2개(250KΩ)를 추가하여 LPF를 설계한다.

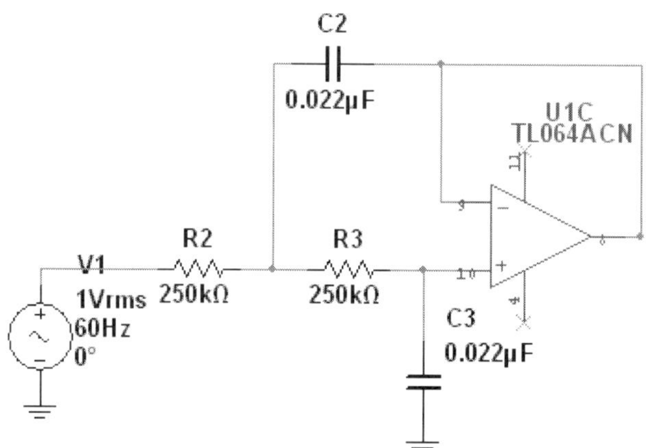

❷ 설계하는 필터는 능동소자인 OP AMP를 사용한 능동 필터로 2차 Sallen-Key Low Pass Filter이다. 본 필터의 경우 사용되는 저항과 커패시터 각각 동일한 2개의 소자가 사용되었을 때 Cutoff = $1/2\pi RC$의 수식에 의해 차단 주파수를 계산할 수 있다.

❸ 설계가 완료되면 시뮬레이션을 위해 장비 도구모음에서 Bode Plotter를 회로 창에 추가하고 IN의 (+)단자를 입력에, OUT의 (+)단자를 OP AMP의 출력에 연결한 후 Bode Plotter의 IN, OUT의 (−)단자를 함께 묶어 그라운드로 연결해 준다.

❹ 연결된 회로를 시뮬레이션을 실행해 Bode Plotter 창에서 주파수 응답을 확인한다.

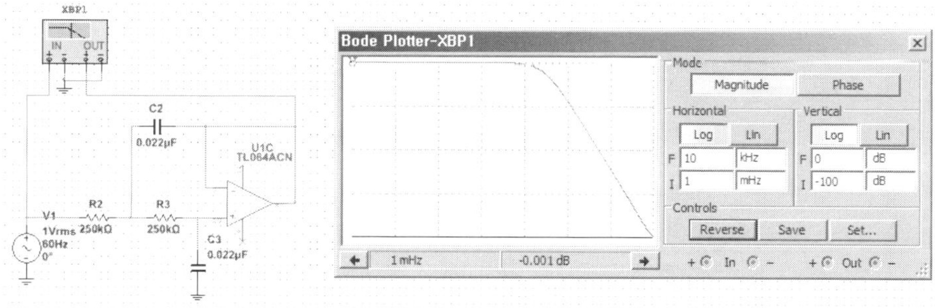

❺ 주파수 응답의 정상동작을 확인 후 비 반전증폭기의 출력부분과 LPF 입력 단을 연결 하여 회로를 설계한다.

G. LPF까지 설계가 되면 PPG신호를 확인할 수 있으며 마지막으로 신호를 증폭하기 위해 비 반전 증폭기를 사용해 약 6배를 증폭한다.

❶ 비 반전 증폭기의 경우 Vout = (1 + *Rref*/*Rin*)*Vin*와 같은 수식에 의해 이득이 정해지고 이득되는 값만큼 출력전압이 결정된다. 따라서 6배 증폭을 위해 R1 = 10kΩ, R2 = 50kΩ으로 설정하여 다음과 같은 비 반전 증폭기 회로를 구성한다.

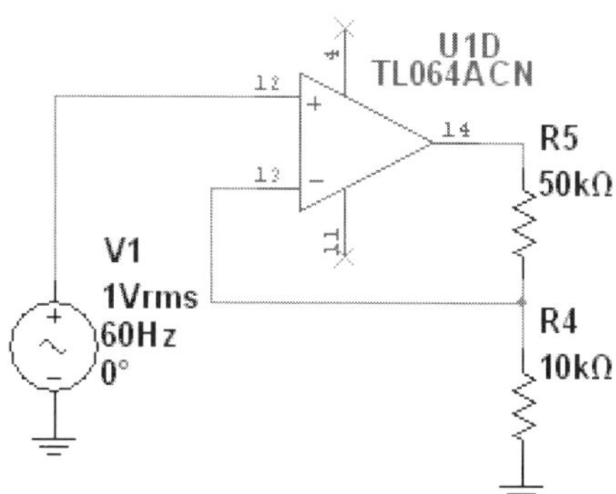

❷ 구성된 회로를 6배 증폭되는 것을 시뮬레이션 하기 위해 입력신호 rms값을 1V로 설정 해 주고 주파수를 60Hz로 설정한다.

❸ 가상의 오실로스코프를 회로 창에 위치하고 1번을 입력되는 신호에 연결하고 2번을 OP AMP의 출력 단에 연결한 후 가상의 오실로스코프 창을 열어 전원을

On한다. 시뮬레이션을 실행하고 오실로스코프 창에 신호가 증폭되는 것을 확인한다.

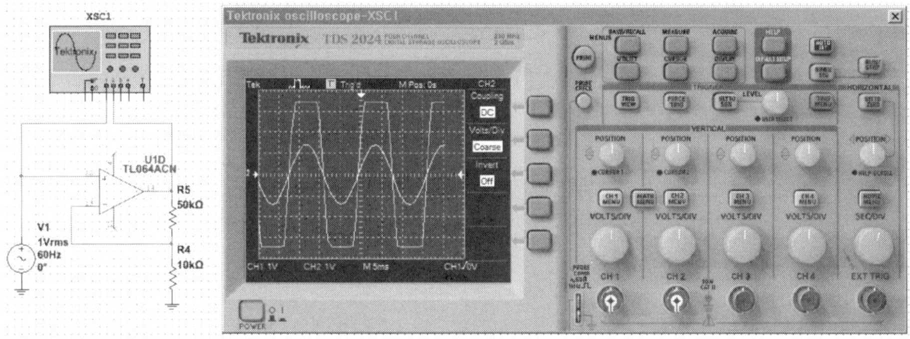

❹ 오실로스코프의 창을 확인하면 원신호에 비해 6배 증폭된 신호를 확인할 수 있는데 증폭된 신호가 OP AMP에 입력되는 Reference 전압(+5, −5)보다 더 크게 증폭되어 4.7배 증폭했던 부분보다 더욱 Saturation되는 것을 확인할 수 있다.

❺ 증폭기 설계가 완료되면 LPF 단의 출력과 비 반전 증폭기의 입력을 연결하여 신호를 증폭하는 회로를 완료한다.

H. 증폭을 마치면 약 1V 정도의 신호가 출력 되고 원 신호에 약 1.5V의 전압 Offset을 주기 위해 OP AMP를 이용한 전압 비 반전 가산기를 설계한다.

❶ 비 반전 가산기를 설계하기 위해 OP AMP 2개와 저항 6개(10KΩ 4개, 240kΩ 1개, 100kΩ 1개)를 이용한다. OP AMP는 각각 가산회로와 Buffer 회로에 사용되며 Buffer 회로의 경우 1.5V가 가산되는 부분에서 Loading Effect를 제거하기 위해 설계된다.

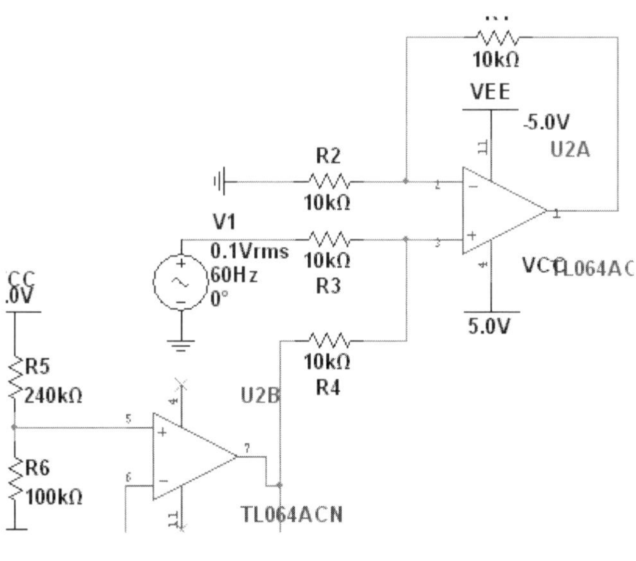

❷ 설계된 회로는 VCC +5V를 240KΩ 저항과 100KΩ저항의 전압분배에 의해 약 1.5V 전압을 만들어 Buffer를 통해 가산기의 비 반전 단자로 입력된다. VCC +5V는 OP AMP의 Reference 전압에서 복사하여 간단하게 추가할 수 있고 DC_INTERACTIVE_VOLTAGE를 이용해 전압을 가변하며 확인할 수 있다. DC_INTERATIVE_VOLTAGE는 NI Multisim의 구성요소 도구모음에서 Group - Sources, Family - SIGNAL_VOLTAGE_SOURCES 에서 Component 항목의 DC_INTERACTIVE_VOLTAGE를 선택하여 사용 할 수 있으며 DC_INTERATIVE_VOLTAGE는 마우스 커서를 아이콘 위에 올렸을 때 나타나는 좌/우 소절 막대를 이용해 전압 가변이 가능하다.

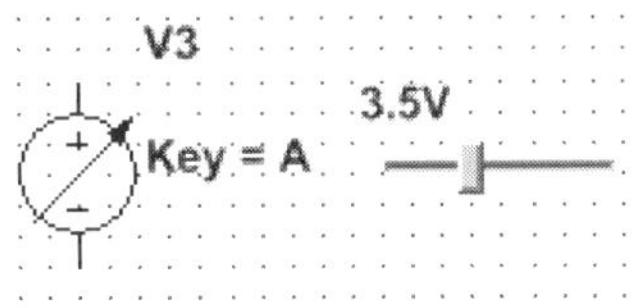

❸ DC_INTERATIVE_VOLTAGE까지 추가한 회로를 완성하여 오실로스코프를 회로 창에 추가하고 1번을 신호의 입력에 연결하고 2번을 OP AMP의 출력에 연결하여 원신호는 조절하는 전압만큼 Offset 되는 것을 확인한다(DC_INTERATIVE_VOLTAGE에서 출력되는 전압은 저항에 의해 전압 분배되어 Offset 되는 것에 유의한다).

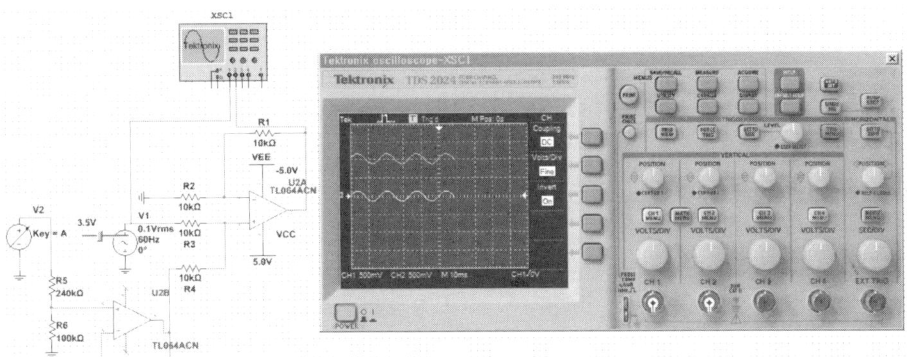

❹ 시뮬레이션을 확인한 후 증폭회로의 출력과 가산회로의 입력을 연결하여 ECG 신호가 약 1.5V Offset 되도록 한다.

I. 60Hz 전원 노이즈를 제거하기 위해 Notch Filter를 설계한다.

❶ ECG신호를 확인하면 아직 잡음이 많이 혼합되어 있는 것을 확인할 수 있다. 이유는 OP AMP 전원을 사용하거나 그 밖에 회로 구동에서 필요한 전원을 사용

하며 유입된 60Hz의 전원 노이즈가 제거되지 않아 발생되는 현상이다. 기본적으로 생체신호를 계측하는 회로에서는 60Hz 제거 필터인 Notch Filter를 필수적으로 설계되어야 하며 외부 전원을 배터리의 형태로 사용할 경우 노이즈를 감소할 수 있는 효과가 있다.

❷ Notch Filter의 경우 저항 4개와 커패시터 4개, OP AMP(TL064)를 사용하여 설계 가능 하다. 60Hz의 대역을 차단하는 Notch Filter를 설계하는 방법은 다양한 방법이 있으며 필터의 Q값을 가장 이상적으로 가질 수 있도록 개별적으로 설계해 본다.

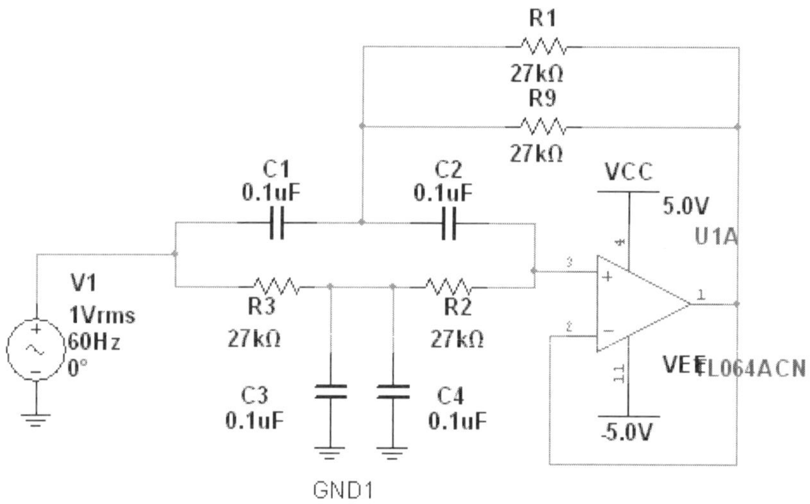

❸ 필터 설계 후 시뮬레이션을 하기 위한 전원을 구성요소 도구모음에서 추가하고 Bode plotter를 이용해 주파수 응답을 확인한다. Notch filter의 경우 Band Reject Filter에 해당하므로 주파수 응답 곡선은 60hz를 기준으로 차단되는 것을 확인할 수 있다.

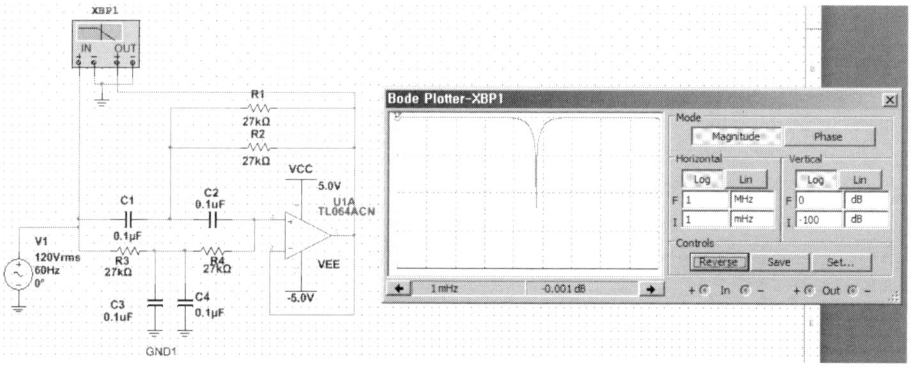

④ Notch Filter까지 설계가 완료되면 ECG 원신호를 오실로스코프 상에서 확인할 수 있으며 출력되는 신호를 INNO-MEDU100의 AI 라인으로 연결하여 LabVIEW에서 신호를 분석하거나 확인할 수 있다. LabVIEW를 활용하여 PPG 신호를 출력하는 방법에 관해서는 다음 장에서 자세히 다루도록 한다.

LabVIEW 프로그램 작성

▶ Real Time Application

- FPGA의 코딩이 끝난 프로젝트 탐색기에서 myRIO 항목을 선택 후 마우스 오른쪽 버든 클릭 후 새로 만들기 → VI 를 선택하여 Real Time Application을 코딩할 VI를 생성한다. 생성된 VI를 myRIO RT로 저장한다.

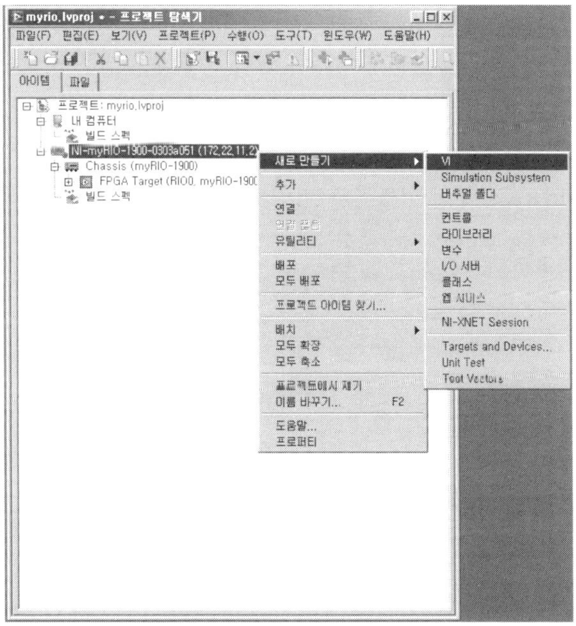

그림 3-125 myRIO RT.vi 생성

- myRIO RT.vi를 열고 블록다이어그램에 FPGA로부터 버퍼 되어 넘어오는 데이터를 받아 처리할 소스를 코딩한다.
- myRIO RT.vi에서 사용할 소스로는 랩뷰프로그래밍의 디자인 패턴 중 하나인 마스터/슬레이브 패턴을 사용하게 되며 프로젝트 탐색기 창의 “파일 – 새로 만들기”를 선택하여 제공되는 기본 소스를 응용할 수 있다.

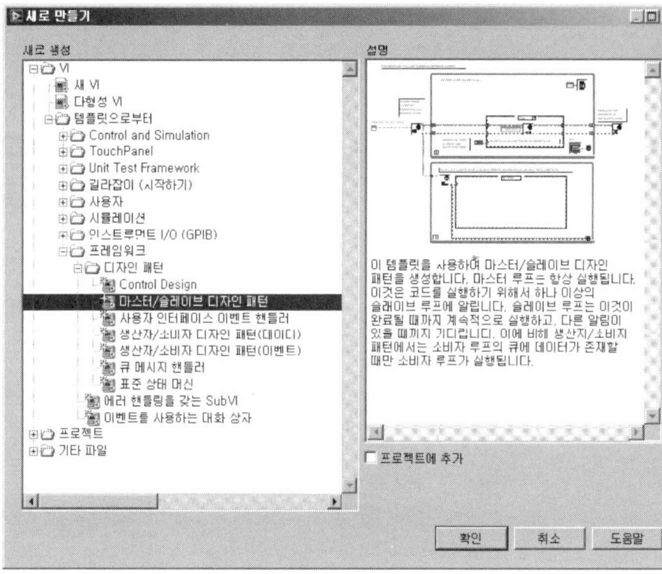

그림 3-126 마스터/슬레이브 패턴 응용

- myRIO RT.vi의 블록다이어그램의 Function 팔레트에서 "FPGA interface → Open FPGA VI reference 함수"를 선택하고 생성한다.

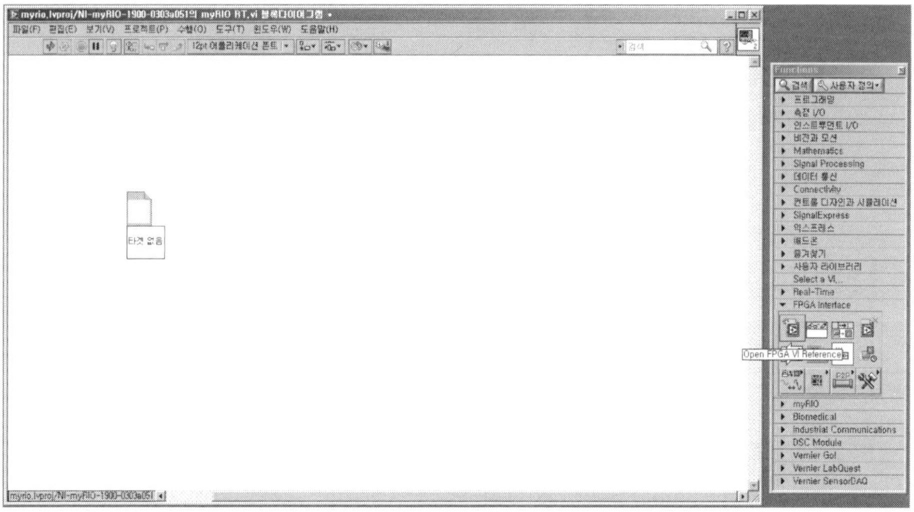

그림 3-127 myRIO RT.vi 블록다이어그램 화면

- 생성된 함수의 아이콘에서 더블클릭하면 Configure Open FPGA VI Reference 창이 나타나고 VI 항목을 선택하여 Select VI 창에서 생성해 놓은 FPGA.vi 파일을 설정해 준다. 설정을 완료하면 생성해 놓은 Open FPGA VI reference 함수의 아이콘이 변하는 것을 확인할 수 있다.

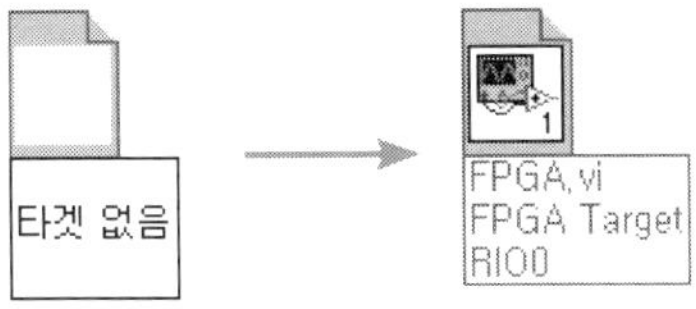

그림 3-128 Open FPGA VI reference 함수 생성

- FPGA의 설정을 위해 Function 팔레트의 FPGA Interface 항목에서 Invoke method 함수를 생성하여 아이콘의 텍스트 부분을 클릭하고 그림 3-129처럼 리셋, Ai.설정, 실행, Ai.시작 순서로 코딩힌다.

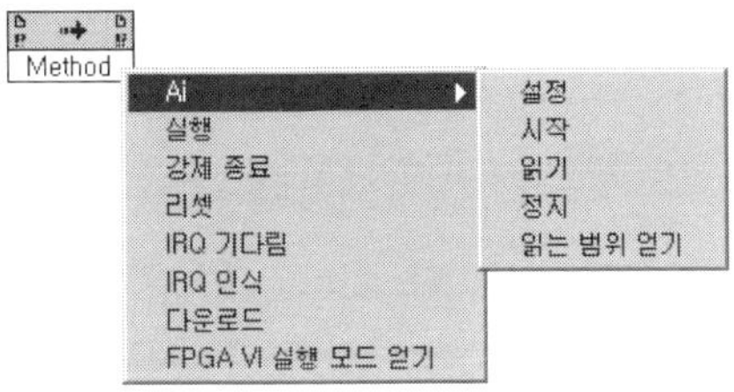

그림 3-129 Invoke method 설정

- 마스터/슬레이브 패턴을 활용하여 마스터 루프의 소스를 그림 3-130과 같이 코딩한다.
  - While 루프 안의 소스는 마스터/슬레이브 패턴의 마스터 부분에 해당하며 FPGA. VI에 설정해 놓은 인터럽트 함수에서 인터럽트 발생 시 Ai의 FIFO로부디 데이터를 배열의 형태로 알림 자에 전달된다.
  - 케이스 구조의 참, 거짓 부분 코드는 그림 3-131을 참조한다.

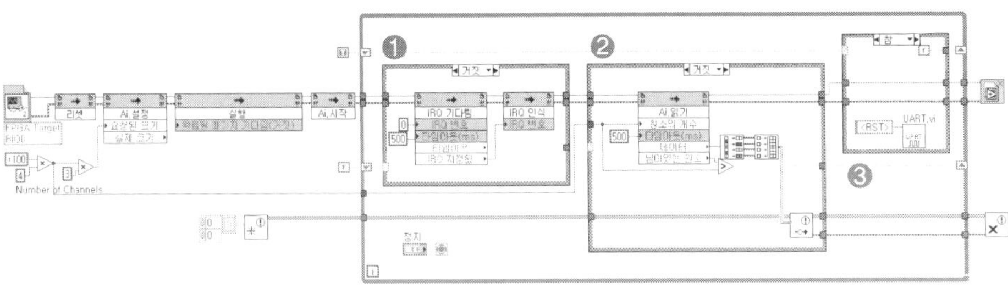

그림 3-130 마스터 루프

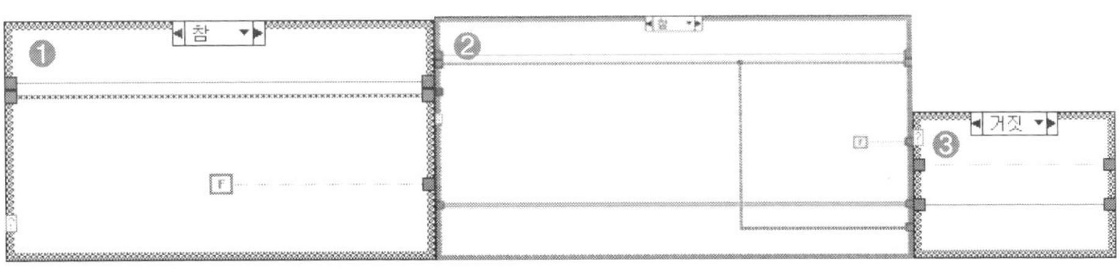

그림 3-131 마스터 루프 "참"케이스

- 슬레이브 루프의 소스를 그림 같이 코딩한다.
  - 알림 기다림 함수를 사용하여 코딩한 후 2D 배열의 형태로 넘어온 데이터를 배열 인덱스(0행 → ConnectorB/Ai0)하여 데이터를 받아오고 100개씩 넘어오는 데이터가 3000개가 될 때까지 시프트레지스터를 이용해 쌓아 준다.
  - 데이터가 3000개 이상이 되면 PPG데이터를 분석(Moving Average)하는 알고리즘에 의해 인디케이터로 출력된다(분석 알고리즘은 제공되는 Sub VI를 사용한다 - SubVI의 추가는 프로젝트 탐색기에서 "내 컴퓨터"항목을 마우스 오른쪽 버튼을 클릭하여 팝업 메뉴의 "추가 → 폴더(자동 적용)..."을 통해 SubVI를 추가할 수 있다).
  - 데이터가 무제한으로 쌓이게 되면 PC의 CPU에 과부화가 생기게 되어 문제가 될 수 있으므로 300개의 데이터가 유지되도록 루프가 동작할 때마다 오래된 데이터 100개를 삭제하는 부분을 추가한다.
  - 슬레이브 루프의 1번의 거짓 케이스는 빈 케이스 상태로 둔다.

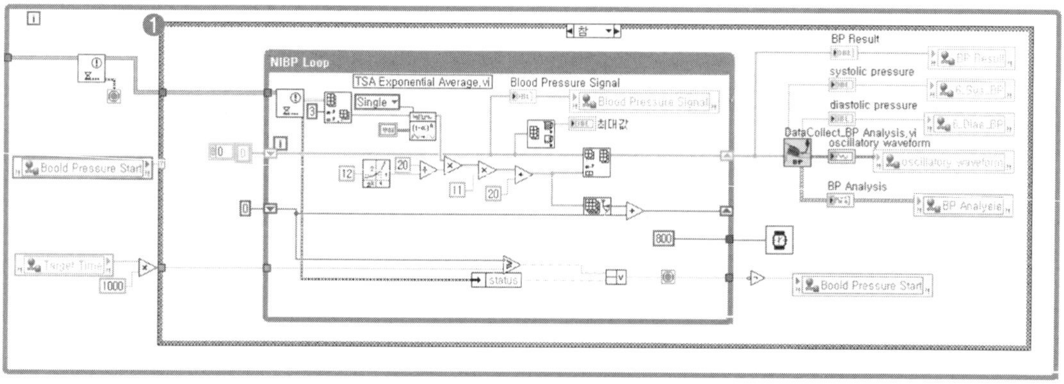

그림 3-132 슬레이브 루프

- 루프를 실행하는 블리언 변수나 데이터분석을 통해 출력되는 인디케이터 변수는 HMI(Human Machine Interface) 또는 Tablet PC에서 데이터 공유가 가능하도록 네트워크 공유변수로 만들어 공유변수 라이브러리에 추가해 준다.

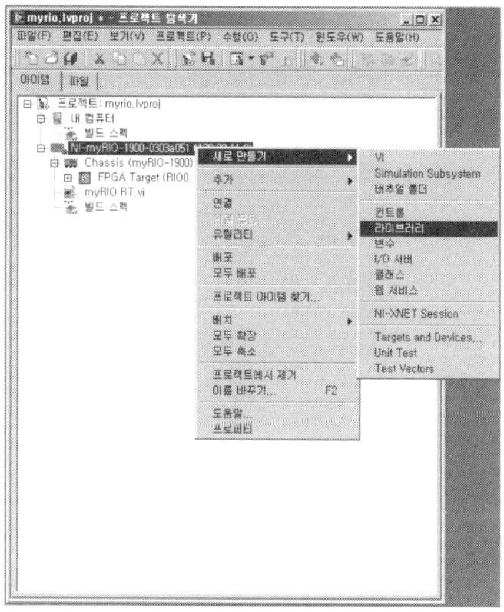

그림 3-133 공유변수 라이브러리 생성

- 추가된 라이브러리를 저장하고 프로젝트 탐색기의 생성된 라이브러리 항목에서 마우스 오른쪽 버튼을 클릭하여 "새로 만들기 → 변수"를 선택한다.
- 공유변수 프로퍼티 창이 나타나면 변수의 이름, 타입, 데이터 타입을 설정 후 확인 버튼을 눌러 변수를 생성한다. 생성된 변수는 목록에서 블록다이어그램으로 드래그 앤 드롭을 통해 코딩 가능하다(블록다이어그램의 공유변수를 생성하고자 하는 변수아이콘에서 마우스 오른쪽 클릭 후 "생성 → 공유변수"로 생성이 가능하다).

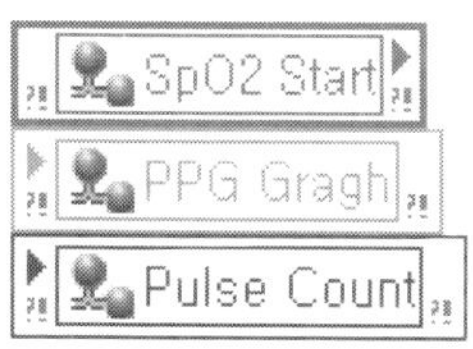

그림 3-134 네트워크 공유변수

- 프로그램을 실행하면 배포가 시작되고 배포가 완료되면 VI가 실행된다.
  - FPGA의 컴파일이 되어 있지 않는 경우 에러가 발생할 수 있다.
  - 배포 진행 창의 "성공적인 완료 시 닫기"옵션을 선택하지 않으면 배포완료 후 사용자가 닫기 버튼을 누를 때까지 VI를 실행하지 않고 대기한다.

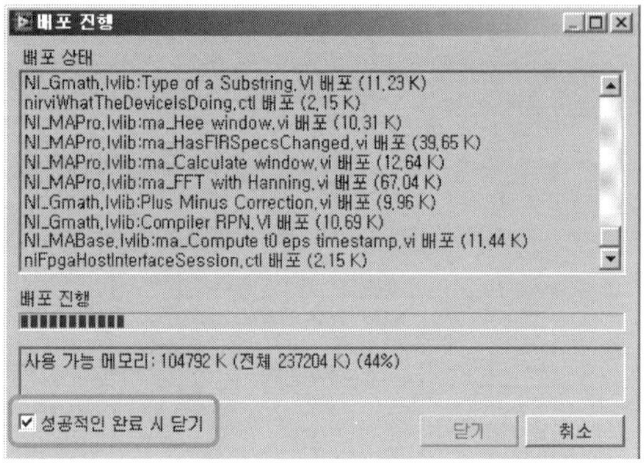

그림 3-135 배포 진행 중

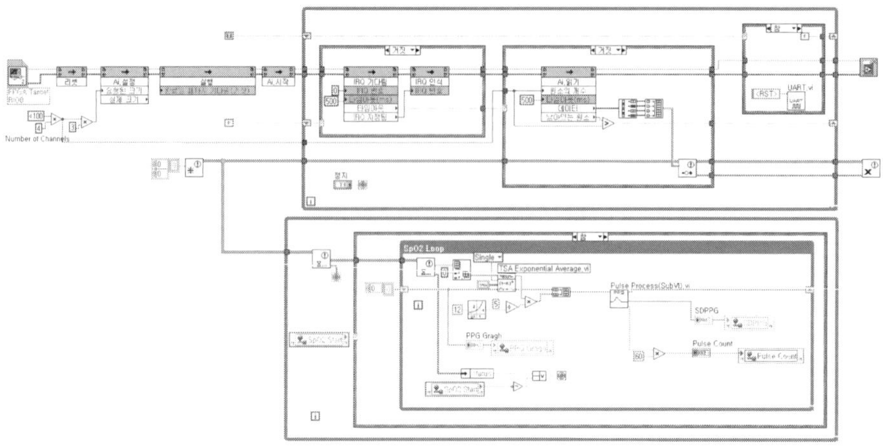

그림 3-136 완료된 블록다이어그램

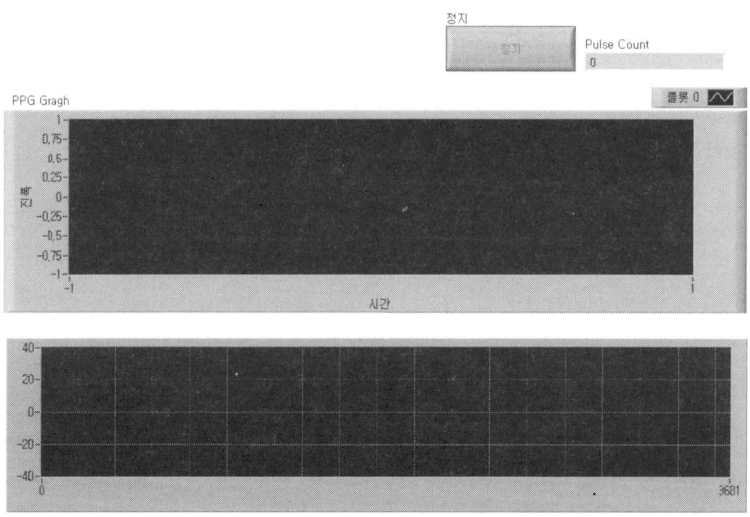

그림 3-137 완료된 프런트패널

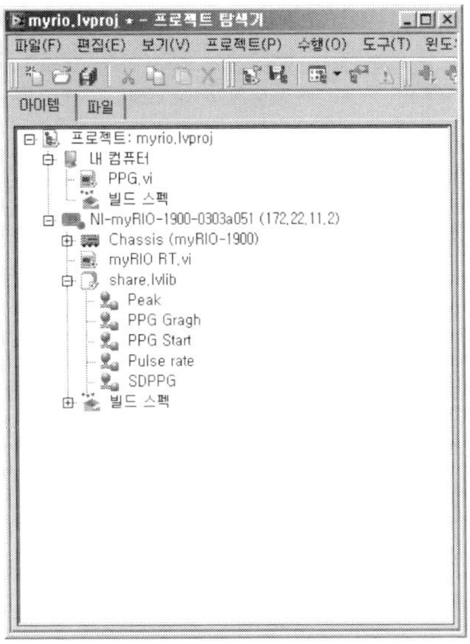

그림 3-138 완료된 프로젝트

- 완료된 VI를 이용해 Real Time Application을 빌드하여 myRIO 자체적으로 실시간 동작이 가능하도록 한다.
  - 프로젝트 탐색기에서 myRIO 항목의 "빌드 스펙"을 선택하고 마우스 오른쪽 버튼을 클릭하여 "새로 만들기 → Real-Time Application"을 선택한다.

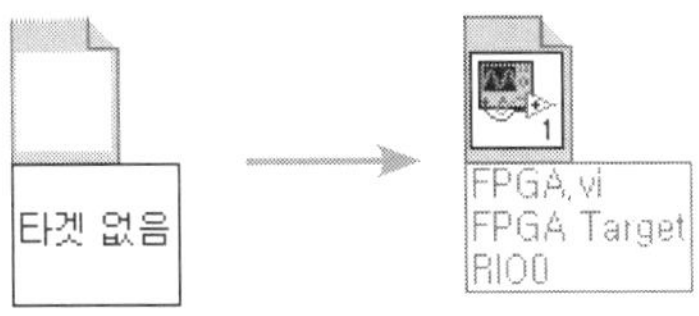

그림 3-139 Real-Time Application 빌드

  - 선택하면 My Real-Time Application 프로퍼티 창이 뜨고 Information 항목에서 빌드 스펙 이름과 저장 경로를 설정할 수 있다.
  - 설정을 완료 했다면 Source Files 항목을 선택하고 "시작 VI"에 myRIO RT.vi를 "항상 포함"에 share.lvlib를 추가하고 빌드 버튼을 눌러 빌드를 시작한다(기타 다른 항목에 관한 설정은 사용자 임의로 설정 가능하나 변경하지 않아도 무방하다).

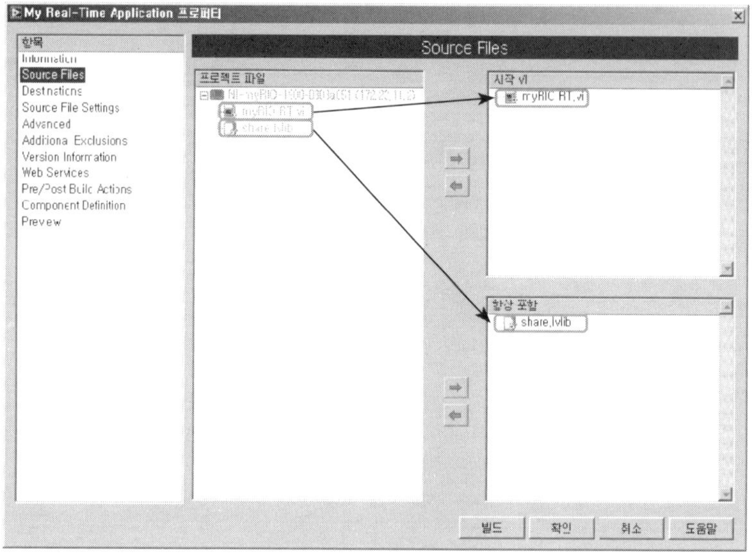

그림 3-140 Source Files 추가

- 빌드가 완료되면 그림 3-141과 같이 "빌드 스펙"아래에 생성한 (My Real-Time Application) 빌드 항목이 추가되어 있으며, 마우스 오른쪽 버튼을 클릭하여 Run as Startup을 설정해 준다. (Run as Startup을 설정 시 myRIO가 재 부팅되고 자동 실행된다.)

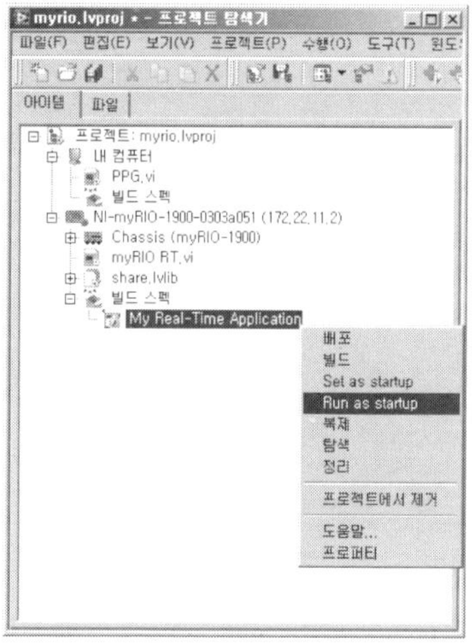

그림 3-141 Run as startup 설정 후 myRIO의 실시간 동작.

▶ Spo2 센서 측정 시 LCD에 값 출력하기

- LCD를 제어하기 위해 SpO2 센서의 Real Time application에 UART 통신이 가능하도록 코드를 추가해 준다. (함수는 제공되는 UART.VI를 사용한다.)

- 완성된 Real Time application 코드의 슬레이브 루프에 그림 3-142와 같이 코딩한다.

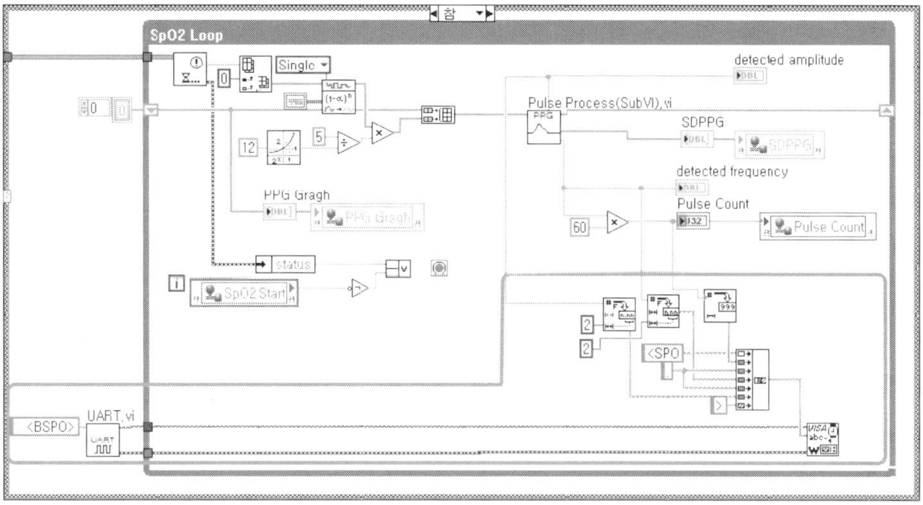

그림 3-142 LCD 제어 코드가 추가된 슬레이브 루프

- 루프의 케이스 구조에 UART.VI를 위치하고 <BSPO>명령어를 전송해 초기 SpO2화면이 출력되도록 한다.
- 이후 While Loop안의 케이스 구조에 "단일 톤 정보 추출"함수와, "진폭과 레벨"함수를 위치하고 각각의 수치를 "숫자를 소수점형 문자열로"함수를 통해 문자열로 변경하고 정밀도는 2를 설정하여 소수점 2자리까지 출력되도록 한다.
- 맥박값을 문자열로 변경하고 문자열 연결 함수를 통해 "<SPO■■■,◆.◆◆,○.○○>"형태의 프로토콜이 완성되도록 설정해 준다.
- 문자열 형태로 만들어진 프로토콜은 VISA 쓰기 함수를 이용해 전송해 주도록 한다.
- 완성된 코드는 측정이 시작되면 루프가 동작할 때마다 데이터를 LCD에 출력한다.

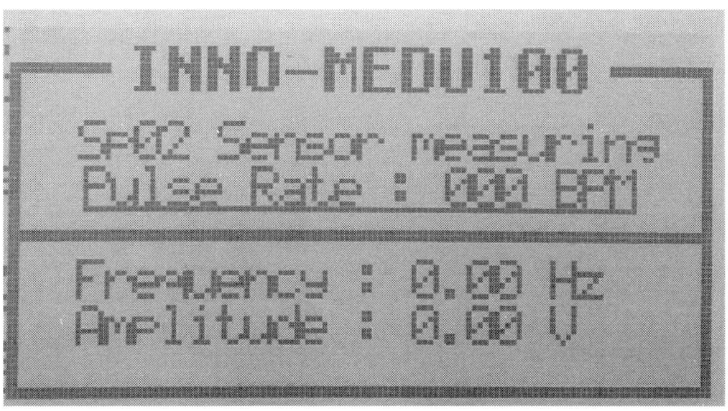

그림 3-143 PPG 측정 LCD 화면

▶ **HMI(Human Machine Interface) Application**

- HMI를 생성하기 위해 프로젝트 탐색기목록 중 "내 컴퓨터"아이콘에서 마우스 오른쪽 버튼을 클릭하여 새로 만들기 → VI를 선택하고 VI가 생성되면 PPG라는 파일 이름으로 저장한다.
- 저장된 VI의 프런트패널을 열고 공유변수와 연결할 그래프, 차트, 블리언 컨트롤, 숫자형 인디케이터를 위치한다.

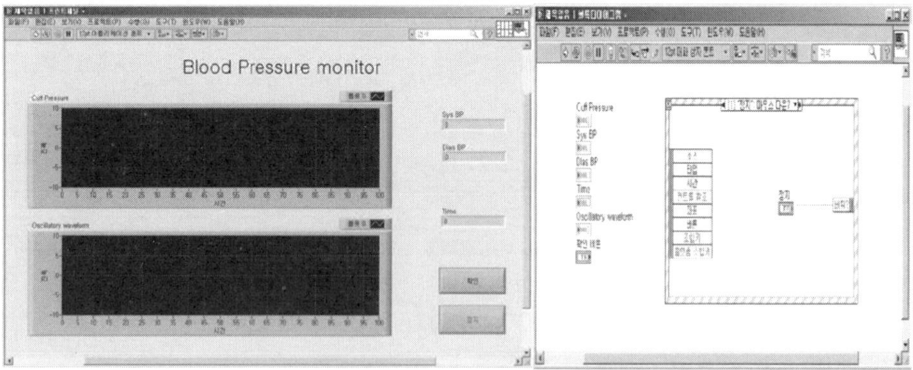

그림 3-144 PPG HMI 프런트패널과 블록다이어그램.

- 이제 VI의 블록다이어그램에서 생성된 변수를 네트워크 공유변수와 연결해 준다.
  - 네트워크 공유변수와 연결해 주기 위해서는 연결하고자 하는 변수에서 마우스 오른쪽 버튼을 클릭하고 프로퍼티를 선택하면 해당 변수의 프로퍼티 창이 나타난다.

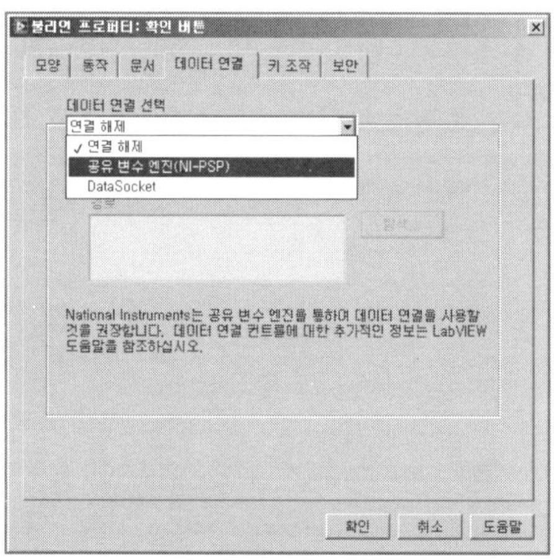

그림 3-145 확인버튼의 프로퍼티 창

- 프로퍼티 창에서 "데이터 연결"탭을 선택하고 "데이터 연결 선택"의 하위 메뉴에서

"공유변수 엔진(NI-PSP)"을 선택하면 아래의 경로가 활성화되고 탐색버튼을 누르고, 소스 아이템 선택 창이 나타난 후 그림 3-146과 같이 연결하고자 하는 공유변수를 선택해 준다.

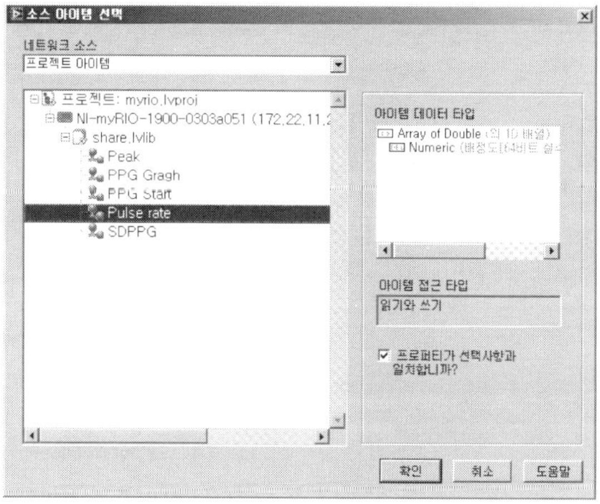

그림 3-146 소스 아이템 선택 창

- 변수의 프로퍼티 창의 경로에 공유변수의 경로가 설정되어 있는 것을 확인한 후 확인 버튼을 누른다. (연결하고자 하는 변수와 공유변수간의 데이터 형태가 다르면 VI에 에러가 발생된다. Ex. 그래프를 차트에 연결할 경우 에러 발생)

그림 3-147 공유변수의 경로

- 다른 변수도 해당하는 공유변수와 연결해 준다. 연결이 완료되면 프런트패널의 변수에 삼각형 모양의 아이콘이 생성된 것을 확인할 수 있다. 이 아이콘은 데이터 연결의 상태 LED로 VI를 실행 시 정상적인 연결이 되었을 경우는 초록색, 잘못된 연결이 되었을 경우는 빨강색으로 표시된다.

그림 3-148 데이터 연결 상태 LED

- 다시 블록다이어그램을 열고 이벤트 구조와 정지 버튼을 하나씩 생성하고 이벤트 구조의 이벤트 추가를 이용해 이벤트 소스는 “정지 버튼”, 이벤트는 “마우스 다운?”을 설정하여 추가한다.

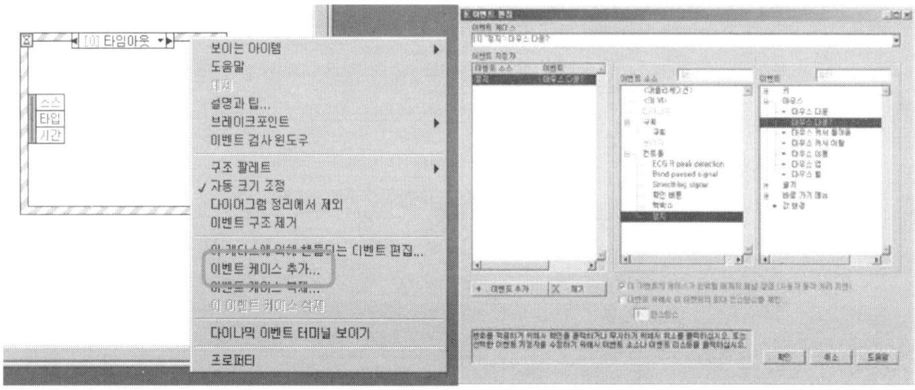

그림 3-149 정지 버튼의 이벤트 추가

- 추가 된 이벤트의 페이지를 보면 구조 내부에 입/출력 터미널이 생성되어 있고, 입력 터미널을 클릭하여 “버림?”으로 변경해 준 후 그림 3-150과 같이 코딩한다.

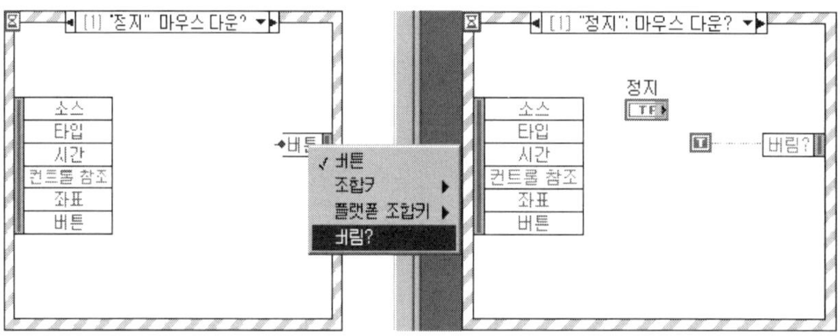

그림 3-150 이벤트 구조 코딩

- 이벤트 구조를 추가함으로써 vi실행 시 종료 버튼을 누르기 전까지 종료되지 않고 공유변수로부터 데이터를 주고받을 수 있다.
- 코딩이 완료된 Vi를 장식을 이용해 알맞게 꾸미고 각각의 인디케이터의 라벨을 수정한 후 실행하고 데이터 측정이 잘 이루어지는지 확인한다.

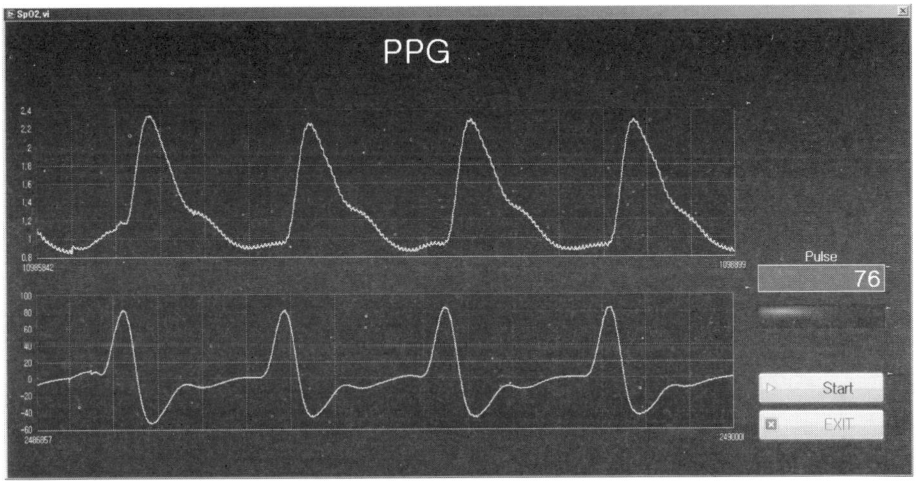

그림 3-151 PPG HMI 신호 측정

모바일 활용

▶ Tablet PC

■ Data dashboard를 이용한 코딩

- Tablet PC에서 Data Dashboard 어플리케이션을 설치한 후 실행한다.
- Data dashboard를 실행하고 오른쪽 위의 더하기를 터치하여 페이지를 추가한다.
  - 페이지를 추가하면 추가된 페이지 화면으로 변환되고 각각의 메뉴를 선택하여 코딩을 진행하면 된다

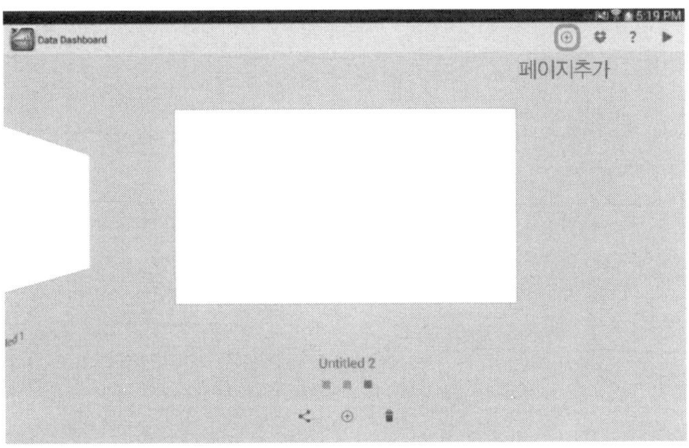

그림 3-152 Data dashboard main 화면

- HMI를 코딩할 때와 마찬가지로 필요한 인디케이터와 컨트롤을 Palette 메뉴에서 선택하여 페이지에 추가한다.

그림 3- 153 팔레트 메뉴에서 인디케이터 선택

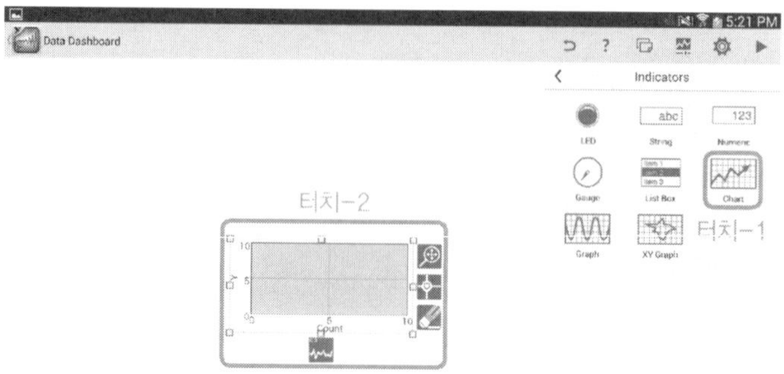

그림 3-154 인디케이터 항목에서 차트를 터치 후 페이지를 터치한다.

- 페이지에 인디케이터를 추가한 후 인디케이터의 중앙 하단에 표시되는 그림 3-155와 같은 아이콘을 터치하여 myRIO에 공유변수와 연결해 준다.

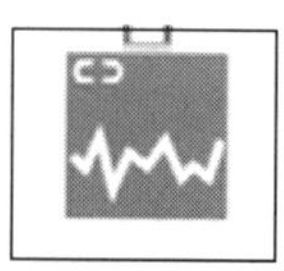

그림 3-155 변수 연결 아이콘

- 아이콘을 터치하면 Connect 메뉴가 나타나고 Shared Variables 메뉴를 터치한다.

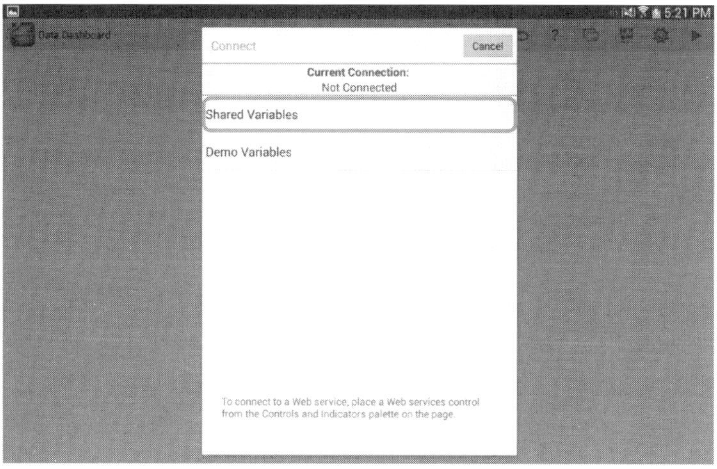

그림 3-156 myRIO 연결하기 위한 공유변수 선택

- Shared Variables 화면이 나타나면 myRIO와 WIFI로 연결하기 위해 New Server 항목에 WIFI에 할당된 IP주소를 입력한다. (172.16.0.1)

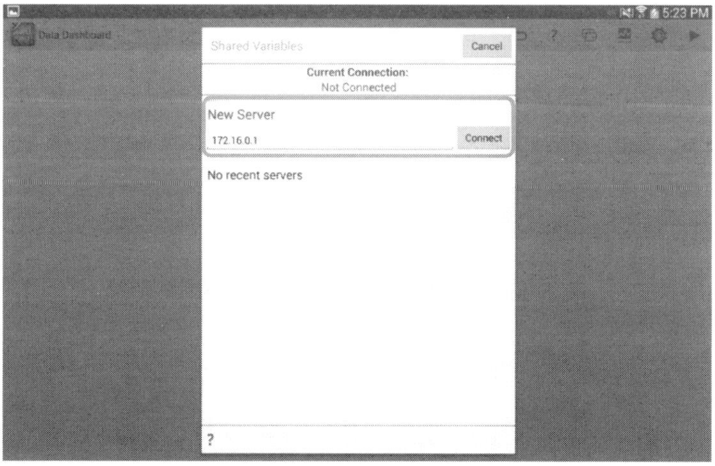

그림 3-157 Shared Variables 메뉴

- myRIO에 WIFI로 연결되면 현재 생성되어 있는 라이브러리의 목록이 나타나고 이 목록은 LabVIEW에서 생성하였던 라이브러리와 동일하다. (LabVIEW에서 Share.lvlib라이브러리를 생성하여 공유변수를 추가하였으므로 Share를 터치하고 변수의 목록이 나오면 사용자가 모니터링 하고자 하는 변수를 선택한다.)
- HMI상에서는 어떠한 형태의 변수든 연결이 가능하였지만 Data Dashboard의 경우는 연결 가능한 변수가 한정되어 있다.

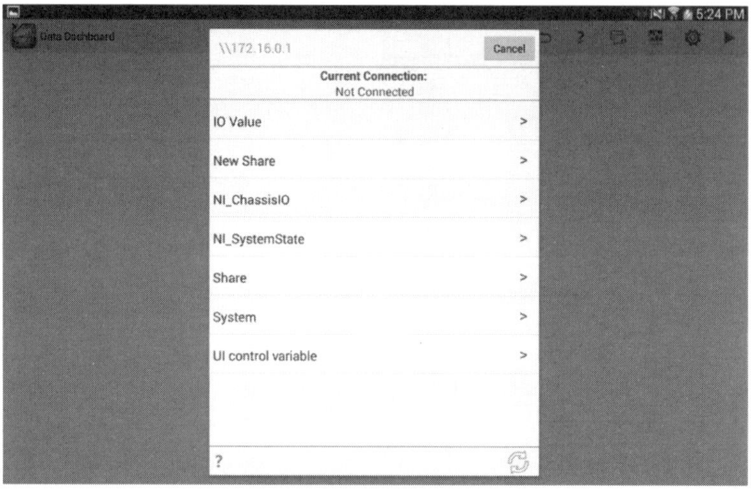

그림 3-158 현재 연결된 장비의 라이브러리 목록

- 그림 3-159와 같이 각각의 인디케이터와 컨트롤을 생성해 주고 PPG 신호를 측정할 수 있는 페이지를 완성한다.
- 완성 후 myRIO의 Real-Time Application이 동작 중에 Start 버튼을 터치하여 HMI와 동일한 신호가 출력되는지 확인한다(데이터를 받을 수 있는 양의 차이로 HMI와 약간의 신호 차이가 있을 수 있다).

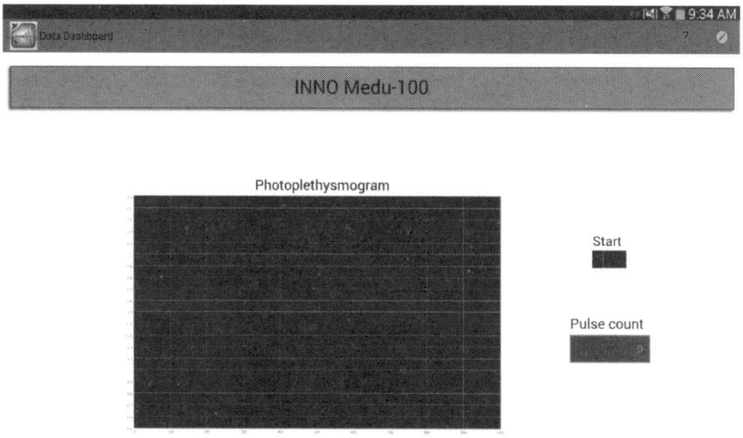

그림 3-159 PPG Tablet main 페이지

▶ Smart Phone

■ **Data Dashboard를 이용한 코딩**

- Data Dashboard 어플리케이션을 스마트폰에 설치한다.

- 설치 후 실행하면 페이지를 추가하는 화면이 나타나고 화면을 터치한다

그림 3-160 스마트폰 Data Dashboard 메인 화면

- Select a server 화면이 나타나면 Connect to shared variable...을 터치한다

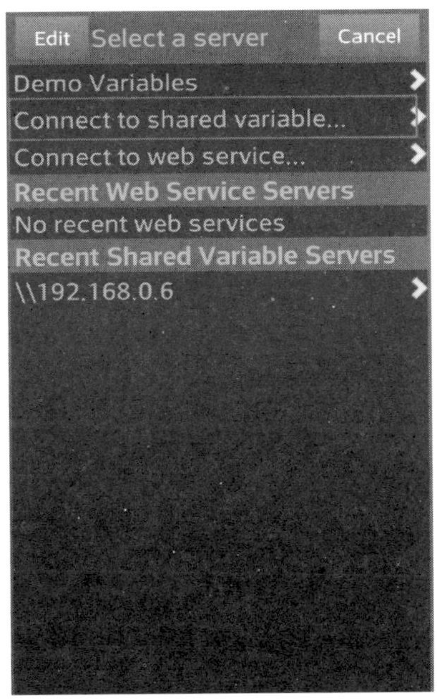

그림 3-161 Connect to shared variable...

- Connect to sever 화면이 나타나면 Server Name에 myRIO의 WIFI에 할당된 IP주소를 입력해 연결한다.

그림 3-162 myRIO WIFI의 IP 주소를 입력

- Choose a variable 창이 나타나면 공유변수가 생성되어 있는 라이브러리를 터치하고 해당 공유변수를 터치하면 인디케이터를 설정할 수 있는 화면이 나온다. 인디케이터를 설정해 주면 페이지에 인디케이터가 추가되고 실행 시 데이터가 출력된다. (모바일 Data dashboard의 경우 하나의 페이지에 하나의 변수만 생성 가능하며 스칼라 값의 변수만 생성 가능하다.)

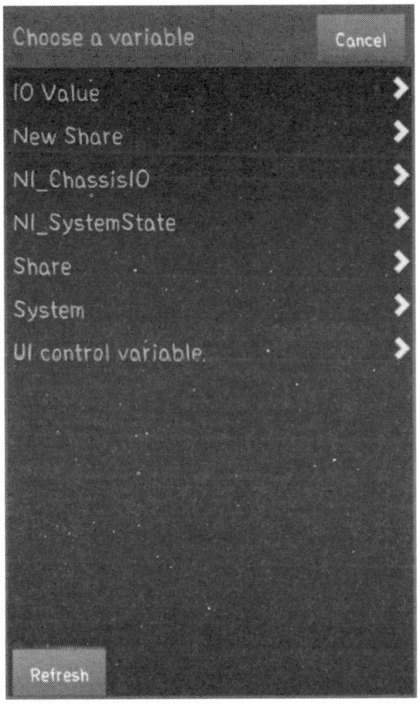

그림 3-163 Choose a variable 화면

그림 3-164 공유변수와 연결된 인디케이터를 추가한 페이지

3.3.7 NIBP(Non-Invasive Blood Pressure)

▌혈압계

혈압은 혈관을 따라 흐르는 심장에서 나오는 혈액이 혈관의 벽에 가해지는 압력이다. 혈압은 크게 수축기 압력과 이완기 압력으로 나뉜다. 심장이 수축할 때의 혈압이 가장 높은데, 이때 동맥이 받는 압력을 최고혈압(수축기 혈압), 반대로 심장이 이완될 때 동맥이 받는 압력을 최저혈압(이완기 혈압)으로 나타낸다.

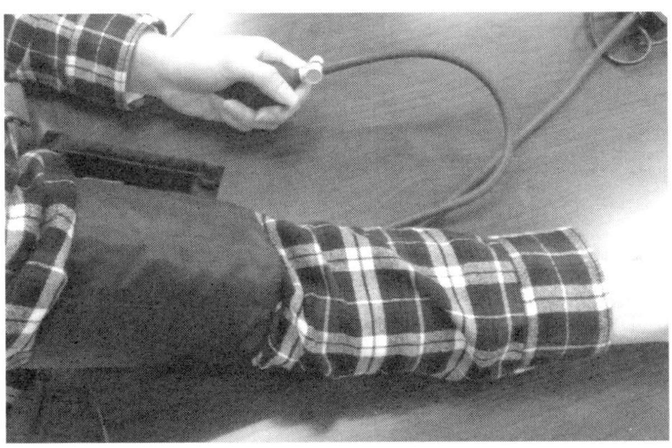

그림 3-165 INNO-MEDU100을 이용한 혈압측정

오실로메트리법은 비침습적 방법으로 커프에 공기압을 가하고 빼고를 반복하면서, 커프에 생기는 압력 진동의 크기를 압력 센서로 측정하는 혈압 측정 방법이다.

오실로메트리법(Oscillometry method)

비침습적 방법으로 혈압을 측정하는 것으로 커프에 공기압을 가하였다가 천천히 공기압을 뺄 때 동맥혈관 위의 커프에 생기는 압진동(pressure oscillation)의 크기를 압센서(pressure sensor)에 의해 감지, 기록하여 혈압을 측정하는 방법이다.

▸ 혈압 계측의 개요

커프를 팔에 감고 공기를 가압해 서서히 빼낼 때 생기는 맥박에 의한 진동을 압력센서가 감지해 코르트코프음을 추출하여 수축기 압력과 이완기 압력을 측정하고 오실로메트리법에 관하여 이해한다.

▸ 혈압 계측을 위한 준비

혈압측정용 커프, 압력센서, INNO-MEDU100, PC or Tablet PC, NI LabVIEW 2013 프로그램, NI myRIO 디바이스 드라이버, NI FPGA 모듈

그림 3-166 커프 / 압력 센서

▸ 시스템 구현

■ INNO-MEDU100 사용 시

- 혈압측정 센서를 INNO-MEDU100의 NIBP 커넥터에 연결한다.
- 아날로그 신호처리 부는 센서에 내장되어 있으므로 별도로 설계하지 않는다.

Bread Board 사용 시

NIBP센서는 별도로 회로를 구성할 필요가 없으므로 직접 INNO-MEDU100의 커넥터에 연결한다.

LabVIEW 프로그램 작성

▶ Real Time Application

- FPGA의 코딩이 끝난 프로젝트 탐색기에서 myRIO 항목을 선택 후 마우스 오른쪽 버튼 클릭 후 새로 만들기 → VI를 선택하여 Real Time Application을 코딩할 VI를 생성한다. 생성된 VI를 myRIO RT로 저장한다.

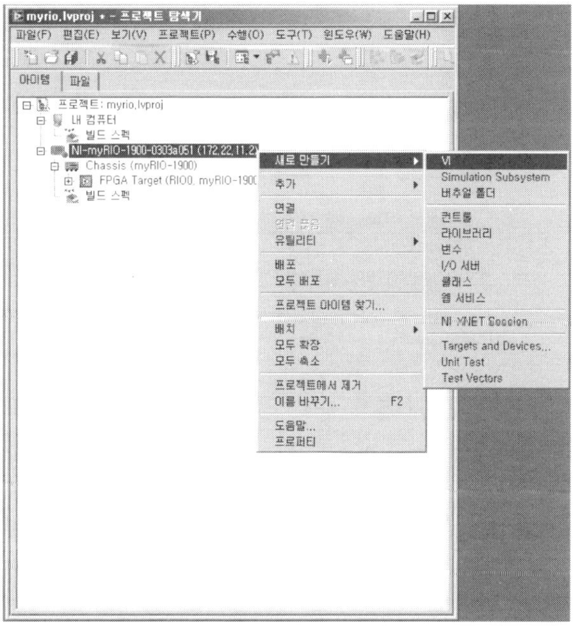

그림 3-167 myRIO RT.vi 생성

- myRIO RT.vi를 열고 블록다이어그램에 FPGA로부터 버퍼되어 넘어오는 데이터를 받아 처리할 소스를 코딩한다.
- myRIO RT.vi에서 사용할 소스로는 랩뷰프로그래밍의 디자인 패턴 중 하나인 마스터/슬레이브 패턴을 사용하게 되며 프로젝트 탐색기 창의 "파일 - 새로 만들기"를 선택하여 제공되는 기본 소스를 응용할 수 있다.

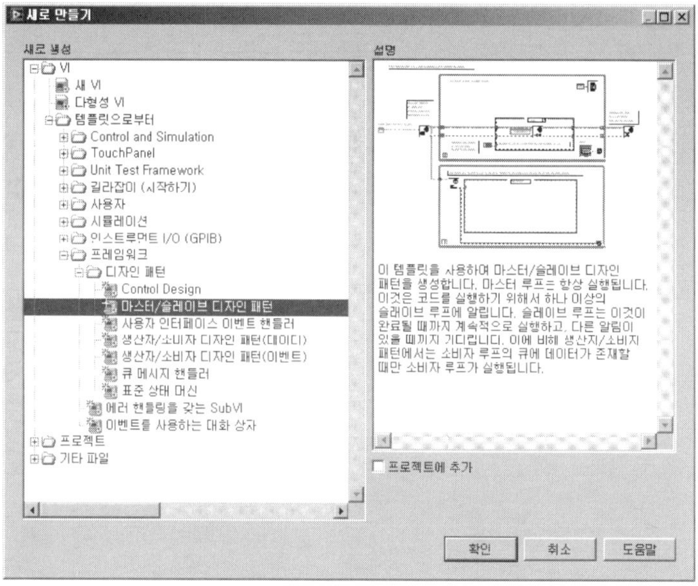

그림 3-168 마스터/슬레이브 패턴 응용

- myRIO RT.vi의 블록다이어그램의 Function 팔레트에서 "FPGA interface → Open FPGA VI reference 함수"를 선택하고 생성한다.

그림 3-169 myRIO RT.vi 블록다이어그램 화면

- 생성된 함수의 아이콘에서 더블클릭하면 Configure Open FPGA VI Reference 창이 나타나고 VI 항목을 선택하여 Select VI 창에서 생성해 놓은 FPGA.vi 파일을 설정해 준다. 설정을 완료하면 생성해 놓은 Open FPGA VI reference 함수의 아이콘이 변하는 것을 확인할 수 있다.

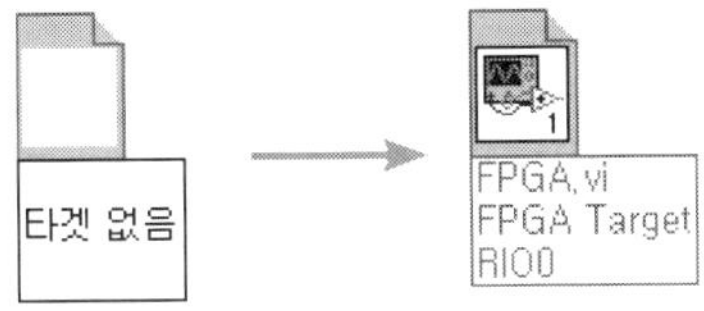

그림 3-170 Open FPGA VI reference 함수 생성

- FPGA의 설정을 위해 Function 팔레트의 FPGA Interface 항목에서 Invoke method 함수를 생성하여 아이콘의 텍스트 부분을 클릭하고 그림 3-172처럼 리셋, Ai.설정, 실행, Ai.시작 순서로 코딩한다.

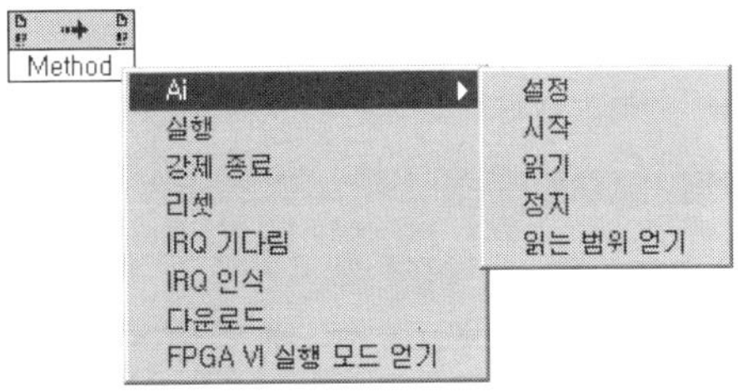

그림 3-171 Invoke method 설정

- 마스터/슬레이브 패턴을 활용하여 마스터 루프의 소스를 그림 3-172와 같이 코딩한다.
  - While 루프 안의 소스는 마스터/슬레이브 패턴의 마스터 부분에 해당하며 FPGA. VI에 설정해 놓은 인터럽트 함수에서 인터럽트 발생 시 Ai의 FIFO로부터 데이터를 배열의 형태(ConnectorA Ai0)로 알림 자에 전달이 된다. 또, 0.5초 간격으로 myRIO의 LED0번이 깜박이도록 설정되어 있다.
  - 케이스 구조의 참, 거짓 부분 코드는 그림 3-173을 참조한다.

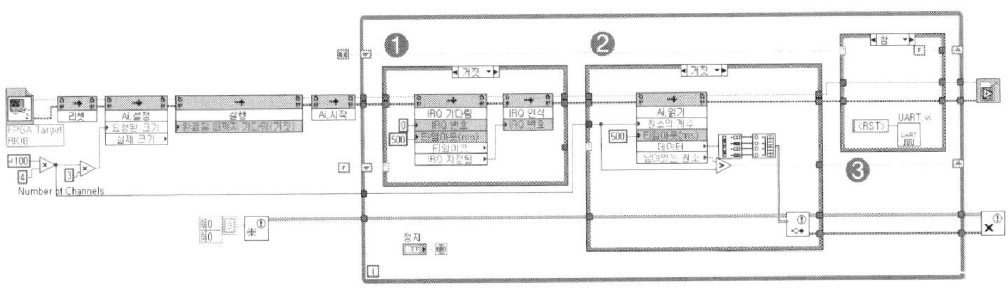

그림 3-172 마스터 루프

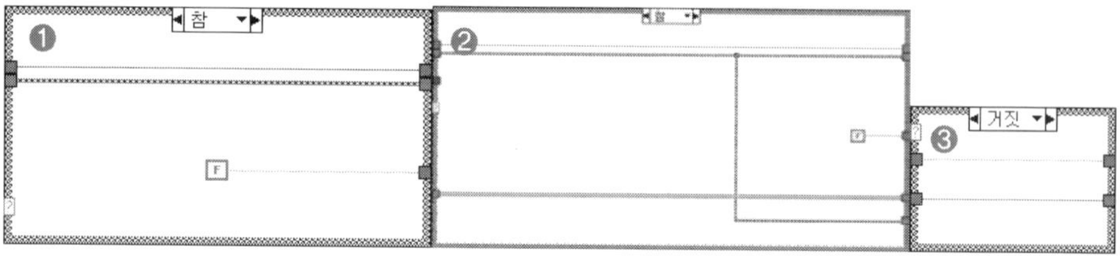

그림 3-173 마스터 루프 "참"케이스

- 슬레이브 루프의 소스를 그림 같이 코딩한다.
  - 알림 기다림 함수를 사용하여 코딩한 후 2D 배열의 형태로 넘어온 데이터를 배열 인덱스(3행/0열 → ConnectorB/Ai3)하여 데이터를 받아오고 100개씩 넘어오는 데이터가 3000개가 될 때까지 시프트레지스터를 이용해 쌓아 준다.
  - 데이터가 3000개 이상이 되면 NIBP데이터를 분석하는 알고리즘에 의해 인디케이터로 출력된다. (분석 알고리즘은 제공되는 Sub VI를 사용한다 - SubVI의 추가는 프로젝트 탐색기에서 "내 컴퓨터"항목을 마우스 오른쪽 버튼을 클릭하여 팝업 메뉴의 "추가 → 폴더(자동 적용)..."을 통해 SubVI를 추가할 수 있다.)
  - 데이터가 무제한으로 쌓이게 되면 PC의 CPU에 과부화가 생기게 되어 문제가 될 수 있으므로 3000개의 데이터가 유지되도록 루프가 동작할 때마다 오래된 데이터 100개를 삭제하는 부분을 추가한다.
  - 슬레이브 루프의 1번의 거짓 케이스는 빈 케이스 상태로 둔다.

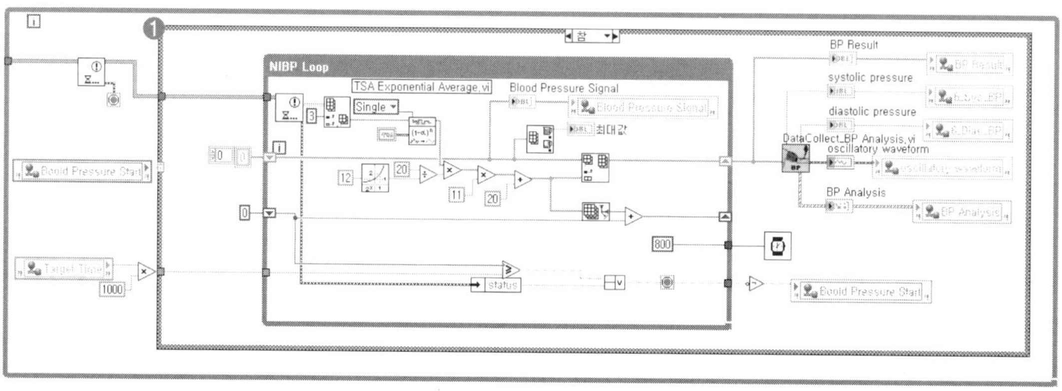

그림 3-174 슬레이브 루프

- 루프를 실행하는 블리언 변수나 데이터분석을 통해 출력되는 인디케이터 변수는 HMI(Human Machine Interface) 또는 Tablet PC에서 데이터 공유가 가능하도록 네트워크 공유변수로 만들어 공유변수 라이브러리에 추가해 준다.

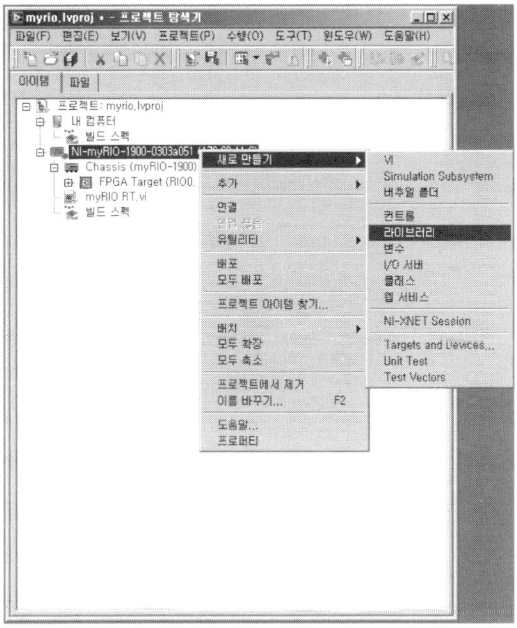

그림 3-175 공유변수 라이브러리 생성

- 추가된 라이브러리를 저장하고 프로젝트 탐색기의 생성된 라이브러리 항목에서 마우스 오른쪽 버튼을 클릭하여 "새로 만들기 → 변수"를 선택한다.
- 공유변수 프로퍼티 창이 나타나면 변수의 이름, 타입, 데이터 타입을 설정 후 확인 버튼을 눌러 변수를 생성한다. 생성된 변수는 목록에서 블록다이어그램으로 드래그 앤 드롭을 통해 코딩 가능하다(블록다이어그램의 공유변수를 생성하고자 하는 변수아이콘에서 마우스 오른쪽 클릭 후 "생성 → 공유변수"로 생성이 가능하다).

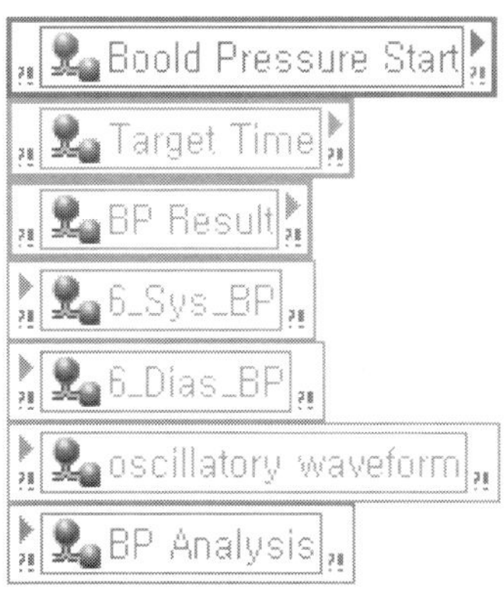

그림 3-176 네트워크 공유변수

- 프로그램을 실행하면 배포가 시작되고 배포가 완료되면 VI가 실행된다.

- FPGA의 컴파일이 되어 있지 않는 경우 에러가 발생할 수 있다.
- 배포 진행 창의 "성공적인 완료 시 닫기"옵션을 선택하지 않으면 배포완료 후 사용자가 닫기 버튼을 누를 때까지 VI를 실행하지 않고 대기한다.

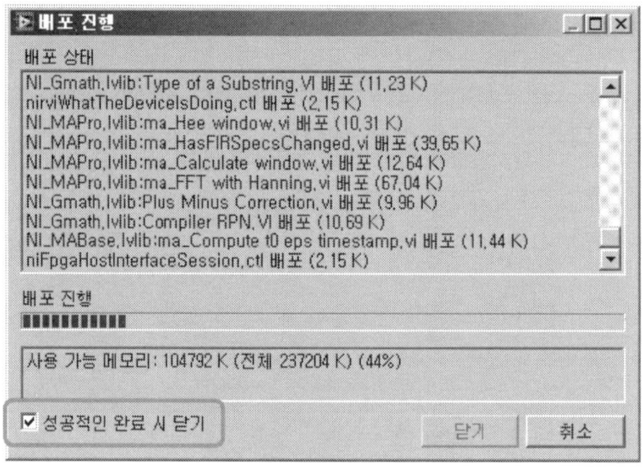

그림 3-177 배포 진행 중

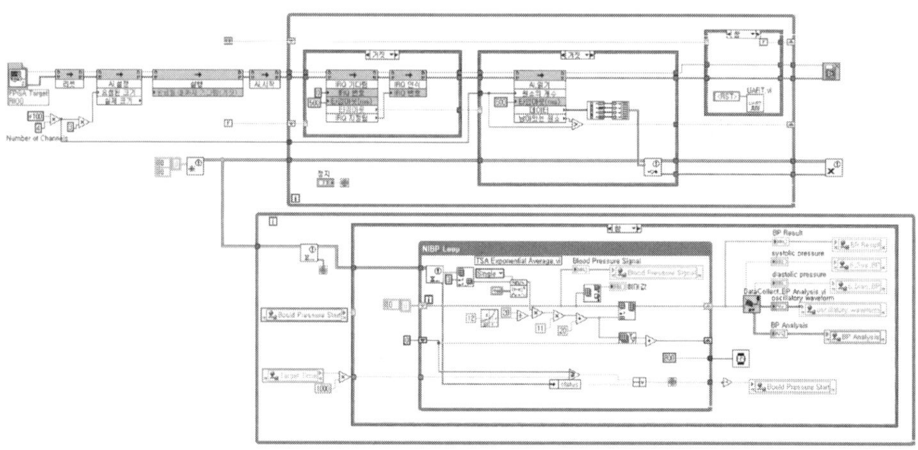

그림 3-178 완료된 블록다이어그램

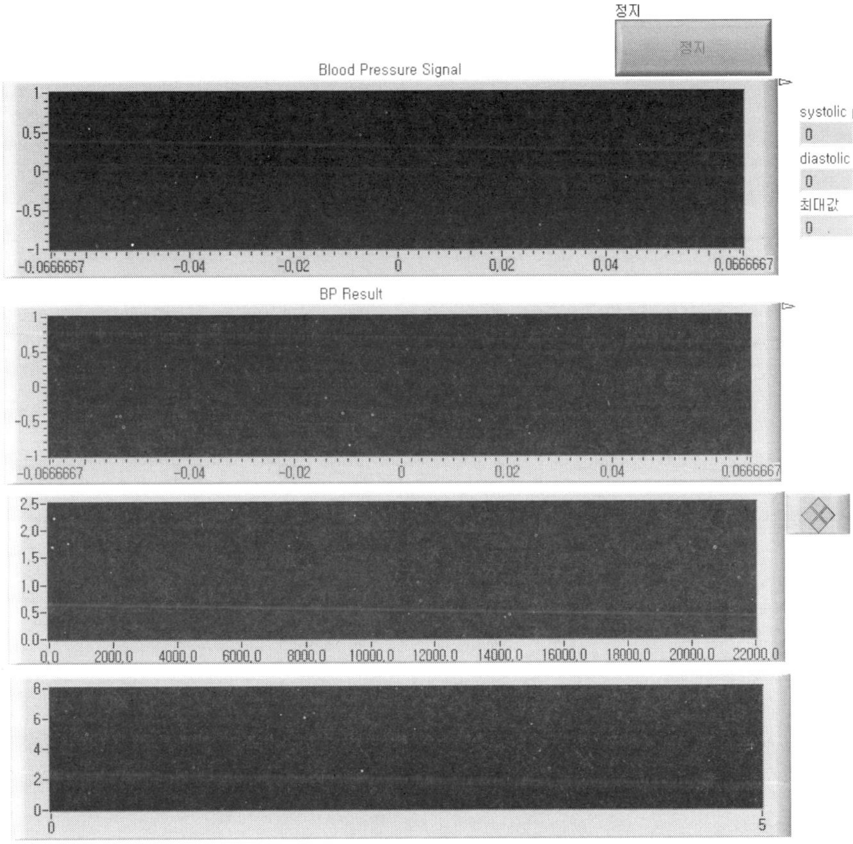

그림 3-179 완료된 프런트패널

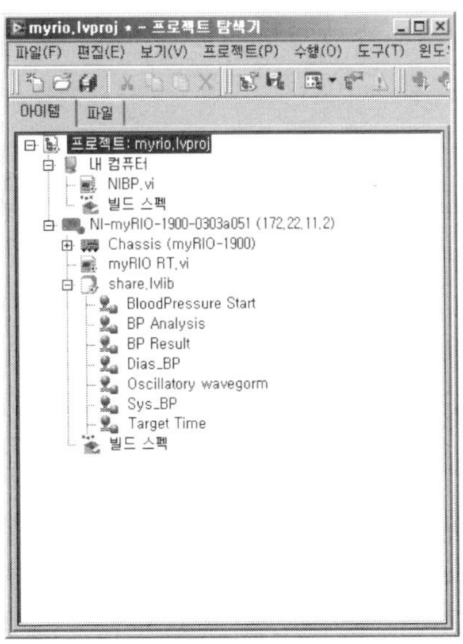

그림 3-180 완료된 프로젝트

- 완료된 VI를 이용해 Real Time Application을 빌드하여 myRIO 자체적으로 실시간 동작이 가능하도록 한다.
  - 프로젝트 탐색기에서 myRIO 항목의 "빌드 스펙"을 선택하고 마우스 오른쪽 버튼을 클릭하여 "새로 만들기 → Real-Time Application"을 선택한다.

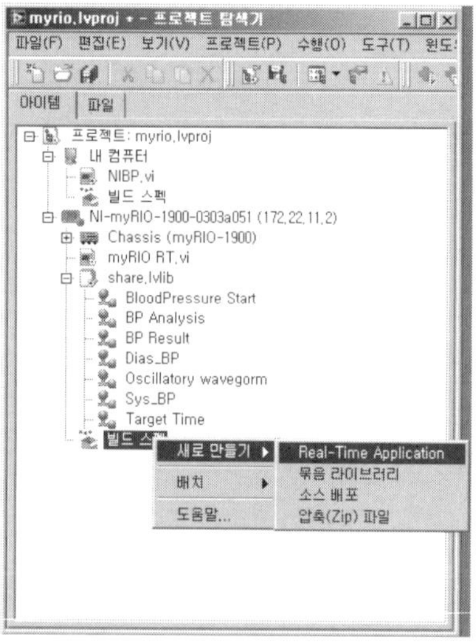

그림 3-181 Real-Time Application 빌드

  - 선택하면 My Real-Time Application 프로퍼티 창이 뜨고 Information 항목에서 빌드 스펙 이름과 저장 경로를 설정할 수 있다.
  - 설정을 완료했다면 Source Files 항목을 선택하고 "시작 VI"에 myRIO RT.vi를 "항상 포함"에 share.lvlib를 추가하고 빌드 버튼을 눌러 빌드를 시작한다(기타 다른 항목에 관한 설정은 사용자 임의로 설정 가능하나 변경하지 않아도 무방하다).

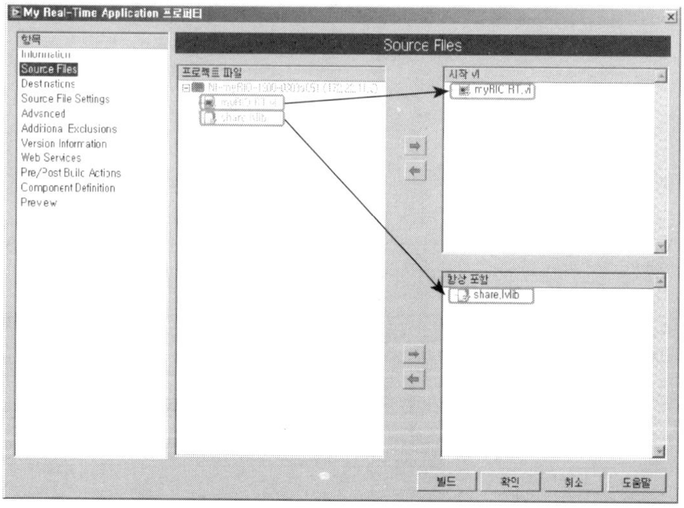

그림 3-182 Source Files 추가

- 빌드가 완료되면 그림 3-183과 같이 "빌드 스펙"아래에 생성한 (My Real-Time Application) 빌드 항목이 추가되어 있으며, 마우스 오른쪽 버튼을 클릭하여 Run as Startup을 설정해 준다. (Run as Startup을 설정 시 myRIO가 재 부팅되고 자동 실행된다.)

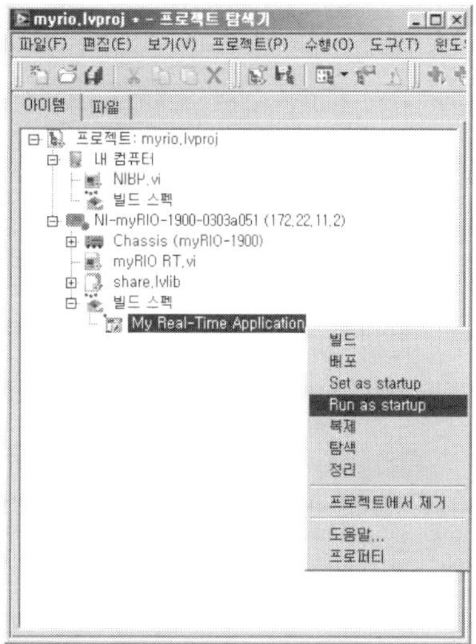

그림 3-183 Run as startup설정 후 myRIO의 실시간 동작

▶ **NIBP 센서 측정 시 LCD에 값 출력하기**

- LCD를 제어하기 위해 NIBP 센서의 Real Time application에 UART 통신이 가능하도록 코드를 추가해 준다. (함수는 제공되는 UART.VI를 사용한다.)
- 완성된 Real Time application 코드의 슬레이브 루프에 그림 3-184와 같이 코딩한다.

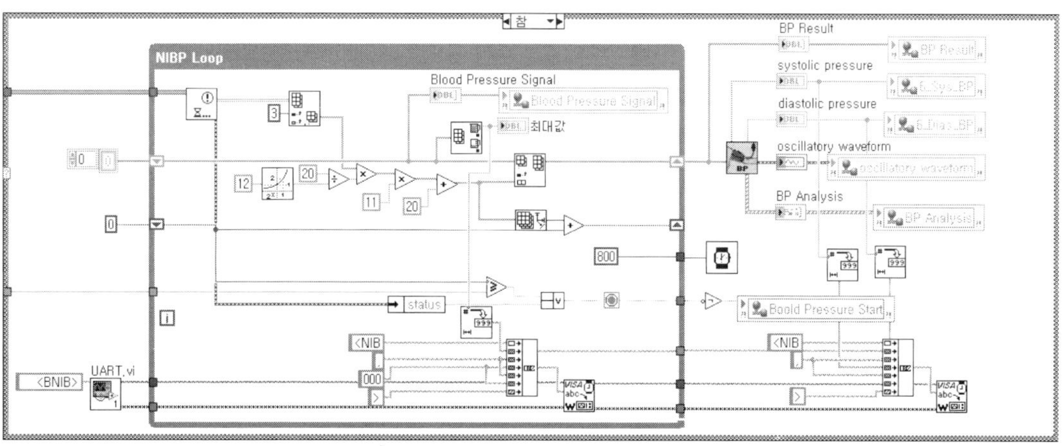

그림 3-184 LCD 제어 코드가 추가된 슬레이브 루프

- 루프의 케이스 구조에 UART.VI를 위치하고 <BNIB>명령어를 전송해 초기 NIBP 화면이 출력되도록 한다.
- 이후 While Loop 안에 배열 최대값 함수의 최대값을 받아서 문자열로 변환해 준다.
- 최대/최소 혈압값은 While Loop 밖의 DataCollect_BP Analysis.vi함수로부터 받을 수 있고 받은 데이터를 문자열로 변경하고 문자열 연결 함수를 통해 "<NIB■■■, ◆◆◆,○○○>"형태의 프로토콜이 완성되도록 설정해 준다.
- NIBP의 경우는 측정중의 커프의 압력을 확인하기 위해 While 루프 안에서 VISA 쓰기 함수를 사용하고 측정된 데이터를 최종 받아오기 위해 While Loop 후단에서 VISA 쓰기를 통해 데이터를 전송해 준다.
- 완성된 코드는 측정이 시작되면 루프가 동작할 때마다 데이터를 LCD에 출력한다.

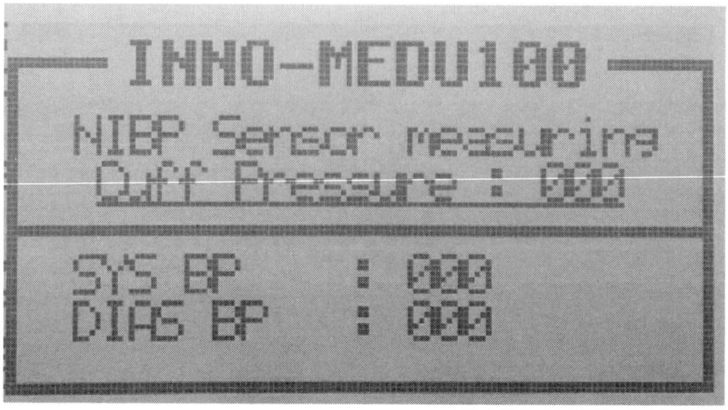

그림 3-185 NIBP 측정 LCD 화면

▶ **HMI(Human Machine Interface) Application**

- HMI를 생성하기 위해 프로젝트 탐색기 목록 중 "내 컴퓨터"아이콘에서 마우스 오른쪽 버튼을 클릭하여 새로 만들기 → VI를 선택하고 VI가 생성되면 NIBP라는 파일 이름으로 저장한다.
- 저장된 VI의 프런트패널을 열고 공유변수와 연결할 그래프, 차트, 블리언 컨트롤, 숫자형 인디케이터를 위치한다.

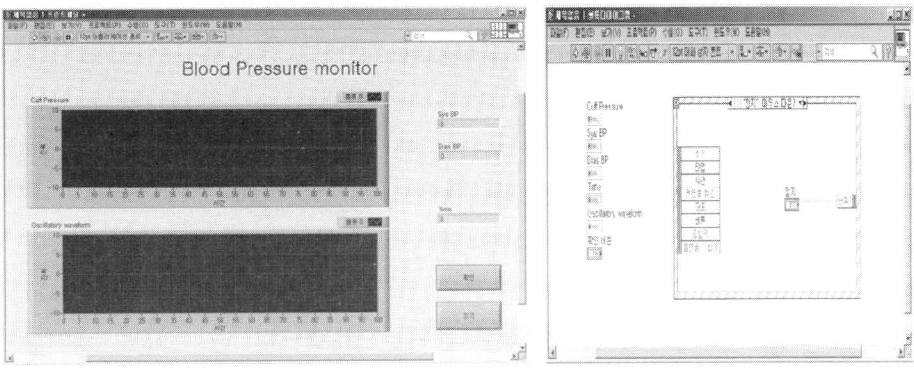

그림 3-186 NIBP HMI 프런트패널과, 블록다이어그램.

- 이제 VI의 블록다이어그램에서 생성된 변수를 네트워크 공유변수와 연결해 준다.
  - 네트워크 공유변수와 연결해주기 위해서는 연결하고자 하는 변수에서 마우스 오른쪽 버튼을 클릭하고 프로퍼티를 선택하면 해당 변수의 프로퍼티 창이 나타난다.

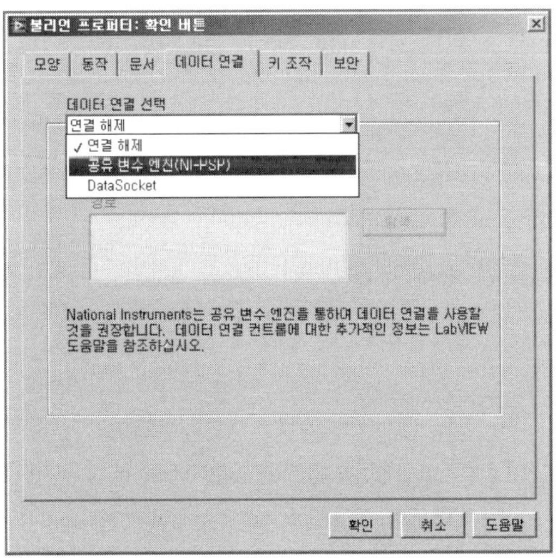

그림 3-187 확인버튼의 프로퍼티 창

- 프로퍼티 창에서 "데이터 연결"탭을 선택하고 "데이터 연결 선택"의 하위 메뉴에서 "공유변수 엔진(NI-PSP)"을 선택하면 아래의 경로가 활성화되고 탐색 버튼을 누르고, 소스 아이템 선택 창이 나타난 후 그림 3-188과 같이 연결하고자 하는 공유변수를 선택해 준다.

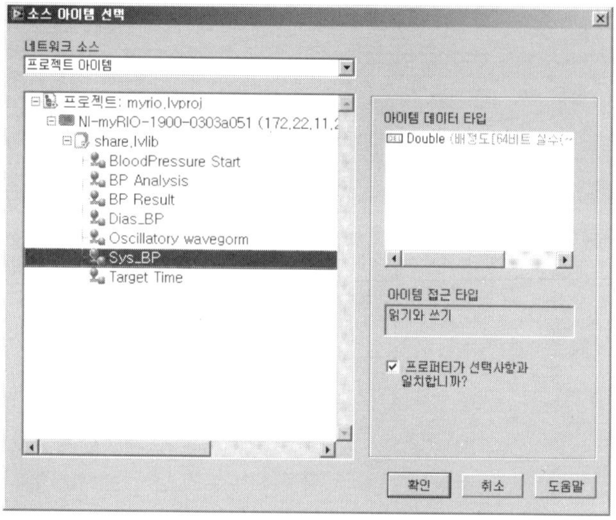

그림 3-188 소스 아이템 선택 창

- 변수의 프로퍼티 창의 경로에 공유변수의 경로가 설정되어 있는 것을 확인한 후 확인 버튼을 누른다. (연결하고자 하는 변수와 공유변수 간의 데이터 형태가 다르면 VI에 에러가 발생된다. Ex. 그래프를 차트에 연결할 경우 에러 발생)

그림 3-189 공유변수의 경로

- 다른 변수도 해당하는 공유변수와 연결해 준다. 연결이 완료되면 프런트패널의 변수에 삼각형 모양의 아이콘이 생성된 것을 확인할 수 있다. 이 아이콘은 데이터 연결의 상태 LED로 VI를 실행 시 정상적인 연결이 되었을 경우는 초록색, 잘못된 연결이 되었을 경우는 빨강색으로 표시된다.

그림 3-190 데이터 연결 상태 LED

- 다시 블록다이어그램을 열고 이벤트 구조와 정지버튼을 하나씩 생성하고 이벤트 구조의 이벤트 추가를 이용해 이벤트 소스는 "정지 버튼", 이벤트는 "마우스 다운?"을 설정하여 추가한다.

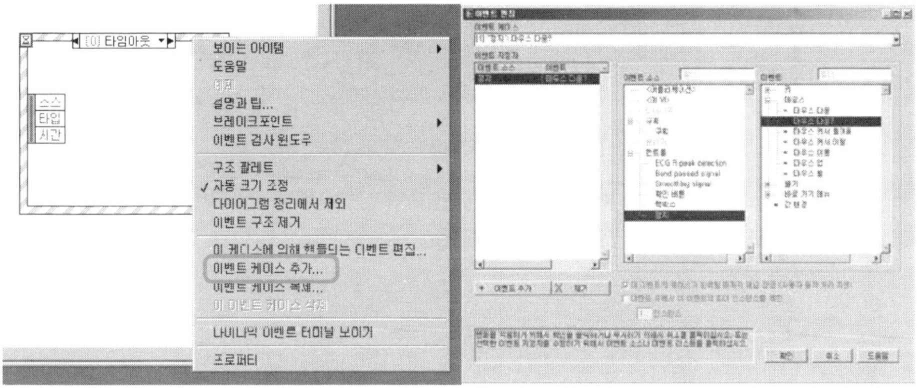

그림 3-191 정지 버튼의 이벤트 추가

- 추가된 이벤트의 페이지를 보면 구조 내부에 입/출력 터미널이 생성되어 있고, 입력 터미널을 클릭하여 "버림?"으로 변경해 준 후 그림 3-192와 같이 코딩한다.

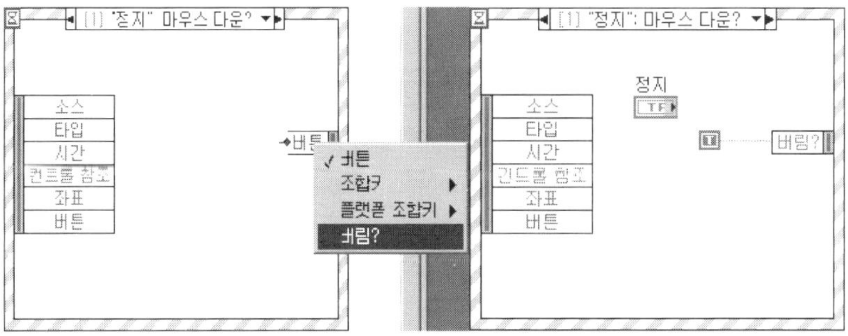

그림 3-192 이벤트 구조 코딩

- 이벤트 구조를 추가함으로써 vi실행 시 종료버튼을 누르기 전까지 종료되지 않고 공유변수로부터 데이터를 주고받을 수 있다.
- 코딩이 완료된 Vi를 장식을 이용해 알맞게 꾸미고 각각의 인디케이터의 라벨을 수정한 후 실행하고 데이터 측정이 잘 이루어지는지 확인한다.

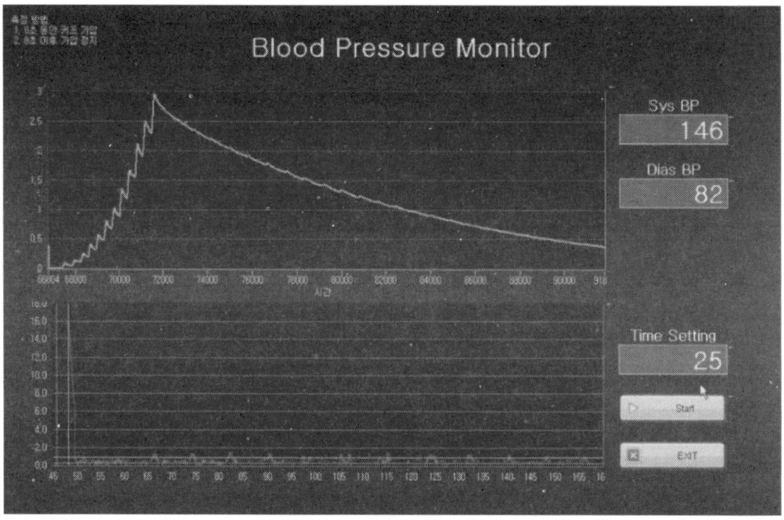

그림 3-193 NIBP HMI 신호 측정

모바일 활용

▶ Tablet PC - Data dashboard를 이용한 코딩

- Tablet PC에서 Data Dashboard 어플리케이션을 설치한 후 실행한다.
- Data dashboard를 실행하고 오른쪽 위의 더하기를 터치하여 페이지를 추가한다.
  - 페이지를 추가하면 추가된 페이지화면으로 변환되고 각각의 메뉴를 선택하여 코딩을 진행하면 된다

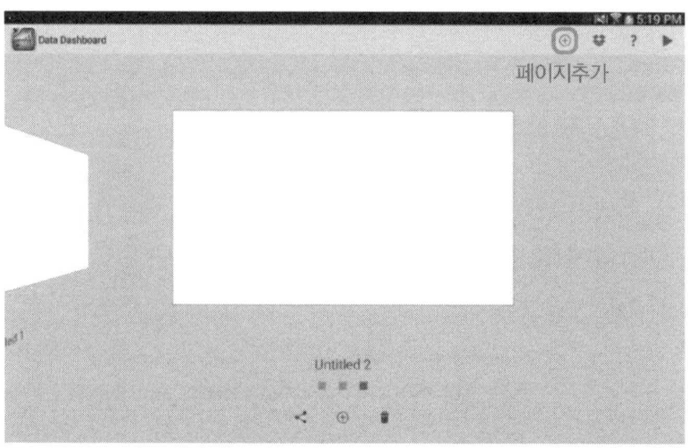

그림 3-194 Data dashboard main 화면

- HMI를 코딩할 때와 마찬가지로 필요한 인디케이터와 컨트롤을 Palette 메뉴에서 선택하여 페이지에 추가한다.

그림 3-195 팔레트 메뉴에서 인디케이터 선택

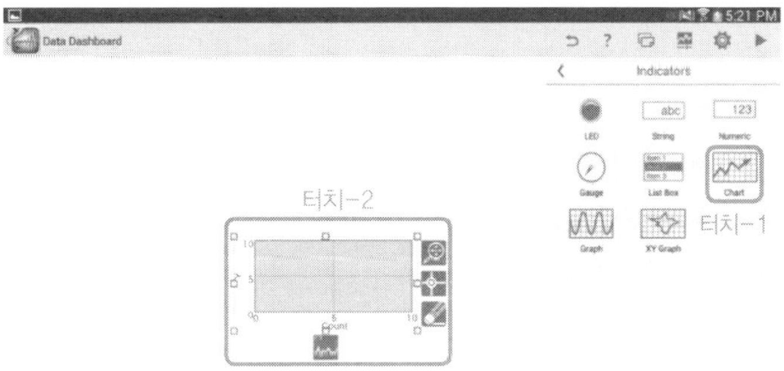

그림 3-196 인디케이터 항목에서 차트를 터치 후 페이지를 터치한다.

- 페이지에 인디케이터를 추가하고 인디케이터의 중앙 하단에 표시되는 그림 3-197과 같은 아이콘을 터치하여 myRIO에 공유변수와 연결해 준다.

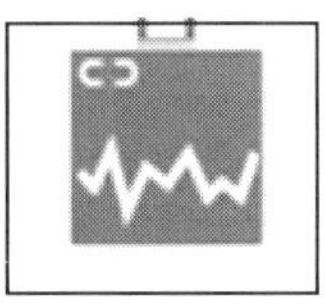

그림 3-197 변수 연결 아이콘

- 아이콘을 터치하면 Connect 메뉴가 나타나고 Shared Variables 메뉴를 터치한다.

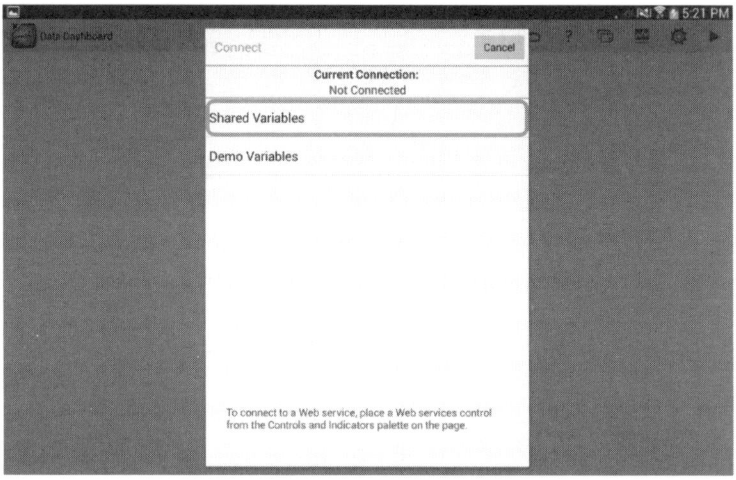

그림 3-198 myRIO 연결하기 위한 공유변수 선택

- Shared Variables 화면이 나타나면 myRIO와 WIFI로 연결하기 위해 New Server 항목에 WIFI에 할당된 IP주소를 입력한다. (172.16.0.1)

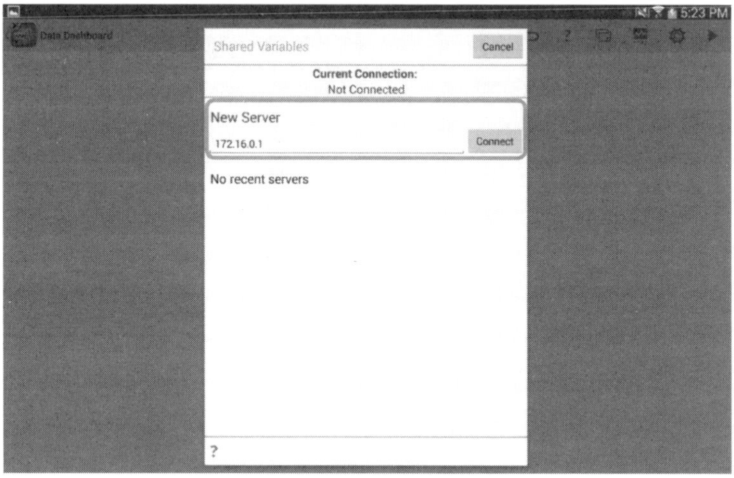

그림 3-199 Shared Variables 메뉴

- myRIO에 WIFI로 연결되면 현재 생성되어 있는 라이브러리의 목록이 나타나고 이 목록은 LabVIEW에서 생성하였던 라이브러리와 동일하다. (LabVIEW에서 Share.lvlib라이브러리를 생성하여 공유변수를 추가하였으므로 Share를 터치하고 변수의 목록이 나오면 사용자가 모니터링 하고자 하는 변수를 선택한다.)
- HMI상에서는 어떠한 형태의 변수든 연결이 가능하였지만 Data Dashboard의 경우는 연결 가능한 변수가 한정되어 있다.

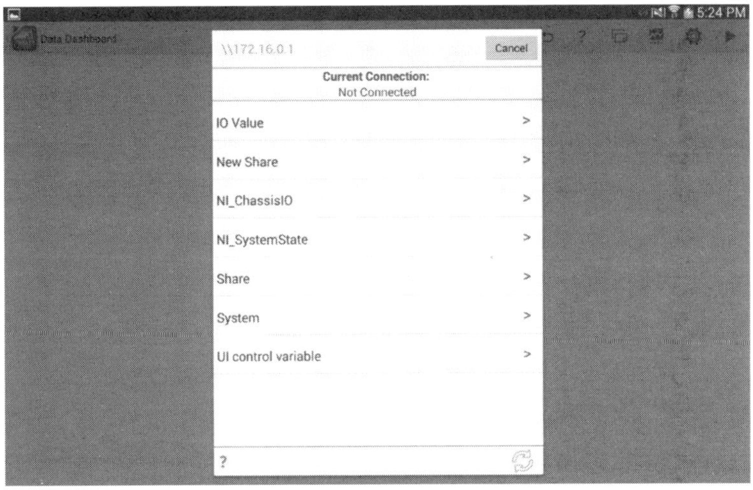

그림 3-200 현재 연결된 장비의 라이브러리 목록

- 그림 3-201과 같이 각각의 인디케이터와 컨트롤을 생성해 주고 NIBP 신호를 측정할 수 있는 페이지를 완성한다.
- 완성 후 myRIO의 Real-Time Application이 동작 중에 Start 버튼을 터치하여 HMI와 동일한 신호가 출력되는지 확인한다. (데이터를 받을 수 있는 양의 차이로 HMI와 약간의 신호 차이가 있을 수 있다.)

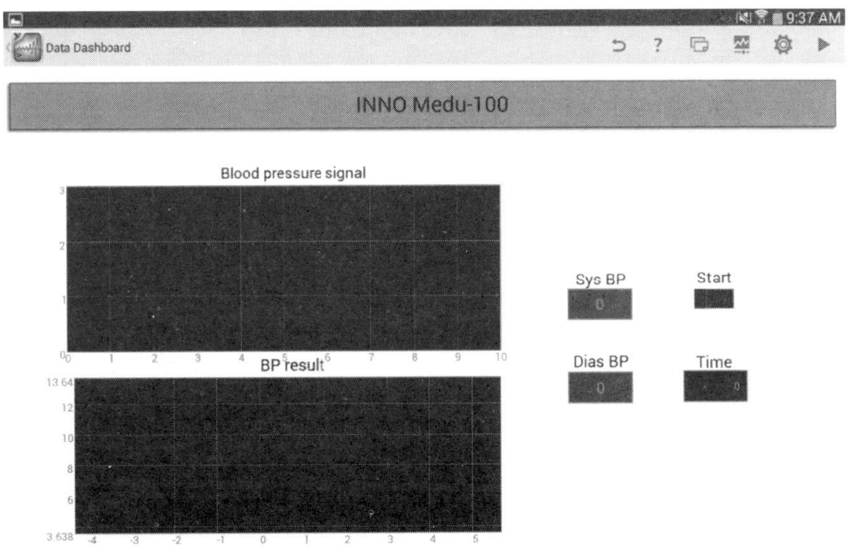

그림 3-201 NIBP Tablet main 페이지

Smart Phone

▶ **Data dashboard를 이용한 코딩**

- Data Dashboard 어플리케이션을 스마트폰에 설치한다.
- 설치 후 실행하면 페이지를 추가하는 화면이 나타나고 화면을 터치한다

그림 3-202 스마트폰 Data Dashboard 메인 화면

- Select a server 화면이 나타나면 Connect to shared variable...을 터치한다

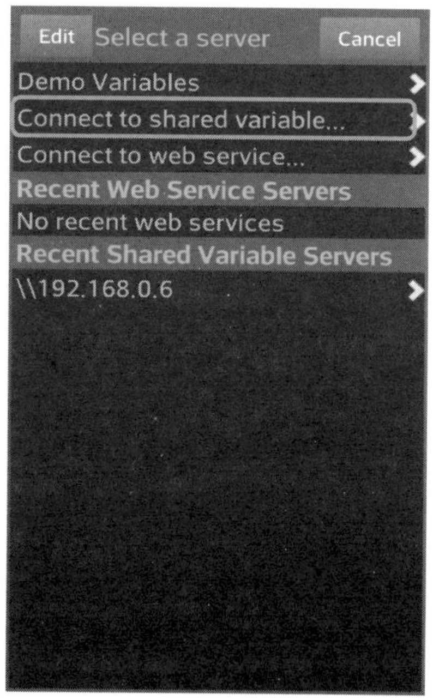

그림 3-203 Connect to shared variable...

- Connect to sever 화면이 나타나면 Server Name에 myRIO의 WIFI에 할당된 IP주소를 입력해 연결한다.

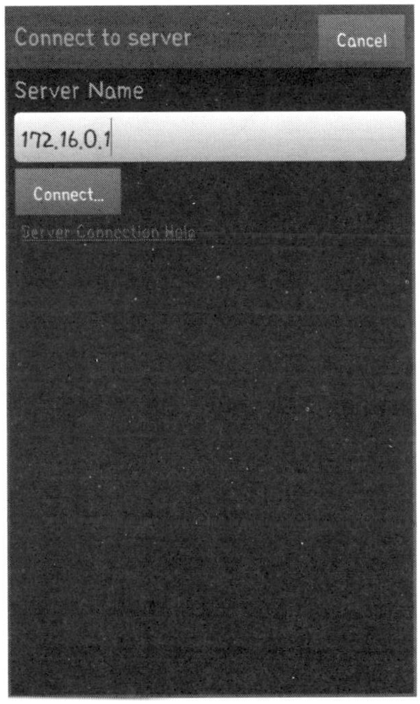

그림 3-204 myRIO WIFI의 IP 주소를 입력

- Choose a variable 창이 나타나면 공유변수가 생성되어 있는 라이브러리를 터치하고 해당 공유변수를 터치하면 인디케이터를 설정할 수 있는 화면이 나온다. 인디케이터를 설정해 주면 페이지에 인디케이터가 추가되고 실행 시 데이터가 출력된다(모바일 Data dashboard의 경우 하나의 페이지에 하나의 변수만 생성 가능하며 스칼라 값의 변수만 생성 가능하다).

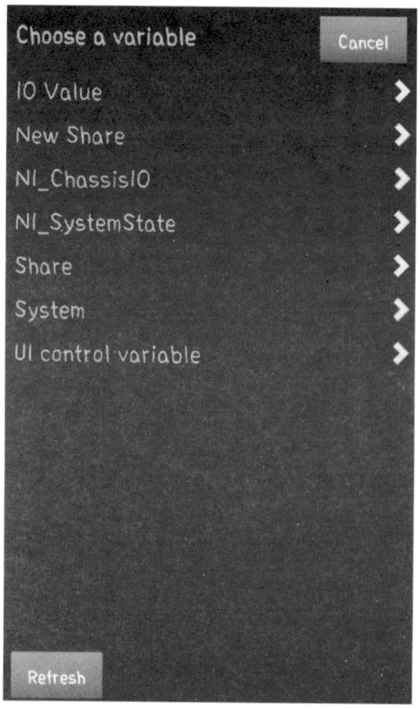

그림 3-205 Choose a variable 화면

그림 3-206 공유변수와 연결된 인디케이터를 추가한 페이지

찾아보기

Digital Healthcare System Development Using LabVIEW and Multisim

LabVIEW

LabVIEW와 Multisim을 이용한 디지털 헬스케어 시스템 개발

인 쇄	2015년 4월 23일 초판 1쇄
발 행	2015년 4월 30일 초판 1쇄
저 자	김광현 · 전세형
발 행 인	채희만
출판기획	안성일
영 업	김우연
관 리	최은정
북디자인	가인커뮤니케이션
발 행 처	INFINITYBOOKS
주 소	경기도 고양시 일산동구 하늘마을로 158 대방트리플라온 C동 209호
대표전화	02)302-8441
팩 스	02)6085-0777

도서 문의 및 A/S 지원

홈페이지	www.infinitybooks.co.kr
이 메 일	helloworld@infinitybooks.co.kr
I S B N	979-11-85578-17-0 93000
등록번호	제25100-2013-152호
판매정가	**27,0000원**